义宁陈氏文献史料丛书

刘经富 著

CHEN YIN KE YAN JIU BIAN NIAN

陈寅恪研究编年

上海古籍出版社

南昌大学"哲学社会科学繁荣与落地计划经费"资助项目

南昌大学江右哲学研究中心经费资助项目

目　　录

说　　明

一、为了便于梳理部勒"义宁陈氏研究"的巨量材料中的重要部分,本书以陈寅恪、陈宝箴、陈三立、陈衡恪、陈氏家史研究为单元归纳、展示。陈寅恪研究为本书主体,陈宝箴(陈寅恪祖父)、陈三立(陈寅恪父亲)、陈衡恪(陈寅恪长兄)研究为附录。同时又划分为20世纪80、90年代的前二十年和进入21世纪后的后二十年两个阶段。

二、本书收录的相关文献资料,起于1969年10月,截至2021年12月。

三、本书体例,按年月分系相关材料,又分"文章""著作"两大类列举。文章包含"期刊论文""硕、博士学位论文""报刊随笔、杂文";著作包含谱主本人著作,学者、专家研究专著。对不以谱主为书名的研究著作中的相关章节、论文亦予以著录、介绍、评议。并以"按语"形式提示五十余年来"义宁陈氏研究"的主线脉络,各阶段的面貌特征。对重要文章和著作,亦加"按语"予以介绍、评议。

四、考虑到关于陈寅恪研究的文献资料极多,为有利于读者检索,书后附《征引著作目录》和《人名索引》,方便读者检索。

五、五十余年来,海内外文化学术界发表、面世的关于陈寅恪研究及其家族研究、介绍的文章、著作为数巨大,以有限篇幅,实难巨细不漏,只能择要介绍。对编者自己判断认为学术上无见解、材料上无贡献、学风上有瑕疵的文章、著作均不予著录、介绍、评议。

陈寅恪与国内四十年来学术典范转型关系探析(代序)

　　2020年1月4日,上海古籍出版社与复旦大学中文系、古籍所联合举办了"纪念《陈寅恪文集》出版四十周年发布会"。与会的专家学者及嘉宾共同回顾了《陈寅恪文集》的出版历程,高度评价了陈寅恪先生著作的学术价值及《陈寅恪文集》的出版对中国文史学术的深远影响。复旦大学教授陈尚君作了《〈陈寅恪文集〉与近四十年学术转型》的发言。

　　可惜陈先生在发言中并没有就《陈寅恪文集》出版后如何影响了近四十年中国学术转型展开论说,揭示其中的因果关系。不过他取的这个题目,却有画龙点睛、振聋发聩的启发意义。

　　《陈寅恪文集》与近四十年学术转型的关系,在某种程度上也就是陈寅恪的学术、人格对近四十年中国学术文化的影响。"陈寅恪热"以1978年上海古籍出版社策划出版《陈寅恪文集》为开端,迄今已逾四十余年。要理清这样漫长持久的一种文化现象,需要从这四十年来的社会环境、政治气候、人文思潮寻找源头、背景。对这一时期学术宗向的起伏盛衰进行梳理、分析,方可得出接近于事实真相的结论。这方面史学史领域及时跟进,积累了大量可供采撷的材料。

一

　　20世纪70年代末期到80年代,曾掀起过声势浩大的"思想解放运动""新启蒙运动"和"文化热"。这三者之间既有侧重,又互相联系,难以截然划清边界。

　　"文化热"肇始于20世纪80年代初,兴盛于80年代中、后期,进入90年代开始降温。进入90年代以后,许多学人多以冷静和理智的态度探究文化和文化史的种种问题,一段时间内又出现了"国学热"。这是就外部表现而言的中国当代文化思潮演变的基本脉络和轨迹。

80年代中国社会正面临着巨变,人们一时还没有更多的余裕来注视陈寅恪这样一位仿佛很遥远的人物。社会思潮的主流是"启蒙"与"改革",知识青年主体投入文史知识补课和获取文凭中,阅读、交流的范围多是"伤痕文学",一时还深入不到学术的堂奥。陈寅恪的著作和关于他的研究还没有像90年代那样广泛地受到重视,引起知识分子强烈兴趣。流传最广的是与陈寅恪的国学功底、求学经历、生平身世有关的系列掌故。至80年代末,学术界掀起陈寅恪诞辰百年纪念热潮,形成了第一波"陈寅恪热"。① 坚冰一经打破,对陈寅恪的研究、弘扬从此一浪高过一浪。至90年代中期,终于在"国学热"中掀起第二波更大规模的"陈寅恪热"。

二

20世纪90年代史学界所发生的最深刻变动,莫过于"国学"的复兴。人们几乎都能感受到,从进入90年代伊始,学风、语境、话语、人心、"问题"等,与80年代相比都处在巨大调整之中,学术界有"换了人间"的感觉。风起于青萍之末,1991年1月18日北京知识界"学术史研究"聚会,可以看作是学术界对变化了的外部社会的最早回应。这次聚会的一个与会者当时即指出:对"学术史研究"的倡导,实际上"半遮半掩地亮出了一面复古的旗帜,好像在号召大家从某种程度上回到乾嘉去"。五年后,"回到国学""回到乾嘉"便形成了一种很有冲击力的思潮。这有当时《人民日报》等权威媒体上的异乎寻常的报道为证。

90年代的国学复兴,使"史料派"的地位迅速攀升,传统的国学是典型的实证研究,排斥理论与概括。清代的乾嘉学派基本上依靠归纳,排斥抽象推理。他们只注重事实的还原,不想在弄清事实后去进行价值的判断和体验式的理解与分析。国学的复兴、史料派的得势,使整个史学界的风气为之一变。其基本特点是,回避对重大历史现象和大规模社会变动的研究与讨论。这一新取向在90年代涌现的《国学研究》《学术集林》《中国文化》《传统文化与现代化》《原道》《原学》等书刊中有明显的体现,以至于有人认为,"到九十年代,乾嘉传统已经无可争议地成为当代中国史学的主流"。② 这种说法虽有不够准

---

① 台湾学者宋德熹《陈寅恪中古史学探研·绪论》略谓:"随着史学大师陈寅恪先生百年诞辰纪念的来临,大陆地区掀起一股'陈寅恪热'的热潮,也迅速地扩及台港两地。"

② 许纪霖《没有过去的史学危机》,载《读书》1999年第7期。

确之处,但也表达出当代学人的切身感受。90年代的中国的确进入了一个"思想淡出,学术凸显"的时代。

自80年代末至90年代初,一股"陈寅恪热"席卷而来,学界连续编辑出版了五种陈寅恪学术纪念文集。稍后《陈寅恪评传》《追忆陈寅恪》《解读陈寅恪》《陈寅恪的最后二十年》等一批传记和传记资料更风行一时,这是包括章太炎、王国维在内的任何国学大师都享受不到的殊荣与推崇。陈氏甚至已经取代了王国维,被许为"新史学"的开山和20世纪中国史学的中心人物。最值得注意的是,这一现象可能标志着学界从重思想到重学术、从重义理到重考据这一重要变迁进程的完成。既然陈氏已成为一种学术符号,那么,高度推崇陈寅恪,就不单单是对一个已逝先贤的纪念,而是对"回到纯学术"这种为学倾向的委婉表达,更可能是对一种学术传统的缅怀。总之,"陈寅恪热"折射出90年代学术气候的巨大变化。①

上述材料与分析说明,在90年代,史学界的确存在着一种把历史学降为考据学即回到乾嘉去的明显倾向……这种倾向的出现,是从属于当时的社会思潮的。史料派强调求真,忽视或不问致用,虽见木不见林,但毕竟摘清楚了树木的本来面目。它不会擅自解释,乱作主张,不会造成实践中的危害,从史学自身发展来看有其进步意义。②

三

按史学史学界的说法,20世纪的中国史学史在很大程度上是"史料派"与"史观派"的对抗史。③"史料派"与"史观派"的消长沉浮构成了整个20世纪中国史学变动的基本线索。④

"史观派"的代表人物是郭沫若、吕振羽、翦伯赞、侯外庐、范文澜等。他们致力于探讨历史发展规律,注重社会形态的演进。20世纪20年代末,为了解决中国革命道路问题,需要用马克思主义关于人类社会历史发展规律的普遍适用性来证明中国的社会历史发展与西方并没有什么不同,都经历了从原始社会、奴隶社会、封建社会、资本主义社会等几个社会形态,并且未来的社会必定是共产主义。⑤

① 王学典《近五十年的中国历史学》。
② 张书学《中国现代史学思潮研究》,湖南教育出版社1988年版,第105页。
③ 王学典《二十世纪中国史学评论》,山东人民出版社2002年版,第3页。
④ 王学典《近五十年的中国历史学》。
⑤ 张书学《中国现代史学思潮研究·附录》,第493页。

　　"史料派"的代表人物是王国维、傅斯年、顾颉刚、陈寅恪、陈垣等。他们致力于"史料"的搜集、整理、研究,标榜"考而后信""史学即是史料学"。认为治史的唯一目的就是"求真",把是否重视史料,是否能扩大史料范围看作是现代史学进退的关键,反对历史研究急功近利的倾向,尤其反对把学术作为政治的工具,极力提倡"为学问而学问""为真理而真理"的治学态度。①

　　大体来说,实证主义史学在 20 世纪 30 年代以前曾经独霸史坛,占据史学界的正统地位,唯物史观派受到他们的轻视和排斥。在"五四"反孔浪潮的推动和胡适"研究问题、输入学理、整理国故、再造文明"的鼓吹下,文献考据热潮在学术界轰轰烈烈地开展起来。新材料的大批发现和旧文献的重新估价,王国维的成就和胡适的盛名,舶来的实验主义与祖传的"乾嘉朴学"混血,使得当时的史学界推崇考据、鄙弃理论,以为治史之道尽在于材料几成风气。傅斯年提出的"史学本是史料学"的口号,几乎成为当时所有史学家的口头禅和行为准则。②

　　在史学界影响极大的"五朵金花"包括中国古代史分期问题、中国资本主义萌芽问题、中国封建社会农民战争问题、中国封建土地所有制形式问题和汉民族形成问题。他们被"播种""生根""开花"的时间和方式不一,但是集结为"五朵金花"则是在 20 世纪 50 年代。③ 王学典撰文指出"五朵金花"是"假问题""真学术",认为是"战时史学"体系的产物。④

　　"文革"结束之后,特别是 1979 年中国又一次向"现代化"重新定向之后,整个中国社会进入了一个痛苦的自我反省阶段;反省"文革"、反省我们所走过的革命道路……在这一背景下,"史观派"内部亦开始了比较深入的自我反省,这有当时《历史研究》上一系列文章为证。在"史观派"自我反省的同时,"史观派"与"史料派"之间的"优劣异同之论"再度出现。当人们反省"文革"时期的"影射史学"时,不禁又怀念考据学派那种"为历史而治历史"的笃实厚重的学风,一股"回到乾嘉去"的史学思潮在潜滋暗长。史观派地位的下沉,直接影响了人们对它在学术史上的地位的估计。在 80 年代末期,有学者曾坦率指出:史料学派"阵容强大,成果显著,大大超过了史观学派;史观学派不能与史料学派平分秋色"。⑤

---

① 张书学《中国现代史学思潮研究·附录》,第 493 页。
② 张书学《中国现代史学思潮研究》。
③ 张越《浅论五朵金花的理论成就和学术意义》。
④ 王学典《"五朵金花":意识形态语境中的学术论战》,载《文史知识》2002 年第 1 期。
⑤ 王学典《近五十年的中国历史学》。

至此,"史观派"从中心退出,"史料派"重出江湖。当"史观派"独领风骚、一统天下时,"史料派"的中坚如陈寅恪、顾颉刚、余嘉锡等学人仍然坚守自己的学术信念与学术路数,成为"学术就是学术"、学人保持独立性的典范,为90年代学术向自身的回归保留了火种,被割断的学术血脉逐渐得到修复。而陈寅恪尤为突出,他在寂寞的坚守中,仍然著述不辍。坚信自己未尝曲学阿世,其人其学不会湮没,曾说"后世相知有别传"。终于在"把政治的还给政治,把学术的还给学术""思想淡出,学术凸显"的思潮中,随着话语系统、言说环境的变化,学术大势再次翻转,"实证史学"从边缘走向前台。王国维、陈寅恪、傅斯年等旧史学的代表人物,在沉寂了几十年之后,像出土文物一样,依然熠熠生辉。①

四

文章抄到这里,基本可以回答"陈寅恪与四十年学术转型"的因果关系了。如果还要更形象、更直观地加深理解和强化印象,可以用一个标志来说明问题。这个标志就是陈寅恪与郭沫若在学界地位的转换。

上文已提到王学典在 2004 年所撰文章中已指出"1990 年代,陈寅恪、王国维等'国学大师'开始取代郭沫若、范文澜等'马克思主义史学家'而成为新的学术偶像,其中陈寅恪尤具典型意义"。② 四年后莫砺锋在南京大学纪念真理标准讨论与改革开放三十周年大会上的发言,更明了更彻底地论说分析了"古代文史研究的典范是怎样从郭沫若变成陈寅恪的"这个文化学术现象。

莫砺锋说,自从真理标准的大讨论发生之后,古代文史研究领域发生了什么重大的变化呢? 如果我们把考察的目光限定在 1949 年以后的六十年的话,那么,真理标准讨论恰好是这个时段的中间点。在整个思想文化领域内,这六十年都可以相当清晰地划分成两个阶段,第一个阶段就是 1949 年以后的三十年,第二个阶段就是真理标准讨论以后的三十年。对于古代文史研究而言,我认为前后两个阶段的最大差异在于学术典范不同。简而言之,前一个阶段的学术典范是郭沫若,后一个阶段的典范是陈寅恪。

总而言之,在 1949 年以后的三十年间,郭沫若在学术界春风得意,如日中天;而陈寅恪则门庭冷落,默默无闻。这一热一冷,不仅是时代潮流在学界的

---

① 刘经富《从陈寅恪晚年藏书透视其晚年学术走向》,载《中华读书报》,2017 年 11 月 29 日。
② 王学典在另一本著作中亦指出"'陈寅恪热'的出现,使得改写近百年学术史变成不可避免,变成'陈寅恪'取代'郭沫若'"。见王学典《20 世纪中国史学评论》,山东人民出版社 2002 年版,第 259 页。

反映,也是郭沫若和陈寅恪不同的为人处世原则和学术理念所导致的必然结果。

及至"文革"结束,随着政治上的拨乱反正,学术也逐渐恢复其本来面目。于是,郭沫若的学术品格受到越来越多的怀疑,他在学术界的影响逐渐销声匿迹,而陈寅恪的学术品格却得到越来越多的肯定和推崇,他的学术著作成为学界争相研读的范本,"独立之精神,自由之思想"这两句语录成为学界普遍推重的学术格言。一句话,生前寂寞的陈寅恪完全取代了郭沫若在学界的地位,成为新时代的学术典范。①

陈、郭私人之间并无化不开的恩怨。② 但郭沫若是"史观派"的开山,陈寅恪是"史料派"的首座,两人所代表的流派在学风、方法乃至人格人品边界分明、此起彼伏却是不争的事实。两人的角色转换,不仅仅关乎个人的荣辱升沉,也显示出近世中国文化学术、世运人心的深层意蕴。这是我们必须面对正视、予以探讨的。

---

① 莫砺锋《故纸堆映出的时代折光》,2008 年 12 月 8 日在南京大学纪念真理标准讨论与改革开放三十周年大会上的发言,后收入《江苏社科名家文库·莫砺锋卷》。
② 参阅谢保成《龙虎斗与马牛风——记郭沫若与陈寅恪的交往兼驳余英时》,载《郭沫若学刊》1999 年第 4 期。

陈寅恪研究编年

弁　　言

　　20 世纪八九十年代以后，出现了持续甚久的"陈寅恪热"，成为一个独特的文化现象，有关研究被称为"陈学"（目前所知最早提出"陈学"一词者为余英时，见其《陈寅恪晚年诗文释证·跋语》，台北时报出版公司 1984 年版，第 221 页。其后汪荣祖、季羡林、钱文忠在所撰文章中亦提到"陈学"。汪荣祖《"纪念陈寅恪教授国际学术讨论会"闭幕式发言》，载《纪念陈寅恪教授国际学术讨论会文集》，中山大学出版社 1989 年版，第 46 页；季羡林《纪念陈寅恪先生百年诞辰学术论文集·序》，载江西教育出版社 1994 年版，第 25 页；钱文忠《弘扬义宁精神，开展陈学研究——〈纪念陈寅恪教授国际学术讨论会文集〉推介》，载《中山大学学报》1990 年第 3 期）。他们的"陈学"概念似专指"陈寅恪研究"。本书所说的"陈学"，指以陈寅恪研究为主，兼及义宁陈氏其他重要成员和义宁陈氏家族史三个大的方面，统称为"陈学"，涉及历史、文学、美术和文献学、区域社会史、客家学等多种学科。张求会亦认为"陈学"是指以研究陈寅恪为主，兼及陈氏家族其他几位重要成员的一项综合性研究。（张求会《"陈学"研究中的几类不良倾向》，载《九江师专学报》2000 年第 2 期）

　　五十多年来，陈学的主体陈寅恪研究已蔚为大观，有"显学"之称。（郑海麟《文化神州系一身——海内外陈寅恪研究日益成为显学》，载郑海麟著《思想历史与文化评论》，湖南人民出版社 2010 年版）举凡陈寅恪生平与学术道路，陈寅恪学术范围（史学、古典文学、佛学等），治学方法，人格、思想、文化观，诗作，与同时代学者的关系，都有大量成系统的研究文章。对义宁陈氏家族主要成员陈宝箴、陈三立、陈衡恪的研究和义宁陈氏家世、家史的研究弘扬亦蒸蒸日上，方兴未艾。

1969 年

10 月 7 日(阴历八月二十六日)晨五点半,陈寅恪于广州中山大学寓所去世,享年八十岁。

陆键东:在大陆,最早公布陈寅恪病逝消息的是中共广东省委直接管辖的报纸《南方日报》。10 月 18 日,《南方日报》刊登了一条一百多字的消息,内云"中国人民政治协商会议全国委员会常务委员、中央文史研究馆副馆长、中山大学教授陈寅恪先生因病医治无效,于本月十七日在广州逝世,终年七十九岁。十月十七日,中国人民政治协商会议广东省委员会举行了向陈寅恪先生告别仪式。"

按:《南方日报》刊发的陈寅恪去世讣告在当时国内形势影响下并未引起太大的注意。

12 月 1 日,叔明在香港《春秋杂志》第 298 期发表《史学权威陈寅恪一死了之》。

卞僧慧:该文用肯定的语气报道了陈寅恪先生逝世。证实了海外"陈寅恪已死"的传说。它是迄今所知海内外在先生病逝后第一篇全面评价先生生平的文章(卞僧慧《陈寅恪先生年谱长编》,第 345 页;参见陆键东《陈寅恪的最后二十年》初版,第 492 页)。

本年 11、12 月,港、台出现多篇关于陈寅恪逝世的消息报道和悼念文章(李勤合等编《陈寅恪研究资料目录》,第 6、7 页)。其中香港《新晚报》发表的署名丝韦的《记陈寅恪在广州病逝》一文影响最大(宗亮《罗孚、陈寅恪及其他》,载《东方早报》,2014 年 6 月 8 日)。

1970 年

文章:

1 月 26 日,壶公在台北《"中央"日报》副刊上发表详细透露陈寅恪之死的文章。

陆键东:此文系上年香港《春秋杂志》所刊《史学权威陈寅恪一死了之》的翻版。但《"中央"日报》的读者远多于《春秋杂志》,故此文一经刊发,即引起广泛注意,台湾知识界基本已知晓陈寅恪去世。陈寅恪在台湾、香港和远在美国的朋友、学生和仰慕者纷纷撰写纪念文字(陆键东《陈寅恪的最后二十年》初版,第 493 页)。

3 月 31 日,俞大维在《"中央"日报》发表《怀念陈寅恪先生》。

马耀凯评：此文始忆留学，后及姻亲，及家世，历九段成篇，曰"读书须先识字""在史中求史识""严谨而不偏狭""特别注重志书""喜欢庄子荀子""诗推崇白香山""学梵文研佛经""精通各种文字""缅怀一代大儒"。俞先生虽浸淫官场多年，然文章鲜有浓郁政治气息，笔调中肯，情感真挚，中有"缅怀此一代大儒，不禁涕泗滂沱"句，读之潸然！此文颇具史料价值，后著多有引录。（马耀凯《四十年来主要研究陈寅恪先生之论著简述》，载清华大学出版社的一个数据库）

3 月，台北《传记文学》第 16 卷第 13 期推出《陈寅恪先生逝世纪念特辑》（收录杨联陞《陈寅恪先生隋唐史第一讲笔记》；陈哲三《陈寅恪先生轶事及其著作》；许世瑛《敬悼陈寅恪老师》等文。后均收入《谈陈寅恪》）。

4 月 29 日，台湾《清华校友通讯》新 32 期推出"纪念陈寅恪专号"（收录赵元任、杨步伟《忆寅恪》；蓝文征《清华大学国学研究院始末》；宗良圯《记陈寅恪先生》；梁嘉彬《陈寅恪师二三事》；苏景泉《三位大师与两副名联》等文。后均收入《谈陈寅恪》）。

4 月 13 日，杨君实在台北《"中央"日报》发表《陈寅恪的两篇英文论文》（《韩愈与唐代小说》《元微之遣悲怀诗之原题及其次序》）。杨君实此文后收入张杰、杨燕丽编《追忆陈寅恪》）。

陆键东：陈寅恪去世不到一年，海外《"中央"日报》《传记文学》《清华校友通讯》《中国学人》等报刊刊载一批知名学者撰写的追思文字。其中一些人与陈寅恪不通音信、没有来往已二十载有余，真情仍长萦系心间，可见陈寅恪人格与品德的感染力。（陆键东《陈寅恪的最后二十年》初版，第 493 页）

著作：

9 月，俞大维等撰《谈陈寅恪》由台湾传记文学出版社出版（1978 年再版）。

按：20 世纪 50 年代后，陈寅恪被封为"旧史学的代表人物"，渐渐淡出学术前沿。"文革"中被指为特号"反动学术权威"，于 1969 年 10 月 7 日去世。在当时形势下，国内学术界不可能有纪念活动。但他在美国、中国台湾的早年友朋和学生纷纷撰文悼念缅怀。传记文学出版社及时将这批文章结集出版，该书收入俞大维、赵元任、毛子水、姚从吾、许世瑛、杨联陞、陈哲三、蓝文征等十八人悼念、回忆文章共十六篇，为学术界研究陈寅恪提供了最早的一批材料。

1971 年

文章：

5 月 24 日，李璜在香港《华侨日报》发表《陈寅恪先生事迹及其著作拾

遗》。(何广棪编《陈寅恪先生著作目录编年》)

本年，戴密微(法国著名汉学权威、法兰西学院院士、在国际学术文化界卓有影响的刊物《通报》主编)在《通报》第 57 期发表《悼念陈寅恪》。

吴定宇：戴密微在文章中介绍了陈寅恪的生平，高度评价其学术成就，认为"陈氏是当世公认为王国维以后最伟大的中国学者"。(吴定宇《守望——陈寅恪往事》，第 437 页)

本年，美国东方学会在年会会刊第 91 卷第 4 期第 574 页报道了陈寅恪逝世的消息。(陈怀宇《在西方发现陈寅恪》，第 159 页)

著作：

5 月，《陈寅恪先生论集》由台北"中研院"史语所出版。

按：该书为海外最早出版的陈寅恪文集。收入陈寅恪专著《隋唐制度渊源略论稿》《唐代政治史述论稿》和曾在《史语所集刊》上发表的 31 篇文章。

该书出版后，牟润孙撰《读〈陈寅恪先生论集〉》，载香港《明报月刊》1972 年第 7 卷第 2 期，后收入《陈寅恪印象》。

1972 年

文章：

本年，戴密微在《通报》第 28 卷发表《评谈陈寅恪》和《〈陈寅恪先生论集〉书后》两文。(汪荣祖《陈寅恪评传》初版，第 242 页)

著作：

3 月，陈寅恪《隋唐制度渊源略论稿》《唐代政治史述论稿》由台北乐天出版社出版(精装合订本)。

5 月，《陈寅恪先生文史论集》上册由香港文文出版社出版(次年 1 月出版下册，上下两册收入陈寅恪文章 65 篇)。

1973 年

1 月，王尔敏在台湾《食货》月刊复刊第 2 卷第 10 期发表《陈寅恪著〈元白诗笺证稿〉读后》(后收入王尔敏著《中国近代文运之升降》)。

1974 年

文章：

5 月，汪云雏(似为汪荣祖的别名)在台湾《传记文学》第 24 卷第 5 期"民国人物小传"栏目发表《陈寅恪小传》(《传记文学》杂志创办的"民国人物小传"栏目所发表的文章后来由传记文学出版社出版,共 20 册(1974—1999),《陈寅恪小传》在第一册第 197—198 页)。

著作:

5 月,《陈寅恪先生论文集》由台湾三人行出版社出版(俞大维题耑,精装上、下两册)。

本年,何广棪编《陈寅恪先生著述目录编年》由香港珠海书院文史研究所学会刊印(珠海书院文史研究所学会会刊之四,后收入 1977 年台湾九思出版社《陈寅恪先生论文集补编》及台北文海出版社《近代中国史料丛书》续编第50 辑)。

李勤合:陈寅恪先生逝世后,学界多人开始收集整理他的著述。于微《记陈寅恪先生的著述》(1969)、陈哲三《陈寅恪先生轶事及其著作》(1970)、李光尧《故陈寅恪教授著作目录》(1970)等已见端倪。李璇《陈寅恪先生事迹及其著作拾遗》(1971)进行了补充。石田单之助《陈寅恪的论文集》(1973)对国际学界重视收集陈寅恪著作予以说明。而何广棪这本《陈寅恪先生著述目录编年》则可以视为这一阶段的小结。(李勤合等编《陈寅恪研究资料索引·前言》)

1975 年

文章:

4 月,汪荣祖在《明报》月刊第 10 卷第 4 期发表《旧时王谢家——史家陈寅恪的家世》(收入汪荣祖次年出版的《史家陈寅恪传》,作为第一章)。

按:此文依据陈三立《巡抚先府君行状》,郭嵩焘《陈母李太夫人墓志铭》,黄濬《花随人圣庵摭忆》,朱克敬(香荪)《暝庵杂识》,陈三立《席宝田行状》,《郭嵩焘日记》,《戊戌变法档案史料》,徐一士《一士类稿》,陈三立《散原精舍诗文集》,《陈师曾遗诗》等零散资料,勾稽连缀陈寅恪祖父陈宝箴、父亲陈三立、长兄陈衡恪的事略,虽残缺不全,但在 1975 年且在海外,能知道文章中所述那么多陈寅恪的上代家世,已属不易。其失在 90 年代后国内学界关于陈寅恪家世的成果已大有进展,而其《史家陈寅恪传》多次再版重印,一直到 2005年五印,都没有吸纳补充进去,说明作者并没有及时跟进研陈动态。他毕竟不专门研究陈寅恪,陈寅恪只是他全部学术领域中的一个"重点"对象。

本年,由于信息不畅通,英国学术院仍把陈寅恪当作在世的通讯院士对待。(陈怀宇《在西方发现陈寅恪》,第 138 页)

1976 年

著作：

本年，汪荣祖著《史家陈寅恪传》由香港波文书局出版，七万字。

王震邦评：汪荣祖是海外最早研究陈寅恪的学者，其《史家陈寅恪传》是最早的一本陈寅恪传，一再改写，另出新版。大陆学界老一辈学者如周一良即予高度肯定，公开赞扬汪荣祖的论断"堪称史家卓识"。又说该书具有"不凡的史识"……汪著是陈寅恪传记中第一部有系统兼具全面评价，且于平实之中迭见文采，可以深刻感受并理解陈寅恪生平的传记(笔者以为此评议尚不够准确)，为史家陈寅恪赋予了一个难以超越的历史地位，也为"陈寅恪热"带来若干话题效应。(王震邦《独立与自由》，第14页)；参见曹旅宁《前贤已逝，典型犹存》对该书的评议，载《读书》1988年第1期；参见本书第33页1992年著作类对另一版本《陈寅恪评传》的评议。

1977 年

文章：

1月，叶国良在台北《食货》月刊第1期发表《读陈寅恪先生〈天师道与滨海地域之关系〉及〈崔浩与寇谦之〉》。

按：此文未见。

2月23日，牟润孙在香港《大公报》发表《清华国学研究院》(后收入牟润孙《海遗丛稿二编》，中华书局2009年版)。

本年，李璜在台湾《大成》杂志第49期发表《忆陈寅恪登恪昆仲》(后收入朱传誉编《陈寅恪传记资料》；钱文忠编《陈寅恪印象》；张杰、杨燕丽编《追忆陈寅恪》)。

著作：

4月，《陈寅恪论文集》由台北文理出版社出版(俞大维题耑)。

6月，《陈寅恪论文集》由台北九思出版有限公司出版(增订本二册。9月，又加印《补编》一册。"九思丛书"之五，俞大维题耑，共收入陈寅恪文章94篇)。

按：1974年台湾三人行出版社、1977年台北文理出版社、九思出版有限公司三家出版的《陈寅恪论文集》是同名异书还是同名同书？由于未看到原书，暂难知晓。如果是同名同书，则这三家出版社是如何处理版权的？三家出版社与"九思丛书"的关系如何？

9 月,何广棪撰《陈寅恪先生遗诗述释》由香港珠海书院中国文学历史研究所学会刊印(珠海书院中国文学历史研究所学会丛刊之七)。

10 月,蒋天枢先生开始整理陈寅恪遗著。(陈正宏《蒋天枢先生与〈陈寅恪文集〉》,载《中国典籍与文化》1996 年第 1 期;朱浩熙《蒋天枢传》,第 228—243 页;查志华《一个品格高尚的学者——记复旦大学中文系蒋天枢教授》,载《解放日报》,1982 年 3 月 5 日;吴定宇《守望——陈寅恪往事》,第 433—436 页)

12 月,《陈寅恪先生全集》由台北九思出版有限公司出版(俞大维题耑,上、下册,虽名为全集,实只收录陈寅恪著述的大部分)。

1978 年

文章:

5 月,陈寅恪逝世九年后,广东省理论刊物《学术研究》创刊号率先刊出陈寅恪晚年的重要著作《柳如是别传》的"缘起"部分。

编者《按语》云:解放后,党和政府一直对陈寅恪先生的工作和生活给予妥善的照顾,使这位早已双目失明的学者的著述工作,从未中断。对此他曾多次表示对毛主席和共产党的感激。陈寅恪先生于 1969 年逝世。他在去世前用了十几年的工夫,研究了大量明末清初的史学、文学材料,终于完成了《柳如是别传》,这种学术钻研精神是难能可贵的。蒋帮的一班无耻文人、政客,因为陈寅恪先生十多年没有发表文章,便大谈他的晚年遭遇,并借此进行反共宣传。这部洋洋数十万言的著作,就是给他们一记响亮的耳光。

按:此《缘起》部分是中山大学历史系胡守为根据"文革"时红卫兵抄家时拿走后保存在历史系的陈寅恪《柳如是别传》遗稿整理出来的。"按语"系大陆学术界对陈寅恪及其学术研究的首次正面评价,反映了当时乍暖还寒时节政治意义第一的言说环境和回应了海峡彼岸关于陈寅恪晚年遭际话题。

7 月,上海古籍出版社编印的《中华文史论丛》复刊号(总第七辑)在国内首次刊发陈寅恪晚年的重要论文《论再生缘》上(10 月,第八辑续载《论再生缘》下)。

高克勤:早在 1962 年 7 月,中华书局上海编辑所借《中华文史论丛》创刊的契机就有发表《论再生缘》的意向并与陈寅恪进行了初步接触,但未能如愿(高克勤《〈陈寅恪文集〉出版述略》,载《文汇报》,2007 年 6 月 3 日八版,引自卞僧慧《陈寅恪先生年谱长编》,第 327 页)。因此,上海古籍出版社在"文革"

刚刚结束即发表《论再生缘》是有前因的,可谓遂了十多年的心愿,在拨乱反正的当年产生了重大的影响,再次凸显了《中华文史论丛》在文史学界的影响力(高克勤《中华上编、中华书局与陈寅恪著作出版概观》,载高克勤著《拙斋书话》,第59页)。

按:1976年10月,"四人帮"集团覆灭。沉寂了多年的史学界,冲破极"左"路线的束缚,重新审视、评价"旧史学的代表人物""资产阶级反动学术权威"陈寅恪。因此,广东和上海的学术刊物率先推出陈寅恪晚年的重要著作《柳如是别传》的"缘起"部分和陈寅恪晚年的重要文章《论再生缘》,是国内"陈寅恪热"的最初起点。

著作:

3月,《陈寅恪文集》之六《元白诗笺证稿》由上海古籍出版社出版(1982年2月二印)。

高克勤:1976年粉碎"四人帮"后不久,陈寅恪先生的弟子、复旦大学中文系教授蒋天枢先生通过老友、原中华上编编辑吕贞白转来陈寅恪论文集《金明馆丛稿》目录,建议出版陈寅恪先生的遗文稿,得到我社和上海市出版局的同意,上海市出版局遂与中山大学联系,得到了中山大学的支持,将陈先生在中山大学的一些稿子移交给1978年1月更名成立的上海古籍出版社。上古立即重印了《元白诗笺证稿》,并启动《陈寅恪文集》的编辑出版工作(高克勤《陈寅恪著作的标点符号》,载《南方周末》,2020年7月2日)。《元白诗笺证稿》因为是在《陈寅恪文集》编辑前即已开始用旧纸型重印,故《文集》之六反而面世最早。

按:《元白诗笺证稿》是陈寅恪著作中出版印刷次数最多的。1950年岭南大学中国文化研究所初版,1955年作者修改后由文学古籍刊行社重印,1958年再由作者校改增补后由古典文学出版社重印,1959年中华书局上海编辑所重印,1978年3月上海古籍出版社又据此纸型重印,称"新一版",1982年2月上古二印"新一版"。港、台方面有香港商务印书馆1962年版,台湾三人行出版社1974年版,九思出版社1977年版,里仁出版社1979年版,台北"中研院"史语所1971年节录本(刘经富《我收藏的陈寅恪〈元白诗笺证稿〉》,载《中国文物报》,2002年7月3日)。

此外,复旦大学组织编写的《中国学术名著提要·文学卷》(复旦大学出版社1999年版)对陈寅恪这本名著有介绍分析阐释,给予高度评价(陈正宏撰文)。

1979 年

文章：

8 月，王永兴在《中国史研究动态》第 8 期发表《陈寅恪》（又载 1981 年出版的《中国历史学年鉴》）。

按：笔者保存一份修水县政协编著《一门四杰》时保留下来的王永兴此文手抄件，标题前面有"现代中国史学家"字样，此文实为"陈寅恪小传"。

文章先介绍陈寅恪的留学经历和外语水平，再叙述陈寅恪各阶段任教单位转换、身份、头衔，次叙述陈寅恪的教学情况、研究成果，次总结陈寅恪的治学特点、学术贡献。文章结构合理，层次清晰，观点、情绪符合当时的社会形势、言说环境，也与人物传记的体裁相吻合。

11 月，程靖宇在台湾《传记文学》第 35 卷第 5 期发表《陈寅恪大师逝世的年月日与大量遗作的情况》和《陈寅恪先生的"欠砍头诗"笺释》。

按：此文未见。

著作：

12 月，《陈寅恪先生全集》（增订本四印）由台北里仁书局出版（俞大维题耑，上、下册，收入陈寅恪专著《隋唐制度渊源略论稿》《唐代政治史述论稿》《元白诗笺证稿》和文章 97 篇）。

按：台北里仁书局这次出版的《陈寅恪先生全集》与台北九思出版社 1977 年 12 月出版的《陈寅恪先生全集》从装帧、册数来看似为同名同书。

本年，朱传誉编《陈寅恪传记资料汇编》第一册由台北天一出版社出版（1981 年出第二册，1985 年出第三册）。

按：1969 年 10 月陈寅恪去世后，海外连篇累牍发表纪念文字，这些文章后来由朱传誉汇编为《陈寅恪传记资料汇编》。天一出版社出版的"传记资料"丛书共数十种，收录近现代名人颇多，质量参差不齐，常有错讹，如将夏曾佑资料掺入《夏敬观传记资料汇编》中。《陈寅恪传记资料汇编》作为其中的一种亦颇庞杂。

小 结

陆键东：20 世纪 70 年代，港、台出现了第一次"陈寅恪热"，标志是悼念、言说文字的涌现和整理、出版、研究陈寅恪著作的增多，反映了海外一时学术风气,对新一代的学人重新理解陈寅恪,用新的历史观与文化观审视陈寅恪在中国文化史上的地位起到了一定的作用。它预示着海外第二次海外"陈寅恪热"将掀起更大的浪潮(陆键东《陈寅恪的最后二十年》,三联书店 1996 年版,第 498 页)。

张求会:"国内沉默,海外热闹"这一奇特现象,在陈寅恪生前已经出现,身后表现得更为突出。甚至可以说,"陈寅恪热"的兴起和蔓延,是海内外无数对历史抱有温情与敬意的有识之士促成的(张求会《当陈寅恪已成为历史》,载《南方都市报》,2008 年 7 月 7 日)。

1980 年

文章:

2 月,胡守为在《学术月刊》第 4 期发表《陈寅恪先生的考据方法及其在史学中的运用》(又载《史学史资料》1980 年第 6 期;后收入张杰、杨燕丽编《解析陈寅恪》)。

按:此文从三个方面归纳、论述、列举陈寅恪考据方法的特点:一、考据以事证为主。指出陈先生强调考证不但要注意古典,还要注意"今典"。所谓古典即旧籍的出处,或可称为寓意;所谓"今典"即作者当日之时事,或可称为纪实。二、以诗文证史。陈寅恪在这方面的贡献为历史研究开辟了一条新的途径。清人杨钟义的《雪桥诗话》已注意到诗的题目可以核正史事,然而倡导以诗证史,并把它作为研究历史的一种方法,陈先生实首开其端。他的《元白诗笺证稿》可以说是这种研究方法的示范。三、运用考据提高历史学的科学性。指出陈寅恪不为考证而考证,没有把考据作为历史学的终极目标,力图通过周密的考据求得史识。这是他高于乾嘉考据学之处。

在 1980 年,胡守为先生对陈寅恪的考据学能有这样缜密、到位的分析论述,是走在史学前沿的表现。

6 月,王永兴在中华书局编印的《学林漫录》初辑发表《怀念陈寅恪先生》。

按:此文写于 1979 年 10 月,是对陈寅恪逝世十周年的纪念。文章首先介绍陈寅恪在东方学上"但开风气不为师"的成就,次论述陈寅恪在中古史研究上的贡献,次披露解放后周恩来总理以及广东省高层对陈寅恪的礼敬。最后叙述自己重读老师所有文章的体会,附陈寅恪已面世的文章篇名。此文与他在《中国史研究动态》1979 年第 8 期发表的《陈寅恪》都强调陈寅恪晚年感谢当局的照顾,关系不错,可能既有当时政治形势下套语程式的因素,亦有从意识形态上保护陈寅恪的考量。

9 月，陈封雄在《人民日报》副刊《战地》第 5 期发表《卌载都成断肠史——忆寅叔二三事》。

按：陈封雄是陈寅恪的亲侄子（陈衡恪长兄陈衡恪第三子），《人民日报·海外版》高级记者。此文在"文革"结束不久首次以亲属的身份披露陈寅恪在"文革"中的遭遇，回忆六叔的留洋求学经历，域外语文知识，目盲仍然著述等往事。该文首发《人民日报》副刊《战地》，《战地》是当时著名的文艺刊物，之后《新华文摘》又全文转载，故一时影响颇大。

11 月 17、18 日，台湾《联合报》副刊连载陈寅恪《寒柳堂记梦未定稿》的"第一章""第二章"。

11 月 28 日，陈封雄在《羊城晚报》发表《一代史学家之死——悼念我的六叔陈寅恪》。

按：此文的材料事实与陈封雄所写上一文大致相同。《羊城晚报》是广东省的名报，该文选择在陈寅恪晚年的眠息之地发表，意义与影响更大。

本年，毕树棠在《清华校友通讯》复 2 期发表《忆陈寅恪先生》（又在《散文世界》1985 第 6 期发表；后收入倪文尖编《文人旧话》，文汇出版社 1995 年版；杜汇良等编《学在清华》，清华大学出版社 2011 年版）。

按：毕树棠是清华大学图书馆资深管理员，颇有学养，与陈寅恪接触较多。他这篇回忆文章，既平实又有趣味，提供了一些近距离接触的资料。如披露陈寅恪在清华大国学研究院任教时，由顾子刚、浦江清两位助手帮他找资料，毕树棠等人则做顾、浦两位的下手。又描述陈寅恪爱猫的细节，陈三立晚年定居北平时对厨子不满，只得常换厨子等，皆道人所未道。

著作：

2 月，《陈寅恪文集》之四《隋唐制度渊源略论稿》、之五《唐代政治史述论稿》（1982 年 2 月二印）由上海古籍出版社出版。

按：复旦大学组织编写的《中国学术名著提要·历史卷》（复旦大学出版社 1994 年版）对陈寅恪这两本名著有介绍评析，评价极高（吕健撰文）。

6 月，《陈寅恪文集》之一《寒柳堂集》（1982 年 2 月二印）由上海古籍出版社出版。

按：该书原稿系陈寅恪女儿追讨父亲遗稿获得。书名是陈寅恪本人所取还是整理者蒋天枢命名，暂不详。

该书附录首次披露的陈寅恪晚年诗作，在海外引起极大反响。

8 月，《陈寅恪文集》之二《金明馆丛稿初编》（1982 年 2 月二印）由上海古籍出版社出版。

　　高克勤：陈寅恪先生的学术著作在他生前出版单行本的有三种：《唐代政治史论述稿》《隋唐制度渊源略论稿》《元白诗笺证稿》。1958年，原中华书局上海编辑所有鉴于陈氏单篇文章的学术价值，即开始向陈寅恪约稿，得到陈的同意。至1963年3月，陈寅恪整理好交稿，名《金明馆丛稿初编》，内收文章二十篇。《初编》自序云："此旧稿不拘作成年月先后，亦不论其内容性质，但随手便利，略加补正，写成清本，即付梓人，以免再度散失，殊不足言著述也。"中华上编接到来稿后，即由梅林、金性尧两位编辑先后审读。当年9月，他俩分别写出审读报告，就稿件中涉及少数民族称呼和邻国关系等问题提出处理意见。中华上编领导反复审读后，决定报请上海市出版局批准出版，时为1966年2月。嗣后"文化大革命"开始，稿件即被搁置下来，未能出版（高克勤《〈陈寅恪文集〉出版述略》，载《文汇报·学林》2007年6月3日）。

　　按：《金明馆丛稿》的《初编》《二编》为陈寅恪生前本人编就。据李锦绣研究，收入《初编》《二编》中文章的编排方式值得注意，内含十二篇有关魏晋南北朝史论文的排列先后次序也需细考（李锦绣《陈寅恪学案》）。

　　8月，《陈寅恪文集》之七《柳如是别传》（上中下，1982年2月二印）**由上海古籍出版社出版。**

　　高克勤：1961年9月2日，陈先生复信，提到"寅恪现正草钱柳因缘诗释证，尚未完稿"，信中所述"钱柳因缘诗释证"，即后来出版的《柳如是别传》。1962年5月，中华上编副总编辑戚铭渠赴广州期间拜访陈先生，又约"钱柳因缘诗释证"稿，蒙陈先生同意。回沪后，即将两书（《金明馆丛稿初编》《钱柳因缘诗释证》）约稿合同寄上（高克勤《〈陈寅恪文集〉出版述略》）。

　　按：陈寅恪的《柳如是别传》1964年写好后，没有寄给中华上编。1970年陈寅恪夫妇逝世半年后被中大"陈寅恪专案组"借口"审查特务案件"把陈家保存的陈寅恪新旧著作稿件，从陈寅恪小女儿陈美延手中全部拿走，后来又辗转被历史系取去。"文革"结束后，1978年4月，陈寅恪女儿追讨索回了父亲部分遗稿，内有30余册《柳如是别传》原稿。早在1964年5月，蒋天枢赴穗预祝老师75岁寿诞，接受了老师嘱托他编一套文集的任务，陈寅恪女儿遂将父亲遗稿寄给蒋天枢。

　　10月，《陈寅恪文集》之三《金明馆丛稿二编》（1982年2月二印）**由上海古籍出版社出版。**

　　高克勤：粉碎"四人帮"后不久，陈寅恪先生的弟子、复旦大学中文系教授蒋天枢先生通过老友、原中华上编编辑吕贞白先生转来陈寅恪论文集《金明馆丛稿》。全稿八十八篇,包括"文革"前交来的二十篇,我社按编年方式编排出版(高克勤《〈陈寅恪文集〉出版述略》)。

按:这可能是上古把新获得的陈寅恪未见文章 68 篇结集名为《金明馆丛稿二编》的由来。

1981 年

文章:

7 月,鲲西(王勉)在《读书》第 7 期发表《别具一格的传记——读〈柳如是别传〉》。

此文要点:陈寅恪先生的遗著《柳如是别传》,是具有独特的风格的一部传记。因为它是一部历史著述,通过对人物作品的大量笺证考释来记叙人物,使三百数十年前明末的名伎柳如是和当时文坛宗匠钱谦益(牧斋)的姻缘,她出类拔萃的文学才能,她参加复明的爱国活动,以及那个可歌可泣的时代生动地再现了出来。历史研究者把这部《别传》当作谨严卓越的史学论著来看待,而我们又从这充溢着著者与人物情感交融的篇章中,获得像读传记文学一样令我们心弦激荡的感受。

著作:

9 月,蒋天枢编《陈寅恪先生编年事辑》由上海古籍出版社出版,作为《陈寅恪文集》的附录(1997 年 5 月再出增订本)。

骆玉明:该书首次向学术界披露了陈寅恪一直有如"云雾不知踪"的晚年生平梗概。陈寅恪作为一代学术宗师的形象重新在人们眼前浮现,他的晚年命运之所以引起人们的强烈关注,关键原因,是因为陈寅恪晚年最为信赖的忠诚学生蒋天枢整理编辑的《陈寅恪文集》陆续出版。这套文集中所附《寅恪先生诗存》和《陈寅恪先生编年事辑》第一次向外界披露了向来不为人知的陈寅恪晚年生平梗概和心迹记录。《编年事辑》大量引用陈氏"文革"中的"交代稿"作为原始资料,令人深深感受到那背后历史寒潮的凌厉肃杀之气。这套《陈寅恪文集》在学术界迅速传布,推动着人们重新评价陈寅恪的学术地位和成就(骆玉明《陈寅恪的意义》,载骆玉明《近二十年文化热点人物述评》)。

按:《陈寅恪文集》共计七种九册("附录"一册,共计十册)至此全部出齐。上古推出的《陈集》来之不易,意义重大。它不仅意味着陈寅恪社会身份的承认(学界有人认为出版《陈寅恪文集》是为陈寅恪"招魂"的一件大事),也为研究者提供了当时最严谨、最齐全的陈寅恪著作文本,也意味着国内第一次"陈寅恪热"即将来临。为此,学术界应感谢蒋天枢先生引领开创之功和尊师重道风范。蒋先生为整理《文集》所遇到的艰辛,多年后人们才从朱浩熙《蒋天枢传》、陈正宏《蒋天枢先生与〈陈寅恪文集〉》中获知梗概。而出版社的学术眼光和出版计划的诸多波折,《陈集》的出版策划与当时政治文化大背景的关系、博弈,后来亦有多篇文章披露内情(徐庆全《追寻陈寅恪遗稿的故事》,载《人民政协报》,2004 年 11 月 25 日;高克勤《〈陈寅恪文集〉出版述略》,载《文汇报·学林》,2007 年 6 月 3 日(参见本书第 89 页2007 年"文章"类对高克勤此文的评述);高克勤《中华书局上海编辑所书信辑注》,载《中华文史论丛》2008 年第 2 期、高克勤《陈寅恪先生致古典文学出版社书信辑注》;魏同贤《回忆〈陈寅恪文集〉的出版经过》,载《南方都市报·阅读周刊》,2008 年 7 月 6 日;徐庆全《陈寅恪〈论再生缘〉出版风波》,载《南方周末》,2008 年 8 月 28 日;徐俊《一个未能实现的出版计划——1960 年代中华书局与陈寅恪先生的交往》,载《书品》2010 年第 6 期;高克勤《中华上编、中华书局与陈寅恪著作出版概观》,载《东方早报》,2012 年 8 月5 日;金性尧《〈金明馆丛稿初编〉复审报告》,载《东方早报》,2008 年 8 月 28 日)。魏同贤回忆:"'文革'之前,文化界能出文集的只有郭沫若、茅盾几位……'文革'以后,大家想冲破'左'的思想束缚,出版一些学术专著来活跃学术气氛。在这种思想指导下,才有出版陈寅恪先生文集的想法。这是一个大背景,我们不能忽略这个大背景,才能理解这套书的出版在学术界为什么能起如此大的作用。"在回答《陈寅恪文集》的出版是否带动了整个出版界时,魏先生坦言:"这个我说不准,只是感觉后来的文集就多起来了。"应该承认,在整理、出版《陈寅恪文集》的整个过程中,很难明确指出遇到过什么具体的压迫和阻挠。但不容置疑的是,无形却有力的束缚和禁锢仍无所不在。如陈寅恪集本当定名为"全集",而"全集"书名须请示国家批准,所以只能称"文集"。明于此,才能对上古于乍暖还寒时节郑重推出《陈集》作出公允恰切的评价。鲲西在文章中指出:"80 年代初人们方从混沌阴郁状态中解脱出来,古籍社所进行的这一项工作是艰巨而且有远识的,是为保存民族文化而作的有意义的事。"高克勤在文章中指出:"上古及其前身中华上编在出版陈寅恪先生著作等方面对于中国当代文化和出版的贡献,是可以载入史册的。"2020 年 1 月 4 日,复旦大学中文系、古籍所与上古联合举办了"纪念《陈寅恪文集》出版四十周年发布会"。与会的专家学者及嘉宾共同回顾了《陈寅恪文集》的出版历程,高度评价了陈寅恪先生的学术地位及《陈寅恪文集》的出版对中国文史学术的深远影响。高克勤社长从出版人的角度解析了《陈集》为什么会在上海出版,他说,在当代中国出版界,上海出版人是明确认识陈寅恪先生著作价值的先行者。在上古保存的书稿档案中,至今完整地保留了陈寅恪先生论文集的编辑出版记录和来往书信,从中可以看到,"文革"结束后《陈集》的迅速出版固然是上古当时的编辑解放思想、尊重学术的结果,同时也是从中华上编以来的几代出版人对于学术文化珍而重之传统的体现。

《文集》出版后,文化学术界发表了不少书讯、书评、读后感,笔者统计到的有:魏同贤《史学领域的一座丰碑》,载《中国社会科学》1983 年第 5 期;湘隽《〈陈寅恪文集〉问世》,载《文献》第 8 期 1981 年 6 月;冯菊年《著名历史学家、已故中大教授陈寅恪文集陆续出版》,载《南方日报》,1981 年;越(笔名)《〈陈寅恪文集〉出版简介》,载《人民日报》,1980 年 10 月 28 日;旭(笔名)《陈寅恪先生文集已陆续出版》,载《文汇报》,1980 年 12 月 12 日;陈建敏《介绍〈陈寅恪文集〉》,载《书林》1981 年第 5 期;黄裳《关于〈陈寅恪先生编年事辑〉》,载香港《大公报》,1982 年 3 月 25、26 日;《陈寅恪"寒柳堂"的消息》,载黄裳《榆下说书》,三联书店 1982 年版;汤晏《喜见〈陈寅恪文集〉问世》,载台湾《传记文学》1982 年 4 月第 40 卷第 4 期;辛雨《留取丹心照汗青——读蒋天枢〈陈寅恪先生编年事辑〉》,载《读书》1982 年第 5 期;周法高《读〈陈寅恪先生编年事辑〉》,载台北《大陆杂志》1982 年第 65 卷 6 期;蔡振翔《陈寅恪和他的〈文集〉》,载《历史教学》1984 年第 4 期;严寿澂《读〈陈寅恪文集〉札记》(一、二、三、四),载台北《鹅湖月刊》1996 年 10 月总 256、257、258 期,1997 年第 260 期;周勋初《读〈陈寅恪文集〉》(大约写于 80 年代,见《周勋初文集》第 7 册,第 253—258 页,江苏古籍出版社 2000 年版);何新《朴学家的理性与悲沉——读〈陈寅恪文集〉论陈寅恪》,载《读书》1986 年第 5 期。

约本年底,台湾里仁书局翻印上古版的全套《陈寅恪文集》。

1982 年

文章:

4 月,胡守为在《学林漫录》第 5 辑发表《略谈陈寅恪先生的诗文证史》。

此文要点:以诗文证史是陈寅恪先生研究历史的一个重要方法,他把许多有示范性的成果收集在《元白诗笺证稿》一书中。过去学者多重视唐诗的艺术价值,而较少注意其史料价值。陈先生认为唐诗叙事的成分多,从而提供了大量关于时、地、人的历史材料。如何详辨小说中的史料而慎取,陈先生有他的见解。他认为应注意小说中的个性和通性的问题,个性即小说中的具体人物,往往是虚托的,而通性即人物的典型性,是真实的。陈先生认为史料是历史研究的基础和前提,以诗文证史是使史料完备和史料鉴别的一种为人们所忽视的研究方法,陈先生在这方面的工作都是为了提高历史学的科学性,为此他曾付出巨大的努力。他以诗文证史,应当说是开辟了研究历史的一条途径。

6月,胡守为在《晋阳学刊》第3辑发表《陈寅恪传略》〔后收入《晋阳学刊》编《中国现代社会科学家传略》(第七辑);岳麓书社编《文史哲学者治学谈》〕。

按:此《传略》一万余言。先介绍陈寅恪的家世背景,后以陈寅恪一生经历为线索分期介绍陈寅恪的学术活动、成果与教学。全面介绍论说陈寅恪的学术志向追求、治学范围领域、治学重点方向的转折、治学方法特征、思想观念。最后表明党政领导对陈寅恪晚年的关怀,"文革"对他的摧残迫害,以"他渊博的学识、民族气节、爱国精神,永远使人尊敬"结束。

7月2日,陈封雄在《羊城晚报》发表《精通多种文字的学者陈寅恪》(后收入张杰、杨燕丽编《追忆陈寅恪》)。

按:此文可能最早披露陈寅恪掌握十四五种外文。文章介绍陈寅恪为了研究中国历史,从青年时代便下决心广泛学习多种外文。他除了通晓英、法、德、日、俄文之外,还懂梵文、巴利文、蒙文、藏文、满文、波斯文、土耳其文等。这对当时恢复高考不久、被"文革"耽误的一代知识青年来说诱惑力是很大的。

7月,沈宗威在《上海博物馆集刊》"建馆三十周年特辑"发表《读〈寒柳堂集〉书后》(上海古籍出版社1982年版,第126页)。

按:此文虽短,但谈陈寅恪论其家世的《寒柳堂记梦稿》甚好。谓虽为私史,却得史家之正。

著作:

9月,台湾里仁书局出版《陈寅恪文集》(俞大维题耑,共五册,收入陈寅恪专著《隋唐制度渊源略论稿》《唐代政治史述论稿》《元白诗笺证稿》,其他文章篇目暂不详)。

1983 年

文章:

1月,余英时在香港《明报月刊》第18卷第1、2期发表《陈寅恪的学术精神和晚年心境》上、下(此文三月份在台湾《中国时报》上连载了十一天)。

小 结

陆键东:港、台在20世纪70年代出现了第一次"陈寅恪热"后,于80年代前期又涌现了第二次"陈寅恪热"。其中余英时是引领者。

3 月,陈其泰在《史学史研究》第 1 期发表《〈金明馆丛稿二编〉与陈寅恪的治史风格》(后收入陈其泰著《中国近代史学的历程》)。

按:此文开篇指出,陈寅恪先生论文集《金明馆丛稿二编》充分反映出这位近代著名史家的渊博学识,五十多篇文章涉及广阔的研究范围,关于魏晋南北朝史研究,关于蒙古史研究,关于佛教史研究包括敦煌写经及西夏文佛经等,都颇多独到的见解。但本书更值得我们注意的,是书中陈寅恪为别人的论著所写的序、跋、审查报告。这是因为陈寅恪作为近代新考据学家中最具史识者,是很重视治学方法的,在他写序跋评论别人学术时,已经讲出自己关于治学的许多重要见解。因此,认真研读这些文章并与其他论著联系起来,很有助于总结陈寅恪的治史风格,对他之所以取得超越前人成就,能有进一步的了解,现举三篇文章为例:《王静安先生遗书序》《冯友兰中国哲学史上册审查报告》《冯友兰中国哲学史下册审查报告》)。

文章最后指出陈寅恪未能摆脱传统士大夫思想的影响,没有接受历史唯物主义的指导,加入解放后广大历史工作者运用这一种科学理论建立社会主义新史学的时代潮流。我们应该珍视和继承他遗留下来的史学遗产,但对于他的不足之处也应有恰当的说明。

7 月,黄延复在《人物》第 4 期发表《文史大师陈寅恪》(此文先在《清华校史丛书·人物志》(1)刊载;《人物志》发表后,于 1986 年 9、10、11 月在香港《文汇报》连载;后又收入《笳吹弦诵情弥切——西南联大五十周年纪念文集》,中国文史出版社 1988 年版)。

按:此文先以陈寅恪 20 世纪 30 年代在北平学术界的崇高声誉总领全文,次倒叙陈寅恪留洋列国经历,次叙说陈寅恪的治学道路、领域、方法、史观和成就、博学,次介绍陈寅恪晚年的遭遇。全文材料丰富,细节真切,文笔流畅。当年读之,留下深刻印象。

7 月,陈封雄在《人物》第 4 期发表《怪教授》。

按:此文列举了几则来自亲属的亲历见闻,如陈寅恪虽曾留学欧美十多年,但装束却一身"土"气,没有半点洋味。夏季一袭长衫、布裤、布鞋,冬季则一顶"三块瓦"皮帽、长围巾、棉袍再加黑面羊皮马褂、棉裤扎腿带、一双厚棉鞋。戴上近视眼镜,完全是一副只知"子曰""诗云"的老学究模样;有一次到西药店去买胃药,其中有德国货、美国货和日本货,没有中文说明书。陈寅恪把每种药说明书都仔细看过,然后选购了一种。店员以为他是精神病患者,陈封雄在旁边连忙解释说"他懂各国洋文",所有在场的人立即向他投以"奇怪"的眼光。这类爆料,形象生动,令人解颐。

著作:

7月,白寿彝著《史学概论》由宁夏人民出版社出版。

按:该书第八章《近代史学》第三节《历史考据学》,列举王国维、陈寅恪、陈垣为代表。《诗文笺证和"民族文化之史"——陈寅恪先生》要点:所谓"民族文化之史",是陈寅恪先生自己提出来的,内容很广泛,包括政治制度、社会习俗、学术思想、文学艺术等,而没有经济。陈寅恪先生着重以"相反相成"来说明民族文化上的变化,具有明显的辩证法因素。他写的两本著名的史论《隋唐制度渊源略论稿》和《唐代政治史述论稿》,所以能在烦琐考证中具有一定的吸引力,其原因即在于两书具有辩证法因素。但他的史观仍是唯心主义的,绝口不谈经济基础在历史上的作用(参见本书第34页1993年"文章"类傅杰的反驳)。

90年代初,北京师范大学历史系以白寿彝《史学概论》为基础,编写了《中国史学史》大学教材。2004年修订版删掉了陈寅恪"史观仍是唯心主义"的表述,保留了陈寅恪"不谈经济基础在历史上的作用"的观点,删掉了"绝口"两字,一直保留到2009年八印本。总的来说,该书作者对陈寅恪评价有所保留的痕迹始终存在。

1984年

文章:

4月,蒋天枢在《文献》第2期(总第20期)**发表《陈寅恪先生传》**(后收入北大《纪念陈寅恪先生诞辰百年学术论文集》;陈翔华等编《中国当代社会科学家传略》第11辑;蒋天枢《陈寅恪先生编年事辑》增订本)。

按:此文引首略述陈寅恪家世,正文分《求学时代》《在清华园与南迁北返》《南迁岭表》三章,依次介绍陈寅恪的生平事略、学术教学活动,较少涉及陈寅恪的治学和学术成果。结尾综括陈寅恪治学特色为四点:一、以淑世为怀。笃信白居易"文章合为时而著,歌诗合为事而作"。二、探索自由之义谛。义见《王观堂先生纪念碑铭》及《论再生缘》。三、珍惜传统历史文化。四、"续命河汾"之向往。最后认为陈寅恪属于顾炎武、黄宗羲一流的人物。

5月,饶展雄发表《陈寅恪治史方法初探》(载《中国历史文献研究集刊》第5辑,岳麓书社1984年版)。

按：此文首揭陈寅恪的史料意识,十分重视史料的完备和鉴别;次分析陈寅恪的史学思想与方法,既吸收了乾嘉考据学的精华,又比乾嘉诸老更上一层;次介绍论说陈寅恪的史学思想与方法,受到德国史学思潮特别是兰克历史语言考证学派的影响。最后总结陈寅恪的学术成果、地位、影响。认为研究历史必须以马列主义唯物史观为指导,如果陈寅恪不受兰克学派排斥政治主义学术理念的影响,吸纳唯物史观进行历史研究,一定会取得比现在更为可观的学术成就。

7、8 月,余英时在香港《明报月刊》第 19 卷第 7、8 期发表《陈寅恪晚年诗文释证》上、下篇。

7 月 19、20 日,余英时在台北《联合报》发表《陈寅恪的"欠砍头"诗文发微》。**9 月 7 日**,余英时又在《联合报》发表《陈寅恪的"欠砍头"诗文发微补正》。

8 月,冯衣北在《明报月刊》第 19 卷第 8 期发表《也谈陈寅恪先生的晚年心境——与余英时先生商榷》。

按：参见本书第 21 页 1986 年"著作"类冯衣北《陈寅恪晚年诗文及其他——与余英时先生商榷》出版条。

10 月,余英时在香港《明报月刊》第 19 卷第 10 期发表《陈寅恪晚年心境新证》。

10 月 16 至 20 日,余英时在台北《联合报》发表《文史互证,显隐交融——谈怎样通解陈寅恪诗文中的"古典"和"今情"》。

11 月,余英时在香港《月刊》第 19 卷第 11 期发表《古典与今典之间——谈陈寅恪的暗码系统》。

本年,胡守为发表《陈寅恪先生对唐代文学的贡献》(载《唐代文学研究年鉴》1984 年卷)。

按：此文首先指出文学与史学实有着密切的关系,陈寅恪先生正是从这两者的密切关系进行研究的。以下从"古文运动""新乐府""行卷""佛教文学"几个方面展开论述。最后归结陈寅恪的以诗文证史,是他在唐代文学研究上的重要贡献。参阅胡守为之前发表的《略谈陈寅恪先生的诗文证史》一文(见本书第 15 页 1982 年"文章"类对此文的介绍)。

著作：

6 月,余英时著《陈寅恪晚年诗文释证》由台北时报文化出版事业有限公司出版(1986 年出增订本,台湾东大图书有限股份公司 1998 年出增订新版,2004、2011 年重印)。

1985 年

文章：

4 月，金应熙发表《陈寅恪评传》（载《中国史学家评传》下册，中州古籍出版社 1985 年版）。

按：此文是继王永兴、胡守为之后的陈门弟子记述评议陈寅恪生平、学术的重要传略，全文二万余言。文章先铺叙陈寅恪早年家世、留学经历、治学方向的选择，中年的教学、科研、乱离、失明；晚年的遭遇、心态；继概括总结陈寅恪在边疆史地、佛学，魏晋南北朝隋唐史、明末清初文史等三大治学领域的过程、成果、地位；继从史料、考据、通识三个方面分析抉示陈寅恪的治学特点和史观。全文篇幅宏富，材料众多，层次清晰，积累、识见深广，学术质量较高。

7、8 月，冯依北在《月刊》第 20 卷第 7、8 期发表《陈寅恪晚年心境的再商榷——兼谈余英时先生的"暗码系统"说》上、下。

10 月，余英时在香港《明报月刊》第 20 卷第 10 期发表《弦剪文章那日休》。

著作：

10 月，台湾弘文馆出版社翻印上海古籍出版社蒋天枢编《陈寅恪先生编年事辑》。

1986 年

文章：

4 月，王永兴在《清华大学学报》第 1 期发表《略谈陈寅恪先生的治史方法》（后收入王永兴著《陈门问学丛稿》；张杰、杨燕丽编《解析陈寅恪》）。

按：此文认为史学研究者称赞寅恪先生精于考据，甚至说他是考据家。但其实精于考据并不是先生之学的主要特长。作者认为陈寅恪之学的主要特长是：1. 以史学而论，关于唐史的论述，有他自己创新见解，自成体系。2. 看重通识。3. 朴素的辩证方法。4. 重视形势对重大历史事件和政策的决定作用。5. 小处着手大处着眼。

5 月，何新在《读书》第 5 期发表《朴学家的理性与悲沉——读〈陈寅恪文集〉论陈寅恪》。

按：此文从 20 世纪八九十年代学术风向开始重视乾嘉朴学出发，叙说评议陈寅恪的治学特点和成就。认为王国维、章太炎、陈寅恪是朴学在 20 世纪作为殿军的最后三位代表性人物。陈寅恪于三人中最为晚生，但对朴学传统却恪守最严,学术地位至高,治学成就至大。同时又指出陈寅恪在传统考据学的基础上有所创新,即扩大了治学领域和注重综合分析,微观淹博,宏观见道。在 1986 年,有此议论,已在一般水平之上。

著作:

7 月,冯侬北编著的《陈寅恪晚年诗文及其他——与余英时先生商榷》由花城出版社出版(1998 年 3 月重印)。

10 月,余英时著《陈寅恪晚年诗文释证》增订本由台北时报文化出版事业有限公司出版。

1987 年

文章:

4 月,余英时在香港《明报月刊》第 22 卷第 4 期发表《跋新发现的陈寅恪晚年的两封信》。

6 月,胡守为在《学术研究》第 6 期发表《陈寅恪的史学成就与治史方法》(后收入中大第一次《纪念陈寅恪教授国际学术讨论会文集》;张杰、杨燕丽编《解析陈寅恪》)。

按:此文为胡守为编《陈寅恪史学论文选前言》的部分内容。文章概括陈寅恪的治史方法为四点:(1) 批判性地继承了乾嘉学者把史学变成史料学的作法,认为考证只是治史的手段,而不是治史的目的。力求通过考证来说明历史事实及其内在联系。(2) 吸收了西方比较语言学的方法。先生留学德国时,曾受历史语言考据学派的影响,专攻语言学,掌握多种外语,使他能运用多种文字来相互印证、校正史乘,并运用比较语言学的方法来说明文化交流的现象。(3) 运用比较研究的方法,他的《元白诗笺证稿》是比较研究的典范。(4) 陈寅恪史学方法有两个显著的特点:一是详细地占有可靠的史料,不作空头史学家。二是实事求是的学风,主张有一分史料说一分话,在可靠的史料基础上分析历史事实的客观因果关系。

著作:

4 月,万绳楠整理的《陈寅恪魏晋南北朝史讲演录》由黄山书社出版(1999 年重印;台北昭明出版社 1999 年版;台北知书房出版社 2010 年版;贵州人民出版社 2007 年再版,2014 年重印)。

按:该书是陈寅恪 1948 年在清华大学历史研究所讲课时,学生万绳楠所作的课堂笔记,由万绳楠参照陈寅恪编的《两晋南北朝史引文资料》底本、陈寅恪《金明馆丛稿初编·二编》和《寒柳堂集》而成。

该书出版后,书评有:李彬《知人论世,清通简要——读〈陈寅恪魏晋南北朝史讲演录〉》,载《新闻爱好者》2015 年第 8 期;巩本栋《陈寅恪先生的政治史研究的特色——读〈魏晋南北朝史讲演录〉札记》,载南京大学古典文献研究所编《古典文献研究》,2006 年度结集,总第 9 辑,凤凰出版社 2006 年版;王祯《读陈寅恪先生〈魏晋南北朝史讲演录〉有感》,载《上海后勤》2015 年第 3 期;向静仪《陈寅恪眼中的魏晋:简评〈陈寅恪魏晋南北朝史讲演录〉》,载《青春岁月》2020 年第 5 期;佚名《万绳楠教授整理的〈陈寅恪魏晋南北朝史讲演录〉出版》,载《安徽师范大学学报》1988 年第 3 期。

1988 年

文章:

4 月,姜伯勤在《广东社会科学》第 2 期发表《陈寅恪先生与敦煌学》。

按:此文指出陈寅恪以"预流"的眼光创立"敦煌学"学科概念,开创了一代新的学术风气。并身体力行,在"敦煌文学与比较文学""敦煌佛学""敦煌藏学""以敦煌佚诗证史""以敦煌金石佚文证史"等方面开拓示范。揭示中国传统文化与域外文化的冲突,并进而揭示中西文化交流融合的深层意蕴。

4 月,任嘉禾在《内蒙古大学学报》第 2 期发表《浅析王国维和陈寅恪的"民族文化史观"》。

此文《内容提要》:陈寅恪自称"喜谈中古以降民族文化之史",指的是古代各民族包括汉族和少数民族在文化史上的作用。陈氏在这个问题上有系统的看法,可以称之为"民族文化史"。王国维对于古代各民族在文化史上的作用亦曾提出系统的看法。王、陈二氏的"民族文化史观"大同小异,带有明显互受启发的痕迹。他们既确认儒家的主体地位,又承认各少数民族的巨大作用,从而展示了我国古代文化史的基本线索。

5 月,季羡林在中山大学第一次陈寅恪研讨会上提交《从学习笔记本看陈寅恪先生的治学范围和途径》(后收入钱文忠编《陈寅恪印象》;张杰、杨燕丽编《追忆陈寅恪》;《季羡林文集》第六卷《中国文化与东方文化》,江西教育出版社 1996 年版)。

此文要点:最近陈先生的家属把在清理先生遗物时发现的他留学德国期间的学习笔记本送到我手中,共有六十四本之多。计:藏文十三本;蒙文六本;突厥回鹘文十四本;吐火罗文一本;西夏文二本;朝鲜文一本;中亚、新疆二本;佉卢文二本;梵文、巴利文十本;数学二本……这些笔记本可以告诉我们很多东西,举其大者,约有以下诸端:1. 陈先生治学范围广博;2. 陈先生治学程度深厚;3. 陈先生重视书目。

著作:

5 月 26 日至 28 日,中山大学举办"纪念陈寅恪教授国际学术讨论会"。

按: 这次会议带有为陈寅恪平反的性质。会议的审批并不顺利,最后主办方以陈寅恪爱国的正当理由得以通过(唐振常《承传立新——陈寅恪先生之学》"序言",香港商务印书馆 2000 年版)。来自中国内地各省、香港地区和日本、美国的学者、专家以及陈寅恪的亲属共七十多人出席了这次学术研讨会。(《讨论会文集》,第 45 页)有人谓之"厚祭"(陈小敏《国学导师陈寅恪》,载《广州名人传》,暨南大学出版社 1991 年版)。

次年 6 月,中山大学出版社出版了《纪念陈寅恪教授国际学术讨论会文集》。该书共收入三十位学者二十六篇论文。林亚杰撰《纪念陈寅恪教授国际学术讨论会综述》(载《中山大学学报》1988 年第 4 期,《历史研究》1988 年第 6 期转载),参加会议的日本代表福井文雅撰《纪念陈寅恪教授国际学术讨论会述评》(载日本《东方学》1989 年第 1 期),香港代表刘健明撰两篇报道(《不觅封侯但觅诗——纪念陈寅恪先生国际学术研讨会侧记》,载《历史月刊》1988 年 8 月第 7 期;《文化神州丧一身——陈寅恪教授国际学术讨论会》,载《当代》1988 年 10 月第 30 期)。钱文忠撰文认为这本《论文集》是"陈学"正式形成并开始走向世界的标志(钱文忠《弘扬义宁精神,开展陈学研究——〈纪念陈寅恪教授国际学术讨论会文集〉推介》,载《中山大学学报》1990 年第 3 期);台湾逯耀东《且作神州袖手人——陈寅恪不今不古之学》(载台湾《历史月刊》1989 年第 14 期)对这次大会亦有评议。6 月 21 日,陈封雄在《人民日报》"海外版"发表《史学界缅怀一代宗师陈寅恪——参加纪念先叔陈寅恪国际学术讨论会的感想》。

11 月,陈寅恪《唐代政治史略稿》(手写本)由上海古籍出版社出版(2004 年 6 月六印,2009 年 3 月七印,2014 年 6 月八印,2016 年 5 月九印,2017 年 11 月十印)。

按: 对陈寅恪这本名著的版本渊源、手稿的保存面世等相关史实、人事关系,高克勤《陈寅恪与〈唐代政治史略稿〉》一文有详细的考证、梳理、描述[载《东方早报》,2009 年 5 月 24 日,后收入高克勤《拙斋书话》。参见本书第 124 页 2016 年"著作"类《唐代政治史略稿》(手写本)典藏本评介]

1989 年

文章:

4 月前,逯耀东在台湾《历史月刊》第 14 期发表《且作神州袖手人——陈

寅恪不今不古之学》(后收入逯耀东《且作神州袖手人》,台湾允晨文化实业公司 1989 年版)。

按:此文为一篇长篇随笔,文章关涉陈寅恪的一生遭际、思想人格、治学动态。内容庞杂,头绪颇多,跳跃性大。指出一般人认为陈寅恪的"不古不今之学"指他专治的中古史,但也可以解释为陈寅恪欲超越今古文经学,专业史学,并引申论证个中原因委曲。

9月,周勋初在《南京大学学报》第 5 期发表《陈寅恪先生的"中国文化本位论"》(后收入北大《纪念陈寅恪先生诞辰百年学术论文集》)。

按:此文先以陈寅恪《王观堂先生挽词》发端,引出"凡一种文化值衰落之时,为此文化所化之人,必感苦痛"之义。继以陈寅恪的陶渊明研究,根据古代那些恪守纲纪规范的士人精神状态而立论,近乎直觉地把握陶渊明在改朝换代过程中必然会坚持的政治立场。继讨论陈寅恪《论韩愈》的主旨意味,赞扬韩愈为维护"道统"绵延不绝作出的巨大贡献。最后指出陈寅恪在史学上的地位,不是长于考据和学贯中西,而是为维护"中国文化本位论"而毕生奋斗的一位大师,是继司马光、顾炎武而起的一位杰出人物。

12月,傅璇琮在《中国文化》总 1 期(创刊号)发表《一种文化史的批评——兼谈陈寅恪的古典文化研究》(后收入傅璇琮自选集《治学经历》,首都师范大学出版社 2010 年版;傅璇琮《唐诗论学丛稿》)。

此文《内容提要》:陈寅恪是历史上少有的既能潜心于学术研究而取得大成就,又具有博观深邃的才情在文学创作上自树高格的一代大师。文章分析了陈寅恪在魏晋南北朝及隋唐时期政治、思想、文学以及宗教、建筑等方面的论述,指出对于陈寅恪来说,文化史批评不是一种偶然性与局部性,而是一种根本观点,那就是对历史、对社会采取文化的审视。文中结论性的意见是:他既把以往人类的创造作为自然的历史进程,加以科学的认知,又要求对这种进程要求具备超越狭隘功利是非的博大胸怀而加以了解,以最终达到人类对其自身创造的文明能有一种充满理性光辉的同情。这就是贯串在他大部分著作中的可以视之权威文化史批评的学术体系。

著作:

4月,陈寅恪《陈寅恪读书札记:旧唐书、新唐书之部》由上海古籍出版社出版。

按:当时的《全国古籍新书目》对此书有重点介绍,描述了陈寅恪此书的面貌特征,书主札记细节,认为书中透露出了陈寅恪的治学特点和史观。是一篇言简意赅的高级"导读"。

　　黄山书社 1987 年所出《陈寅恪魏晋南北朝史讲演录》和上海古籍出版社
1988、1989 年所出《唐代政治史略稿》（手写本）、《旧唐书·新唐书札记》是三
部重要的陈寅恪治史原始资料，反映了对陈寅恪文献资料整理的实绩。三书
出版后，卞僧慧撰读后感《喜读陈寅恪先生唐史手稿和〈魏晋南北朝史讲演
录〉》（载《历史教学》1990 年第 12 期）。

　　**12 月，北大中国中古史研究中心编《纪念陈寅恪先生诞辰百年学术论文
集》由北大出版社出版。**

　　按：该书收入季羡林《序》，蒋天枢《陈寅恪先生传》《师门往事杂录》，冯
友兰《怀念陈寅恪先生》，周勋初《陈寅恪先生的"中国文化本位论"》，石泉、李
涵《听寅恪师唐史课笔记一则》，卞慧新《重读〈王观堂先生挽词并序〉》等七篇
纪念、弘扬陈寅恪的文章，另有 27 篇目关于史学、古典文学的论文。

　　书评有：傅璇琮《洒扫封尘，启迪来者——读〈纪念陈寅恪先生诞辰百年
学术论文集〉》，载《人民日报》，1990 年 3 月 24 日；钱文忠《后世相知却有缘》，
载《读书》1990 年第 5 期；露桥《一代有一代的新学问——〈纪念陈寅恪先生诞
辰百年学术论文集〉》，载香港《大公报》，1990 年 5 月 14 日。

1990 年

文章：

　　7 月，傅璇琮在《清华大学学报》第 2 期发表《陈寅恪思想的几点探讨》（后
收入《中华文化的过去、现在和未来——中华书局成立八十周年纪念论文集》，
中华书局 1992 年版）。

　　此文要点：陈寅恪是一位史学家，但他的成就的意义和影响并不限于历
史学界。如果我们要探讨中国近现代的文化思想史，要研究自清末特别自"五
四"以后一部分上层知识界人士怎样企求将传统的学术格局与西方近代文明
相结合以开拓一条新的学术途径，那么，陈寅恪无疑是一个不可忽视的代表人
物。作为一代大师，陈寅恪的意义绝不限于在专题领域所取得的具体成果，他
的著作作为一个整体，在近现代学术史上有着超出于具体成果的更值得人们
思考的启示。陈寅恪树立了一个高峻的标格，使人们感到一种严肃的学术追
求，一种理性的文化心态。如果我们在这些方面进行求索，则对陈寅恪研究的
深入或许会有所助益。

　　**10 月，刘梦溪在《读书》第 10 期发表《"西中体用资循诱"——谈陈寅恪的
文化态度》**（后收入刘梦溪著《学术与思想人物》）。

　　此文要点：寅恪先生对外来文化强调吸收、改造、融贯、同化，而不是排

拒,使得我们对他的文化态度不应以保守目之。他在著名的审查冯友兰《中国哲学史》的报告中宣称"窃疑中国自今日以后,即使能忠实输入北美或东欧之思想……其真能于思想上自成系统,有所创获者,必须一方面吸收输入外来之学说,一方面不忘本来民族之地位"是处理中西文化碰撞融合的重要准则。

12 月,刘梦溪在《中国文化》总 3 期发表《以诗证史,借传修史,史蕴诗心——陈寅恪撰写〈柳如是别传〉的学术精神和文化意蕴及文体意义》(后收入刘梦溪著《学术与思想人物》;中大第三次陈寅恪研讨会论文集《陈寅恪与二十世纪中国学术》)。

此文《内容提要》:《柳如是别传》是陈寅恪先生留给我们的最后一部著作,也是他酝酿最久、写作时间最长、篇幅最大、体例最完整的一部著作。本文详尽探讨了此一大著述的学术精神、文化意蕴和文体意义,提出《别传》既是笺诗证史的学术著作,又是为一代奇女子立传的传记文学,又是借传修史的历史著作。实际上是寅恪先生自创的一种新文体。特点是综合运用传、论、述、证的方法,熔史才、诗笔、议论于一炉,将家国兴亡哀痛之情感融化贯彻全篇。如果说《论再生缘》是这种新文体的一种尝试,《柳如是别传》则是这种文备众体的典范。作者更辉煌的学术目标是通过立传来修史,即撰写一部色调全新的明清文化痛史。

著作:

12 月,王永兴倡议、组织了清华大学"纪念陈寅恪先生百年诞辰座谈会"(云竺《北京学界举行纪念陈寅恪先生百年诞辰座谈会》报道,载《中国文化》1991 年总 4 期)。

按:四年后,江西教育出版社出版了王永兴主编的这次会议的论文集。见本书第 37 页 1994 年"著作"类介绍。

小　结

总结 80 年代后期国内第一次"陈寅恪热",可以归纳出以下几个特点:

(1) 起点高。它以 1978 年广东和上海的学术刊物率先推出陈寅恪晚年的重要著作《柳如是别传》的"缘起"部分、陈寅恪晚年的重要文章《论再生缘》和 1978 年到 1982 年蒋天枢整理的《陈寅恪文集》出版为开端,以中大、北大、清华举办的研讨会、座谈会纪念活动为主线,以众多的论文和专著为辅翼,几乎囊括了陈寅恪在海内外的早年、晚年弟子和史学界的著名专家,代表了当代研陈的最高水平。

（2）影响大。这一时期出现了数量颇多的研陈文章,重要的有原创意义的单篇成果已为学界肯定,随笔性的关于陈寅恪其人其事的作品和缺乏创见的论文虽然对陈寅恪研究没有太大的价值,但对于研究"陈寅恪热"却有资料价值,标志着陈寅恪研究影响的扩大以及开始向着扩大外延、深化内涵的方向健康发展(刘克敌《20 年来之陈寅恪研究述评》)。

（3）掌故流行。由于当时社会环境和政治文化学术气候的制约,陈寅恪研究就纯学术而言,主要局限在高层的学者专家中。20 世纪 80 年代,中国社会正面临着巨变,人们一时还没有更多的余裕来注视这样一位仿佛很遥远的人物。印象最深、流传最广的是与陈寅恪的国学功底、求学经历、生平身世有关的系列掌故。这种从高雅与通俗两个层面关注陈寅恪的现象一直延续到 90年代和当下。

1991 年

文章:

6 月,傅璇琮在《社会科学战线》第 3 期发表《陈寅恪文化心态与学术品位的考察》。

按:该文重点指出:对陈寅恪的研究,先要消除仅仅把陈寅恪看作为考据家、资料家的误解。1958 年,在中国大陆的思想文化界,有所谓拔白旗的口号,展开了对所谓资产阶级学者的批判,也就在这个时候,提出了在资料的掌握上要"超过陈寅恪"。言下之意是陈寅恪的思想已不值得一提,他不过在资料的掌握上还胜人一筹。在台湾的学术界,也有类似的看法,比如前几年出版的一部颇有影响的著作《新史学九十年》,就把陈寅恪归入"史料学派",说陈寅恪"对新史学的贡献,首推史料扩充"。作为严肃的学者,陈寅恪当然是强调原始资料的重要性,但把陈寅恪的学问仅仅归结为考据,那只是看到它和极为次要的部分。

6、7 月,卞僧慧在《文史知识》第 6、7 期连载《试述陈寅恪先生治学特点》(上、下)。

按:此文是陈门弟子介绍、研析老师治学精神、方法的早期文章之一。文章从陈寅恪治史目标与国家学术兴盛相联而开辟史学新境界、陈寅恪治学的深厚基础、高明的通识、考证的具体方法等方面,谈自己的感受体会。

8 月,刘梦溪在《中国文化》总第 4 期发表《有教无类——论陈寅恪先生的种族与文化观点》。

此文《内容提要》:陈寅恪先生的文化态度和文化思想像血液一样流贯于他的全部著述之中。这种学者的执着使他的历史研究事实上与文化史相重合。《元白诗笺证稿》等直接关涉文学创作的以诗文证史的著作姑且不论,即使如《隋唐制度渊源略论稿》和《唐代政治史述论稿》那样的纯史学著作,也从文化史的角度来加以立说。1951 年撰写《论韩愈》,开宗明义即提出他的文章是要确定"昌黎在唐代文化史上之特殊地位和贡献"。

本年,刘梦溪在台湾《书目季刊》第 24 卷第 4 期、第 25 卷第 1 期发表《一代文化所托命之人——论陈寅恪先生的学术创获和研究方法》(后收入清华《纪念陈寅恪先生百年诞辰学术论文集》;张杰、杨燕丽编《解析陈寅恪》)。

按:此文近五万言,可谓庞然大篇。先引陈寅恪《王静安先生遗书序》"自昔大师巨子,其关系与民族盛衰学术兴废者,不仅在能承续先哲将坠之业,为其托命之人,而尤在能开拓学术之区宇,补前修所未逮。故其著作可以转移一时之风气,而示来者以轨则也",以证陈是 20 世纪中国最杰出的历史学家,他在学术界的权威地位,很少有另外的学者像他一样得到当时后世一致的承认。全文从七个方面分疏论证:一、工具、材料、观念、方法;二、打通文史,追求通解通识;三、中国文化本位思想;四、种族与文化的观点;五、独创的阐释学;六、中国文体论;七、真正"脱心志于俗谛之桎梏"的现代学者。对陈寅恪其人其学进行了全面深入的阐述解析,时出创见,胜义迭出。作者对陈寅恪学术和思想,是下过相当精细的研读功夫的,对其根底、渊源及其精神脉络,一点都不"隔",理解相当清晰透彻,因而他对陈寅恪思想学术人格的敬重,完全不同于一般习见的跟风拥戴,绝非人云亦云、道听途说所致,而是根基于自己真正的领悟和贯通之上(借用李振声评程巢父语)。

本年,北京师范大学刘萍通过硕士论文《陈寅恪与近代历史文献学》。

此文《内容提要》:本文试从陈寅恪的具体史学实践入手,探讨他对近代历史文献学所做出的贡献。从陈寅恪考证文献的方法来看,他的方法是西方近代语言考据学与中国传统的乾嘉考据学的结合。这种结合,不仅仅使传统文献考据之学的手段更加丰富,方法得到改进,而且促进了文献学观念的变化,使历史文献学的研究内容和范围都有了重新认识的必要,从而促进了历史文献学的近代化;从陈寅恪本人的文献研究看,他对历史文献范围的拓展做出了突出的贡献。他对传统历史文献范围的扩大主要从两个层面上进行:一是注重史料以外材料的利用,二是注重原有历史文献中新内容的发掘。不过,也应该承认陈寅恪对历史文献的近代化虽然有较大贡献,但缺乏较系统的理论总结。

按:此文可能是国内外高校最早的一篇研陈硕士学位论文。

著作:

8 月,张锐发表《史学宗师陈寅恪》(载萧弓主编的《中华文化名人传》下册)。

此文要点:陈寅恪是 20 世纪 30 年代我国马克思主义史学兴起以前老一辈史学家的杰出代表,他的著作曾起过开拓学术领域和转移一时风气的作用。他在魏晋南北朝史和唐史方面致力研究 30 多年,把这两段的研究推进到一个新的阶段,为我国后来的研究工作者提供了富有启发意义的出发点。陈寅恪曾深入钻研佛、道二教经藏,在中古宗教史、思想史研究上取得宝贵的成果,有广泛的影响。陈氏以诗史互证的方法,将历史和文学打成一片,开辟了新的治学途径。陈寅恪在年过六旬、双目失明的情况下开始从事关于清代文学的著述,取得了惊人的成就。

按:此文层次清晰,要言不烦,在不足二千字的篇幅内,将陈寅恪的治学领域、治学方向重点的转变、学术成果和地位评价都照顾到了。在 1991 年对陈寅恪学术有如此认识,洵为入行。

9 月,胡逢祥、张文建编著的《中国近代史学思潮与流派》由华东师范大学出版社出版。

按:该书第五章《"五四"时期的史学思潮和流派》第三节《考古派史学的继起》列举王国维、陈寅恪、李济三人为代表。《陈寅恪》介绍要点:陈寅恪同王国维的治学范围和方法较相近,双方相互影响,陈寅恪曾将王国维的学术研究内容和方法概括为:"1. 取地下之实物与纸上之遗书互相辩证;2. 取异族之故书与吾国之旧籍相补证;3. 取外来之观念与固有之材料互相参证。"这三点其实也是他本人的论学大旨。陈寅恪的历史考证方法既继承了乾嘉学派的精华,又高出乾嘉学者。他的历史考证是为了求史识,不是为考证而考证,强调要作出信而有征的解释,又十分推重比较研究法,这是乾嘉前辈未能做到的。以诗文、小说证史,利用域外文字证史,是陈寅恪历史研究的两个重要特色。

陈寅恪的历史考证,精详缜密,总是力求全面占有史料,始终坚持以证引论,而避免以论带证。每立一义,必不厌其烦地征引大量的材料作证,并且逐条进行审核分析。这种历史考证方法显然受到德国兰克学派的影响。兰克学派主张"客观主义",认为史料掌握越多越齐备就越接近于事物的真实,史学家的任务首先在于求真征实。陈寅恪以此作为历史研究的准则,确实取得了无可置疑的丰硕成果,比同时代的其他旧史学家和西方汉学家们优胜一筹,从而进一步奠定了考古派史学坚实的学术基础。

1992 年

文章:

3 月,傅杰在《杭州师范学院学报》第 1 期发表《陈寅恪先生的学术思想》。

按:此文拈出"从王国维到柳如是""默念平生固未尝侮食自矜,曲学阿世""在史中求史识"三个要点来揭示陈寅恪的学术思想,指出王国维与柳如是,是陈寅恪一生中曾给予高度评价的两个人。悼王怜柳,都是由共同的精神贯穿、共同的精神促发的。这个一贯精神,就是他一再强调、大力表彰的"独立之精神,自由之思想"。在 1992 年即有如此表述,允为有识。

春,蔡尚思撰《陈寅恪先生的学问与思想》(未刊稿,修水县政协编著《一门四杰》时留下的蔡尚思手稿,写于 1992 年春)。

按:此文为修水县政协编著《一门四杰》时的约稿,实为杂忆、随感(陈寅恪在清华学校国学研究院任教兼北京大学国学研究所的导师时,蔡尚思是北京大学国学研究所的研究生,听过陈寅恪的课,与陈寅恪也有过面谈)。文章对陈寅恪因家世关系留恋中兴名臣曾国藩、张之洞的"中体西用"不以为然,而推崇陈寅恪通晓多国语言文字和坚持独立自由思想。对陈寅恪严谨的考据学风感受最深。

6 月,葛兆光在《读书》第 6 期发表《吾侪所学关天意——读〈吴宓与陈寅恪〉》(后收入葛兆光著《考槃在涧》)。

按:此文从吴宓的诗句"寥落终怜吾道孤"申说"吾道孤"三字说尽了吴宓、陈寅恪这两位学者的一生际遇、心志情怀。这个"道"仿佛是现在所说安身立命的"终极意义""精神血脉",正在这一点上,吴、陈等人与时不同与人不同。从《吴宓与陈寅恪》一书的字里行间可以读出三个沉重的大字——殉道者。

7 月,刘梦溪在《中国文化》总第 6 期发表《"文化托命"与中国现代学术传统》。

按:此文旨在阐释申论中国现代学者中的大师巨子,声闻显晦或有不同,但与本民族文化的兴衰荣辱与共,同为中国传统社会向现代社会转型时期的一代文化所托命之人则一。王国维、陈寅恪尤为突出,揭示通儒与专家的分界即在一大关掖。

8 月,李坚发表《陈寅恪的家世及其史观》(载邱权政主编《中国客家民系研究》,中国工人出版社 1992 年版,第 337 页)。

按:此文先介绍陈寅恪的家世,引出陈寅恪在《王观堂先生挽词并序》中流露的留恋传统文化的渊源关系。作者曾亲炙陈寅恪关于史观的言论,披露陈寅恪不赞成把人类历史发展过程刻板地划分为五种社会形态。他认为人类历史从整体看,是统一的,存在因果关系,有其轨迹可寻;从局部看,又是多样性的,世上绝无完全相同的历史现象重演。因其有轨迹可寻,故研究历史可以垂教后世。自称他的史学方法和历史观既非一元论,也非二元论;不属唯心论,也非唯物论,可说是多元的史观和史学方法。既吸收中国清代乾嘉学派的考据方法,又糅合 19 世纪以来德国历史学派的语言文字考据方法,以及欧美其他流派的史学方法。这是此文披露陈寅恪史观的材料价值所在。

10 月,刘梦溪在香港《明报月刊》第 27 卷第 10 期发表《晚年的吴宓与陈寅恪——三谈吴宓与〈雨僧日记〉》(后收入张杰、杨燕丽编《解析陈寅恪》)。

按:此文先引陈寅恪在《王观堂先生挽词》的序言里赞扬体现五常中朋友之谊的管鲍之交,后举例以证当代吴、陈之间的崇高友谊,可以比之管鲍而不愧疚。

11 月,高华平在《华中师范大学学报》第 6 期发表《也谈陈寅恪先生"以诗证史,以史说诗"的治学方法——兼与万绳楠先生商榷》。

此文《内容提要》:陈寅恪先生"以诗证史、以史说诗"的方法,实际是以最广义的"文化"来界定其"诗"和"史"内涵的以诗证史,即以最广义的文化史来考证"正史","以史说诗"也就是将传统的文化作品放到最广大的历史文化背景中去阐释。在"证史"的过程中陈先生使用了"阶级分析法",但这种方法并不同于马克思主义的阶级分析法,实际上只是一种"文化决定论",因而《讲演录》的整理者万绳楠认为先生是中国近代史学界马克思主义史学的先行者或"过渡桥梁"的说法,是值得商榷的。

12 月,卢向前在《学人》第 3 辑(江苏文艺出版社 1992 年 12 月版)**发表《陈寅恪先生之史法与史学》**(后收入张杰、杨燕丽编《解析陈寅恪》)。

此文《内容提要》:陈寅恪先生的史学,首先表现在他对治史的基本功的重视,小学(文字、音韵、训诂)是其基本功的主要部分。其次是"广搜群籍,考订解释",这既是基本功,也是治史方法。寅恪先生治史超过一般史学大家,还在于他的"神游冥想真了解"。学习寅恪先生的史法,首先要理解他的辩证联系观点,同时也要理解他的民族文化观。这一立场观点就是崇尚民族气节,弘扬民族文化和振奋民族精神的爱国主义。

本年,香港大学李玉梅通过博士学位论文《陈寅恪之史学》[三联书店(香港)有限公司 1997 年 2 月出书,参见本书第 48 页 1987 年"著作"类同题评议]。

著作:

3月,吴学昭著《吴宓与陈寅恪》由清华大学出版社出版(1996年9月四印,1997年5月五印,1998年9月六印,2003年1月七印,2014年9月由三联书店出版增补本)。

按:该书系编者依据吴宓日记和遗稿写成,书中首次披露不少陈寅恪与吴宓唱和诗作,提供了陈寅恪中西文化观、笺释钱柳诗用意的第一手材料,记载了两位大学者的深厚友谊、高尚人格。该书出版后反响强烈,成就了一批研陈好文章。如葛兆光《吾侪所学关天意——读〈吴宓与陈寅恪〉》,载《读书》1992年第6期;谷林《独为神州惜大儒》,载《读书》1992年第9期;李玉梅《有关史家陈寅恪的新材料——〈吴宓与陈寅恪〉〈陈寅恪诗集〉》,载李玉梅《陈寅恪之史学》,香港三联书店1997年版;徐葆耕《文化的两难处境及其他》,载《吴宓与陈寅恪》,第156—171页;徐葆耕《现代学术史上的脚踪——读〈吴宓与陈寅恪〉》,发表刊物名、时间一时失载;李慎之《死守善道,强哉矫——读〈吴宓与陈寅恪〉》,载《瞭望》1992年10月第42期;刘梦溪《陈寅恪与吴宓》,载《炎黄春秋》1994年增刊;王元化1992年6月30日《日记》,载《九十年代日记》,浙江人民出版社2001年版,第127页;张汝伦《理想就是理想》,载《读书》1993年第6期。

此后,三联书店1995年12月出版的《吴宓自编年谱》、1998年3月出版的《吴宓日记》,为研究吴宓、陈寅恪提供了很多珍贵的资料和题目,是必备的参考资料。

4月,《中国大百科全书》的《中国历史卷》由中国大百科全书出版社出版,"陈寅恪条"在该书第1册第96页。

按:"陈寅恪条"系胡守为对其1982年所撰《陈寅恪传略》一文的精简缩写,二千余言,是收入《中国历史卷》所有历史学家中释文最长的。在《辞海》1979年第三版所收入的二十一位1949年后逝世的史学家中,陈寅恪的释文不仅只有郭沫若的五分之一,且是二十一位史学家中释文最少的。对郭沫若的评价是"杰出史学家",对陈寅恪只称为"史学家"。因而《中国大百科全书》的《中国历史卷》给予释文最长(超过郭沫若)的待遇,来之不易。

7月,胡守为编《陈寅恪史学论文选集》由上海古籍出版社出版。

按:此书与上古此前所出的《陈寅恪文集》《唐代政治史略稿》(手写本)《旧唐书·新唐书札记》被藏书界称为上古所出关于陈寅恪著作的"一集三书"。

编者根据他此前所写陈寅恪传略、治学道路、治学方法、史学观念的文章,撰写了一篇学术性很高的《前言》导读。

8 月，汪荣祖著《陈寅恪评传》由江西百花洲文艺出版社出版（1996 年 12 月三印，1997 年 12 月四印，2010 年 3 月五印，2015 年 3 月六印）。

按：该书原名《史家陈寅恪传》，1976 年由香港波文书局初版，仅 7 万字，1984 年台北联经出版事业公司出第二版，增为 15 万字。当时与台北传记文学出版社所出《谈陈寅恪》一书在海外产生很大影响，但国内却很难见到，只是少数高层研陈学者才有这两种赠书。比《谈陈寅恪》幸运的是，《史家陈寅恪传》遇到了一次普及的契机，列入江西百花洲文艺出版社"国学大师丛书"，改书名为《陈寅恪评传》，篇幅扩充到 20 万字。挟这套丛书之气势，一时颇为畅销。1992 年 8 月开印，至 1996 年 12 月曾三次重印，印数达八千册。该书与同年出版的《吴宓与陈寅恪》和稍后出版的《陈寅恪的最后二十年》对九十年代的"陈寅恪热"起了很大的作用。这套"国学大师丛书"其他各种在旧书摊上经常碰到，唯独《陈寅恪评传》难得一遇，可证此书的热销程度。不足之处是考据不精且校对粗疏、误植颇多。该书在二十多年里重印六次，异名同书的《史家陈寅恪传》在三十多年里重印五次，合计十一次，著者、责编、校对竟没有发现书中的失误、失校那么多，也没有对引文全面核对一次，利用重印的机会予以改正，真是不可理喻。笔者曾撰《〈史家陈寅恪传〉的失误与失校》一文，载中华书局《书品》2005 年第 6 辑。拙文发表后，笔者的一位学界朋友说除拙文发现的错讹外，他还发现不少拙文没有列举的错讹。

书评有：辛晓征《文化神州去一身——读〈陈寅恪评传〉》，载《中国读书评论》1995 年 12 月；吴俊《国学大师的评传》，载《文汇读书周报》，1997 年 5 月 30 日；徐雁平《汪荣祖的书及其他》，载《文汇读书周报》，1999 年 3 月 6 日；陈慧鹏《才子风神逝，传记述英华——评〈史家陈寅恪传〉》，载《中国图书评论》2005 年第 11 期；《深圳商报》记者徐松兰《身遭世变，抒写学人之颠簸与折磨》，内容为对北大出版社版《史家陈寅恪传》简评，具体报刊和时间笔者一时失载。王震邦《独立与自由——陈寅恪论学》第 14 页对此书有简评；胡晓明《与友人谈陈寅恪先生》涉及此书。参见本书第 5 页 1975 年、第 6 页 1976 年的同题评议。

1993 年

文章：

5 月，葛兆光在《读书》第 5 期发表《最是文人不自由——读〈陈寅恪诗集〉》。

按：此文感慨陈寅恪这个久负盛名的学者心灵深处竟缠绕纠结着这么复

杂难解的情结,有人曾说鲁迅是中国最痛苦的文人,陈寅恪也许可以称作中国最痛苦的学人。学人比文人更不幸的是,学人的理性使那些痛苦压抑积存在心底而不得宣泄,于是盘旋纠缠,欲哭无泪,欲语又止,化作晦涩深奥的诗句,在譬喻、典故、成语包裹的诗句中一滴一滴地向外渗露。不知为什么,读《陈寅恪诗集》时我想到的都是一个意象:"啼血。"作者精研学术史,借陈寅恪晚年诗作随缘感发。在作者眼里,陈寅恪不仅是百年中国文史研究领域的标高,且心气儿(追求)亦高,"最是文人不自由""独立之精神,自由之思想",是作者反复致意颂扬的陈寅恪心声。

6月,傅杰在《杭州大学学报》第 3 期发表《关于陈寅恪史观的两个问题》。

按:此文对白寿彝在《中国史学史》和《史学概论》中认为陈寅恪的"史观为唯心主义……绝口不谈经济基础在历史上的作用"有不同意见,提出自己的看法。

7月,傅璇琮在《中国文化研究》创刊号(总第 1 期)发表《略谈陈三立——陈寅恪思想的家世渊源试测》。

此文要点:陈寅恪是一位史学家,但是他的成就的意义与影响已远超过历史学界。他在近现代中国文化思想史上,是一个很有代表性的人物。其思想如何养成的? 我想可以从陈三立的思想发展中得到一些线索。要研究陈三立的思想,一定要探讨陈氏与郭嵩焘的关系。郭嵩焘一生的经历与思想,可以用"颂美西法"四个字来概括,其言论思想受到陈宝箴、陈三立父子的赞许。陈寅恪一生,始终把学术当作唯一的追求,却又认为做学问必须摆脱各种俗谛的干扰,主张"独立之精神,自由之思想"。这都可看出郭嵩焘、陈三立思想倾向对陈寅恪的影响。

7月,胡成在《史学理论研究》第 2 期发表《陈寅恪的史学思想和他的历史感受》。

按:此文从"历史巨大变迁中的历史深沉感受""困厄之中的道德勇气和理想追求""历史巨变中不被扭曲的知识理性"三个方面论述陈寅恪的史学思想,最后指出在陈寅恪的史学实践和他的学术生涯之中,十分典范地体现着中国古代史学"义理不可空言,博以实之,文章以述之。三者合于一,庶几周、孔之道虽远,不啻累泽而通矣"。所以,"首推史料的扩充"似难恰当和准确地反映陈寅恪的学术成就和学术胸襟。

9月,周一良在《读书》第 9 期发表《从陈寅恪诗集看陈寅恪先生》(后收入周一良著《毕竟是书生》)。

按:此文为清华大学版《陈寅恪诗集》的读后感,对陈寅恪诗作的主题、风格、晚年心事多有抉示。指出陈先生以学者著称，但"其内心深层依然是诗人（徐葆耕语）"，我认为这话颇有理据。具有诗人气质者往往多愁善感。我们当然不应以"为赋新词强说愁"来看陈先生，但陈先生从青年至暮年五十余年的诗篇中，确是情调低沉抑郁者多，爽朗欢快者少。我想，主观上这是由于陈先生的性格所致，而客观上与他所处的时代环境及家庭背景有关。

9 月 11 日，刘梦溪在《光明日报》发表《陈寅恪的"家国旧情"与"兴亡遗恨"》（后收入刘梦溪著《传统的误读》《学术与传统》；钱文忠编《陈寅恪印象》）。

按：此文对陈寅恪晚年诗作的主题、内涵、旨趣归纳阐述得较好："陈先生的诗篇和他的学术著作一样，是他生命的一部分，展读之下有一股深渊磅礴之气和沉郁独立的精神充溢于字里行间。……《诗集》中有几组再三吟咏、反复出现、贯穿终始的题旨，即乱离之悲、家世之叹、家国之思、兴亡之感。寅恪先生诗作共三百二十九首，'兴亡''家国''身世''乱离'四组词语凡四十六见，重复率如此之高，超乎想象。而且这些词语大都居于诗眼位置，反复咏叹，一往情深，实具有接通题旨的意义。内中缘由、委曲安在？兹可以断言：这四组词语背后，一定有寅恪先生内心深处幽忧牢结不得摆脱的'情结'，以致昼思夜想，萦回不散，吟咏时总要自觉不自觉地流露于笔端。"参见本书第 132 页 2018年"著作"类对刘梦溪《陈寅恪论稿》的介绍评议。

9 月，刘梦溪在香港《明报月刊》第 28 卷第 9 期发表《陈寅恪为何不就历史第二所所长》（后收入刘梦溪著《传统的误读》《现代学人的信仰》；张杰、杨燕丽编《追忆陈寅恪》）。

著作：

4 月，陈美延、陈流求编《陈寅恪诗集·附唐筼诗存》由清华大学出版社出版（1996 年 12 月重印；1997 年 4 月三印）。

陈有康主持的国家社科基金课题《20 世纪重要诗词集提要》评议《陈寅恪诗集》：陈寅恪的家世对他的思想和性格影响极大，他对清廷有所留恋，身上颇带遗民气息（这在《王观堂先生挽词并序》中表现得最为充分），性格孤傲。加以屡遭世变和民族浩劫，导致自身一生坎坷，而慧心锐感，使他对生命中的悲凉处有深切的体会，对社会中的许多扰攘营谋有深刻的洞察，故其诗的基本风格是沉郁悲凉。在诗中我们看到，他对社会基本抱冷眼旁观的态度，有乃父"凭栏一片风云气，来做神州袖手人"之风。这让他要承担更多的生存艰难尤其是精神孤独，却也使他的诗有了思想的力量和情感的深度。陈寅恪又是受到现代西方文化陶冶的人，他熟谙西方的民主自由思想并倾心钦服，终身倡扬并力行"独立之精神,自由之思想",被认为是契合自由主义本质的思想家。诗中多有这方面的思考,故其诗又非遗老之作所能概括。其诗是 20 世纪学者诗词中最富于复杂性和深刻性的作品之一。陈寅恪论诗,有古典今典之说。其诗中古典之多可追玉溪,而"今典"亦复不少,故颇为艰深(《书品》2003 年第 1 期第 25 页)。

按:《陈寅恪诗集》为学界研陈提供了令人耳目一新的材料,在上古《寒柳堂集》所附的"寅恪先生诗存"基础上增加了七十首,其中相当数量是从吴宓日记和信函中寻觅到的,因此两书有内在的因缘关系。

《诗集》出版后,书评有:葛兆光《最是文人不自由——读〈陈寅恪诗集〉》,载《读书》1993 年第 5 期;徐葆耕《留得诗篇自纪年》,载《人民日报·海外版》,1993 年 6 月 15 日;周一良《从〈陈寅恪诗集〉看陈寅恪先生》,载《读书》1993 年第 9 期;李坚《爱国情怀与忧患意识的交织——读〈陈寅恪诗集〉》,载《广州日报》,1995 年 3 月 22 日;李坚《〈陈寅恪诗集〉中悲观主义色彩浅析》,载《〈柳如是别传〉与国学研究》;刘梦溪《陈寅恪的"家国旧情"和"兴亡遗恨"》,载《光明日报》,1993 年 9 月 11 日;胡晓明《寒柳诗的境界》,载《学术月刊》1995 年第 7 期;马斗全《陈寅恪先生的清华情——读〈陈寅恪诗集〉》,载马斗全《南窗寄傲》,青岛出版社 1998 年版。

11 月,王永兴著《陈门问学丛稿》由江西人民出版社出版。

按:该书收入作者所撰《一代宗师陈寅恪先生》《略谈陈寅恪先生的治史方法》和从 1946 年到 1989 年间所撰关于唐代经济、官制、外交等方面的论文 12 篇。

1994 年

文章:

1 月,葛兆光在《书与人》第 1 期发表《晚年心事恰如谜——重读陈寅恪〈论再生缘〉随想》(后收入葛兆光著《考槃在涧》)。

按:此文以《论〈再生缘〉》的"缘"字发端起兴,这"缘"字中暗示着陈寅恪的心境与他所论述的昔人之间有一种"心有灵犀一点通"的联系。他于故纸堆中寻理自己的思路,弹奏他自己的心曲。写古人也罢,写自己也罢,总之,陈寅恪晚年的心境是一个谜。他生前曾给予后人一些暗示,1953 年也就是他在撰述《论〈再生缘〉》时曾写过几句诗:"孙盛阳秋海外传,所南心史井中全。文章存佚关兴废,怀古伤今涕泗涟。"在这里他暗示的是什么呢?也许我们可以揣摩出这个谜,也许我们永远猜不透这个谜。我们能做的,也只有这样的理会与体验了。

11 月,袁伯诚在《青岛大学师范学院学报》第 4 期发表《论陈寅恪、王国维的文化性格》。

此文要点:1927 年王国维先生自沉,王国维生前与陈寅恪、吴宓相知至深,王自沉后,陈、吴对王之死因作出不同的解释。吴主"殉清室"说,陈主"殉文化"说。但是,当时历史并没有提供让人们看清楚和说明白这一问题的条件。时隔六十余年,学术界为了忘却的纪念,又反思历史,重新探讨这一问题,这不仅是"独为神州惜大儒",而且对于研究近代文化史,对于探讨"五四"以后中国人文主义学者的悲剧命运都有重要的意义。

著作:

1 月,高国抗、杨燕起主编的《中国近代史学史概要》由广东高等教育出版社出版。

按:该书中篇第四章《资产阶级新史学的发展与分化》第七节为《陈寅恪及其史著》,此节要点:一、陈寅恪治史的特点。以民族文化为本,同时吸收外来之学说,即一方面承继乾嘉考据学的路数,另一方面吸收西方近代语言考据学的方法,并将两者融会贯通,因而比乾嘉诸老更高明。二、周边民族史和佛教典籍研究上的建树。在周边民族历史中,他特别注重蒙古史的研究。在勘对蒙、满、汉等多种文本的译名时,陈寅恪率先应用西方汉学家的对音勘同的译名还原方法,将我国蒙古史的研究推进到一个新阶段。对于佛教与中国传统文化的相互影响,陈寅恪考察得尤为深入。三、中古史研究方面的成就。他于 40 年代完成了《隋唐制度渊源略论稿》和《唐代政治史述论稿》两部巨著。陈寅恪的中古史研究紧紧抓住三条重要线索进行,一是注重"统治阶级"(实质上是集团或阶层)的变化和转移;二是注重种族和文化的接触和融合;三是注重思想和制度的发展演变。四是史料发掘和拓展方面的建树。首先体现在他对集部文献的发掘即诗、史互证上。其次是关于伪材料的利用。最后是对敦煌文献的开拓。

8 月,王永兴主编的《纪念陈寅恪先生百年诞辰学术论文集》由江西教育出版社出版。

按:该书收入十一位学者所撰十篇关于陈寅恪的论文,另有十一篇关于魏晋史、唐史、敦煌文献的论文。

上述中山大学、北京大学、清华大学所编的三种论文集所收录论文质量之高,内容之广都是空前的,是陈寅恪研究的重要资料。(刘克敌《20 年来之陈寅恪研究述评》)。

9 月，中山大学召开了第二次陈寅恪学术讨论会。会议议题是"《柳如是别传》与国学研究传统"。

按：这是中大七十周年校庆系列学术活动中的一项。来自北京、南京、武汉、广州、香港、澳门等地学者和陈寅恪先生的家属共四十余人参加了会议。这是首次对《柳如是别传》进行专门研讨的学术会议。陈树良撰写了《纪念陈寅恪教授学术讨论会纪要》。会议提交的论文次年 10 月由浙江人民出版社结集出版，书名《〈柳如是别传〉与国学研究》。该书收入十五位学者提交的十四篇论文。陈巧丽撰写书评《登上大师肩膀的一级阶梯——评价〈柳如是别传与国学研究〉》，载《文汇读书周报》，1996 年 2 月 10 日；钱江《解读陈寅恪学术发展的内在逻辑》，载《明报月刊》1997 年第 3 期。

1995 年

文章：

2 月，胡晓明在《文艺理论研究》第 1 期发表《与友人谈陈寅恪先生》。

按：此文认为陈寅恪热现象的背后，可以反映出当代中国学术界思想界，甚而中国知识人走向成熟的某种征兆。或是学统的索求与重理，或是价值的细审与重估，或是人格的撕裂与感召。文中对陈寅恪《论韩愈》和《冯友兰中国哲学史审查报告》两文的解读颇多胜义。

3 月，张岂之在《清华大学学报》第 1 期发表《王国维、陈寅恪的学术研究与马克思主义史学》。

此文《内容提要》：本文分析阐述王国维、陈寅恪建立中国近代史学的功绩，以及他们的研究成果为何被中国马克思主义史学所吸收和发展，从而说明王、陈史学研究成为中国现代从传统史学向马克思主义史学发展的桥梁。

5 月 6 日，刘梦溪在《文汇读书周报》发表《厚积薄发，淡泊自守——陈寅恪学行小记》。

此文《内容提要》：中国传统学术向现代学术转变的一个重要标志，是学术开始获得独立的价值。清末民初以后，许多现代学者都曾为追求此一目标作出过艰巨的努力。其中陈寅恪体会最深，持论最坚，用力最著。他在 1929 年撰写的《王观堂先生纪念碑铭》几可视之为一个深具学术独立意识的学人的思想宣言。1953 年撰写《论再生缘》，其起因也是为女作家陈端生的"自由及自尊即独立之思想"所感染。而最后一部巨著《柳如是别传》，更能见出陈寅恪的史观、史德。如果说以前的著作是诗史互证，那么《别传》则是借传修史。他特为一个有才有德的从良名妓写传记，正是他高于古今许多学者之处。

11 月,胡晓明在《上海文化》第 6 期发表《存在感受与学术的境界——论陈寅恪先生的学术性格及其学术思想史意义》。

《读书》编辑部撰《富于学术的思想和富于思想的学术》评议此文:今天,大多数人都将陈寅恪定位为一位了不起的学问家,而胡文认为,陈寅恪的学问无论怎样精深博大,实际总是或隐或显地关联着主体真实的生命,而他的主体真实的生命,又关联着民族文化真实的生命。陈寅恪的基本"学相",至少可以开启思想史与学术史相关联的意义。胡文认为陈寅恪推崇宋学,因此汪荣祖《陈寅恪传》认为陈寅恪主要承继乾嘉诸老著作的看法是站不住脚的。而且,陈寅恪的"史学精神"中,总是渗透着"间接与时代相关"的"问题意识",而这种史学精神之要义即是"民族独立之精神,自由之思想。"(《读书》1996 年第10 期第 146 页)

本年,毛汉光发表《陈寅恪传》(载台北"国史馆"编印《国史拟传》1995 年第 5 辑)。

按:此文未见。

著作:

9 月,《中国大百科全书》的《中国文学卷》由中国大百科全书出版社出版,**"陈寅恪条"在该书第 1 册第 78 页,列入"理论批评家类"。**

按:"陈寅恪条"为胡守为撰写。

9 月,蒋俊著《中国史学近代化进程》由齐鲁书社出版。

按:该书第五章"史料建设派"的思想与方法(下)第四节为《陈寅恪以考据为主的治史途径》,此节要点:一、生平与学术。二、以扩充史料为本的治史特色。1. 以诗、文、小说证史。2. 用不同语文资料对照,考察史料价值。3. 通过对同一史料不同文本的对照,考定译本的价值。4. 对敦煌残卷价值的重估。三、考据方法。1. 长编考异法。"喜聚异同""宁详进略"。2. "古典"与"今典"会证。以自己的"今典"去会通前人的"古典",主体和客体结合。他从这一角度去体察历史,比那些斤斤于字句名物考证的旧考据派高出了一大截。四、史学通识。1. 门第。陈氏用来贯通魏晋南北朝史的基本线索是门第,即世家与寒族的关系。2. 宗教。宗教是陈氏研究南北朝史的另一条线索。他认为道教的影响不仅渗入下层,而且影响到皇室。3. 种族与文化。陈寅恪把种族问题归结为文化问题,并从民族文化融合的角度解释古代历史的发展,这一通识具有重要价值。他生当中西文化交汇的时代,研究古代的中外文化交流,正是作为现代的借鉴。正是由于陈寅恪具有历史的通识,所以他的考据工作能够摆脱零碎、烦琐、就事论事的倾向,收到由小见大、尺幅千里的效果。陈氏之所以在历史考据领域取得显著成绩,在很大程度上是得力于他的"通识",这种"通识",使他把看似不相关的材料贯通起来,开辟了由微观考证到宏观认识的通路。这与以校勘、训诂为主要任务的旧考据派是有明显不同的。陈寅恪是史料建设派的一座高峰。

12月,陆键东著《陈寅恪的最后二十年》由三联书店出版(香港天地图书公司 1996 年版;台北联经出版事业公司 1997 年版;[日] 野原康宏等译《中国知识人の运命:陈寅恪最后の二十年》,东京都平凡社版。韩国亦有印本;王元化主编的《中国新文学大系 1976—2000》第 21 集纪实文学卷二予以节选;三联书店 2013 年 6 月再版修订本。2000 年 6 月该书曾入围"长江读书奖"五本书的名单;曾获第二届"广州文艺奖")。

按:20 世纪 90 年代中期,陈寅恪走出学术殿堂,进入大众话题,主要是因为几本陈寅恪的传记。这方面人物传记读物比纯学术性的出版物有着不可忽视的优势,其中尤以《陈寅恪的最后二十年》为最。该书出版后,在读书界引起巨大反响。一时洛阳纸贵,至 1996 年 11 月,一年之内就重印了四次,印数从初版的一万册增至六万余册。这本以陈寅恪晚年的人事关系为切入角度的书,采择大量的原始文件材料,以人物为经,以事件为纬,再现了传主晚年的悲欢休戚,凸显了传主毕生恪守的"不曲学阿世"的高标峻格,营造了一种"独为神州惜大儒"的情境气氛。这本书给读书人心灵带来的震动,它在传记文学领域内开拓性的写法,都有着值得肯定的原创含义。最可贵的是,著者从众多内部档案中,发掘了数量可观的不为外界所知的真史料,基本上完整真实地展现了陈寅恪晚年的生活境况和心境情绪。并由陈寅恪带出了一批学人,如吴宓、向达、陈序经、杨树达、容庚、梁宗岱、刘节、蒋天枢、冼玉清,各呈其貌,栩栩如生。还带出了一批高官,如陶铸、陈毅、胡乔木、康生、周扬等,亦皆真实可信。书中还写了一批环绕在陈寅恪周围的非名流人物。这本书已超出了个人传记的意义,而写出了时代,写出了这个时代的人群。著者所做的是当代任何一个作家和学者都想做但难以做成的事,故有石破天惊的社会反响,为"陈寅恪热"添了把干柴,使人们惊叹陈寅恪的学问,敬佩陈寅恪人格,同情陈寅恪的命运。将陈寅恪由学术圈推向了基层,由门里热到门外。这是陆著为 20 世纪学术史作出的一项功绩和贡献。

陆键东这本名著在受到肯定的同时,也遭到读书界的一些诟病,主要是作者在书中过多地情绪渲染,用文学笔法写英雄传奇,使人想起罗曼·罗兰的《贝多芬传》。但对屡经挫折的中国当代知识分子而言,彼此间相看两厌的是折了翅、拔了毛的落水鸡,迫切需要一只腾空飞出、遍体生辉的火之凤凰来振聋发聩。所以,这本伤感动情多了点的传记出版,正逢其时(陈思和《知识分子的民间岗位——几种陈寅恪的传记读后》,载《人民政协报》,1997 年 12 月 1 日)。

该书面世后,海内外报刊出现了大量书评,其中香港《明报月刊》1996 年 7 月号推出一组系列文章,上海举办了部分学者谈《陈寅恪的最后二十年》座谈会。这一大批书评、读后感,笔者统计到四十余篇,重头文章有余英时《"陈寅恪热"新收获——从〈陈寅恪的最后二十年〉谈起》,陈子善《一代宗师坎坷晚年的真实写照》,岳禅《传记掀起文化旋风》,赵相如《鲜活的文化灵魂——〈陈寅恪的最后二十年〉读后》,钱行《档案的价值》,傅璇琮《陈寅恪史事新证——读〈陈寅恪的最后二十年〉》,唐振常《卓荦孤怀身殉道——〈陈寅恪的最后二十年〉读后》,蒋寅《考量历史的平常心——〈陈寅恪的最后二十年〉读后》,程兆奇《也谈陈寅恪》,雷颐《"不采萍花即自由"——〈陈寅恪的最后二十年〉读后》等。

这四十多篇书评、读后感肯定不是全部,另有一些文化人所写评说《二十年》的文章未单篇发表而是收入其文集中,至于学者文化人在相关题目的文章中涉及《二十年》则难于统计,尚有一些读者在其博客上发表看法、评议。一时间关于《二十年》的话题蔚然成风,在读书人圈子里颇有"相逢不谈陈寅恪,纵读诗书亦枉然"的况味。余波一直延续到 2012 年《二十年》即将再版前夕,仍有人在写读后感。

1996 年

文章:

2 月,朱新华在《书城》第 1 期发表《陈寅恪与陈垣》。

按:此文重点在分析叙说二陈 1949 年后渐行渐远的原因,考证《陈垣往来书信集》里有一封陈垣没有写完的佚名信应该是写给陈寅恪的。此文有材料挖掘的意义价值。

7 月,余英时在香港《明报月刊》第 31 卷第 7 期发表《"后世相知或有缘"——从〈陈寅恪的最后二十年〉谈起》(又载台湾《联合报》,7 月 21 日)。

9 月,虞云国在日本《中国研究月刊》9 月号(上海学者专辑)**发表《世间已无陈寅恪》**(后收入虞云国著《学史帚稿》,黄山书社 2009 年版)。

按:此文长达万余言,共三章:一、《史学范式:"传人难遇又如何?"》(1. 陈寅恪学术范式的建构;2. 人格心态史:叹为观止的颟顸变法;3. 开宗立派,传人难遇);二、《文化托命:"续命河汾梦亦休"!》(1.陈寅恪的文化观与反传统思潮的激荡;2.陈寅恪文化悲剧的象征意义;3.超越政治与时代的文化关怀);三、《中国只有一个陈寅恪》。

此文对陈寅恪的学术、思想、诗情、人格、遭遇与近世学术、史观、社会的起伏变动走向的关系予以全面探讨论说。文章义理充沛,纵横通贯,行文雅隽,发覆颇多。

9月,程兆奇在日本《中国研究月刊》9月号发表《也谈陈寅恪》。

按:此文系与虞云国《世间已无陈寅恪》的联袂呼应之作。文章认为这几年陈先生之所以从门里热到门外,自然有"重新考虑中国传统文化在现代世界的定位问题"的因素,但最主要还是由所谓陈先生的"晚年心境"引起的。《陈寅恪的最后二十年》一书对余英时提出的陈寅恪"晚年心境"(实为"晚节"的委婉表述)这一命题提供了事实依据,披露了不少档案材料,如与"冯衣北"、余先生等相关的著述对读,自可得到有益的收获。此文表面上围绕新出版的《二十年》而展开,背后意在申说海峡两岸在不同的社会政治文化背景下产生的对陈寅恪晚年遭际认识、评价的分歧。指出海外对陈先生的学问、人格绝口称赞,而大陆对陈先生的评价是有"分寸"、有保留的。

9月,王永兴在《学人》第10辑发表《斯文自有千秋业——陈寅恪史学的渊源和史学思想述略稿》。

罗志田评:近年学界忽然又对陈寅恪与乾嘉考据的关系发生了争议。说陈寅恪"沿袭清人治经途术"的,是陈寅恪的弟子蒋天枢先生;而认为陈治学并未继承乾嘉,乃是"直接继承宋贤史学并有所发展"的,是陈的另一弟子王永兴先生。陈先生最大的愿望恐怕是希望超过宋代的《资治通鉴》。最了解陈寅恪的俞大维说陈寅恪平生志愿,在写"中国通史"与"中国历史的教训",王永兴认为两者合之即"通鉴"之意,窃以为较得陈氏初衷(罗志田《从历史记忆看陈寅恪与乾嘉考据的关系》,载香港《二十一世纪》2000年6月号)。

10月14日,蔡尚思在《文汇读书周报》发表《陈寅恪不是国学大师》。

按:此文系作者在1992年春为修水县政协编著《一门四杰》时的约稿《陈寅恪先生的学问与思想》扩充而成。作者对神化陈寅恪为国学大师不满,主张定位为"史学大师",对陈寅恪通晓十六七国语言文字极为推崇,认为这比"国学大师"更难能可贵。

11月,周梁楷在《台湾大学历史学报》第20期发表《傅斯年与陈寅恪的历史观点——从西方学术背景所做的讨论》。

此文要点:在史学界一般人都知道傅斯年和陈寅恪对"中研院"史语所的

贡献,肯定他们对历史语言考证这个学派或学风的影响。傅斯年和陈寅恪这两个史家的成就,除了他们治理史料的基础工夫之外,当然还有他们解释历史时所展现出来的见识。陈寅恪在《隋唐制度渊源略论稿》和《唐代政治史述论稿》中,以"关陇文化本位政策""关中本位政策"解析北朝以至于唐朝中期政治、制度、文化等之间的关系和演变。而傅斯年在《大东小东说》和《夷夏东西说》中也曾以政治集团或族群文化水平的高低,剖析殷商以至于周朝的历史变迁。如此看来,傅、陈似乎采取了相同的历史观解释,偏好从政治领导团体及其族群的文化和民风讨论中国历史上分分合合的问题,以及因此而衍生的有关制度和文化上的现象。他们的史观、方法,都可以从"兰克学派"找出渊源关系。

著作:

2 月,刘以焕著《国学大师陈寅恪》由重庆出版社出版。

按:该书在 1996 年之际"陈寅恪热"起来后应时出版面世,为"陈寅恪热"增加了读物、话题。好处是搜集关于陈寅恪家世、陈寅恪生平、治学成就、方法的零散材料较多,有一定的文献材料价值。不足之处是分析阐释识见缺乏,拉扯枝蔓习气较重(作者另有一本《一代宗师——陈寅恪兼及陈氏一门》,拉扯枝蔓更多),与《文汇读书周报》1996 年 9 月 7 日所刊载的该书书讯对该书的介绍有些距离。在 1996、1997 年间《陈寅恪的最后二十年》《学人魂——陈寅恪传》《陈寅恪评传》等书红火之际,该书没有引起太大的反响。罗韬《陈寅恪身世的几个问题——读国学大师〈陈寅恪〉献疑》一文指出该书多处学术硬伤。

8 月,吴定宇著《学人魂——陈寅恪传》由上海文艺出版社出版。

按:在 20 世纪八九十年代众多的弘扬陈寅恪的著作中,陆键东的《陈寅恪的最后二十年》、吴定宇的《学人魂——陈寅恪传》(下称《学人魂》)对引发 90 年代中期那一拨"陈寅恪热"功不可没,1996 年因此被读书界称为"陈寅恪年"。《学人魂》初版印数五千册,次年四月重印,印数九千册。在出版业开始企业经营、纯学术著作出书越来越难的形势下,这个印数应该差强人意。该书出版后受到了广泛的好评,被评为 1996 年度上海文艺、文化、音乐出版社系统的十大优秀图书之一。作者吴定宇凭借敏锐的学术眼光和对知识分子精神的叩问,再现了陈寅恪在社会动荡不安与文化机制的交替中,如何坚守自己的精神信念,勾勒出陈寅恪的心路历程与命运浮沉,抉示出陈寅恪在中国近现代学术史、思想史上最本质的核心价值——学人之魂。

此外,相关书评对《学人魂》一书的价值、意义和对"学人魂"性质、特征的挖掘、阐亦发人深省。1996 年,杨义撰写书评,认为此书"紧扣'学人魂'的命题,探寻传主人生踪迹,系统地剖析其学术渊源、治学动因和形成学术体系的关键所在,这就把'学'与'人'融为一体,而以一个'魂'字点醒其精神特征"(杨义《稳健博识铸学魂》,载杨义《晨窗剪霞:杨义学术随笔自选集》,福建教育出版社 2000 年版,第 239 页。杨义又有《世纪回眸陈寅恪——读〈学人魂·陈寅恪传〉》,载《读书人》1996 年第 22 期。笔者由于没有看到《读书人》所载原文,不知两文是否异名同质)。1996 年,惠吉兴在书评中评议:"《学人魂》没有局限于传主个体的生活和学术历程,而是将陈寅恪视为一代学人的化身和一个时代学术文化的象征,正因为这样一层立意,使得这本书既有厚重感,又不乏新意……人们从本书可以获得这样的启示:随着时代的演进,陈寅恪的学术建树也许会成为历史,但他的学术精神——'学人魂',却将历久弥新,不断促进中国学术事业的发展。"(惠吉兴《鸿儒、硕学、良师——读〈学人魂·陈寅恪传〉》,载《学术研究》1996 年第 12 期)1997 年,殷国明撰写书评,感慨:"我们什么时候丢掉了学人精神,又什么时候能真正重建起来。以'学人魂'来为这本陈寅恪传定名,真是再恰当不过了。所谓'魂'就是一种精神,一种给予学术以历史生命和文化价值的内在品质。无论对于一个学人和一代学术,如果失去这个'魂',无论如何虚张声势热热闹闹,提出什么样的新精神新口号,都只能说是扭曲和被扭曲的产物。也许正是出于这种思考,作者才更看重陈寅恪的思想人格。"(殷国明《再写陈寅恪》,载《解放日报》,1997 年 4 月 10 日)1997 年,陈思和在读了《二十年》《学人魂》之后所写的读后感中提到:"对现社会一般知识分子而言,极需从被称为'学人魂'的寅恪先生身上所获的,不是其学术本相而是其为学之魂。"(陈思和《知识分子的民间岗位:几种陈寅恪的传记读后》,载《人民政协报》,1997 年 12 月 1 日)

《学人魂》书名简洁明了,非常准确传神地概括归纳了传主陈寅恪的学术与人格的风貌、价值。陈寅恪作为史学的一代宗师和 20 世纪下半叶中国知识分子道德良心的楷模,"学人之魂"当之无愧。这个封号在 90 年代的"陈寅恪热"中风靡一时,得到文化学术界的认可。论者谓 20 世纪上半叶是鲁迅的时代,称之为"民族魂",下半叶是陈寅恪的时代,称之为"学人魂"。鲁、陈双峰并峙,意义重大。

9 月,刘桂生、张步洲编《陈寅恪学术文化随笔》由中国青年出版社出版。

按:该书选取部分可以代表陈寅恪思想和情怀的文章,也选入一些陈寅恪学术著论中的精彩篇章,分为"心志术业篇""通解通识篇"和"文史互证篇"三个部分。二位编者还写了跋文,目的是由浅入深地介绍陈寅恪的学术(吉格斯《知道一点陈寅恪》,载《人民日报》,1998 年 1 月 16 日)。

1997 年

文章:

6 月,胡晓明在《文艺理论研究》第 3 期发表《关于〈柳如是别传〉的撰述主旨与思想寓意》。

按:此文归纳学界对《柳如是别传》的写作旨趣为七种: 1. 辩证说;2. 自遣自证说;3. 复明运动史;4. 颂红妆的女性史;5. 知识分子史、人格心态史;6. 明清文化痛史;7. 自喻自悔说。指出陈寅恪在全书中反复强调柳如是的自由精神,为现代思想提供了一个新的文化支点,对于重塑士人魂有着深切的启示。

7 月,许纪霖在《读书》第 7 期发表《没有过去的史学危机》。

此文要点:20 世纪 80 年代以后,史学摆脱了意识形态的阴影,乾嘉传统开始重新发扬光大。它不仅是一种功夫论,也上升为一种史学观,相信历史是一种客观的实在,史学的使命就是通过对史料的发掘,尽可能真实地揭示这一实在。历史学家们相信只要手握独家资料,就占有了历史真相本身。在这方面最典型的莫过于对陈寅恪的误解了。作为一代宗师,陈寅恪的史学成就是毋庸置疑的。然而在史学界,却有不少人仅仅在诸如精通多少国外语啦、史料如何熟悉啦、考证本领如何了得啦这类功夫论上崇拜陈寅恪,独独忽略了大师之所以为大,乃是对历史有大识见。陈寅恪那些精彩的观点,是无法仅仅从所谓"客观的"史料中必然地推演出来,其间渗透着多少这位文化遗民的忧患意识和对历史的大识见啊。

此外,许纪霖认为陈寅恪的学说是"有思想的学问",见其《中国知识分子十论》。

8 月,胡晓明发表《陈寅恪"守老僧之旧义"诗文释证:一个富涵思想意义的学术史典掌》(载《学术集林》第 10 卷,上海远东出版社 1997 年版)。

此文要点:陈寅恪在课堂上、诗文中不避重复多次提起的"江东旧义",是陈寅恪学术、思想的一个原点。我们不能不惊诧于他长达数十年的"守伧僧之旧义"的信念。细加分析,此一信念之中又含有从学术方法、学术目的到学术人格以及文化理想等一系列相关的内容,辞情而旨深,语简而义圆,这是中国思想的一种独特表达方式。犹如一方宝灯,擎来便满室灯灯交辉。

8、9 月,王汎森在《东方文化》第 4、5 期连载《傅斯年与陈寅恪——介绍史语所收藏的一批书信》。

按:此文依据从"中研院"史语所保存的档案中发现的傅斯年写给陈寅恪

的信札,分析傅、陈之间学术上的相互关系。认为在近代史家中,傅斯年更像法国年鉴学派的创始者费夫尔,他们都是集学术、组织、鉴赏力及霸气于一身的人。他们都有长远的学术眼光,对史学发展有一个整体的观点,而且他们都主张跨学科的合作,也都在一个动荡、资源并不丰厚的时代环境中,成功地聚合各种资源,并尽可能地将一流人才聚集在一起开创了一个学派。傅斯年为中国近世"天才成群地来"作出了贡献。而陈寅恪便是傅氏刻意罗致到史语所的一位大史家。傅斯年不止一次对人说陈寅恪是三百年来第一人,能为史语所的历史组找到他来领导,是傅氏相当得意的事。而陈寅恪也以自己的学识、科研成果回报史语所。

9 月,孙昌武在《古典文学知识》第 4 期发表《读陈寅恪〈论韩愈〉》。

此文要点:《论韩愈》是陈寅恪在建国初期发表的少数著作之一。这篇文章现已公认是韩愈研究中的经典之作。其学术意义更远超出论题本身的范围。在建国后的很长一段时期,韩愈实际上受到了有形或无形的贬抑。一种带有倾向性的看法是,他张扬儒道,是为封建统治阶级服务的。比如他的一篇名作《伯夷颂》,就被判定是反对革命、宣扬倒退的。陈先生的文章在这样的环境下写成,在学术意义之外,所表现的"特立独行"的人格和执着学术的精神值得赞佩。陈寅恪这篇文章简明扼要,视野开阔,从六个方面论证韩愈"在唐代文化史上的特殊地位",实际内容则涉及思想史和文学史的许多重大课题。

11 月,葛兆光在《东方文化》第 6 期发表《富于现代意味的宗教史研究:从陈寅恪先生关于六祖偈语的研究说起》(后收入葛兆光著《作壁上观——葛兆光书话》)。

此文要点:陈寅恪《禅宗六祖传法偈之分析》是一篇很有趣的论文,在这篇论文里,我们可以看到陈寅恪非常富于现代意味的宗教史研究的思想和方法。米歇尔·福科曾经说,历史中的非连续性应该占据中心,又说,文献即文物,意思就是,历史除了时间线索外,本来不一定有什么逻辑上的连续性,把文献记载排出一个富于逻辑的历史过程,其实很多是主观的建构,应当把文献当作没有主观叙述者出现的文物来看待,以防止文献的撰述者在不知不觉的叙述中把意志渗透到了后人这里。这样,就可以把文献按照考古中确定地层关系式的思路,重新进行排序与解释。其实,陈寅恪这篇论文的思路中,也已隐隐含有这两层意思。

12 月,钱耕森在《孔子研究》第 4 期发表《陈寅恪论中国哲学史——对陈寅恪为冯友兰〈中国哲学史〉所作的〈审查报告〉的评述》。

此文《内容提要》:陈寅恪先生对中国哲学史的直接论述虽不多见,但却少

而精。本文仅将陈先生为冯友兰先生的成名作《中国哲学史》所写的两篇极为重
要的《审查报告》中的主要观点整合为以下七大点：对中国传统哲学与文化应作
"同情的了解"；持"阐明的态度"；中国传统哲学与文化是多元的，其发展趋势是
相互融合的；多元的中国传统哲学与文化，其历史的角色、作用与价值各异；必须
重视对道教的研究；"必须一方面吸收输入外来之学说，一方面不忘本民族之地
位"；外来思想必须"经国人吸收改造"，反对"忠实输入不改本来面目"。

12 月，余英时在《中国文化》总 15、16 期发表《陈寅恪史学三变》（后收入
余英时著《陈寅恪晚年诗文释证》，台北东大图书股份有限公司 1998 年版；《文
汇读书周报》1997 年 11 月 1 日转载此文第二部分）。

本年，余英时在《中大人文学报》1997 年第 1 卷发表《陈寅恪的儒学实践》
（后收入余英时著《陈寅恪晚年诗文释证》）。

本年，王焱发表《陈寅恪政治史研究发微》（载三联书店《公共论丛》之一
《自由与社群》，三联书店 1998 年版，后收入许纪霖编选的《现代中国思想
史论》）。

按：该文近三万字，可谓洋洋洒洒。文章对余英时将陈寅恪的思想学术
界定为"广义的文化遗民"的观点提出商榷，并对陈寅恪的思想学术从总体上
作出新的定位。认为陈寅恪的史学体系为文化史体系，所谓文化史并非通常
与政治史、经济史对举意义上的文化史，而是一种根本性的史学体系，即将中
国史视为中国文化发生、发展的历史。而陈氏的政治史研究则是隶属于其文
化史体系的，也即文化史的政治史研究。文章具体分析了陈寅恪对中古与明
清两个历史时段的政治史研究。王文最后认为以往论者所谓"文化遗民""遗
老遗少"说其实都不能成立。从根本上说陈寅恪是传统中国史学在向近代转
换的过程中当之无愧的自由主义史学的开山。他以毕生心血所凝的著述，为
我们肩荷起个人"独立之精神，自由之思想"，从而成为华夏民族的"文化托命
之人"（《读书》编辑部《陈寅恪：中国自由主义史学的开山》，《读书》1998 年第
5 期 153 页）。

本年，南京大学殷祝胜通过《陈寅恪的学术渊源及其演变》博士学位论文。

按：此文似为最早的"陈学"园地博士学位论文。论文的学术含量非常厚
实，力求解开陈寅恪的两大学术之谜：为什么掌握了 20 余种东方古今语文的
陈氏不着重研究上古史和塞外史，而着重研究中古史？为什么陈氏在 20 世纪
40 年代以后，治学重点又发生了大转变，以诗作为主要研究对象，写了《元白
诗笺证稿》《论再生缘》《柳如是别传》等不朽著作。作者在字里行间充满了对
陈氏的仰慕之情，但也没有一味仰视陈氏。作者站在 20 世纪 90 年代的时代

高度,对陈氏在学术上从上古史、塞外史到中古史的转变,从史学研究转变到诗作研究中的得失,作了细致的分析(陈辽撰《解读陈寅恪学术之谜——评殷祝胜〈陈寅恪的学术渊源及其演变〉》,载《文汇读书周报》,1998 年 1 月 10 日)。可惜作者申请了论文保密,故在网络上无法下载。毕业后也没有成书出版。好在作者在答辩之后已经将论文主要内容分篇发表:《史学标准与学科局限——陈寅恪放弃早年治学领域的根本原因》(载《传统文化与现代化》1998 年第 4 期)、《陈寅恪的留学经历与西洋东方学》(载《社会科学战线》1998 年第 3 期)、《陈寅恪与外国汉学家的关系》(载《社会科学战线》1998 年第 5 期)、《陈寅恪与乾嘉朴学和宋代史学之关系新论》(载《广西社会科学》1998 年 6 期)。从中可以窥知这篇博论的大致内容、观点。

本年,华东师范大学刘克敌通过《陈寅恪与中国文化》博士学位论文(上海人民出版社 1999 年版)。

按:此文与殷祝胜的博论可能是国内两篇研究陈寅恪最早的博论,刘文 1999 年出书,则可能是国内最早出版的陈寅恪研究博论。作者力图对陈寅恪的学术思想给以全景式的评价分析,从陈寅恪的文化观、语言研究、历史研究、文学研究、治学原则和方法、诗歌创作等方面,系统论述陈寅恪的学术思想,而旨归于陈寅恪对于中国文化问题的思考,对民族命运的关注。书评、书讯有:杨剑龙《深入阐释大师的学术思想体系——评刘克敌的〈陈寅恪与中国文化〉》,载《海南师范学院学报》2001 年第 1 期;刘经富《常读常新的陈寅恪》,载《深圳特区报》,2000 年 2 月 11 日。《文汇读书周报》《齐鲁晚报》《南方日报》,台湾《书目季刊》刊登了书讯。

约本年,台北"中央大学"文学研究所李栩钰通过博士论文《河东君〈柳如是别传〉"接受观点"的考察》。

按:此文未见,要点见王震邦《独立与自由——陈寅恪论学》第一章《绪论》,第 21 页。

著作:

2 月,李玉梅著《陈寅恪之史学》由三联书店(香港)有限公司出版。

按:该书最大的贡献是资料丰富,引据赅博,极富文献价值。正如周一良在《序》中所总结的那样:"举凡海内外各方人士之回忆及纪念专文,以及寅恪先生遗闻轶事之散见于诸家著述者,无不一一爬梳摘剔,加以引证。""中外学人中赞同或反对寅恪先生论点者,悉皆搜罗排印,以供参考。""此书颇似有关义宁先生之小型词典,今后治义宁之学者当皆有取于斯。"书分四章:《陈寅恪的生平》《陈寅恪的思想》《兼摄中西的史法》《自成系统的文化史观》。作者对陈寅恪研究有素,写作时幸得陈寅恪弟子金应熙指导,故有此成就。周一良的序 1994 年 8 月即以《义宁学说之精髓》在《读书》上发表,使李著在读书界产生很大影响。此书出版后,书评有郝润华《引据该瞻,钩致深远——评〈陈寅恪之史学〉》,载《周口师范高专学报》1999 年第 7 期;胡从经《李玉梅著〈陈寅恪与史学〉》,载胡从经著《创造的欢愉》,中国社会科学出版社 2000 年版。

6 月,蒋天枢编《陈寅恪编年事辑》(增订本)由上海古籍出版社出版。

按:在 20 世纪 90 年代中期的"陈寅恪热"中,有些专家认为《编年事辑》纯为史家之笔,言必有据,是研究陈寅恪生平、思想、著述的最可信的资料(但随着陈寅恪生平资料的不断挖掘、发现,学界对陈寅恪研究的不断深入,发现蒋著也存在不少考证不精和细节错讹)。该书 1981 年 9 月初版时,因当时形势违碍删节了原稿的部分文字。"增订本"一方面据上古王勉(鲲西)过录、保存的原稿删节部分,恢复书稿的旧貌;另一方面又依据章培恒提供的有蒋天枢亲笔增订文字的本子,对原书进行了增改(鲲西《增订版〈陈寅恪先生编年事辑〉读后琐言》,载《文汇读书周报》,1996 年 7 月 5 日;鲲西《蒋天枢与〈陈寅恪先生编年事辑〉》,载《文汇读书周报》,1996 年 7 月 27 日;张求会《〈陈寅恪编年事辑〉(增订本)之增订》,载《陈寅恪与二十世纪学术》,第 623 页)。但增订本其实并没有全部恢复书稿的旧貌,"走向真实的每一步都是艰难的"(朱新华《走向真实》,载《文汇读书周报》,1997 年 10 月 18 日)。

10 月,王子舟著《陈寅恪读书生涯》由长江文艺出版社出版(台北新视野图书出版有限公司 1999 年翻印,改书名为《陈寅恪的治学方法》)。

按:该书作者充分发挥自己图书馆学专业优势,在书后附录《陈寅恪研究中文资料索引》,搜罗了当时主要的研究陈寅恪和陈氏家族的文章,成为当时了解研陈领域的重要数据信息源,可谓嘉惠学林。

10 月,李炳泉、邱富生主编的《中国史学史纲》由辽宁师范大学出版社出版。

按:该书第十章《资产阶级史学的发展》第六节为《陈寅恪的史学成就》,此节要点:一、陈寅恪的生平简介。二、陈寅恪的史学观念。主张运用外来观念与固有材料相互参证;主张史学求真,但与傅斯年"史料即史学"的观念又有区别;主张与立说之古人处于同一境界,具"了解之同情";主张拓宽史料范围,援诗证史,以史释诗,诗史互证。陈寅恪的史学观念可以说是 20 世纪 20 年代以后新史学取得纵深发展的又一重要标志。过去,人们一般把他简单归之于考据学派,是不合适的。三、陈寅恪的史学贡献:陈寅恪史学研究的重要成果都曾起过开拓学术领域、转移一时风气的作用。其学术成就可以概括为三个方面：周边民族史和佛经翻译文学；魏晋南北朝、隋唐史；唐代文学和清代文学以及诗史互证。《柳如是别传》可以说是陈寅恪以诗文系统考订一代史事的杰作，同时也是他一生治学方法的总结。

11 月，石泉著《甲午战争前后之晚清政局》由三联书店出版。

按：该书是石泉 40 年代在燕京大学受业于陈寅恪时撰写的研究生毕业论文，完成于 1948 年，却阴差阳错半个世纪后才得以问世。由于该书是在陈寅恪直接具体指导下写成的，因此基本思路和主要观点可以视为陈寅恪观点的体现，可与陈寅恪的《寒柳堂记梦未定稿》参阅并读，对理解陈寅恪对中国近代史的看法有参考价值。

该书出版后，获得湖北省社会科学 2001 年荣誉奖。书评有：章开源《设身处地地贴近古人》，载《中华读书报》，1998 年 7 月 8 日；汪荣祖《一本不寻常的旧稿新书》，载台湾《历史月刊》1998 年 11 月号，后在美国发行的《世界日报》转载；邓锐龄《迟开的蔷薇》，载《读书》1999 年第 1 期；唐振常《纵贯横通论晚清》，载《燕京学报》新 4 期；李涵《陈寅恪指导的中国近代史论文》，载《东方文化》1999 年第 1 期。

12 月，钱文忠编《陈寅恪印象》由学林出版社出版。

按：该书共收入二十九位学者二十七篇文章，虽从台湾《谈陈寅恪》和中大、北大、清华的三本会议论文集和《学术集林》《学人》转录，但在 1997 年"陈寅恪热"高涨时，将这些已发表过的文章搜集重刊，仍有意义，特别是台湾的读物，当时在一般读者中难于一遇。

从 1992 年到 1997 年，陈寅恪研究被多家出版社列入各种"丛书""书系"的选题。虽然质量参差不齐，但由于印数较多，在介绍、普及陈寅恪生平、学术、思想等方面，对普通读者了解陈寅恪，引起社会关注起到了引导作用。

1998 年

文章：

1 月，余英时在《当代中国研究》第 125 期发表《陈寅恪研究因缘记——〈陈寅恪晚年诗文释证〉增订本序》（此文系本年 1 月台北东大图书股份有限公司再版余著增订本的序言，原名《书成自述》，即增订本序二）。

2 月，朱新华在《中文自学指导》第 1 期发表《从留命到招魂：陈寅恪诗一组关键词疏解》。

按：此文从陈寅恪晚年诗作中拈出"留命、苟活、招魂"三个关键词对陈寅恪晚年诗作的主题旨趣内涵予以串讲分析,有一得之见。

5 月,刘克敌在《山东大学学报》第 3 期发表《略论陈寅恪的治学观》。

此文《内容提要》:陈寅恪的治学方法与其学术思想直接相关,二者为不可分割的整体。陈寅恪的学术研究虽然借鉴吸收了西方学术思想,但其研究方式却完全是中国化的,是与中国文化特点相适应的,表现出他对中国文化的深刻理解。陈寅恪选择中古史为研究重点,又以语言研究为切入点,其目的并非要呈现对某一学科的突破,而是要打通文史哲,寻求从根本上振兴中国文化的精神之药。在具体研究中,他所倡导的诗史互证、存而不论、多立少破以及对旧、伪材料的使用等,都对今人有启示意义。其严肃认真的治学态度和坚持学术独立的精神,更值得后人学习。

6 月 20 日,沙健孙在《人民日报》发表《向陈寅恪先生学什么》。

按:此文认为陈寅恪不"宗奉"马列,恰恰不是他的强项而是他的弱点,不是他的优胜处而是他的局限性。既然如此,为什么要把陈先生的这种弱点和局限,神化为崇高的风骨和壮烈的情怀呢? 这究竟是对这位史学大师的尊崇还是讥讽? 是对青年人的激励还是误导? 是对社会科学的促进还是阻滞? 这些问题,都该让我们深思细想。此文发表后,有人曾贴于"往复论坛",遭到网友的反驳,谓文章"颇有居心存焉"。

另外,此文大意后来在《内部文稿》1998 年第 17 期上摘登,题目改为《陈寅恪的弱点不值得推崇》。

8 月,桑兵在《历史研究》第 4 期发表《陈寅恪与清华研究院》(后收入桑兵著《晚清民国的国学研究》)。

按:此文分三部分:一、考辨澄清学界流传的陈寅恪入国学研究院的传闻、掌故,认为吴宓推荐引进说最可信;二、国学研究院的后期实由陈寅恪掌门,梳理陈寅恪在学术界的地位与门生弟子的渊源关系;三、陈寅恪在国学研究院开设的课程与当时国学高涨、西方东方学兴盛的学术背景。此文属于在问题意识下以小见大的佳作。

9 月,刘克敌在《文史哲》第 5 期发表《陈寅恪的"红妆"研究与〈红楼梦〉》。

此文《内容提要》:陈寅恪虽无研究《红楼梦》的专文,但在其他论著中,特别是在《柳如是别传》《论再生缘》等红妆研究论著中却反复提及《红楼梦》。他关于《红楼梦》的论述大致有两个方面:一是在整体评价方面,认为《红楼梦》是大事均有所本的写实之作,后四十回亦为曹雪芹所写,全书结构不够精密等。二是在红妆研究方面,经常以《红楼梦》作为参照系,将其所赞颂的历史上的真实女性(如柳如是及《再生缘》的作者陈端生)与《红楼梦》所塑造的女性形象(如林黛玉)进行比较,从而寄寓自己追求个性自由和精神独立等诸多情怀。

9月,刘克敌在《北方论丛》1998年第5期发表《陈寅恪对中国知识分子问题的关注》。

此文《内容提要》:陈寅恪终其一生,始终关注中国知识分子问题。在这方面他最主要的观点是:坚持知识分子的人格独立和思想自由,为此他从历史和现实两方面入手进行分析研究,并以其一贯擅长的比较方法,对一系列中国知识分子的代表人物进行了独到的探讨。陈寅恪认为,中国知识分子的思想品格不仅与一定的社会历史状况有关,也与其所承继的精神资源有关。为此他十分强调家族渊源、师承关系对知识分子的影响,并认为陶渊明之所以超出"竹林七贤"就在于他并不满足于消极避世,而是力创新自然说,为后世文人提供了据以安身立命的思想基础。在20世纪上半叶,中国知识分子遭受深重苦难,人格受到空前屈辱,皆由于在新时代中未能解决好这一问题。所以王国维只有自杀,而除极少数人外的中国知识分子只有走向悲剧。

按:此文系作者《陈寅恪与中国文化》书稿在出版社终审时被删掉的第五章《陈寅恪的知识分子观》的主要内容,《高校文科学报文摘》曾予摘录。

10月,胡晓明在《华东师大学报》第5期发表《从理性化到"陈寅恪现象"》。

按:此文先议说几千年来的中国人文精神的传统,即具有价值意义的古代文化传统基本上失落了,从"五四"的时期的"看不起中国文化"到现在的"看不到中国文化"的变局大势。次议说救亡和启蒙的变异。最后议说"陈寅恪热"产生的合理性。90年代人们找到"陈寅恪"这个符号来表达自己,不是一个偶然的事情。陈寅恪这个形象满足了90年代的国学复苏以及对于国学传统的高期望值。发出陈寅恪可不可以作为中国知识人的真正安身立命传统的"社科人"代表人物之问。

10月13日,许纪霖在《光明日报》发表《对知识分子若干问题的反思》。

按:此文惜未见。

本年,陈弱水在台北《当代》第133期发表《1949年前的陈寅恪:学术渊源与治学大要》(又载《新学术之路:"中研院"史语所七十周年纪念文集》上册,1998年版)。

按:此文谓陈先生的学术资源极其广阔,现代中国人文学者罕有其匹。大致而言,其学术渊源有六:一、清代经学、考据学。终其一生,字求正解、文寻确诂一直是他重要的治学风格。二、受西洋的东方学以及广义的语言文字学影响甚深。和清代考据学相比,这个传统的特色在于运用现代语言学的方法研究东方的古文字,同时也重视亚洲各地域语言文化的比较。三、推崇宋代史学,原因大概是这是融贯的学问,重史识而讲鉴诫。四、西方史学。他游学欧美多年,颇浸润于西方学术,治史路向颇有西方史学影响的痕迹。五、梵佛之学。清末民初之际,释教衰微已久,一般读书人在教育过程中只知有儒史之学,陈先生有机缘涵泳于传统文化的另一个方面,是非常特殊的。六、传统诗学。他在这个领域的造诣,是学界公认的。综合而言,无论在实质成果或研究方法上,1949 年前的陈寅恪对中国史学都有开创性的贡献,可说是中国现代史学的主要奠基者之一。

陈弱水此文和他一年多后另撰一文《现代中国史学史上的陈寅恪:历史解释及相关问题》,可谓关于陈寅恪学术的导读,有指导意义。

约本年,虞云国发表《陈寅恪史学方法论》(载虞云国著《学史帚稿》)。

按:此文近三万言。旨在领悟陈寅恪的史学三昧,同时把其史学置于百年大变局的互动中给以历史的定位。全文结构层次:首揭陈寅恪的治史方法向为当时与后来学界名家所倾倒,但他没有关于治史方法论的系统而明确的夫子自道流传后世,后人的探讨便只能是一种阐释。以下分疏:一、历史观对史学方法的决定性影响。"独立之精神,自由之思想",不仅是他安身立命的原则,也是其史学方法的根本础石。正基于此,陈寅恪最注意防范外部影响与内在因素对独立精神和自由思想的侵蚀或玷污。二、治学方法的继承和借鉴。对此学术界有两种不同的见解。汪荣祖认为陈主要继承乾嘉学派的方法,王永兴则以为渊源于司马光、欧阳修为代表的宋贤史学。总体而言,陈寅恪确实对清代学术评价不高,对宋代史学则推崇备至。三、史料处理的全新方法。强调史料在历史研究中的关键作用,但又须持"了解之所同情"的态度。四、治史特点与方法举隅。1. 敏锐的观察力和缜密的思考力;2. 以问题为中心,抓住关键,揭示本质;3. 以小见大。五、结语:把人文学术从传统带进现代。陈寅恪是为中国史学赢得世界声誉的极少数史学大师之一。虽自称"平生为不古不今之学",实际上他的学术精神是非常现代的。

著作:

1 月,余英时著《陈寅恪晚年诗文释证》增订本由台北东大图书股份有限公司出版(2004 年重印,2011 年三印)。

3 月,冯衣北编著的《陈寅恪晚年诗文及其他——与余英时先生商榷》由花城出版社重印。

2 月,王永兴著《陈寅恪先生史学述略稿》由北京大学出版社出版。

按:该书第一次比较全面地梳理阐释了陈寅恪的史学思想与学术体系。书分三章:《陈寅恪先生史学的渊源和史学思想与治史方法》《陈寅恪先生三部专著及三篇论文主旨述要》《〈陈寅恪读书札记——旧唐书新唐书之部〉疏证》。书名亦仿照陈寅恪《隋唐制度渊源略论稿》取义。该书出版后,《读书》1998 年第 8 期刊登了书讯。书评有:李锦绣《王永兴谈陈寅恪治史之道》,载《文史知识》1997 年第 1 期;王永兴《〈陈寅恪先生史学述略稿〉的自我述评》,载《书品》1999 年第 1 期;程念祺《〈陈寅恪先生史学述略稿〉读后》,载《通向义宁之学——王永兴先生纪念论文集》,中华书局 2010 年版,第 329—338 页,又载《文汇报·学林》,2009 年 7 月 12 日。作者考证陈寅恪的史学在方法上系承继及发展了宋贤长编史学,而非学界推崇的“乾嘉”朴学。认为只要用心读陈寅恪的“读旧唐书新唐书札记”,即可理解他的结论。王永兴以尊崇师说为主,推许其师卓识之处不一而足,虽内容平实,但勤于上下求索,为师说补充了许多史料。王永兴这部力作与他 1993 年出版的《陈门问学丛稿》、1999 年出版的《王永兴学述》以及他多年来发表的研陈文章,构成了一个研陈系列,形成了自己的特色。吴小如曾撰《陈寅恪后继有人》(载《文汇读书周报》,1996 年3 月 2 日)一文表彰他。

1999 年

文章:

2 月 13 日,吴江在《文汇读书周报》发表《陈寅恪与中国传统史学的由旧入新——兼谈陈寅恪不宗奉马列说》(后收入《吴江文稿》)。

按:此文具有较强的史学史知识和理论分析论证特点,议论、识见亦公允平正。对陈寅恪公开申明不宗奉马列主义没有反感责难,认为陈寅恪的史学思想具有朴素唯物主义成分,与唯物史观暗合。文章结尾指出,我们自称的马克思主义史学,过去被两个东西所伤:一是写史往往从原理出发而不是从事实出发,所谓“史从论出”;二是教条式地片面地、不正常地运用阶级斗争的观点和人民群众是历史主人的观点。现在必须从头收拾旧山河,重建新史学。在这个时候,重新提起陈寅恪这位史学大家,回顾他对中国史学的贡献,对于重建我们的新史学无疑是有益的。

3 月,苏志宏在《中州学刊》第 2 期发表《论王国维、陈寅恪的文化史观》。

此文《内容提要》:王国维、陈寅恪在 20 世纪以降的文化转型过程中,站在主张思想自由且不无保守态度的学术立场上,对外来文化持一种登堂入室后的警觉,对传统文化怀有一种带敬意的谨慎,注重从传统中发掘转型资源。这种文化价值选择及其理论建树,值得今天的文化研究者予以充分的关注。

4 月,程美宝、刘志伟在香港《明报月刊》第 34 卷第 4 期发表《陈寅恪与牛津大学缘悭一面的真相》。

此文《内容提要》:六十年前,陈寅恪先生受聘牛津大学不能成行一直令中国知识分子惋惜不已。至于事情的来龙去脉如何,陈先生二度赴英未果,而被迫滞留香港的原因何在,以往的了解大多只限于当事人片段的回忆。新近在牛津大学发现的一批档案资料,给我们提供了很多未为人知的细节与真相。

5 月 1 日,王元化在《文汇读书周报》发表《对于"五四"的再认识》。

按:1999 年 5 月 1 日的《文汇读书周报》以两个整版的篇幅,刊载了王元化先生接受《人民日报》文艺部记者李辉采访时的长篇谈话,主张用一种更冷静、更多层面的方式来反思五四。王元化指出,过去写五四思想史很少涉及"独立之精神,自由之思想":这句话是陈寅恪在王国维纪念碑铭中提出来的,很少被人注意,应是表现五四文化精神的重要遗产之一。王、陈等一向被视为旧营垒中人,被划在五四范围之外,这是一种偏颇。王元化认为问题在于这句话是不是可以体现五四时期出现的一种具有时代特色的精神? 它是不是具有相当的普遍性? 如果不斤斤于用文白之争来概括五四,那么它是否在以不同形式写作的人身上同样存在? 近年来这句话渐渐获得了许多人的认同,比较容易被理解了。倘从"独立精神自由思想"这方面去衡量五四人物,那么褒贬的标准会有很大不同,一些被我们的教科书或思想史所赞扬的人物,将难以保持其荣誉和威名而不坠了。报社对王元化这一提法的意见,见王元化《九十年代日记》,第 496 页。

10 月,胡守为在《岭南学报》新 1 期发表《陈寅恪先生的文化观》。

按:此文分为六个标题:一、关于文化的涵义;二、从文化剖析历史;三、民族、文化之间的关系;四、文化与社会制度;五、中国文化与外来文化;六、文化与民族精神。全面论述释读陈寅恪的文化理念、史观、思想,属于以小见大、以点带面的出色论文。

12 月,彭华在《史学理论研究》第 4 期发表《陈寅恪的文化史观》。

此文要点:文化是永恒的"终极关怀",是判别种族的标准。文化直接关涉到一个民族的生死存亡,"如果一个民族丧失其文化特点,它就不可能作为一个单独民族而存在"。吴宓曾经将陈寅恪的文化观概括为"中国文化本位论",是相当有道理的。陈寅恪的"中国文化本位论"是健康的、开放的,既不拒斥外来文化,也不忘以中国文化为本位吸收输入外来之学说。综观陈寅恪一生治学,举凡历史学、文化学、语言学、考据学、古典文学等,"历史与文化"都是其关注的焦点与核心。

12 月,朱发建在《湖南师大学报》第 6 期发表《从"陈寅恪热"看九十年代的中国史学》。

此文《内容提要》:90 年代学界的"陈寅恪热"与国学研究的兴起,意味着中国史学的一系列变化。无论是在看待史学研究的价值、史学思想,还是史学研究的取向、史学方法上,90 年代的学人及学风与 80 年代相比有了很大的变化,这些变化从学界对陈寅恪先生的研究与探索中可以看出。"陈寅恪热"实际上是 90 年代中国学术研究范式变化的信号与标志。

著作:

9 月,宋德熹著《陈寅恪中古史学探研——以〈隋唐制度渊源略论稿〉为例》由台北稻香出版社出版(2004 年再版)。

雷闻:陈寅恪先生的《唐代政治史述论稿》和《隋唐制度渊源略论稿》可谓中国中古史研究的两座丰碑,不论是其开创的学术范式,还是由其引发的学术争论,至今仍有着非常的影响和意义。对于前者,唐振常先生曾以提纲挈领的方式进行了导读,惜乎述多论少。至于对后者的解读,如今则有宋德熹先生之近著。作者出身台大历史系,现执教于中兴大学,在魏晋隋唐社会文化史领域颇有建树,本书分析中肯,绝无虚夸之言,皆得益于作者自身之史学素养。

本书结构全依陈氏原著,共分八章,于每一章中,皆点出陈氏论述之精华所在及论证之方法,眉目更为清楚。尤为难得的是,作者并不仅仅是简单重复陈氏的观点,而且还在每一个曾引起争议的论题上,详细列举后来学者对陈氏的辩难或补充,并从自己的理解出发对此做了解说。要之,本书极有益于陈著《略论稿》之研读,而作者或亦可称陈氏之功臣(雷闻所撰书评,载《书品》2001年 4 期,第 89 页)。

9 月,张杰、杨燕丽编《追忆陈寅恪》在社会科学文献出版社出版。

按:追忆者有陈寅恪的旧友、同窗和同事,有门人弟子,有一面之缘的友朋,有家人,还有未曾谋面的研究者。该书收录海内外已发表的文章共七十五篇。从第一手资料的角度看,无太大价值。但把散见于各书各报刊特别是港台报刊上的文章收集起来,且一一注明原始出处,免却读者到处寻找之劳,亦可谓嘉惠学林,可作为案头常备资料工具书。该书与其姊妹书《解析陈寅恪》的出版,起到了为"陈寅恪热"推波助澜的作用。

9 月,张杰、杨燕丽编《解析陈寅恪》在社会科学文献出版社出版。

按:该书所录文章与同时推出的《追忆陈寅恪》一样,大都曾在各种报刊、专著和研讨会论文集中发表过。收录关于陈寅恪文化观和史学观、陈寅恪在史学领域、文学领域、敦煌学之成果和学术地位、陈寅恪治学方法等方面的研究文章共三十二篇，虽与本书第 50 页所述《陈寅恪印象》所收入文章有交叉重复，但尚有资料工具书的价值。

耿殿龙撰《谈陈寅恪的"文化历史主义"——读张杰、杨燕丽〈解析陈寅恪〉》，载《濮阳职业技术学院学报》2012 年第 5 期。

11 月 27 至 29 日，中山大学举办第三次"纪念陈寅恪教授国际学术研讨会"。

按：1999 年是陈寅恪逝世三十周年，该年有关陈寅恪的最重要的纪念活动即中山大学举办的这次研讨会。会议报道有：谢伟杰《纪念"教授的教授"——"纪念陈寅恪教授国际学术研讨会"有感》，载《新亚生活》2000 年第 27 卷第 5 期；《纪念陈寅恪教授、繁荣义宁之学》，《国际学术动态》2001 年第 6 期；徐谋《中国学术界纪念陈寅恪诞辰百年》，载《瞭望周刊》1990 年第 34 期。

这次研讨会聚集了国内外从事陈寅恪研究的六十多位专家学者，提交论文四十六篇，近六十万字。与会代表分别就陈寅恪的学术渊源、在各个领域的贡献、诗文证史的方法、生平各时期的特点和活动情况，提出见解和心得。会后，桑兵、林悟殊撰文对提交的主要论文予以评析（桑兵、林悟殊《纪念陈寅恪教授国际学术研讨会述评》，载《历史研究》2000 年第 2 期），认为"深入发掘第一手资料，认真解读著作原本，并努力以陈寅恪治学的态度和方法研究其生平与学术，是这次研讨会的突出特征，也昭示了今后陈寅恪研究的重要趋向"。2000 年 12 月，浙江人民出版社将这些论文结集出版，书名为《陈寅恪与二十世纪中国学术》。从书名可看出它带有总结 20 世纪陈寅恪研究的使命，同时在新世纪开始之际，向人们昭示出该如何把陈寅恪研究引向深入。

书评有：刘经富《最好的纪念》，载《文汇读书周报》，2001 年 6 月 2 日。

11 月，桑兵著《国学与汉学：近代中外学界交往录》由浙江人民出版社出版。

按：此书虽名"近代中外学界交往录"，但并非学界趣闻掌故之类的休闲读物，而是一部从钩稽和描述中外学者交往史实入手，对中国近世学术史进行回顾、总结的学术专著。作者选取胡适、伯希和、陈寅恪、陈垣、梁启超等学人为中心，以点带面，通过他们的学术活动来观照近代学术史上中外学术的交流与演进。谈"国学"与"汉学"，都绕不开陈寅恪，陈寅恪在全书出场次数最多。反映了作者对陈寅恪"绝无悔其少作或晚节有亏之事，在历经剧变的近代学术史上，实为凤毛麟角"的尊崇态度（参见淮著对此书的评议，载《书品》2000 年第 4 期第 90 页)。

12 月,刘新成主编的《历史学百年》由北京出版社出版。

按:该书虽无陈寅恪专节介绍,但散见于《总论》《中编》第四章《中国古代史》、第五章《中国近代史》中的陈寅恪内容颇多,摘要如次:陈寅恪先生从另一方面展示史学近代化、近代新考据学的生动气象。他的文史考证具有卓识,其视野相当地开阔。他用诗文证史,以历史记载去笺证诗文,又从诗文的材料中考订出历史的真相。陈寅恪提出"分析因子,推论源流"的文史考订法,具有辩证的因素。他开阔、联系的历史研究眼光,发展了乾嘉诸老的考证法,又体现出近代文化比较、语言考证的方法。"南北二陈"与前述史学大师虽同属科学实证一脉,但又更具中西会通的特点。之所以能够并称于世,又是因为他们在古代史特别是文献考据方面有共同的成就。陈寅恪最讲"同情理解"的研究方法,考据之外,还应有解释和议论,还应有思想,这是比傅斯年把史学局限于史料学高明的地方。陈寅恪多作考据文章,但他与乾嘉学者乃至新史学的科学实证派不同的是,他的考据与其说是考"实",不如说是考"意"。也就是说,他不仅注意史实的真伪,更注意史料背后蕴藏着的意义。他的《柳如是别传》以研究柳如是与陈子龙、钱谦益等关系为主线,透视清初史事,于考据中寓史家感情的"心史",因此,在这个意义上,陈寅恪是在更深的层次上或者说是在方法论的意义上会通中西,正如有学者所指出的:"陈寅恪先生的著作里有很多洋东西,是舶来品,可是你看不出来。他把洋东西融化进民族形式中,读起来只感到是中国自己的。"(罗新《思想与境界:学术的生命——田余庆先生访谈录》,载《原学》第 2 辑,中国广播电视出版社1995 年版,第 6 页)。

2000 年

文章:

1 月,林悟殊在《中山大学学报》第 1 期发表《陈寅恪先生胡化汉化说的启示》。

此文《内容提要》:陈寅恪先生把胡化、汉化的问题视为中国中古史发展中的一个关键环节;他抓住这一关键环节,解释了历史发展中的一系列问题。"胡化""汉化"说,是陈先生史学思想的一个重要组成部分,其在这个问题上的一系列精辟论述,对于我们研究中国中古史,有着重要的参考价值,甚至具有指导性的意义。这一学说在 50 年代曾受到不公正的批判,今天重新学习、研究他这一学说,吸取其精华,对于我们匡正形而上学、教条主义、浅薄浮躁的学风,尤有特别的意义。

2 月,彭华在《历史研究》第 1 期发表《陈寅恪"种族与文化"观辨微》。

此文要点:关于"种族与文化",陈寅恪发凡创例,论说颇多,是陈寅恪学术观点中为研究者们所援引最多者之一。约略而言,陈寅恪"种族与文化"观的要义在于"种族与文化"是研究中国历史(中古史)与文化的最要关键,而判别"种族"的标准是"文化"不是"血统"。但有两点必须指出并加以辨别。其一,陈寅恪论著中所用的"种族",并非严格意义上的用法,如果按照严格的学术规范来要求,都应该换为"民族"。其二,至于民族的判别标准,根据学者们的研究,文化特点在进行民族判别和研究时尤其重要。由此可见,陈寅恪所提出的以文化来判别民族,与现代人类学、民族学的研究是相吻合的,说明陈寅恪在研究历史时深具远见卓识。

4 月,黄裳在《文史知识》第 4 期发表《寒柳堂诗》。

按:此文批评钱仲联评陈寅恪诗识见不高,还是政治标准第一。指出寅恪诗多凄苦之音,这与家国兴亡、个人身世有密切关系。其对现实的批判,绝大部分是从独立精神自由意志出发的文化批判,所以他的诗处处散发着诗史的光辉。

6 月,程美宝在《历史研究》第 3 期发表《陈寅恪与牛津大学》。

此文系 1999 年 11 月中山大学第三次陈寅恪研讨会提交的论文。会议主办单位中大历史系所撰此次会议论文述评对此文有较好的归纳概括:中山大学程美宝从牛津大学发现的四份有关陈寅恪 20 世纪 40 年代受聘为该校汉学教授的档案文件,为研究陈寅恪与国际汉学界的关系及其学术理念和卓识提供了重要论据。第二次世界大战以前的国际汉学界对陈寅恪的学术评价究竟如何,尽管有种种口碑,多数经不起验证,相反在可靠的史料中存在不少负面信息。为此,日本学者曾质疑若干传闻的真实性,且对传话者的人品提出异议。这次论述的四件档案包括陈寅恪的简介、胡适的推荐信、修中诚致牛津大学校长函以及东方研究学院的高级中国研究计划,其中蕴含的信息相当丰富,尤其值得重视的是:(1)陈寅恪对于中国学术界和西方汉学界的深邃批评,以及努力沟通中国学术界和国际汉学界乃至整个东方学界的远大而高明的学术思想和理念;(2)40 年代欧洲汉学界对陈寅恪学术成就的评价,对其学术地位的认识有了大幅度提高。从学术和人脉入手,了解相关语境,认真解读文件的内容,对陈寅恪的学术境界必将有更深一层的理解。

9 月,黄艾仁在《中山大学学报》第 5 期发表《胡适与陈寅恪的"特殊情怀"》。

此文《内容提要》:陈寅恪对胡适的认识,是从怀有偏见而逐渐走向理解,以至成为知心朋友。其中的发展过程是有其主客观原因的,但双方共同的理念是促使他们建立友谊的关键。

9月,许静在《华东师范大学学报》第5期发表《论陈寅恪的"独立思想"不同于西方意义上的学术本位》。

此文《内容提要》:在近世诸大家中,陈寅恪常被视为现代学术的一种典范,尤其是其所标举的"独立精神、自由思想"更常被视作我国现代学术发端的一种标志。然则陈氏之"独立思想",其实并非西方意义上的纯粹的"学术本位",而是具有现实关怀和主体价值的"为道之学"。寅恪先生以"续命河汾"自命,体现的不是以考据、用典为旨归的客体之学,而是以"道"的终极关怀和现实关怀为趋向的主体之学。而这一以"道"为核心的主体之学才是"独立思想、自由精神"的真实指向。

10月,李慎之在《学术界》第5期发表《独立之精神、自由之思想——论作为思想家的陈寅恪》。

此文《内容提要》:陈寅恪先生是举世公认的20世纪中国伟大的史学家,同时也是位中国近代史上杰出的思想家。他的关于中国传统文化精神的定义,他的关于中西文化差异的精辟论断,至今无出其右者。其见事见理之明察深刻,举世罕有。而这均因其"独立之精神,自由之思想"的学术品格使然。在大力发展经济的今天,同时读读陈寅恪,也许会使我们更冷静、更理智,对强国之梦的实现,也会更自觉。

11月,陈慧在《中山大学学报》第6期发表《以王观陈——重审陈寅恪对王国维之死的双重解释》。

此文《内容提要》:陈寅恪就王国维之死提出"殉文化"说与"殉真理"说,通过"以王观陈"的方法来重审二说,不但可能而且必要。陈寅恪赋予"纲纪"以制度与理想的双重维度,以之定义中国文化,切中王国维的关怀与认识,且抓住其与辛亥前后学界主流观点的关键区别;陈寅恪笔下的王国维与王国维笔下的苏格拉底存在多重呼应,二者都是在古典文明衰落、城邦道德堕落背景下知德合一的"理想人物",关乎共通的学术理想。可见,陈寅恪由"死亡"这一根本问题,带出关乎"生存"的深切思考,所追问的乃是民族盛衰之由、学术兴废之途及知识人进退之道。

12月,蔡鸿生在《学术研究》第12期发表《陈寅恪史学的魅力》。

按:此文特别指出陈寅恪的一个治学特点是"覃思妙想",从《陈寅恪文集》中,可以见他多次提及"深思""精思"乃至"神游冥想"之类的治学要诀,说明他非常重视史与思的关系。在历史研究的实践中,无论是述论、笺证还是考释,寅恪先生都有非同凡响的独特思路,因而能达到"较乾嘉诸老更上一层"的境界。

12 月,郝润华在《烟台师范学院学报》第 4 期发表《文史互证方法的当代学术意义》。

此文《内容提要》：陈寅恪成熟运用于学术研究中的是我国传统的文史互证方法。这种方法被现代学者所继承,并在研究中取得了很大成就。本文以卞孝萱《冬青书屋笔记》为例,揭示传统文史互证方法在当代学术研究中的地位和意义。

本年,罗志田在香港《二十一世纪》2000 年某期（总 59 期）**发表《从历史记忆看陈寅恪与乾嘉考据的关系》**（后收入罗志田著《二十世纪的中国思想与学术掠影》）。

此文要点：近年学界忽然又对陈寅恪与乾嘉考据的关系发生了争议,如果回到当年的社会学术环境,陈寅恪受乾嘉考据的影响不应成为"问题"。最能说明陈寅恪与乾嘉考据关系的,是他在《与妹书》中被广为引用的一段中说"如以西洋语言科学之法,为中藏文比较之学,则成效当较乾嘉诸老,更上一层"。实际上,史学非乾嘉之所长,以史家为学术认同的陈寅恪显然更推崇宋代史学。但其青少年受学时期曾对乾嘉经学下过相当大的功夫,后来在国外学习时更因西方"经学"的启示而有意在训诂方面超越"乾嘉诸老"。因此强调或否定陈寅恪是否受乾嘉考据的影响,都或不免以学术门户观念的"成见"看人,其实是看轻了陈寅恪（参见罗志田《新宋学与民初考据史学》,载《近代史研究》1999 年第 1 期）。

著作：

9 月,王晓清著《学者的师承与家派》由湖北人民出版社出版（2007 年 3 月再版）。

按：作者选取清末民国的四十位代表学人,模仿"学案"的形式,从学术渊源、学术宗主、师承授受、师门户限、学术流派等方面入手,散点透视,着重探讨近百年来中国学术特别是史学经过几代史家的努力,逐步实现了由传统向近代化的转型,基本上形成朴学与理学并重,史观派与史料派互长,专家与通人渗透,理论与考据消长的学术格局（陈晓明《凝重的传承：中国史学文化标本——评王晓清著学者的师承与家派》,载《博览群书》2001 年第 4 期）。第十九位《大师之大——陈寅恪学记》（该书初版,第 131—139 页）开篇指出："陈寅恪的历史学作为 20 世纪中国史学发展史上重要的文化遗产,已愈益受到学术界的关注与研究。陈氏慧眼独具的史识、一以贯之地秉持'自由之思想、独立之精神'的史家人格以及开启一代学术风气、融通中西的实证型研究路线，将他超迈前贤与时人的诸多领域的学术研究推向了并世无双的境地。细细籀绎陈寅恪历史学的轨迹，我们可以初步体悟出陈氏精博深广的学问既渊源于深厚的家学，又与当时崛起的诸多学派具有密切的交往。"以下从陈寅恪的域外语文知识、掌握史料的广博、"不古不今"的治史领域与国际东方学的关系、世家子弟情结等方面对陈寅恪学术予以分析梳理。其具体的分析按断比开篇绪论较逊，显得单薄，尤其依据学界常见材料言说陈寅恪家世，既随俗，且跑题。

10 月，骆玉明发表《陈寅恪的意义》(载骆玉明主编的《近二十年文化热点人物述评》)。

按：该书选取李泽厚、沈从文、巴金、周作人、张爱玲、陈寅恪、金庸、钱钟书、顾准作为 20 世纪八九十年代的"文化热点人物"。编选体例是由主编写一篇总评，再挑选几篇与该热点人物相关的重要文章。陈寅恪名下选取的文章是俞大维《怀念陈寅恪先生》、周一良《我所了解的陈寅恪先生》、余英时《陈寅恪的学术精神》、葛兆光《最是文人不自由》、林贤治《文化遗民陈寅恪》。

《总评》要点：陈寅恪本来最不应该成为公众人物，但自 80 年代后期以来，辞世多年的陈寅恪却实实在在成了一个热点人物。广泛流传的关于陈寅恪的传奇逸闻，虽然成为陈寅恪名字上的光环，但不能解释陈寅恪对于中国社会的意义。分析陈寅恪热起来的原因，大约有如下几点：一、某些政治上的原因，余英时对陈寅恪"晚年心境"的揭示，涉及在中国现代政治剧变中知识分子的命运问题。他对陈寅恪的分析，深入而有个性，对海峡两岸关于陈寅恪的评价，有相当大的影响。二、"陈寅恪热"的另一背景，是 90 年代掀起的"国学热"。陈氏既是公认的"国学大师"，这两者自然就合为一体了。陆键东所著《陈寅恪的最后二十年》一书，将陈寅恪引向社会大众起了很大作用。

在国内渐渐兴起的"陈寅恪热"中，人们通过谈论陈寅恪，企图找到什么呢？他晚年在《赠蒋秉南序》中自明心迹，有"默念平生因未尝侮食自矜，曲学阿世，似可告慰友朋"之句，这实际也是重申了对"独立精神，自由思想"的坚持。回顾中国学术在现代历史上的艰难步履，人们不能不感佩陈寅恪所垂示的不朽。那么，纪念陈寅恪的首要意义、无论从社会还是从个人而言，应该是维护学术研究所必需的"独立之精神，自由之思想"，从而使真理得以发扬吧。

小　结

如果用"风乍起,吹皱一池春水"来形容 80 年代后期第一次"陈寅恪热"的话,那么,用"如火如荼"一词来形容 90 年代中后期的第二次"陈寅恪热"可谓恰如其分(参见吴定宇《守望——陈寅恪往事》,第 437 页)。

90 年代后期,文化学术界对"陈寅恪热"的成因、利弊有过短暂的辩论,出现过一些不谐和音,有人谓"陈寅恪热"是当代中国学人制造的一个学术神话。

1998 年 3 月,王鹏令在《方法》杂志上发表《冷说"陈寅恪热"》一文,认为"陈热"是一股蔚然成风的"浮夸风"。1999 年 10 月 27 日、11 月 19 日,止庵在《中华读书报》《南方周末》发表《作为话题的陈寅恪》《更谈陈寅恪》两文,认为陈寅恪在广泛的关注中被象征化或符号化了。陈寅恪走向民间成为"大众话题"对于陈寅恪来说是不幸的,把陈寅恪留在"小众话题"里即学术界更为妥当。针对王鹏令、止庵的观点,陈友康撰《陈寅恪热在何处》、史末撰《谁的陈寅恪》、程巢父撰《人情人性总相通——就陈寅恪话题与止庵先生商榷》予以反驳,以程文最有说服力。他认为 1996 年以来形成的"陈寅恪热",并不是任何"炒作"行为的结果,实在是一个时代人们的"共同情绪"的反映,一个时代有一个时代的"普遍情绪"。程文提出的"普遍情绪"说与张育仁的"阅读现象"说对解释"陈寅恪热"有异曲同工之妙:"最近一两年,早已'无心'读书的知识分子当中突然涌起了一股读书的热潮,读的对象又特别集中在陈寅恪、吴宓、顾准、胡风等身上,而读的结果是引发了知识分子新一轮灵魂的喧哗与骚动。这种情景几乎和二十几年前我们这些人读'伤痕文学'时的唏嘘与悲愤极为相似。这简直可以说是一种非常有意思的、中国知识分子特有的'阅读现象'。"(张育仁《遭遇吴宓与抵抗遗忘》,载《红岩》1998 年第 3 期;参阅胡晓明《从理性化到"陈寅恪现象"》,载《华东师大学报》1998 年第 5 期;李振声《读程巢父说陈寅恪热所想到的》,载《书屋》2009 年第 10 期;翁寒松《顾准热、陈寅恪热评析》,载某刊(具体刊名笔者一时失录)1997 年第 5 期)。王震邦认为,从正面看,"陈寅恪热"的出现,既有大环境变迁的外部因素,也反映出学术研究转向的具体关怀。特别是在知识分子圈,自摆脱意识形态的教条和思维上的制式反应后,若能找出一位既能承接传统而又具备新学且能取法的对象,非仅是一种期待(王震邦《独立与自由——陈寅恪论学》第一章《绪论》第一节《陈寅恪热》)。

陈寅恪以其壁立千仞的独立人格和充满悲情的文化苦旅,为人们理解和追忆失落已久的中国传统人文精神,提供了一个具体鲜明、令人感佩的形象!中国传统的人文精神集中地表现在以下三个方面,即对圣贤人格的追求,承传民族文化(主要指儒家学说)和肩负天下兴亡的神圣使命感。陈寅恪对于当代中国知识分子的意义在于:在他的身上,相当鲜明、且比较完整地凝聚着中国传统的人文精神。因为第一,按照中国传统的标准,陈寅恪无疑为当代中国知识分子展现了一种近乎"圣贤"的理想人格;第二,陈寅恪以其一贯视民族文化为生命的态度和对传统文化不计成败利钝的呵护,不仅为当代中国知识分子提供了一种价值参照,而且为之具体地展示了一种近于"高贵",即不失尊严和斯文的生存方式。或者说,由于在陈氏身上相当难得地保持和凝聚了中国传统的人文精神,因而使得模糊不清、飘忽不定的"人文精神",借助陈寅恪的感性形象而具体化、鲜明化了。所谓传统的人文精神,就是像陈寅恪那样,一以贯之地为关系天下兴亡的民族文化而忧乐。陈寅恪的一生,充满着一种博大的中国传统文化的情怀,产生了他特有的文化生命的魅力,使经受了几次社会重大变革的当代知识分子,在一位历史理性回首这段历史进程时,不得不重新审视中国文化之"根"的位置。在这种意义上,"陈寅恪热"反映了国内知识界一种向传统人文精神回归,以重建自己的精神家园的趋向(王鹏令《从英雄时代走向凡人时代——中国人文精神的蜕变》,载《明报月刊》1999 年第 3 期)。这是"陈寅恪热"兴起的主要原因,今后陈寅恪也会因此青史留名。

综观 90 年代的"陈寅恪热",其要点有四:

(1)"陈寅恪热"是国学热的产物,90 年代的"陈寅恪热"是与 90 年代初的"国学热"联袂而至的。陈怀宇答记者问:"陈寅恪和国学热是联系在一起的,是 20 世纪 90 年代国学热的一部分。80 年代有弗洛伊德热、马斯洛热、尼采热,90 年代后整个知识界转向国学,开始讲民族文化复兴,政府舆论也做这方面引导,很多学者开始转向对国学的关注。包括季羡林先生,已经和国学没有任何关系,但是三十年河东,三十年河西,也加入到这个合唱中来。"(邓玲玲《陈寅恪热卷土重来》,载《新京报》,2013 年 7 月 29 日)。在 90 年代的国学热中,被发掘出来的前辈学术人物逐渐增多,得分最高的当属陈寅恪。话题的焦点是他所倡导的"独立自由"学术精神。他的人格、思想不仅为学术界、文化界大多数人所认可、赞颂,而且由书斋走向大众。

(2)"陈寅恪热"不仅冲击了学术界的话语系统,而且在很大程度上也影响了文学界的言说。例如,在"学人随笔""学术随笔"大受出版界青睐的 90 年代,陈寅恪其人其事成为作家们重点谈论的人物,在以学人随笔为主的随笔丛书中,很少有作者不写两句陈寅恪的。"陈寅恪热"而且波及小说界。例如铁凝的短篇小说《树下》:中学教师"老于"参加同学聚会,会上见到了他中学时代曾经暗恋过而如今做了副市长的项珠珠;于是他们像中学时代两人惯常所做的那样,一个晚上尽谈文学,老于在项珠珠面前炫耀他最近在读陈寅恪的一本书。

(3)学界开始对陈寅恪的整个学术体系进行全面研究,其中陈寅恪的文化观研究取得的成果最多,影响也最大。对陈寅恪的整体评价,除了称他为国学大师外,又增加了一个"思想家"的称谓,并将他与顾准并称,视为20世纪下半叶中国知识分子的楷模。

(4)催生了几个从事陈寅恪研究的学术群体。首先是陈氏门人,其代表人物为蒋天枢、季羡林、周一良、王永兴、卞僧慧、石泉、金应熙、胡守为、蔡鸿生、姜伯勤、刘桂生、王勉(鲲西)等。作为学生,他们对陈寅恪之人格力量和学术成果的理解与阐释有着他人不及的优势。因此其研究具有相当的权威性。其次是改革开放以来影响较大的著名学者,代表人物有王元化、李慎之、傅璇琮、黄延复、唐振常、陈其泰、周勋初、刘梦溪等。他们研究陈寅恪的特点在于往往不局限于对某些具体问题的探讨,而是站在时代发展的高度,把陈寅恪研究与对20世纪中国文化和中国知识分子命运的思考结合起来,将陈寅恪研究置于中外文化交流与碰撞的历史背景之中,以发现和阐释陈寅恪学术思想的独特价值。其三为崭露头角的一些中青年学者,代表人物有葛兆光、陆键东、胡晓明、吴定宇、刘克敌、谢泳、钱文忠、罗志田、桑兵、朱新华、张求会、胡文辉、李开军等。他们大都经受过严格的学术训练,并有较好的知识储备。因此他们在进入陈寅恪研究领域后,即迅速成为重要力量,日后都卓有成就。正如钱文忠所言:"寅恪先生不是一个普通的学者,而是一个可以成'学'的学者……还是一个可以产生学者的学者。"(钱文忠《略论寅恪先生之比较观及其在文学研究中之运用》)第四个研究群体是台港及海外学人。他们有些是陈氏门人或同时代人,有些是专门从事陈寅恪研究的学者。他们的研究具有比较系统、重视资料、重视考证和学理性更强的特点。虽然有时不免带有意识形态色彩,但从整体来看水平很高。代表人物有余英时、汪荣祖、王汎森、李玉梅、逯耀东、陈弱水、王震邦等(参阅刘克敌《20年来之陈寅恪研究述评》)。

2001 年

文章:

2月14日,刘梦溪在《光明日报》《中国文化报》同时发表《"文化中国"与

重建——陈寅恪〈王观堂先生挽词并序〉新释》(后收入刘梦溪著《陈寅恪
论稿》)。

按:此文先引陈寅恪《王观堂先生挽词·序》,认为此序不仅对王国维的
死因给以正解,同时也是解开 20 世纪中国文化与社会变迁之谜团的一把钥
匙。文章并引用陈寅恪的其他关于中国文化性质论说的材料,对三纲六纪、核
心价值、抽象理想与社会制度基础的关系,士大夫在社会新旧交替时的表现、
痛苦进行层层论证申论,显示出作者的义理通贯阐述能力。

**3 月,袁伟时在《同舟共进》第 3 期发表《陈寅恪论独立之精神与自由之
思想》。**

按:此文节录陈寅恪三篇短文:《王国维纪念碑铭》《对科学院的答复》
《论再生缘》,一以贯之,申说知识分子必须具有"独立之精神,自由之思想"。
并且认为,不论你是不是知识分子,只要你是现代公民,都应该好好读读陈寅
恪这些箴言。

**4 月 20 日,葛兆光在《光明日报》发表《学术的意味——学习陈寅恪先生
在清华大学毕业论文上的评语及批注》。**

按:此文首先介绍陈寅恪先生在清华大学任教多年,曾在中文、历史两系
指导本科生、研究生论文。在今天,我们还可以看到若干种三四十年代的毕业
论文,上面有陈先生的评语和批注,也还可以看到一些陈先生指导过的论文。
通过这些论文,不仅可以窥见陈先生学问的广博与态度的严谨,更可从中体会
陈寅恪先生心目中学术的意味。接着举出陈寅恪在历史系、中文系两个学生
论文上所写批语的例子予以申说陈寅恪的治学方法和理念。

**6 月,罗志田在《文史知识》第 6 期发表《陈寅恪学术表述臆解》(后收入罗
志田著《近代中国史论》)。**

按:此文为作者研陈系列文章的原点,作者此后发表的《陈寅恪文字意趣
札记》《非驴非马,陈寅恪的文字意趣一例》都是此文的延伸与扩充。此文要
语:余英时先生论陈寅恪说"古今中外可以称得上'伟大'两字的史学家几乎
未有不关怀现实、热爱人生的,虽则'关怀'与'热爱'并不是构成史学家的充
足条件"。

**7 月,程巢父在《东方文化》第 4 期发表《人情人性总相通——就陈寅恪话
题与止庵先生商榷》(后收入程巢父著《思想时代——陈寅恪、胡适及其他》)。**

此文要点:所谓"陈寅恪热",实在是一个时代人们的"共同情绪"的反映。
这种"共同情绪",也就是所谓"民气"。在当下这个物欲汹汹之世,这一点微
弱的民气,还得慎加爱惜,不能任意斫伤。关心或持守这种思想文化价值的

人,在我们这个十几亿人的泱泱大国里,为数也不满五千,所谓"陈寅恪热",说穿了,就是这一部分人造成的……从这个微弱的比例来看,这不满五千的读者只怕是中国文化的一点希望种子,他们关注"陈寅恪话题"的热情是应当受到尊重的(参见本书第 63 页"小结"所录程巢父同题言说)。

8 月,胡戟在《历史研究》第 4 期发表《陈寅恪与中国中古史研究》。

此文要点: 陈寅恪特别钟情于他界定的中国中古时期的魏晋南北朝隋唐历史,留下名著三稿即《隋唐制度渊源略论稿》《唐代政治史述论稿》《元白诗笺证稿》以及 104 篇论文,还有近年陆续整理出版的《陈寅恪魏晋南北朝史讲演录》(万绳楠整理)、《隋唐史第一讲笔记》(杨联陞整理)、《陈寅恪读书札记·旧唐书新唐书之部》,大多是关于魏晋南北朝隋唐时代的学术成果。为中国中古史研究开一代风气,贡献令世人瞩目。

8 月,刘克敌在《中国文化研究》秋之卷发表《论陈寅恪的中国近代史研究》。

此文《内容提要》: 陈寅恪的近代史研究,虽然没有比较系统的论述,却有其一贯的立场和独到的见解,并在晚年的《寒柳堂记梦》中得到较集中的体现。他对甲午战后中国政局变动及其原因的分析,对于清政府内清流与浊流的分析,对于慈禧与光绪之政见异同及其原因的分析,以及对戊戌变法运动的观点,都极有价值。

10 月,徐葆耕在《读书》第 10 期发表《碑的迷思》。

此文要点: 王国维的纪念碑是值得瞻仰的一座丰碑。陈寅恪为此碑撰写的碑文已成经典。其中可谓掷地有声、振聋发聩的是"惟此独立之精神、自由之思想,历千万祀,与天壤而同久,共三光而永光"。王先生为思想、为文化、为信仰而死,而不是为了"食、色、权、钱"而死。在这一点上,先生高于一切随波逐流的苟活者。我不敢说,思想一定会把人类带上天堂,相反,它常会将思想者引向地狱。但是,但丁告诉我们,没有游历过地狱的人,是没有资格进入天堂的。

12 月,刘振华在《扬州大学学报》第 6 期发表《民族融合与文化整合——论陈寅恪魏晋南北朝史研究》。

此文《内容提要》: 陈寅恪先生是魏晋南北朝史研究的开拓者,涉及的领域相当广泛,提出许多精辟见解,其中最值得关注的是关于民族与文化的历史考察。在《隋唐制度渊源略论稿》《唐代政治史述论稿》中,他反复强调种族与文化问题是研究中古史最重要的关键。在民族融合与文化整合关系上,他提出"北朝胡汉之分,在文化而不在种族"的论点。这对研究中华民族融合史有着极其重要的意义。

本年，陈弱水发表《现代中国史学史上的陈寅恪：历史解释及相关问题》（载《学术史与方法学的省思——"中研院"史语所七十周年研讨会会论文集》）。

按：该文就陈寅恪对中国史学的看法和基本立场，历史解释的实践与理念及陈寅恪史学的回响等方面做了详细论述。作为唐史专家，陈弱水认为"陈寅恪的研究涵盖了魏晋南北朝隋唐，对中古提出很多整体性的见解，针对现象提出解释性说法，确立了典范，使中国中古史研究立刻达到了别的领域一开始没有的深度和高度"。

本年，广西师范大学秦竞芝通过《陈寅恪与新考据学》硕士论文。

此文《内容提要》：20 世纪初期，随着西方文化的传入，中西文化发生冲突，中国传统文化面临着危机。王国维、陈垣、陈寅恪等人出于对中国传统文化的热爱，把中国传统学术方法与西方学术方法融合起来。他们在继承和发展中国传统的历史考据学方面，做出了很大的贡献，形成了中国史学史上具有代表意义的"新考据学"派。陈寅恪对传统考据方法加以创新，形成了他独具特色的新考据方法，其特点可概括为"诗史互证"与比较。其新考据学丰富和发展了我国传统文献研究方法，但有些考据过于繁复冗长，这是他的不足之处。

著作：

10 月，桑兵著《晚清民国的国学研究》由上海古籍出版社出版。

按：此书主要内容：近代中国学术的地缘与流派是如何区分的？陈寅恪对于民国学术的评价有那么高吗？他对晚清有何独特观察？清华国学院成立谁是主导，留下了哪些经验与后遗症？该书涉及陈寅恪处颇多，关于陈寅恪的学术特征、思想见解、人事关系的展示论说，有令人耳目一新之感，是作者著述的代表作。

本年至次年，陈美延、陈流求编《陈寅恪集》由三联书店出版（2009 年 9 月第二版，2011 年四印；2015 年 7 月第三版，六印）。

按：陈寅恪研究第一阶段（20 世纪八九十年代的二十年）是以上海古籍出版社出版《陈寅恪文集》为开端的。二十年后，揭开陈寅恪研究第二阶段序幕的同样是一套《陈寅恪集》，这套《陈集》又一次带动了陈寅恪研究。此《集》共收入当时所能搜集到的陈寅恪专著、论文、书信、诗作、读书札记、讲义、备课笔记及其他杂著，共 13 种 14 册，350 万字，并附 140 多张珍贵照片，可谓煌煌巨著（《陈寅恪集》十三种十四册按出版时间顺序为：《柳如是别传》《寒柳堂集》《隋唐制度渊源略论稿·唐代政治史述论稿》《元白诗笺证稿》《诗集》《书信集》《金明馆丛稿初编》《金明馆丛稿二编》《读书札记一集》《读书札记二集》《读书札记三集》《讲义及杂稿》）。早在 1996 年，三联书店就开始了《陈寅恪全集》的编辑出版事宜,并发布了《陈寅恪先生作品征集启事》(载《书摘》1996 年第 12 期)。但《全集》的整理出版并不一帆风顺,除了陈寅恪著作难以搜集齐全外(陈寅恪家人为追回"文革"中被查抄的陈寅恪遗作的艰辛,多年后才得以知晓),还有其他的种种干扰,使得《全集》拖了六年之久才得以问世,书名也不得不改为《陈寅恪集》。2001 年初,《柳如是别传》上中下三册首先与读者见面,首印一万套,竟然在短短几个月内销售一空,不得不再次加印,印数增至二万二百套(陈熙涵、刘九洲《〈柳如是别传〉首版售罄》,载《文汇报》,2001 年 3 月 20 日;鲲西《初刊本〈柳如是别传〉出版纪实》,载《文汇报》,2006 年 11 月 5 日),反映出"陈寅恪热"依然没有完全消退。

三联版《陈寅恪集》初版面世和再版重印后,文化学术界发表的书评有:刘后滨、张耐冬《陈寅恪的士大夫情结与学术取向——读〈陈寅恪集〉》,载台北《中国文哲研究集刊》总第 23 期(2003 年);蔡鸿生《辉煌的笔耕》,载《读书》2002 年第 11 期;葛兆光《"平生为不古不今之学"——读〈陈寅恪集·书信集〉的随感》,载《读书》2001 年第 11 期;陈平原《学者的幽怀与著述的体例:关于〈陈寅恪集·书信集〉》,载《读书》2002 年第 1 期;高恒文《史学家的"晚年心境"——从陈寅恪〈书信集〉谈起》,载《人民政协报》,2002 年 2 月 12 日;钱文忠《书信里的陈寅恪》,载《南方周末》,2001 年 9 月 8 日;黄长怡、郑如煜《他的文集出版,可以活跃学术空气》,载《南方都市报》,2008 年 7 月 6 日;鲲西《关于陈寅恪先生文集出版的补充》,载《文汇报》,2007 年 10 月 8 日;徐庆全《陈寅恪〈论再生缘〉出版风波》,载《南方周末》,2008 年 8 月 28 日;肖复兴《重读〈陈寅恪诗集〉》,载《新民晚报》,2015 年 9 月 30 日;金克木《陈寅恪遗札后记》,载《读书》1997 年第 3 期;刘克敌《秀才遇到兵:"一适之妙"与"诗穷而后工"——读陈寅恪书信杂感》,载《书屋》2013 年第 8 期;俞小石《集国学薪火、遗后世相知——访〈陈寅恪集〉责编》,载《文学报》,2001 年 4 月 12 日。其中以刘后滨、张耐冬的文章介绍、分析该《集》的搜集、出版过程和所收著作、文章的内容梗概最为详细。

2002 年

文章:

1 月,雷艳红在《厦门大学学报》第 1 期发表《陈寅恪的"关陇集团"说评析》。

此文《内容提要》:陈寅恪先生的"关陇集团"说,重点阐释了周、隋、唐三代政权的性质与特点,对中古史研究影响颇深,但学界对该说有争议。虽然陈先生明确界定了关陇集团的性质与特点,但因拘囿于该学说,不恰当地超越了"关陇集团"的界限,导致了研究中的自相矛盾和理论上的僵化。事实是关陇集团产生于特殊的历史时期,随着政治和社会环境的变化,该集团的性质也在发生变化。降及隋唐,已不存在具有一致目标和严密组织的政治集团——关陇集团了。

3 月,刘克敌在《北方论丛》第 2 期发表《陈寅恪关于家族本位思想之分析简论》。

此文要点:陈寅恪关于家族本位在中国文化体系中之核心作用的观点,体现在不仅因为家族独特的维系文化传统、保存传统文化的作用,更由于家族特殊的情感纽带,使中国文人可以从中获取可靠的精神资源和人生动力。为此,陈寅恪特别强调出身,重视渊源。

5 月,盛邦和在《江苏社会科学》第 3 期发表《陈寅恪:走出史料学派》。

此文《内容提要》:陈寅恪与傅斯年关系密切,且都十分重视史料,以考实为治史方法前提。学术界一般将陈寅恪视作"史料学派",与傅斯年归为同类。其实,史学有其"史心",陈寅恪与傅斯年方法相类,而治史精神大相径庭。傅斯年紧随胡适,将胡的"实证"史学精神臻于极致。胡适不赞同"民族主义"史学的提法,某种意义上也影响了傅,而陈寅恪昌言民族本位,其终身史学行走,乃胡适、傅斯年史料学派之别途。他走出了史料学派。陈寅恪既是一个热望人格尊严独立的自由者,又是一个强求历史更新再造的传统人,以勇猛的精神一身而兼双任。他不是旧模式的"中体西用"者,而是别具现代性的"新体西用"者。

7 月,高山杉在《读书》第 7 期发表《陈寅恪的第一篇学术文章》。

按:此文先考证出陈寅恪回国后的第一篇学术性文字是《〈大乘稻秆经随听疏〉跋》。陈寅恪在文章结尾感叹《大乘稻秆经随听疏》是唐代吐蕃译经僧法成的著作,但法成与玄奘"同为沟通东西学术,一代文化所托命之人,而其后世声闻之显晦殊异若此,殆有幸与不幸欤?"作者围绕"沟通东西学术""一代文化所托命之人"这两点阐发,指出陈寅恪能考证出汉文本法成《大乘稻秆经随听疏》为藏文本莲花戒《稻秆喻经广大疏》的"译本",是真正可以算作"沟通东西学术""一代文化所托命之人"的,其今典是陈寅恪因伤悼王国维而连类及法成。

9 月,易中天在《东方文化》第 5 期发表《劝君免谈陈寅恪》。

按:此文意旨曲折。大致就当下知识分子的处境发端起兴,感慨中国知识分子总是"毛","毛"总是想附在某张"皮"上,以实现自身存在的"意义"。而要想无愧于知识分子的称号,就得像陈寅恪那样坚持独立立场;要想坚持独立立场,就不能附在某张"皮"上。要想不附在某张"皮"上,就不能太在乎意义能不能实现。因此,当我们决定选择和坚持"自由思想,独立精神"时,就得先问自己一句:你能不能豁出去连"意义"都不要?

此文发表后,王龙跟进申说,发表《最是文人不自由——从易中天谈陈寅恪说起》,载《随笔》2013 年第 2 期。

11 月,骆冬青在《文学评论》第 6 期发表《有学问的文艺学——从王国维到陈寅恪》。

此文《内容提要》:王国维、陈寅恪以"国学大师"的身份,从哲学、史学、文化学等学科进入文艺学的研究,坚守学术本位,保持边缘姿态,形成了独特的文艺学流派。王国维后期的学术转向,使其文艺美学思想进入了更为深广的学术大地。陈寅恪的文艺美学思想贯穿了自由独立的思想与中国文化本位的精神,并以创造性的美学阐释学和对于中国古代边缘文艺现象的研究,提高了文艺学研究的学术层次和水平。他们代表的"有学问的文艺学"无论在思想上、方法上都值得珍视。

11 月,陈其泰在《中国社科院研究生院学报》第 6 期发表《陈寅恪治"民族文化史"的出色成果》(后收入陈其泰著《20 世纪中国历史考证学研究》)。

此文《内容提要》:陈寅恪治"中古以降民族文化之史"的两部名著《隋唐制度渊源略论稿》和《唐代政治史述论稿》,充分反映出他的中国中古史分期的史学思想和治史方法。其治史特点是:以小见大,从别人不注意处发现历史的关节点,通过联系分析,揭示出关历史演变的重大问题。又善于推求变化之故,从联系中概括出通性认识。

本年,"中央大学"文学研究所李栩钰通过博士论文《河东君〈柳如是别传〉——"接受观点"的考察》。

此文要点:本论文从"接受观点"之角度考察柳如是的形象,以陈寅恪《柳如是别传》为讨论重心。在内容方面,标举出"青楼""青山"与"青史"一组标题,期待能巧妙反映传主柳如是的一生:"污名""去污名"到"圣名化"之过程,层次分明地解释柳如是源出盛泽,易杨为柳的文化意涵,又探讨柳如是幅巾打扮以投钱谦益之好的论证。才命相妨的柳如是究竟殉明或殉夫,在论文中也有确晰的答案(参见王震邦对此文的简介,见王震邦《独立与自由——陈寅恪论学》第一章《绪论》,第 21 页)。

本年,台湾师范大学陈秀香通过硕士学位论文《陈寅恪〈元白诗笺证稿〉探微》。

此文要点:学术界对陈寅恪的名著、横跨文史领域、诗史互证的典范之作

《元白诗笺证稿》研究成果虽多,但仅有单篇的论述。此文作者有鉴于此,尝试以《笺证稿》一书为研究课题,彰显该书对当代文史研究的铺路奠基之功和巨大影响。

本年,台南师范学院沈美绮通过硕士学位论文《陈寅恪诗之研究》。

此文要点:本文分为七章:第一章《绪论》主要介绍研究动机与目的及研究素材与内容。第二章以介绍寅恪先生的生平及学术成就为主,足见寅恪先生之生平及学术研究对其诗具有相当程度的影响。第三章探讨陈寅恪诗外缘部分,如诗学渊源、诗学态度,说明寅恪先生如何受"江西诗派""同光体"诗派及父亲、苏轼、杜甫的影响。第四、五章是论文的主要内容,分类探析寅恪先生诗的内涵,分为情谊诗、政治诗、咏怀诗、感时诗、不易分类的诗。第六章归纳寅恪先生诗的分期特色、艺术特色。第七章介绍陈诗之价值,分别以呈现诗人生命之情怀、承继古典诗歌之贡献、还原历史文化之纪录三部分,为陈寅恪诗作价值定位。

本年,南京师范大学刘士林通过博士学位论文《20 世纪中国学人之诗研究》(安徽教育出版社 2005 年 7 月出书)。

按:此学位论文在刘梦溪先生指导下完成。论文《前言》云:"关于 20 世纪中国学人之诗研究,在某种意义上可以说是由近年的'陈寅恪热'而兴起的。其中如余英时在港台发表的系列文章以及大陆学者冯衣北在港台刊物上发表与之商榷的文章,刘梦溪《陈寅恪的"家国旧情"与"兴亡遗恨"》等。正是在这些具有开拓性意义的文章的导引下,本文试图对于 20 世纪的中国学人之诗展开一种较为系统的阐释研究。"第三章《"力振前文觉道孤,耻与流辈论荣枯"——论陈寅恪的诗》,三万多字,按"历史真实"到"历史的精神真实""他生重认旧巢痕""负鼓盲翁正作场"的标题对陈寅恪诗作的主题、价值、蕴含、特征和相关论述争议、已有成果进行了全面的梳理总结,提出自己的识见、按断,其中"历史学的最高目的在于揭示'历史真实',诗学研究的最高理念在于还原'历史的精神真实'"之论尤为有识。在 2002 年之际,此论文应是关于陈寅恪诗作研究的最前沿学术成果,贡献颇多。美中不足的是校对粗疏,错别字不少,为之病目。

著作:

1 月,刘梦溪主编的《中国现代学术经典》丛书之一《陈寅恪卷》由河北教育出版社出版。

按:该书收入陈寅恪《隋唐制度渊源略论稿》《唐代政治史述论稿》专著和《论再生缘》《柳如是别传缘起》等重要文章 42 篇,前有刘梦溪撰《陈寅恪先生小传》,后附《陈寅恪先生学术年表》《陈寅恪先生著述要目》。

12 月,毛汉光著《中国中古政治史论》由上海书店出版社出版。

按:该书虽分为八篇,但从内容上可以分为两部分。第一篇为本书的《绪论·陈寅恪关陇集团理论之拓展》,对其他七篇所用史学方法和理论予以总结,是本书的灵魂和脉络。在中国中古史领域,陈寅恪先生是将西方政治学的党派政治与区域集团等理论用于具体研究,并通过一系列考证建立学说的先行者。除了众所周知的"关陇集团"说外,我们还可以从其弟子万绳楠整理的《陈寅恪魏晋南北朝史讲演录》中窥见陈氏对魏晋南北朝政治嬗替的精彩论述。第二至第八篇就中古时期的核心区与核心集团具体如何自拓跋氏以云代桑干河地区为其核心区,以国人为其核心集团,转变为西魏北周隋唐初以关中为本位,胡汉关陇集团为核心,再演进至唐代安史乱起以至北宋建国,关中本位政策及关陇集团消逝,本书各篇章曾作为单篇论文独立发表,虽然各篇成于不同时期,但都有一个共同的指导思想——对陈寅恪"关陇"理论中的核心区与核心集团的观念予以高度总结,提炼出来并加以拓展应用于史学研究之中,使得是书结构浑然一体。著者并没有固守陈寅恪的"关陇"理论,而是对其有所发挥、拓展。一方面用此理论指导自己从事研究,同时也是用具体史实论证这一理论的正确性(韩昇《中古社会史研究的数理统计与士族问题——评毛汉光先生中国中古社会史论》,载《复旦大学学报》2003 年第 5 期)。

本年,陈寅恪名著《隋唐制度渊源略论稿》《唐代政治史述论稿》列入河北教育出版社的《二十世纪中国史学名著丛书》出版。

2003 年

文章:

1 月,陈其泰发表《陈寅恪:诸多领域的建树与治史的通识》(载瞿林东主编的《史学理论与史学史月刊》2002 年卷,社会科学文献出版社 2003 年版)。

按:此文从陈寅恪在"蒙古史、敦煌学、佛经翻译文学等领域的建树""全面掌握、详辨慎取的史料观""祛蔽求真的治史旨趣""有关方法论的精到概括"等几个方面对陈寅恪的治学特点、风貌、史观、地位进行了比较全面的梳理考释。文章论说充沛,扎实厚重。

1 月,桑兵在《中国社会科学》第 1 期发表《近代中外比较研究史管窥——陈寅恪〈与刘叔雅论国文试题书〉解析》(后收入桑兵著《晚清民国的学人与学术》)。

按:此文从"对对子"引发的争议谈比较研究在文史哲方面的发展,兼及陈寅恪在比较研究这方面的重要位置，但作者未处理当时学术主流的态度以及陈寅恪批评的《马氏文通》往下的发展情况。此文发表后作者又予以改写，改题目为《近代中国比较研究史管窥——陈寅恪〈与刘叔雅论国文试题书〉解析》。（参见王震邦著《独立与自由——陈寅恪论学》第一章《绪论》第24页）。

1月、3月，蔡仲德在《东方文化》第1、2期连载《陈寅恪论》（上、下）。

按：此长文通过对陈寅恪学术贡献与学术观点的评估、对陈寅恪人格特征与文化取向的剖析、对陈寅恪研究中几个问题的讨论、对全面评价陈寅恪的若干思考，认为陈寅恪存在理智与情感的尖锐矛盾，理智上能清醒地看到中国旧文化必然歇绝的历史命运，情感上却无法摆脱对旧文化的深深眷恋。不仅诗作，而且全部著作都是对这一文化余音不绝的挽歌。陈寅恪的思想基础不是人本主义，而是民族主义、国家主义，他所追求和维护的不是"天下万世之真理"，而是囿于一段时间（前现代）、一地域（封建中国）的终将归于不可救疗之局的纲常名教。陈寅恪不是一个真正的自由主义者，而是一个坚定的保守主义者。

文章对陈氏学术进行了比较全面的评价，对陈氏的某些观点也予以批评，对"陈寅恪热"亦有微词。由于作者出于冯门，文意传达出近世大学者之间因人格高下而消长进退的微妙关系。文章发表后，曾引起争议。赵刚评"此文洋洋洒洒数万言，推理却非常简单武断：三纲五常乃吃人礼教，陈寅恪认为三纲五纪是传统文化的要旨，故陈是吃人礼教的倡导者"（赵刚《抵抗道德机会主义：二十世纪中国革命激进背景下的陈寅恪"光宣全盛论"》，载许纪霖主编《知识分子论丛》2013年第11辑，华东师范大学出版社2013年版）；李起敏撰《蔡仲德的学术立场与人物品藻：兼及他的〈陈寅恪论〉》（《人民音乐》2014年第7期）予以维护（参见本书第111页对赵刚论文的评述）。

2月，王川在《四川师范大学学报》第4期发表《刘文典与陈寅恪学术交往述论》。

此文《内容提要》：在中国近现代学术史上，刘文典与陈寅恪的交往是不容忽视的一页。在1927—1943年期间，从水木清华到西南，刘文典、陈寅恪二人历家国之难、流离之苦而交往不辍，严谨治学不改，民族气节不丧，确实难能可贵。二人的学术交流与惺惺相惜，有着牢固的基础。二人在学坛上留下的论道学艺的佳话，更是士林的一段美谈。

3月，党艺峰在《陕西师范大学学报》2003年第2期发表《从以诗证史到因史释诗——陈寅恪唐诗笺证的诗学价值》。

此文《内容提要》：陈寅恪唐诗笺证在20世纪唐诗学中占有非常重要的

地位,具有极其丰富的诗学价值。以诗证史是唐诗笺证问题意识的具体表述,因史释诗是陈寅恪诗的阐释学原则,包含着三个相关要素,即诗学立场、诗境观念以及文学史观。

3 月,袁伟时在《东方文化》第 2 期发表《中国文化与近代中国社会时型中的困境》。

按:此文对陈寅恪"中国文化定义"有很好的引申解说。

4 月,罗志田在《文史知识》第 4 期发表《陈寅恪谈史料解读》(后收入罗志田著《近代中国史学十论》)。

此文要点:史料的运用是史学表述的核心因素,故陈寅恪往往将史料解读与史学表述两者合而并论。陈寅恪提出了一种"了解之同情"的治史取向,为了做到不逾越昔人之"时代限制",陈寅恪特别提出"解释古书,其谨严方法,在不改原有之字,仍用习见之义。故解释之愈简易者,亦愈近真谛。并须旁采史实人情,以为参证",这一点尤应引起今日学者的重视。

5 月,王永兴在《上海师范大学学报》第 3 期发表《述陈寅恪先生〈论韩愈〉之作的重大意义》。

按:陈寅恪 1954 年撰《论韩愈》一文,是研究中国中世纪史划时代意义的文章。此文分析了陈寅恪《论韩愈》一文的意旨。指出陈文中以"尊王攘夷"为古文运动的中心思想,强调陈寅恪"一方面吸引外来学说,一方面不忘本来民族之地位"的中西文化观。

6 月,林济在《华中师范大学学报》第 3 期发表《陈寅恪论士族文化世家及其意义》。

此文《内容提要》:陈寅恪多从文化特征讨论中古士族,论述士族文化世家的家学家风特点及其与地方文化的关系,同时也讨论了唐代科举制度下的山东旧族等文化世家的特点,充分肯定中古士族文化世家对中国文化传承发展的贡献,特别在中古文化融合中的积极作用以及在国家制度文化建设中的主导作用。陈寅恪有关士族文化世家的论述从文化本位角度研究中国文化与中国社会的发展,其意义远远超出了中古史的研究,对于深入研究中国文化与中国社会发展具有十分重要的意义,开辟了一个新的历史研究领域。

7 月,陈其泰在《中州学刊》第 4 期发表《陈寅恪治史风格续议》(前篇《陈寅恪的治史风格》见陈其泰著《中国近代史学的历程》)。

此文《内容提要》:在 20 世纪史坛,陈寅恪以其学识渊博、治史领域宽广而享有国际声誉。他不仅在魏晋南北朝史、隋唐史、诗文证史等方面造诣很深，而且在蒙古史、敦煌学、佛经翻译文学等领域均有建树。陈氏之所以能取得杰出的成就，乃在于他具有治史的"通识"。其"全面掌握、详辨审取"的史料观，自觉"祛蔽求真"的治史旨趣，以及方法论上对"通性之真实"和诗文证史应究明"今典"等所作的精到概括等项，对我们尤其具有重要的启迪意义。

10 月，王攸欣在《浙江学刊》第 5 期发表《论陈寅恪研究陶渊明的方法与结论》。

此文《内容提要》：作为渊博的历史学家，陈寅恪的研究非常广泛，中古史尤其是他格外致力的时段，也是他的特长，举凡政治、制度、宗教、哲学、民族、学术、风俗、文学、地理及文化的其他方面，均有所研究，可谓无所不包。其史料之熟悉、目光之敏锐、思路之清晰、观点之富于启示性，都令人赞叹不已，不少史学家及非史学家都有空前绝后之叹。陶渊明是中古文化史上的重要人物，文学大家，自然受到陈氏关注，他有两篇论文专论陶渊明，还在他篇有所涉及。这几篇论文所显示的陈氏学术功力之渊深，学术视野之开阔，都使人叹赏并受益。但作为历史学家，论及思想与文学，也并非无懈可击，汤用彤、朱光潜、唐长孺等都从各个角度作了或明或晦的批评。不过他们并没有系统深入地分析其缺失，本文试图就此作出努力。

本年，北京语言大学高东海通过硕士学位论文《陈寅恪与敦煌学》。

此文《内容提要》：纵观陈寅恪的学术研究，虽然没有倾力于敦煌学，但却在敦煌学资料的抢救、整理、敦煌学的确立及发展等各方面都作出了突出的贡献，使敦煌学终于成为 20 世纪的"显学"。在研究方法上，他突出运用了建立在传统考据学基础之上的比较语言学方法，使隐藏在语言文字之下的重大文化问题得以昭示，从而把对敦煌学的研究推向了更为广阔的领域。在他的眼中，敦煌学就是完整意义上的古代中西文化交流学，研究敦煌学对于促进中外学术交流具有重大的推动作用。深厚的中国传统文化修养，近代中国思想文化变迁的影响，西方科学观念的浓烈熏陶，成就了他东西合璧的敦煌学观。

本年，四川师范大学刘波通过硕士学位论文《论陈寅恪的女性形象批评观》。

此文《内容提要》：本文以陈寅恪晚年所著的七篇论文(《读秦妇吟》《读莺莺传》《长恨歌笺证》《元微之悼亡诗笺证稿》《白香山琵琶引笺证》《武曌与佛教》《记唐代之李武韦杨婚姻集团》)与两部著作(《论再生缘》《柳如是别传》)为文本，从文艺美学的角度，以美学批评与历史批评相结合的方法，分析论述陈寅恪的女性形象批评观。

著作：

1 月，李锦绣发表《陈寅恪学案》（载杨向奎主编的《百年学案》）。

按：《百年学案》是杨向奎先生主纂和主持的中国社会科学院重点课题"二十世纪著名学者学案"。它通过对入选学者的个案研究，表现学术成就和学术源流，成为别具特色的一种学术史。每个学案约五万字，分两部分，一是研究者对所写人物作综合的学术评介，二是研究对象本人的学术史料。

李锦绣撰《陈寅恪学案》论说阐述陈寅恪在"国可亡，而史不可灭"的理念下，从精研西北史地研究、开创新的学术风气转到中古文史哲之学，晚年再转至明清之际史事考证，完成了《论再生缘》《柳如是别传》两部"心史"，全面展示了陈寅恪史学的面貌特征。最后表彰陈寅恪"独立之精神、自由之思想"，"贬斥势利，尊崇气节"的人格、思想。认为陈氏的名文《赠蒋秉南序》实际是陈氏为托付蒋天枢编校的《陈寅恪文集》所作的序言，而《先君致邓子竹丈手札二通书后》则是《陈寅恪文集》的跋语。这一序一跋，正是陈寅恪一生凛然大节的交代。这是李锦绣的一个创见，有发明之功。

9 月，许冠三著《新史学九十年》由岳麓书社出版（1986 年香港中文大学出版上册）。

按：该书从学派角度建构"新史学"谱系，是具有总结意义的近代史学史著作。全书共有七卷十八章，讨论分析了梁启超的新史学观，王国维、陈垣的考证学派，胡适、顾颉刚的方法学派，傅斯年、陈寅恪的史料学派，郭沫若、范文澜、翦伯赞的史观学派，殷海光的史建学派。该著对中国近代史学发展的几个主要流派分析透彻，见解卓越。作者以简练的文笔、敏锐的眼光，为学界展现了我国近世史学各领域发展变化的主要面貌与基本方向，抓住了各个学派内每位史家的学术要义。其第四卷论述"史料学派"的两位旗手傅斯年、陈寅恪。蒋天枢评陈寅恪《喜聚异同，宁繁毋简》章"精心结撰，语无泛设。全文贯穿《陈寅恪文集》，言之有物，既能扼要陈述，亦有独到见解"。作者许冠三认为陈寅恪对新史学的贡献，首推史料扩充。其《王静安先生遗书序》曾概括王氏治学方法为三条：一、"取地下之实物与纸上之遗文互相释证"；二、"取异族之故书与吾国之旧籍互相补证"；三、"取外来之观念与固有之材料互相参证"。其实这三者无一不见于陈寅恪本人的著述，第二条且一度居于主导地位。作者亦指出陈氏在史料上既"喜聚异同，宁繁毋简"，自难免于《史通·补注》所讥的"坐长烦芜"之弊，《元白诗笺证稿》的同类产品，几无一幸免，颓龄巨构《柳如是别传》的枝蔓尤多。作者还指出寅恪史学不只以原料扩充和考释方法刷新见长,还富有"通识"。最后结论"傅斯年是这个学派的旗手兼舵手,陈寅恪则是副舵手,就实践层次说,寅恪的作风或许更能代表史料派的宗旨"。

2004 年

文章:

1 月,陈其泰在《天津社会科学》第 1 期发表《"民族—文化"观念与傅斯年、陈寅恪治史》。

此文要点:20 世纪中国新历史考证学家大都有西学的背景,他们处于中西史学交汇的时代机遇之中,运用西方新学理来研究本国固有的文献典籍和历史问题,把西方历史考证方法与乾嘉学派精良的考史方法结合起来,因而取得了卓著的成绩。傅斯年和陈寅恪是其中重要的代表人物。傅斯年、陈寅恪二人留学德国时受到兰克学派极深的熏陶,他们原本就熟悉乾嘉考史方法,对兰克学派倡导的"考证的科学"自然迅速接受并且心悦诚服。傅、陈二人在近代史学上取得重要成就,还由于他们接受了西方史坛"民族(种族)—文化"观念的影响,这同样应当引起我们的充分注意。

2 月,刘浦江在《读书》第 2 期发表《正视陈寅恪》。

按:此文认为在 20 世纪 90 年代的国学热中,得分最高者当属陈寅恪,其崇高的学术地位无可否认。20 世纪有五位历史学家堪称第一流的史学大师,即王国维、陈寅恪、陈垣、钱穆、顾颉刚。陈寅恪何以会卓尔不群,出类拔萃?主要是得益于他所处时代的学术背景,在学术功利化的时代可以陶冶出一大批兢兢业业的专家学者,但终难铸就器宇磅礴的鸿儒巨子。作者对文化学术界仰视陈寅恪亦表不满,提出要"正视陈寅恪"。

3 月,罗志田在《社会科学研究》第 2 期发表《有教无类:中古文化与政治的互动——读陈寅恪隋唐两论札记》。

此文《内容提要》:陈寅恪先生曾以"有教无类"一语来概括南北朝时段种族、文化之互动,强调"文化之关系较重而种族之关系较轻"。这一睿见有其时代学术背景,还值得进一步探索。当时北方各族间的胡化、汉化可能是多层次反反复复进行的,其"胡"的程度和含义尤其充满了构建出的认知成分。那一时段的政治争夺与文化竞争息息相关,大致形成一种文化为体、政治为用的格局。在多文化及多政治实体竞争差序格局中,"华夏"和"夷狄"一定程度上成为"正统"和"非正统"的代称,当这一华夏概念被各方接受为共同的秩序规范时,其本身的文化含义却被淡化了。

4 月,刘梦溪在《江西社会科学》第 4 期发表《"了解之同情"——陈寅恪〈冯友兰中国哲学史上册审查报告〉简释》。

此文《内容提要》：陈寅恪所作《冯友兰中国哲学史审查报告》内容极精要,涉及中国思想史、文化史和中国历史研究的许多重大问题,可以视作寅恪先生治中国学问的思想纲要和心得总结。本文对上册审查报告提出的学术观念和有关问题略加释证。

4 月,刘墨在《江西社会科学》第 4 期发表《"不古不今之学"——陈寅恪学术思想的一个新阐释》。

此文《内容提要》：许多论者都将陈寅恪自己所说的"生平为不古不今之学"理解为"中古之学"。本文则认为"古今之学"应为延续晚清经学阵营中的古文、今文之学。为证明这个观点,本文将此语置于 1930 年前后的学术界语境之中,具体分析陈寅恪与 20 世纪 30 年代前后学人、学风与学术观念间的异同。

4 月,赵万峰在《西北大学学报》第 2 期发表《析陈寅恪史学思想的形成因素及价值》。

此文《内容提要》：陈寅恪文化守成主义史学思想形成的主要因素有三个方面："国可亡,而史不可灭"是"史学救国"学术理想的基础;"对历史文化爱护之若生命"促使文化守成思想的形成;"脱除清代经师之旧染,有以合于今日史学之真谛",确立了他史料考证与关注现实并重的史学方法。另外,从总体上看,陈寅恪文化守成主义史学思想有其历史贡献也有缺憾。

4 月,张广智在《安徽史学》第 2 期发表《傅斯年、陈寅恪与兰克史学》(后收入张广智著《超越时空的对话：一位东方学者关于西方史学的思考》)。

此文《内容提要》：傅斯年与陈寅恪两位史学大师关系甚密,他们对现代中国史学都产生了深刻的影响。本文阐明近世西方兰克史学治史之旨趣,揭示兰克给后世留下的两种印象,并侧重通过傅斯年、陈寅恪与兰克史学的比较,以说明他们两人所受西方史学特别是兰克的影响。作者认为,傅斯年与陈寅恪史学思想的形成均有其共同的西学支撑,那就是兰克史学。

8 月,唐均在《读书》第 8 期发表《陈寅恪先生的外文庋藏》。

此文要点：最近北大有关方面将陈先生的外文藏书整理并置以专柜,让我们对他在外文典籍方面的研究又有了新的认识。从他的这些外文图书涉及的语种之多来看,时至今日怕也难有逾越之人。

9 月,王川在《中山大学学报》第 5 期发表《陈寅恪与伯希和的学术交往述论》。

此文《内容提要》：在中法近代学术史上,伯希和陈寅恪的交往十分重要。

两位学者在治学方法、研究领域有较多的一致之处,并在敦煌学、藏学、蒙元及中亚史、突厥学等学术领域的研究互有影响,有力地推动了中国学术从传统到现代化的转型,加深了法中两国学者的了解。

本年,黄清连发表《不古不今之学与陈寅恪的中古史研究》(第十八届国际亚洲历史学家学会研讨会论文集)。

按:此文结合陈寅恪"不古不今之学"的原典及当时的学术思潮、客观环境等讨论,认为从陈氏中古史学的时间断限不能理解为"不古不今之学",而应该讨论他兼摄、调和的方法和立场。

本年,复旦大学张攀通过硕士学位论文《陈寅恪"关陇集团"说的学术史考察》。

此文《内容提要》:"关陇集团"说是陈寅恪关于隋唐政治史的重要解释理论体系。本文尝试以此为基点,通过对"关陇集团"说及其辅助理论府兵制与"山东集团"的学术史考察,理解陈寅恪史学的这一显著特点,兼及对相关隋唐史研究者的简单评价。并试图证明,陈寅恪过分强调别解"关陇集团"说,用意在于支持他有关中国古代史的一个更大的理论系统——"六朝隋唐论"。

著作:

1月,蔡鸿生著《仰望陈寅恪》由中华书局出版。

按:该书"引言"写道:"上世纪八九十年代之交,在陈寅恪先生返归道山之后约二十年,所谓'陈寅恪热'如空穴来风,不知不觉地出现了。他的'后世相知',难道会有那么多吗?深知陈寅恪其人、其学的程千帆先生,在1996年6月致舒芜函中,作过一个精当的评论:'陈学热'实体现对传统文化关注之心态,非徒重其学术创见也(多数人恐亦不懂他说些什么,但隐约感到他说的一定很重要而已)。语含微讽,其实是十分中肯的。但愿追星族不会光临学术界,尤其对自号'文盲叟'的陈寅恪,他在生时已'闭户高眠辞贺客',作古后就更需要安息了。九泉并非热土,让大师回归自然吧"(该书《引言》第2页)。"至于它(指《陈寅恪文集》)究竟能拥有多少'后世相知',那就要看人们用何种方式去'走近陈寅恪'了。我想,冷比热好,真知灼见是不会烫手的"(该书正文第3页)。语近慨世,寄托遥深。他希望学界对陈寅恪多一点纯学术性的探讨研究,而不是各取所需,把学人非学人化。这是对二十多年来研陈的理性思考,对今后的研陈也具有指导意义[蔡鸿生先生2001年即在香港博士苑出版社出版《学境》一书。2010年,又在广东人民出版社出版《读史求识录》,加上2004年所出《仰望陈寅恪》,这三本书部头都不大,但在揭示陈寅恪学术、思想、人格时常有真知灼见,如指出义宁精神的核心,通俗地说就是"二要一不要",要独立自由,要脱俗求真,不要曲学阿世(《读史求识录》,第 96 页),极为精炼准确]。

该书出版后,林悟殊撰写了长篇书评,指出"《仰望陈寅恪》一书深意所在,就是要还陈寅恪的学人魂……是为了让所谓陈寅恪热理性地回归实处,即回到冷板凳上,回到对陈寅恪的学术传统及其学术遗产的研究和继承上"(林悟殊《陈寅恪热的回归》,连载于《书品》2004 年第 3、4 期)。发表书评、读后感的还有:何方耀《解行相应传心法——蔡鸿生〈仰望陈寅恪〉读后》,载《学术研究》2004 年第 7 期;李解民《解读高雅理解高尚——〈仰望陈寅恪〉简评》,载《书品》2004 年第 2 期。

2005 年

文章:

6 月,朱丽霞、肖晓阳在《中国典籍与文化》第 2 期发表《钱大昕与陈寅恪治史方法之比较——从一个侧面看乾嘉学派的深远影响》。

此文《内容提要》:陈寅恪学术成就的取得、学术地位的确立,与乾嘉考据学家钱大昕之影响关系至大。陈寅恪治史始终坚持的无征不信之学风、宁详毋略之态度、以史料为基点之方法,正是遵循了"竹汀学派"路数。但陈寅恪治史又表现出不同于钱大昕的时代特色。本文拟从治史态度、治史方法、学术规范方面探讨陈寅恪对钱大昕的"接受",从家学渊源、致用目的、"宋学"接纳方面探讨二人的不同及陈寅恪对钱大昕的超越。

9 月,张国刚在《河北学刊》2005 年第 5 期发表《陈寅恪、唐长孺、胡如雷与 20 世纪中国学术史》。

此文要点:在中国 20 世纪学术发展的宏观走向上,出现了一个从否定传统到呼唤回归本土化的历史演变过程,而在这一变化过程中,陈寅恪、唐长孺、胡如雷都做出了各自的探索。文章从学术史的角度,探讨了陈寅恪是如何处理民族学术传统与外来学术思潮关系问题的,对唐长孺在中古史研究方面的治学理路和特点作了准确概括。侧重分析了胡如雷在历史研究中所运用的阶级与阶层分析方法,对这一治学方法做出了客观和科学的评价。

11 月,王晴佳在《学术研究》第 11 期发表《陈寅恪、傅斯年之关系及其他——以台湾"中研院"所见档案为中心》。

按:此文以台北史语所和近史所所藏"傅斯年档案"和"朱家骅档案"之有关信件为基础,探讨陈寅恪名字的读法和他与老友、史语所上司傅斯年之间的关系。这些信件显示,陈寅恪在国外求学时,一直用标准发音 ke 拼写他的名字。另外,他与傅斯年之间的关系,自 20 世纪 30 年代末期开始,也曾有一度十分紧张。这一紧张关系的造成,与傅斯年的"学霸"作风有关,也与陈寅恪追求学术独立的立场有关。从中,我们亦可看出陈寅恪 1949 年决定去留大陆的一个因素。

11 月,陈建华在《复旦大学学报》第 6 期发表《从"以诗证史"到"以史证诗":读陈寅恪〈柳如是别传〉札记》。

此文《内容提要》:陈寅恪《柳如是别传》的文体体现了他一向视语言为自身家园及文化传统载体的信念,更表明其晚年从"以诗证史"到"以史证诗"的诠释学转变。一面坚持严密精致的科学考据,一面寄托抒情想象,重构晚明文学文化之壮丽画面,激扬民族精神,使诗、史两者皆发挥至极致,遂造就一天壤间不世出之奇作。这一转变也表明他不仅摆脱德国"历史主义"的影响,而在人文精神上与"浪漫主义"的现代"诠释学"风云际会。且在主题和方法上,《柳如是别传》所包括的放逐和文化离散、性别研究、怀旧、边缘及文化政治、诠释意识和细读策略、学科跨际和文类交叉、互文性、杂交性及碎片性等,更预示了"后现代"的多元文化潮流。

本年,戴晋新在台湾《辅仁历史学报》第 16 期发表《陈寅恪对清代史学的评论及其相关问题》。

此文《内容提要》:陈寅恪在《陈垣〈元西域人华化考〉序》一文中谓"有清一代经学号称极盛,而史学则远不逮宋人"。此语引起学界许多议论与解释。或谓陈说甚是,考据之学本不足以为史学最高成就;或谓陈氏以考据学概括有清一代之史学,未免失之于以偏概全:或谓陈氏于中国史学向持扬宋抑清之论,例证甚多,此亦一证;或谓陈氏的史学是直承宋贤,与乾嘉诸老关系不大,此亦可证:或谓陈氏的史学在考证方法上不能不受乾嘉诸老影响,只是更上了一层;种种释论,不一而足。这类讨论不仅涉及对陈寅恪学术的认识,也关乎对清代史学的评价,本文就这两方面牵涉的问题进行讨论并申愚见。

本年,首都师范大学贾海燕通过硕士学位论文《陈寅恪先生关陇集团理论解析》。

此文《内容提要》:陈寅恪先生的"关陇集团理论"自 20 世纪 40 年代提出以来在史学界一直保持着巨大的影响力。本文将这种影响力做了量化和具体的考察,并归纳出对陈先生此理论的重要观点提出质疑的几种不同看法。这些看法都只抓住其理论中语焉不详的细枝末节来反驳陈先生明确提出的观点,都违背了陈先生的本意。

本年，首都师范大学宁永娟通过硕士学位论文《论陈寅恪的文化种族观》。

此文《内容提要》："种族与文化"观是陈先生治史之核心观念，他以此观念为指导研究中国中古史，影响深远。本文以陈先生隋唐史研究中的三个重要观点"隋唐制度三源说""关陇集团说""河朔胡化说"为例，分析了陈先生"种族与文化"观在他的隋唐史研究中的应用。探讨了陈先生"种族与文化"观影响深远的原因主要在于：他抓住了中古时期历史的主要特点，把中国传统的夷夏观念继承、发展、扩大，并第一次用于历史研究之中；又因其自身的修养使这种观念始终贯穿于历史研究的始终，从而形成了陈先生对中古史系统独到的认识。

本年，北京师范大学杨树坤通过硕士学位论文《陈寅恪士族观探析》。

此文《内容提要》：陈寅恪的士族观在其历史思想中占有重要地位，同其"种族—文化"观一起构成其历史观的核心；他从士庶的角度考察中古史，开创了一种新的研究路数和理论框架，并在中古政治、文化、宗教、思想诸领域有"发覆"之作或新颖见解；他还是中国现代从事士族研究的先行者，其士族研究在中国士族研究史上有开荒拓基之功。因此研究陈寅恪的士族观有重要意义。本文第一部分阐述士族的概念及陈寅恪对士族的界定；第二部分在爬梳陈寅恪著作的基础上，按纵向时间顺序勾勒出陈寅恪论述的士族图谱；第三部分按横向顺序阐释陈寅恪论士族与儒学、宗教、刑律、职官、音乐、城市建设、争权政治等关系；第四部分总结陈寅恪士族观的特点、史学意义及缺陷；第五部分分析陈寅恪士族观形成的原因。

本年，北京大学杨凯通过硕士学位论文《被误解的"国士"——陈寅恪的"自由""国家"观念与悲剧感》。

此文《内容提要》：陈寅恪先生作为我国 20 世纪最重要的历史学家，自 20世纪 90 年代以来在学术界、思想界被"突然"地"发现"，并构成当代"文化热"的重要部分。在大量的评介文字中，人们都将陈寅恪看作一位"自由主义思想家"或者"自由主义历史学者"。本文通过对陈寅恪 1920 年代后期所写的《王观堂先生挽词并序》等重要文献进行细读，力求在陈寅恪的"自由"观念与当代中国"自由主义"的叙述之间做出恰如其分的区分。

著作：

3 月，刘隆凯著《陈寅恪"元白诗证史"讲序侧记》由湖北教育出版社出版。

按：该书为作者利用当年在中山大学听陈寅恪讲课的笔记整理而成。作者在《整理者言》提到 1958 年 6 月 29 日听完这门课程其中《天可度》第一讲后，全校停课下乡参加"大跃进"，陈寅恪从此再也没有开课，这一堂课也成了陈寅恪教授生涯的"最后一课"。关于陈门弟子的听课笔记,除了万绳楠、刘隆凯整理出版的两种外,尚有杨联陞听"隋唐五代史专题研究"课笔记、卞僧慧的听课笔记有待整理出版。

6月,陈美延编《陈寅恪先生遗墨》由岭南美术出版社出版。

按:该书收录陈寅恪抗战前任教清华大学时期的一批手迹,陈寅恪及亲属印章和陈寅恪家藏字画等。2006年,中国嘉德拍卖公司秋季拍卖会编印《陈寅恪先生遗稿》拍卖图录,披露了一批散落民间的陈寅恪著作手稿。2009年,上海敬华拍卖公司编印《名家小品暨文人书法、陈寅恪手稿专场》拍卖图录,再次展示陈寅恪这批手稿。

对这次陈寅恪遗文、文物拍卖予以记述评议的有:高克勤《吉光片羽、弥足珍贵——读〈陈寅恪先生遗稿〉札记》(载《文汇报》,2009年2月10日);赵南溟《"拟就罪言盈百万,藏山付托不须辞"——也谈陈寅恪遗稿》(载《东方早报》,2012年7月29日);殷志远《陈寅恪手稿遗墨研究》(载《中国书法》2018年第8期);胡文辉《新发现陈寅恪遗物印象记》(载《收藏·拍卖》2004年第1期)。

8月,王欣欣发表《陈寅恪学案》[载张岂之主编的《民国学案》第二卷(陈先初主编)]。

按:《陈寅恪学案》的写作思路、框架为条块式,先以时间、阶段为线索来系联陈寅恪生平经历、工作单位、学术教学动态、思想状态,次以《学术旨要》为题,摘录陈寅恪的《朱延丰突厥通考序》《三国志曹冲华佗与佛教故事》《四声三问》《王静安先生遗书序》《杨树达论语疏证序》《陈垣敦煌劫余录序》《陈垣元西域人华化考序》《冯友兰中国哲学史下册审查报告》等文章和《隋唐制度渊源略论稿》《唐代政治史述论稿》《元白诗笺证稿》的重要内容来展示陈寅恪的治学成果、学术理念,境界追求。作者自己不出面予以归纳综合,全凭材料说话。这种写法好处是平正稳健,缺陷是读者不容易获得鲜明印象,不得要领,也许这套《民国学案》的体例如此。

2006年

文章:

1月,夏蓉在《中山大学学报》第1期发表《香港沦陷后朱家骅组织救助陈寅恪的经过》。

此文《内容提要》:抗日战争时期,陈寅恪曾困居香港。当时陈寅恪在大后方的许多亲友、同事、学生对他身处险境都很关心和焦虑,其中俞大维、傅斯年、杭立武、朱家骅等都在积极设法营救其脱险。尤其是朱家骅在营救陈寅恪脱险中起了关键作用,但一直鲜为人知。台北"中研院"近代史研究所档案馆所藏朱家骅档案中有一组函电与此事相关,现依序整理出来,以就教于关心这类研究的学者。

5 月,蒋爱花在《学术界》第 3 期发表《绕不过的陈寅恪——评黄永年〈六至九世纪中国政治史〉》。

按:作者系清华大学历史系博士生。此文对黄永年在书中与陈寅恪的观点商榷有不同看法。文章最后申说:"尽管《六至九世纪中国政治史》一书在很大程度上补正了陈寅恪先生的观点,但毕竟只是在陈的理论大方向下进行的补正。所有的努力只不过是在'关陇集团'论之延长线上的耕耘罢了。我们看到该书的概念、理论乃至范式都没有超出陈寅恪先生的首创,似乎是在'打补丁'或者'雕之琢之',使之像一件原本美丽的瓷器更加光滑。可以说黄永年先生的整个理论大厦其实就是建立在他所批评的对象的基础上的,黄先生仍然是在运用陈寅恪的逻辑框架来统领唐代纷繁芜杂的政治史,给人的感觉是没有陈寅恪就没有黄永年。黄永年在自序中坦诚地说他研究唐代文史是受了陈寅恪先生《唐代政治史述论稿》一书的启发。看来我们对黄著的这种感觉似乎也并不是错觉!其实包括黄先生在内,我们都绕不过陈寅恪!不管你是赞成还是反对他!"

5 月,龚鹏程在《中国文化》春季号发表《清华国学院传奇》。

王震邦:此文从根本上质疑清华国学院名为研究"国学",其所使用的或盛行的一套,却是西方人看东方中国的"汉学"方法,落入东方主义而不自知。虽然陈寅恪的研究并不局限于此,但在清华国学院时期,陈寅恪的研究偏重考证,严格推敲,在方法上和实际上往往站不住脚,但时人惊其语文知识和记问之博,于此大抵均未识破……龚文的最大价值或不在推倒陈寅恪,其实也很难推倒,但若从一个相对冷静的角度,重新审视"陈寅恪热",可备一说(王震邦《独立与自由——陈寅恪论学》第一章《绪论》第 25 页)。

龚鹏程不直陈寅恪,参见李玉梅《陈寅恪之史学》"前言"第 13 页。

5 月,罗志田在《中国文化》春季号发表《陈寅恪文字意趣札记》。

按:此文与罗志田 2010 年第 4 期《读书》发表的《非驴非马:陈寅恪的文字意趣一例》为同一题旨之文,惟《中国文化》所载的这篇篇幅更大,内容更多。

6 月,朱晓东在《重庆交通学院学报》第 2 期发表《两难困境中的第三种选择——论陈寅恪对新文化运动的态度》。

此文《内容提要》:本文从陈寅恪对新文化运动的态度入手,分析其既不守旧泥古、抱残守缺,也不全面照抄西方、失去自我本色的第三种文化视角。

从陈氏家族一脉相承的家世渊源,陈寅恪自身开放自由的学术心态和独立的学术品格,探求第三种选择产生的原因。

9月,张耕华在《华东师范大学学报》第 5 期发表《"以诗证史"与史事坐实的复杂性——以陈寅恪〈元白诗笺证稿〉为例》。

此文《内容提要》:"以诗证史"须从时间、人事、地理上来考察"诗"之史料价值,然"诗"之性质决定了"以诗证史"常常是求普遍史实较易较确,求特殊史实较难易错,一旦过于求深坐实,反而会失真失实。"诗"如此,集部、子部甚至史实之文献,都程度不同地存在此类情况,这也是史事考实复杂繁难的一个原因。

9月,薛其林在《湖南大学学报》第 5 期发表《陈寅恪的义理阐释方法》。

此文《内容提要》:融合中西、化合古今、铸旧创新,是民国学术的一大特色。陈寅恪结合中国传统的义理之学与近现代西方兴起的诠释学而形成的义理阐释方法,就是这一特色的典型表现,它也是陈寅恪治学的重要方法。陈的这一方法的内容可以概括为同情理解、视域融合、比较分析和心理研究等,其特点是强调阐释解读文本要去除"成见"、跨越时空、遥接作者之心于千百年之上。此外,以考据为基础的阐释和考据、义理相资为用,则既是其内容,又是其特色所在。

9月,刘克敌在《人文杂志》第 5 期发表《陈寅恪之失误及与他人学术分歧》。

此文《内容提要》:陈寅恪的学术研究向来以严谨周密著称,但偶尔也有一些资料引用方面的失误,某些学术见解也曾引起同行异议或批评。本文即通过对一些较有代表性例证的分析评述,说明真正科学的学术研究和学术批评,是建立在研究者对学术报以神圣认真态度的前提上的,而这种态度的建立在今天尤其重要。

10月,蔡新乐在《外语与外语教学》第 10 期发表《文化史就是翻译史——陈寅恪的历史发现与其翻译观初探》。

此文《内容提要》:本文试图对陈寅恪在翻译研究领域的贡献进行历史综述。陈寅恪虽被视为一位历史学家,但翻译问题一直是他所关注的。他认为高水准的译者具有与伟大的作者一样的能力,因为二者都能够对传统重新加以创造和改造,不断激活文化并使之持续发展。因此,人类的文化历史首先就是翻译史。本文同时也讨论了陈寅恪对法成这位里程碑式藏族翻译家及《几何原本》的再发现。

11月,梁晨在《清华大学学报》第 6 期发表《从朱延丰出国案看蒋廷黻对清华历史学系之改造》。

此文《内容提要》:20 世纪 30 年代的清华大学历史学系,在数年之内汇聚了陈寅恪、蒋廷黻、雷海宗等硕学名师,确立了具有特色的教研方向,亦培养出邵循正、王信忠、何炳棣等一大批日后的著名学人。清华历史学系一度成为国内学坛之领风气者。清华历史学系能够取得这样的成绩,与时任系主任蒋廷黻的个人努力密不可分。蒋氏依照个人之史学观,结合当时中国社会之实际来树立清华史学研究的方向,同时精心选拔可造之才以备教研,促成了清华历史学系的发展与繁荣。朱延丰出国案最能体现蒋氏的此种努力和用心。

11 月,任士英发表《为文化续命的"天赋迂儒"——陈寅恪》(载任士英编《学苑春秋——20 世纪国学大师档案》)。

按:此文系作者从已出版发表的陈寅恪传记中钩稽联缀关于陈寅恪生平经历、学术成果、地位的相关材料而成。从文献材料的搜集挖掘的角度来看,属于一般普及介绍性质的文字。但作者能跟进研陈前沿最好的著作,并以"为文化续命"概括陈寅恪的精神实质、人格特征,亦属在行。此外,该书在介绍与陈寅恪同时代的其他大师时,涉及陈寅恪处颇多。

11 月 15 日,黄延复在《中华读书报》发表《陈寅恪先生怎样读自己的名字》。

按:本文作者为清华大学校史研究专家,有条件看到清华大学的旧档案。发现档案中凡是陈寅恪本人签名和单位文件、通知涉及陈寅恪时,都标音"kè",遂引起重视。采访了清华图书馆资深管理员毕树棠,毕在 20 世纪 30 年代曾问过陈寅恪本人"你的名字到底怎么念念",陈回答应念"kè",又函询蒋天枢,蒋回复"恪字从古到今都念 kè"。根据这三点,黄先生早在 1983 年第 4 期《人物》杂志上发表的《文史大师陈寅恪》中就注明"恪音 kè,念确实误"。2006 年 11 月《中华读书报》发表此文后,引起很大的反响,曾有读者给编辑写信,说读了这篇文章有被解放的感觉,今后理直气壮地念 kè 克。

本年,王震邦在《中国中古史研究集刊》第 6 期发表《陈寅恪的不古不今之学》(后增补附录于王震邦《独立与自由——陈寅恪论学》)。

按:此文搜罗当世研陈诸家关于陈寅恪"不古不今"之学的见解论说和旧籍中的原典综合梳理考辨,应是所有关于这个题目的文章中较全面的一篇。惟作者说来说去,最后还是难以定论,可见这个命题牵涉之广、难度之大。

本年,沈卫荣在台北《史语所集刊》第 77 本第 4 分发表《再论〈彰所知论〉与〈蒙古源流〉》。

此文《内容提要》:1931 年,陈寅恪先生在《〈彰所知论〉与〈蒙古源流〉》一文中指出,《蒙古源流》说蒙古民族起源于天竺、吐蕃,乃受元帝师八思巴所造

《彰所知论》的影响。20世纪80年代，苏鲁格撰文否定陈先生的主张，提出《彰所知论》中有关蒙古的全部论述未追溯蒙古之族源。本文指出，《彰所知论》的确不是《蒙古源流》所载蒙古王统的直接来源。尽管如此，对陈先生主张的《蒙古源流》之基本观念及编制体裁实取之于《彰所知论》一说的全盘否定实属矫枉过正，二者之间确实具有观念和体裁上的源流关系。

本年，福建师范大学吴金喜通过硕士学位论文《论清华国学院时期的吴宓与陈寅恪》。

此文《内容提要》：随着知识体系从传统向现代转型，20世纪中国文化史上出现一批具有现代学术理念、学术方法和组织运作方式的学术机构，清华国学研究院即其中代表。本文采用思想史和学术史研究范畴中常用的"历史肖像法"，即以吴宓和陈寅恪两人作为个案，通过对他们在清华国学院时期的思想、学术的分析，试图从一个侧面来剖析中国现代学人的文化理念、学术方法和精神结构。

本年，四川大学陈渠兰通过硕士学位论文《陈寅恪论〈再生缘〉》。

此文《内容提要》：《论再生缘》是陈寅恪"红妆"研究的重要著作之一。在书中，陈寅恪不但表达了对才华横溢的女子如孟丽君、陈端生等人的欣赏，也对一些品格低劣的男性文人提出了批评。其实，"红妆"研究是陈寅恪完整的学术世界的一部分；陈寅恪的表扬或贬抑的态度，都是从"自由思想、独立精神"这个中心出发的。这一准则，贯穿于陈寅恪一生，既是他为人治学的态度，也是他对传统文化精神的阐释。

2007 年

文章：

1月，李长林、胡劲松在《吉首大学学报》第1期发表《陈寅恪与兰克史学》。

此文《内容提要》：陈寅恪在日本、美国和德国留学期间接受了兰克史学的熏陶。陈寅恪的史学与兰克史学多有相似之处，史学方法上强调广泛占有资料并严加考证。在史学思想、史学观点方面奉行人文主义、客观主义，注意运用民族（种族）文化观念治史。陈氏归国后又在大学教学中实行"习明纳尔"这种教学方法。

1月，华锐、拉格在《青海师范大学学报》第1期发表《陈寅恪与藏学研究》。

此文《内容提要》：近年来中国学者对陈寅恪的藏学研究进行了深入的探讨。本文在前人研究的基础上，从陈寅恪治藏学的缘起，陈寅恪的藏学功力，陈寅恪在藏学领域的论述等三个方面对陈寅恪与中国藏学的关系作一"查漏补缺"式的论述。

6 月 3 日,高克勤在《文汇报·学林版》发表《〈陈寅恪文集〉出版述略》(后收入高克勤著《拙斋书话》)。

按:此文依据中华书局上海编辑所(今上海古籍出版社)保存的档案材料,披露史实,指出:"文革"结束后《陈寅恪文集》的迅速出版固然是上海古籍出版社当时的编辑解放思想、尊重学术的结果,同时也是从中华上编以来的几代出版人对于学术文化一以贯之重视的体现。为了表彰前辈出版人对于学术文化的贡献,同时也使今人对"文革"前的出版环境有一个真实的了解,本文特征引上海古籍出版社保存的有关档案,简述《陈寅恪文集》的出版经过。

6 月,戴燕在《中华文史论丛》第 2 期发表《文史殊途——从梁启超、陈寅恪的陶渊明论谈起》。

按:此文尝试通过对梁启超与陈寅恪的有关陶渊明论述的梳理,说明在现代的文学史研究中,有些研究结论的差异乃至于学术争鸣,实际上是由研究者的关怀所在以及他们接受的学术训练不同造成的。梁启超的由文入史和陈寅恪的由史入文分别代表了两种不同的学术路径。

8 月,张文皎在《山东社会科学》第 8 期发表《本根未死,终必复振——论陈寅恪的"中国文化本位论"》。

此文《内容提要》:陈寅恪治学的重要思想基础之一是他的文化观,这一文化观基于他对中国文化的基本了解、基于对文化发展历程的把握、基于东西方文化的对比,也包括了他的文化自信与学术坚持,这既是一种学术观念,又是他作为史学家的可贵的个人品质,成为他治史的潜在的又是重要的指导思想。这也使得陈寅恪成为当时学术界连接东西方并贯通近现代的标志性人物之一。

7 月 23、30 日,刘梦溪在《21 世纪经济报道》第 32 版发表《陈寅恪的自由与哀伤》上、下(后收入刘梦溪著《现代学人的信仰》)。

编者按:陈寅恪成为讨论热点,大约是在 20 世纪 90 年代,在当时国学复苏的背景下,陈寅恪满足了中国学术"独立""自由"的诉求,一时被符号化。从思想史上看,陈寅恪从历史走到台前,是不可忽视的一种文化现象。文章从"陈寅恪一生中一再表述的独立之精神,自由之思想""不忘本民族之地位""文化超越种族""《哀江南赋》:'今典'与'古典'——重构历史的生命""《柳如是别传》——运用一切可能的方式""陈寅恪晚年诗作——'家国旧情'和'兴亡遗恨'"等方面来分疏陈寅恪学术的精神义谛和人格思想。

本年,台湾中正大学王震邦通过博士学位论文《陈寅恪论学的四个面向》(台北联经出版公司 2011 年出版,改书名《独立与自由——陈寅恪论学》;2011年上海人民出版社重印,见本书第 104 页评议)。

本年,王震邦在《2007 敦煌学国际联络委员会通讯集刊》发表《有关陈寅恪的史料及其论学思想研究成果述评》。

按:此文系作者在其博士论文《绪论》基础上的增补、改写。

本年,中南民族大学冯芳萍通过硕士学位论文《陈寅恪的治史方法——以文献材料为中心的考察》。

此文《内容提要》:陈寅恪先生治史方法的形成既受到西方史学特别是兰克史学的直接影响,更是对中国古代优良史学传统的继承和发扬。就后者而言,陈先生继承了乾嘉学者无征不信的治史传统,注重对史料的考证,但又不以考据为目的,而是从宏观出发、微观入手,既重视分析,更注意综合,故其成就能较乾嘉诸老更上一层。

2008 年

文章:

4 月,胡晓明发表《说陈寅恪》(载胡晓明著《文化的认同》)。

按:此文指出人们虽喜谈陈寅恪但不得要领,是因为缺少一种整体的眼光。作者认为 20 世纪中国学术大势,有两个大系统,一个是章黄之学,一个是王陈之学。前者对于清代学术是一个集大成的继承,后者已经转变成了另外一个格局,即一种新的性格、新的品质的学术。文中谈"陈寅恪之学是一种史家实践型的新儒学"和"陈寅恪的诗学"有新意。

5 月,罗志田在《近代史研究》第 3 期发表《斯文关天意——1932 年清华大学入学考试的对对子风波》(后收入罗志田著《近代读书人的思想世界与治学取向》)。

此文《内容提要》:1932 年清华大学入学考试的方式变革引起了争议,这一事件本身需要进行史实的重建。中学国文教育是双方的共同关注点,考试中的"对对子"的确为出题者陈寅恪所侧重,以期借此防止国语不国和传统不传,并希望以大学入学考试的创新来促动中学国文教育的改变;但反击的"社会"舆论却强调国立大学入学考试的方式应与中学国文教育的现状保持一致,并不断诉诸"国家"的权威。正是"社会"对"国家"的监督以及对"国家机关"职责的强调,迫使后者做出了让步;而"社会"对"国家"的监督又并非以对立的姿态出现,反而是在代"国家"立言,要求后者维护"中国教育行政的统一"。

6 月,罗志田在《读书》第 6 期发表《知人论世：陈寅恪、傅斯年的史学与现代中国》。

按：此文系对 [德] 施耐德《真理与历史：傅斯年、陈寅恪的史学思想与民族认同》一书的书评。作者指出,施教授此书论述的两位史家陈寅恪和傅斯年曾近于"失忆",如今至少在中国大陆早已被另眼相看。这样,本书在一定程度上也揭示出近世史学趋向的变迁。陈、傅就是两位"为中国寻找现代认同"的史家,这似乎是本书的主题,即现代中国史学不论有多少"为学术而学术"的追求,实际却与确立中国及其文化在世界上占什么地位这一整体努力密切关联。

6 月,姜伯勤在《学术研究》第 6 期发表《共入临川梦中梦——试论陈寅恪先生的〈牡丹亭〉之杜丽娘"至情"说》。

此文《内容提要》：1998 年,多卷本《吴宓日记》发表。吴宓 1919 年 3 月的日记,披露了陈寅恪提出的昆曲《牡丹亭》中杜丽娘之"至情"说。陈寅恪诗学中强调"古典"为旧籍出处,"今典"为当时事实。《吴宓日记》之新资料,使寅恪先生《诗集》中若干与牡丹亭及汤显祖相关的"古典"豁然通解。对陈寅恪先生研究中这一新课题的探讨,增进了我们对于联合国教科文组织于 2001 年将"昆曲"列为"非物质文化遗产"的深刻意义的认识。

6 月,陆远在《东方论坛》第 3 期发表《序跋：理解陈寅恪学术理路的一种向度》。

此文《内容提要》：史学巨擘陈寅恪对于其自身治学历程与学术理路、生命感慨与世事洞察的不少自述,均散见于为他人著述所做的序言,以及略征旧籍参证的跋文、"书后"当中。这些文字既是在对原作者"了解之同情"基础上对其作品意义的深入阐发和推许,也是陈寅恪夫子自道以告慰友朋的一种途径。从而成为理解陈氏学术路径、治学精神与人生价值的重要资料。借此也可更深入地理解陈寅恪的史学方法与史学精神,并呈现另一种可能接近陈寅恪其人及其学说的解释程式。

8 月,罗志田在《历史研究》第 4 期发表《无名之辈改写历史：1932 年清华大学入学考试的作文题争议》(后收入罗志田著《近代读书人的思想世界与治学取向》)。

此文《内容提要》：1932 年清华大学入学考试的方式变革曾引起争议,后述及此事者一般皆注意考试题目中的"对对子",但当时社会反应却兼及于其中的作文题,后者引起的争议和辩论不少于前者。考生或社会的"抗议"得到学校当局的充分重视,直接影响了当年的新生录取和次年的作文考题。大学考试不再仅仅是选拔合格考生的测验手段,而逐渐变成本身需要检测的公共议题,即一种必须接受社会审查和评判的社会性公众表述。同时,读者向报界的投书及相关辩论也从一个侧面揭示了时代思想和社会心态的走向。

8月,曹景年在《北京工业大学学报》第4期发表《陈寅恪儒学观之思想理路透视》。

此文《内容提要》:陈寅恪虽没有专门谈过儒学问题,但他对儒学还是很关注的。他的儒学观大致包括三个方面,其一,儒家之道为一抽象通性之道,有永恒价值,是必须要坚持的。其二,高谈抽象的精神学问的重要性。宋明新儒学通过吸收佛教思想,为儒家真正建立了抽象的形上之学,它是中国文化的精华,也是将来中国文化复兴的关键。最后,儒家之道的涵义在于尊崇道德气节,贬斥势利。他不但通过颂红妆表明此义,而且立身行事无不践行。

10月,桑兵在《社会科学战线》第10期发表《了解之同情与陈寅恪的治史方法》。

此文《内容提要》:陈寅恪所写冯友兰《中国哲学史》上下册的两篇审查报告,在相对于整理国故和古史辨等学界时趋的偏蔽,有条件地肯定冯著的同时,表达了关于上古和宋代历史文化以及哲学研究的不同看法,并略及方法。与其他记述相参照,可见“了解之同情”并非陈寅恪本人治史方法的表述。其研治经史首重长编考异,内典文献则取形似而实不同的合本子注。至于古史、宋代研究和哲学创造能否达到其所期许的高度,还有待于来者。

11月,罗志田在《近代史研究》第6期发表《陈寅恪的不古不今之学》。

此文《内容提要》:陈寅恪“平生为不古不今之学”的一段自述向存争议,其所涉及的古典与今典,迄今尚乏共识。遵从陈先生自定的标准,要确定其所用何典,目前似不可能;其全句的准确意思,或亦不必“论定”。但仍可钩稽相关论述,借诠释此语之机,探索其思想学说,以期对其治学处身之道,有稍进一步的“了解之同情”。从其对中西体用关系的处理,可看出他关于“国粹”的开放观念。他一生基本研究中国历史上文化碰撞和文化竞争明显的时代和议题,以“法后王”的取向,作“古为今用”之尝试,希望能对当代中外文化融合有所推进,体现出一个学人极有分寸的“爱国济世”之苦心。

12月,吴晶在《浙江社会科学》第12期发表《陈寅恪“合本子注”说新探》。

此文《内容提要》:通过对“合本”与“子注”相关文献的考察,认为两者属于不同性质的概念。以“广义合本子注”为线索,进一步指出陈寅恪先生“合本子注"概念中的"子注"实为"子本"。"合本子注"的提法不够严谨,其含义实等同于"合本"。最后指出:陈氏从佛学而非经学中寻找《洛阳伽蓝记》等书的体裁渊源,与其对史料的重视有关。

著作:

1月,严耕望著《治史三书》由上海人民出版社再版。

按:此书由严耕望1981年版《治史经验谈》、1985年版《治史答问》、1992年版《钱穆宾四先生与我》三本小册子合并重印。在这三本小书中,并无专写陈寅恪的文章,但三书中关于陈寅恪的言谈见解颇多。如《治史答问》中的《史学二陈》答问,认为老一辈的中国史学界有四位大家:两位陈先生、吕思勉诚之先生与业师钱穆宾四先生。两位陈先生或联称"二陈",而寅恪先生声誉尤著。我们这个时代的史学家群推陈先生为巨擘,以陈先生天分之高,学养之深,语文工具之博备,东西学术基础之深厚,诚为旷世难得之人才。近年读先生晚年巨著《柳如是别传》,另有一番感触。先生晚年感切时艰,奋笔为此巨著,以抒发愤激之情,不是仅为学术而学术了。对《柳如是别传》的著述体裁与论题价值独持保留意见。对陈垣晚年缺乏史家定力,学术生命"即此而斩",也有扼腕之叹。他提示后学,陈垣治史方法"易于追摩仿学",而陈寅恪之学,如浅学之士刻意追摩可能走火入魔(参见虞云国《为什么说〈治史三书〉是最好的治学入门书》,载《文汇报·文汇学人》,2016年4月8日;符本清《严耕望评史学家陈寅恪、陈垣》,载《书屋》2010年第8期)。

6月,胡文辉著《陈寅恪诗笺释》由广东人民出版社出版(2013年4月再版增订本)。

按:谢泳认为笺释陈寅恪诗最早的工作是余英时先生完成的,他是这方面的开拓者,但他只留意陈诗晚年部分,而陈诗总量近三百首。把陈诗全部笺释出来,是胡文辉一个人的功绩。这个学术工作应当是近十年来中国学者所做的最有价值的学术工作之一(谢泳《为何"陈寅恪热"持续不断——陈寅恪晚年诗答客问》,载《中华读书报》,2013年7月31日)。张求会认为此书的特点是忠实地实践了以诗史互证、古今交融、显隐并重、内外兼顾为主要表征的"旧方法"。所谓"旧方法",既可以远溯到"乾嘉朴学",也可以追踪到余英时先生首倡的"以陈释陈"。

该书出版后,书评有:方铭《〈陈寅恪诗笺释〉读后管见》,载《书屋》2015年第10期;张旭东《人间幸有未削书——〈陈寅恪诗笺释〉读后》,载《博览群书》2009年第3期;夏中义《文化神州的心灵史记——对陈寅恪诗集作学术思想史新解》,载《文学评论》2013年第4期;陈引驰《虽不中亦不远》,《东方早报》,2008

年 11 月 9 日;张旭东《传心岂无后来人》,《中华读书报》,2009 年 1 月 14 日。

6 月,[德] 施耐德著,关山、李貌华译《真理与历史：傅斯年、陈寅恪的史学思想与民族认同》由社会科学文献出版社出版。

按：该书选取傅斯年和陈寅恪作比较研究,但也没有忽视自梁启超提出"新史学"概念以来的重要史家,包括章炳麟、刘师培、王国维、胡适、顾颉刚、郭沫若、陶希圣、钱穆等人。作者自言："本书以陈寅恪和傅斯年两人的史学为例,说明了世界观、史学和政治三者之间有着什么程度的系统关联。"作者提出"汉学就是比较文化学,中国史家如何面对西方文化的冲击,对现代化的反应和思维模式为何,文化认同又是如何",值得读者注意。陈寅恪的史学有无德国史家兰克历史主义的成分,经作者梳理,指出大有关联且颇类似,即陈寅恪多少是一位历史主义者。作者另有论文《道史之间：为中国寻找现代认同的两位中国史家》(载《中国文化》总 17、18 期,2001 年 12 月)即节录本书而略为改写和补充数据(王震邦《独立与自由——陈寅恪论学》第一章《绪论》,第 17 页)。参见本书第 91 页罗志田为此书写的书评《知人论世：陈寅恪、傅斯年的史学与现代中国》。

2009 年

文章：

2 月 19 日,胡文辉在《南方周末》发表《挖掘陈寅恪的心灵史》。

按：此文惜未见。

3 月,张春树在《清华大学学报》第 2 期发表《国史、国学与国家——浅释民初清华国学研究院四位史家之思想与史学》。

此文《内容提要》：清华大学四大史家梁启超、王国维、陈寅恪与李济之人生路程、人生观与文化观,有诸多相似之处。他们都生于清朝末年,都是南方人,"旧学"根底都很深厚,都对"西学"即所谓"现代科学"与"科学方法"下过工夫。以上四点对他们的学术路程、思想定向、世界观与人生观都有决定性的影响。四位史家在清华执教的 1925 年夏至 1929 年春这段时间,为清华国学研究院的黄金时期,使清华成为中国史学第一重镇,短短四年间培养出数十位史学精英。总之,国家变化、政治失修、社会失调及于个人、世界之安危,使中国学术出现新局面,而国史之重整与翻新亦多为其相连之结果。

3 月,朱溢在《清华大学学报》第 2 期发表《陈寅恪中国中古史理论体系的建立》。

此文《内容提要》：20 世纪三四十年代,陈寅恪学术研究的重点逐渐转向中国中古史研究,并致力于探索这一时期的重大历史线索。这体现了他对主流历史学界以国际东方学的潮流来指导研究做法的反思。他的最大贡献在于通过错综复杂的历史现象,建立起一套中古史理论体系。陈寅恪中古史研究的巨大成功表明,要提高本国的学术水平,不必亦步亦趋地紧跟和仿效西方学术潮流。充分结合西方学术和中国学术的优良传统,发挥个人的聪明才智,同样能够创造出领先世界的学术成果。这无疑为中国现代史学的发展提供了一条可供借鉴的道路。

4 月,尹奇岭在《学术探索》第 2 期发表《学术伦理和社会伦理的抵牾——试析陈寅恪"对对子"事件》。

此文《内容提要》:1932 年夏清华国文入学试题"对对子",引起很大争议。对陈寅恪来说,出题是由于很偶然的原因促成的。但这一偶然却使一个学术人格突然介入到公共生活中,成为决定许多考生升学命运的人。认真分析这个风波,可以发现,所以会引起争议的深层原因,是陈寅恪所坚守的学术伦理与社会大众认同的社会伦理之间发生了冲突所致。从"对对子"所遭到的批评中,可看出陈寅恪所信守的文化保守主义理念在当时的尴尬地位,以及与社会潮流的距离。

5 月,姜伯勤在《史学月刊》第 5 期发表《陈寅恪先生致刘铭恕函解析》。

此文《内容提要》:陈寅恪《致刘铭恕函》说"近年仍从事著述,然已捐弃故技,用新方法,新材料,为一游戏试验"。这是他对自己学术生涯重要转折的自我说明。他所谓"新材料",乃指"明清间诗词及方志笔记等";"新方法"即"不同于乾嘉考据之旧规",亦即《论再生缘》《柳如是别传》中所使用的"以诗证史"之"新法"。陈寅恪将自己的《柳如是别传》称作是史学上新的"实验",从社会风俗史变迁的视角,辨析了"三百年前南北社会风气歧异之点","发三百年未发之覆"。这一试验与转变,是与国际史学界对心态史、心智史和妇女史的关注同步发生的。

6 月,姚颖在《教育学报》第 3 期发表《属对及其与中小学语文教学的关系——从〈陈寅恪与刘叔雅论国文试题书〉说起》。

此文《内容提要》:属对作为我国传统的语文综合训练,早在 20 世纪 30 年代就被陈寅恪等学者所认知,由此引发,本文讨论属对的基本常识、历史变迁及其与当今中小学语文教学的关系。本文认为:首先,属对是一种极佳的语法训练;其次,属对的训练元素及思路可以运用于阅读教学之中;再次,属对是一种有效的作文训练;最后,属对还是一种特殊的思维训练,有助于学生综合能力的提高。本文以此四个方面为依据,结合具体的教学案例,探讨当今中小学语文教学中如何运用属对展开教学的相关问题。

6 月，刘经富在《文史知识》第 6 期发表《谈陈寅恪的"恪"字读音》（后收入刘经富著《陈寅恪家族稀见史料探微》）。

按：此文首先披露介绍陈氏宗族恪字辈的历史由来和陈寅恪名寅恪，字彦恭的经义出处；次从文字音韵学分析厘清北京方言"恪"字两读现象；次从陈寅恪故里从古至今恪字均读古入声"ko"和陈寅恪本人使用认同"kè"音，他从青年到老年在各种表格证书上都标音"kè"，批驳文化学术界盛传"陈寅恪老家念'确'"和"陈寅恪本人念'确'"的虚妄讹误；次介绍国家语委为规范普通话于 1956、1985 年已明确规定"恪"字统读"kè"音，废止又读音"确"。文章以宗族的辈份用字不能两读、遵守现代汉语规范为逻辑支点，引证大量扎实坚挺材料，层层论证，逐层脱卸，最后结论：人们理应尊重陈氏谱派创制人陈宝箴和姓名拥有者恪字辈成员的意愿，以求是证实的严谨学风正本清源、拨乱反正，使用规范读音 kè（克）称呼陈寅恪先生及其昆仲的名讳。

9 月，陈怀宇在《书城》第 9 期发表《谈陈寅恪著述中的西典》。

此文要点：陈寅恪的博学是广为人知的。他著作中所受到的西方学术影响，则可以从他不着痕迹地运用西典中略窥一二。比如他在《论再生缘》中有一节专门讨论中国文学的结构，他认为中国文学在结构编排上不如西洋文学，尤其是长篇小说，和西洋没法比。在《王观堂纪念碑铭》中说"思想而不自由，毋宁死耳"，这在《圣经》里面很容易找到其对应，耶稣对信仰他的犹太人说："你们必晓得真理，真理必叫你们得以自由。"陈氏对希腊思想和文化似乎也情有独钟。他虽然不主要研究这个领域，但其阅读范围，显然对希腊有所覆盖，并且在诸多著作中流露出将中国传统文化与希腊文化相比较的意识。从以上的一些线索来看，陈氏之学有其较为复杂的西学背景。

10 月 25 日，中山大学金山学社举办纪念陈寅恪先生逝世四十周年学术讲座活动，胡守为、袁伟时莅临主讲（见柏克《从陈寅恪到袁伟时》，网文）。

按：此次讲座活动未见报刊报道，只从署名柏克《从陈寅恪到袁伟时》的网文中得其梗概。但此文高抬袁伟时，却损益陈寅恪，谓陈寅恪不是一个思想家，只是一个学问家。他虽极有骨气，但也不过是一个传统士大夫的骨气而已。他的研究博大精深，但基本上是中古时代隋唐史的那些东西，缺乏对整个民族文化的前途命运的深入思考。他虽然懂十几个国家的语言，但缺乏用国际视野来审视中国传统文化的位置的魅力。因此陈先生是大学问家，但还不是一个真正的思想家。

11 月，邵盈午在《苏州大学学报》第 6 期发表《较乾嘉诸老更上一层——论陈寅恪的学术追求》。

此文《内容提要》：陈寅恪的治学方法往往重考据，他走的实际上是一条

"讲宋学,做汉学"的路子,透发出一种重义理、重文化大义的"宋学精神",在现代科学理性的烛照下,闪烁着一种人文主义的光芒,呈现出一种在史料中寻史识的"新汉学"研究思路——陈氏尝谓"较乾嘉诸老更上一层",正显示出他本人通过史料考辨"重建信史"的学术自信。基于此,陈氏自觉地将乾嘉诸老与西学的科学方法融会贯通,建树惊人。陈氏的学术成就,足可视为 20 世纪中国学术发展史的一个重要界标。循此而向上穷波讨源、追溯本根,可爬梳出晚清、民初之际学术思想、学术流派、学术格局的变革脉络。

12 月,饶展雄在《同舟共进》第 12 期发表《断肠看花旧日人 · 陈寅恪 40 周年祭》。

按:此文作者为中山大学历史系 1956 级学生,他以亲历者的身份,描述了 1956 年历史系新生入学迎新活动中集体拜访陈寅恪教授的场景,读来生动感人。也披露了几点鲜为人知的陈寅恪在"文革"中饱受折磨的细节。文章情致缠绵,充满尊师重道的感染力。

本年,华东师大侯宏堂通过博士学位论文《新宋学之构建——从陈寅恪钱穆到余英时》(安徽教育出版社 2009 年出书)。

此文《内容提要》:在余英时深湛广博的学术领域中,最具有典范意义的、最具综汇贯通性质的,就是其"新宋学"。因此,"新宋学"可以成为余英时学术的一个最重要的观测点。余英时学术深受陈寅恪与钱穆的影响,其"新宋学"之建构也是如此。陈、钱都特别认同"宋学",并对"宋学"作了现代诠释,他们对"宋学"的现代诠释,可以看成是余英时"新宋学"建构之基础与背景。陈寅恪对宋学的现代诠释,可以概括为五个方面,即:民族本位的文化理念,独立自由的思想精神,尊德崇节的人文理想,续命河汾的学术使命,通古鉴今的史学方法。可以说,陈、钱、余对宋学的现代诠释,初步建构了他们的"新宋学"。

本年,东北师范大学栗辉通过硕士学位论文《论陈寅恪史学之民族精神》。

此文《内容提要》:陈寅恪是一位"默默无闻"的爱国者。他在民族精神高涨的抗日战争时期,完成了《隋唐制度渊源略论稿》和《唐代政治史述论稿》两部名作。本文试图通过分析二《稿》,来挖掘陈氏史学所蕴含的民族精神。全文分三部分,首先,论述陈寅恪所处的时代背景,包括近代以来中国面临的民族危机和文化危机。其次,分析二《稿》的写作背景、内容及其陈寅恪民族复兴的思想逻辑,认为陈寅恪把制度变迁、民族升降、文化流变三者整合在一起,其中文化流变是根本,制度变迁和民族升降是表现形式,实际是借此申述"文化(学术)救国"的主张。最后,分析二《稿》的现实关怀,总结陈氏史学民族精神的特点。

本年,苏州大学戴旭旺通过硕士学位论文《抽象理想——论陈寅恪的历史哲学》。

此文《内容提要》：陈寅恪的历史哲学,就在于他认为在每个民族的社会、历史背后,都有社会道德影响;历史事件的意义,不在于历史本身,也不是"历史的历史",而是历史事件的主体向着"抽象理想"这种相当美好的社会道德的无限趋进;在这个趋进过程中,必须用新的"夷夏之辨"来处理天下关系。抽象理想是陈寅恪对于"天下观"崩裂问题的回答,既是对"儒史合一"的史家传统的继承和发展,也是对"夷夏之辨"的继承和发展。"儒史合一"对传统史家的现代转型给出了方案;新"夷夏之辨"则回应了如何在吸取外来文化的过程中不失民族主体地位。陈寅恪的"抽象理想"是合理处理历史与现在、中国和西方以及中华民族和其他民族之间关系的一个基础,理应给予高度关注。

著作：

9 月,刘晓东著《陈寅恪：一个教育学问题》由中国社会科学出版社出版。

该书要点：陈寅恪是国内外学术界公认的史学大师,但人们往往忽略了陈寅恪同时还是一位杰出的教育家。本书分三部分：对相关教育史的考察;对陈寅恪教育思想个案的考察和"陈寅恪教育年谱"。作者把陈寅恪的教育思想、教育实践置于中国近代史和教育史的大背景之中,突显出陈寅恪所面对的"传统教育破产、近现代教育畸变"的艰巨主题。书评有：张子中《打开解读陈寅恪的又一扇门——〈陈寅恪一个教育学问题〉评介》,载《山东工商学院学报》2010 年第 2 期)

2010 年

文章：

4 月,罗志田在《读书》第 4 期发表《非驴非马：陈寅恪的文字意趣一例》。

按：此文从前人(胡适、钱穆)责备陈寅恪的文章写得不高明生发,认为陈先生的学术自期甚高,故所论多针对学者。读书较少之人,或难体会其深意。其实陈先生行文,也未必像一般认知的那样缠绕,不过稍注重余音绕梁一面。一个侧面的参考材料是陈垣在 1952 年致函杨树达,建议"我公居近韶山,法高邮何如法韶山？"而陈寅恪稍后致函杨树达说："援老所言,殆以丰沛耆老、南阳近亲目公,其意甚厚。弟生于长沙通泰街周达武故宅,其地风水亦不恶,惜励耘主人未之知耳。一笑。"可谓虚实兼具,不宜以一笑置之。

7月3日,陈寅恪诞辰 **120** 周年纪念日,以中山大学历史系 **1978** 级学生名义捐献的"**陈寅恪半身铜像**"揭幕仪式在中大历史系教学楼"**永芳楼**"举行(《羊城晚报》刊载整版报道介绍。陈寅恪学生胡守为、蔡鸿生、姜伯勤出席仪式并讲话,记者采访了他们和 1978 级学生代表章文钦)。

按:陈寅恪生于庚寅年五月十七日,对应民国以后推行的阳历为 1890 年 7 月 3 日。"陈寅恪热"起来后,人们为了简便,以阳历 7 月 3 日来定他的生日纪念。但每年阴历的 5 月 17 日对应当年的阳历日期是不同的,2010 年的阴历 5 月 17 日是阳历 6 月 28 日。

9月,孙明君在《清华大学学报》第 **5** 期发表《陈寅恪"士族阶级"说述评》[此文本为孙明君《两晋士族文学研究》(中华书局 2010 年版)其中一章]。

此文《内容提要》:陈寅恪先生的"士族阶级"说乃是有别于通行阶级观的另一种阶级学说。"士族阶级"说的提出有利于学界深入研究门阀士族阶层的历史地位与社会作用。但是,"士族阶级"的门风似乎不宜用"优美"一词予以概括,同时,曹魏集团与司马氏集团之间的关系并不是"阉宦阶级"与"士族阶级"之间的较量。

10月,刘经富在《读书》第 **10** 期发表《为学日损、为道日益——读卞僧慧纂〈陈寅恪先生年谱长编〉》(初稿)。

按:此文为《陈寅恪先生年谱长编》书评。文章申说陈寅恪的治学范围,素有"不中不西""不古不今"之说。"不中不西"系指西域史地之学,所谓"塞外之史,殊族之文"。后来他缩小范围,把目光投向"禹域之内"的晋南北朝史和隋唐史,即"不古不今"。这是陈寅恪学术研究的第一次转向。后又再次转向为明清文史。但陈寅恪晚年独立不倚,风义节操凛然,成为中国知识分子的人格楷模。老子《道德经》有"为学日益,为道日损"之说,《陈谱》著者借用这个命题概念的字面意义,调换字词次序为"为学日损,为道日益",作为《陈谱》的主线脉络,以展示谱主的心路履痕、肝胆风骨。陈寅恪一生,少无悔作,老全晚节,这是他为道日益、大德润身的最好注脚。

11月,路新生在《天津社会科学》第 **6** 期发表《新宋学观与陈寅恪的佛教研究》。

此文《内容提要》:陈寅恪治学,有一个探索中西文化交融汇合之"正道"的情结隐伏其中,由此,其治学便与宋学结下不解之缘。陈寅恪视宋学为传统文化发展高峰,而宋学离不开佛家义理的滋养,故由宋学返之佛教研究便成逻辑之必然。从陈寅恪先生精研佛学中可洞见其"历史情怀"中的"现实关照"。

本年,南开大学崔成成通过博士学位论文《陈寅恪文史互证思想与方法研究》。

此文《内容提要》:在中国近代学术史上,陈寅恪创造性地实现了"文史互证",无论是在思想内涵方面,还是在方法应用领域,都留下了可供后学继承的丰厚遗产。本文以陈寅恪"文史互证"为研究对象,研究其作为一种独创性思想和方法的发展、构建、流变、应用和意义。主要内容分为三部分:第一章旨在阐明陈寅恪"文史互证"研究的基础,确定以《元白诗笺证稿》《论再生缘》《柳如是别传》为研究主线。第二章探究陈寅恪"文史互证"思想与方法的学术渊源。第三章到第六章,论述陈寅恪"文史互证"思想与方法的建构与流变情况,考察"文史互证"思想的主要内容和在方法上的具体应用。

著作:

4月,卞僧慧编《陈寅恪先生年谱长编》(初稿)由中华书局出版,学界盼望已久的卞著《陈谱》终于面世。

按:卞僧慧是陈寅恪1935年在清华大学历史系任教时的学生。如果我们把陈寅恪在清华国学研究院任教时的学生作为第一代陈门弟子的话,那么卞僧慧当属第二代弟子。1981年,陈寅恪的第一代弟子蒋天枢(秉南)撰写的《陈寅恪先生编年事辑》出版。卞僧慧致函蒋天枢,提供关于陈寅恪生平的新材料。两人因此定交,相知相得。后来蒋天枢将《事辑》的修订事宜托付给卞僧慧。卞复得清华国学研究院学生戴家祥、清华大学历史系学生王作求相助,孜孜矻矻、经之营之二十多年,纂成此谱。这项研究成果凝聚了陈门两代弟子的志愿、努力,是卞僧老晚年志业所系、呕心沥血的压卷之作。他以九十九岁高龄,终于成就名山事业,上无愧于师门,下践诺于学长。"陈寅恪热"兴起后,卞僧老发表了六七篇介绍弘扬老师治学特点、思想人格、掌故珍闻的重要文章,为学界研究陈寅恪提供了新材料、新思路。正因为卞僧老对陈寅恪有这样长久的关注和深厚的积累,所以他在接受蒋先生的重托后,能够迅速进入角色,在自己搜集资料已很丰富的基础上,又进一步大量搜集资料,完成《陈谱》。《陈谱》以"为学日损,为道日益"为叙事线索,这是著者在长期分析、归纳材料的基础上形成的中心论点,并以丰富充实的材料来证明这个中心论点。作者以近距离接触获得的第一手材料和二十多年来"陈学"园地前沿研究成果,来展示谱主的心路履痕、肝胆风骨,关于这方面的材料、按语引人入胜。对陈寅恪中年前后治学重点、范围转变,亦根据自己搜集的陈寅恪教学课表、开课按语、历史系概况中涉及陈寅恪授课情况、专家填表等材料予以梳理分析,得出令人信服的结论。20 世纪八九十年代以来,学界关于陈寅恪的生平经历、学术道路已有不少成果,大的方面已经明了,但若以朴学家的考据精神来核实《陈谱》之前的相关著作,或搜辑不全,失之疏漏;或铺张过情,失之夸饰,亟需一部精审严实的《陈寅恪年谱》,以最准确地再现谱主的人生风采。卞老的《陈谱》将这项工作向前大大推进了一步,这是陈门弟子的一大贡献。

该书出版后,书评、读后感有:汪荣祖《评卞僧慧纂〈陈寅恪先生年谱长编〉》,载《近代史研究所集刊》2010 年第 70 期;王洪波《陈寅恪弟子 99 岁完成老师年谱》,载《中华读书报》,2010 年 5 月 26 日;黄涌《读〈陈寅恪先生年谱长编〉札记》,载《安庆晚报》,2010 年 6 月 4 日;张求会《陈寅恪年谱应像维基百科那样全民自由编写》,载《东方早报》,2010 年 6 月 27 日;锻炼《何必旧何必新——评卞僧慧〈陈寅恪年谱长编〉》,载香港《二十一世纪》2015 年 6 月号,总第 149 期;陈云君《读〈陈寅恪先生年谱长编〉(初稿)琐言》,未刊稿;胡学常《〈陈寅恪年谱长编〉勘误纠谬》,载《博览群书》2012 年第 8 期;吴默然《尴尬人难免尴尬事》(反驳胡学常),网文,2012 年 9 月 9 日;贺卫方《读〈陈寅恪先生年谱长编〉》,网文;孟凡茂《陈寅恪先生年谱长编补正 1924—1931》,载“清华校友网”2014 年 7 月 10 日。

4 月,陈流求等著《也同欢乐也同愁——忆父亲陈寅恪母亲唐篔》由三联书店出版。

按:该书出版后,书评、读后感有:高山杉《陈寅恪传记新史料评议》,载《东方早报》,2010 年 6 月 27 日;张求会《往事如烟耐追摹》,载《南方都市报》,2010 年 6 月 13 日;吴学昭《谈〈也同欢乐也同愁〉》,载《东方早报》,2010 年 5 月 30 日;孙晓林《子女眼中的陈寅恪》,载《中华读书报》,2010 年 4 月 23 日;周乃菱《追忆恩师俞大维陈新午伉俪》,载《亚洲周刊》2011 年第 3 期;盛文沁《“慎终追远”的亲情书写——读〈也同欢乐也同愁:忆父亲陈寅恪母亲唐篔〉》,载《社会观察》2010 年第 7 期;韦森兴《陈寅恪的温情与忧愁——读〈也同欢乐也同愁〉》,载《南方法治报》,2013 年 7 月 22 日;邓明(文章题目暂不详),载《兰州日报·副刊》,2013 年 1 月 24 日。

2011 年

文章:

1 月 16 日,余英时在《东方早报·上海书评》发表《陈寅恪研究的反思和展望》(《陈寅恪晚年诗文释证》2011 年版序言)。

1 月,彭玉平在《广州大学学报》第 1 期发表《王国维、陈寅恪文化遗民心

态辨析》。

此文《内容提要》：王国维与陈寅恪生前共事于清华，在学术领域、政治态度、人格精神等方面识趣特契，尤其在政治立场上，都带有强烈的文化遗民倾向。陈寅恪因为未在晚清有仕履经历，所以他对前朝的眷恋更多是出于文化形态的考虑。王国维虽然也有着相似的文化遗民心态，但因为既在晚清学部任职，又曾任溥仪的南书房行走，所以其文化遗民身份之外，也带有一定的个人情感。陈寅恪提炼出王国维的文化遗民特点，但也不免遮蔽了王国维与晚清政坛的特殊关系。考量王国维与陈寅恪的遗民心态，不仅对了解两人个案具有重要意义，而且对于厘清遗民的类型和特点颇具参考价值。

2、3 月，喻静在《中华文化画报》第 2、3 期发表《陈寅恪诗文中的支愍度典故考辨》（上、下）。

此文要点：《支愍度学说考》只是陈寅恪一生著述中的一篇专题文章，支愍度典故也只是他关注过的一则史料，但只有细细盘点这一切，才会对"尺幅千里"的境界有实在的体会。而季羡林先生一眼看破："陈寅恪先生绝不是一个'闭门只读圣贤书'的书呆子，他继承了中国'士'的优良传统：天下兴亡，匹夫有责。"……而陈寅恪自己，未尝不存"爱国济世之苦心"，未尝不视自己为"沟通中西学术"的"一代文化所托命之人"，也许只有在这个意义上，佛教史的小专题"格义"才被陈寅恪做出了大气象，考据之文《支愍度学说考》才有了"尺幅千里"的高远境界。

翁同文言："寅恪师对于支愍度渡江故事意兴向来不浅，对于伧道人寄语，切莫妄立新义以负如来云云，尤其再三致意发挥。后而领会寅恪师当年南渡第一课讲授这一课题，也有忠于学术良心，不妄立新义而借以曲学阿世或哗众取宠的深意……"

5 月，彭玉平在《中山大学学报》第 3 期发表《论陈寅恪的生命诗学》。

此文《内容提要》：在现代诗歌史上，陈寅恪以历史家、思想家的身份进行诗歌创作，融文史研究与生命感悟于一体，丰富了诗歌的思想内涵和表现形态。陈寅恪以韩偓、苏轼等作为"对镜写真"的对象，将笔锋集中在表现劫灰之世、衰残之象以及惊悚之心上，从而演绎自己生活于人间却处于不生不死的生存状态特征。陈寅恪的诗歌忠实反映历史，细致刻画内心，兼有诗史与心史的双重意义。

6 月，于溯在《史林》第 3 期发表《陈寅恪"合本子注"说发微》。

此文《内容提要》："合本"与"子注"作为固有的佛教文献术语，本以描述互不关联的两种文献形态。陈寅恪合二者而发明"合本子注"这一新概念，盖以魏晋已降,合本之子本,渐类注疏之体,颇具存异之功,与陈氏理想中"喜聚异同,取材详备"之历史编撰方法多所冥会也。"合本子注"作为一个文献学(philology,即陈氏所谓"语言学")范畴的概念,既是一种文献整理的方法,也是一种文本研究的方法。

8 月 9 日,广州《时代周报》推出纪念陈寅恪诞生一百二十周年专页。

按:此纪念专页惜未见。

8 月,廖可斌在《中国文化研究》秋之卷发表《陈寅恪〈论再生缘〉〈柳如是别传〉的研究旨趣》。

此文《内容提要》:陈寅恪先生晚年以惊人的毅力撰写《论再生缘》和《柳如是别传》,后来许多人对此不理解,有的学者则从他表明对大陆政权的政治态度、对美女的"投射之恋"等角度进行阐释,存在种种曲解和误解。实际上其主要动机和根本旨趣,就是要挖掘《再生缘》的重大思想价值,表彰柳如是的高尚人格,以倡导"独立之精神,自由之思想"。其中《论再生缘》偏重倡导"自由之思想",《柳如是别传》偏重倡导"独立之精神",两部著作互相呼应,存在着密切的内在联系。他早年提出的关于"独立之精神,自由之思想"的主张,贯穿于他的整个学术研究工作之始终。

9 月,陈峰在《清华大学学报》第 5 期发表《陈寅恪"预流"说辨析》。

此文《内容提要》:陈寅恪的"预流"说是在西方汉学的直接诱导下形成的。陈氏以西方汉学为标尺,将寄身于西方汉学的敦煌学奉为世界学术之新潮流。"预流"说固然指示了学术演进的某种法则或通例,但在史学发展中新旧史料、问题与史料的关系上,却也不免片面和失察之处。敦煌学虽蔚为一时之显学,但就整个世界汉学的发展趋势而言,并不足以代表时代学术新潮。1930 年代以后,陈寅恪本人已对"预流"说有所匡正和超越,今人也不宜过分拘泥其说。

9 月,彭玉平在《安徽大学学报》第 5 期发表《王国维、陈寅恪的中西文化观念》。

此文《内容提要》:王国维与陈寅恪不仅都有留学国外的经历,而且对中西文化或有精深的研究,或有深刻的体验。在晚清民国关于中西文化体用关系的讨论中,他们虽然远离讨论的中心,自居于边缘,但都坚持中体西用的基本立场。他们对于佛教与中国传统思想文化的离合轨迹都作了深入的考察和细致的勾勒,突出了宋代思想文化的重要意义,为新宋学的建构奠定了重要基础。

10 月,张少鹏在《社会科学论坛》第 10 期发表《陈寅恪南下岭表的象征与隐喻》。

此文《内容摘要》;陈寅恪南下岭表,在政治上象征着他不仅对中共不信任,而且对国民党失望。在文化上则隐喻着他在祖、父两辈先人之卓绝人格的影响下想成为中国文化托命之人,一方面承先哲之统绪,示来者以轨则,另一方面尊崇气节,贬斥势利,以转移一代世风。陈寅恪南下岭表主要受国共两党划江而治、陈序经个人魅力及抗战末期在燕京大学所受良好照顾等因素的影响。

11 月,桑兵在《文史哲》第 6 期发表《陈寅恪的西学》。

按:此文在肯定陈寅恪相比于同时代的中国学人,留学时间长、所到国家多,可谓出类拔萃,甚至是西学最好的有数之人之后,指出陈寅恪究竟是一般称许的学贯中西,还是有人所指西学不佳,值得探究。所谓西学,其实只存在于东方人的心目之中;即使西方人要想贯通西学,也几无可能。至于学贯中西,可以说任何人绝做不到。西学只是东方人的说法,并无内涵外延的标准实事,无从把握。漫无边际的所谓学贯中西其实是不可能的,包括西方人在内,没有人可以贯通包括各种文化、方面的所谓西学。因此,陈寅恪当然不能无所不包地学贯中西。其中学较通,但以专业的眼光看,也有限度(如古文字、音韵训诂)。作者此论,有执意与学术界普遍认为陈寅恪博学多才、学贯中西唱反调、解构陈寅恪“学术神话”的意图。

著作:

10 月,王震邦著《独立与自由——陈寅恪论学》由上海人民出版社出版(另有台北联经出版公司 2011 年版)。

按:此书通过考证陈寅恪论学思维和学术发展之间的关联,探求陈寅恪学术思想发展的渊源和轨迹,重新呈现过去长期为人所忽视的一些陈寅恪的侧面,从而勾勒出一个更为立体、丰满的学术大师形象。作者对陈寅恪得诸传统和西方学术所形成的思维运作,分别从“辩证法”、历史语言学的比较研究以及“体用论”引发的相关论题着手论证,辅以过去未被学界注意的史料,试图寻觅并把握陈寅恪坚持“独立之精神,自由之思想”之所从来的社会背景,进而还原其作为“中国文化托命人”的自尊与自信。作者在阐述陈寅恪论学思想的同时,也展示了他的人格特质和对学术理念的坚持,将陈寅恪提升为一代学人的化身和一个时代学术文化的象征,正因为这样一层立意,使本书的论述既有厚重感,又不乏新意(毛志辉《世界已无陈寅恪——评〈独立与自由:陈寅恪论学〉》,载《文汇读书周报》,2012 年 1 月 13 日,参见汪荣祖《陈寅恪有朴素的辩证法吗》,载《东方早报》,2012 年 4 月 15 日;又载周言编《陈寅恪研究——反思与展望》。汪文本为王震邦这本书的序言,王出书时未收入)。

2012 年

文章：

1 月，林伟在《世界哲学》第 1 期发表《陈寅恪的哈佛经历与研读印度语文学的缘起》。

此文《内容提要》：陈寅恪于 1919 年初入哈佛大学，并在这里学习了两年半时间。师从兰曼系统研修印度语文学，选修了当时哈佛大学印度语文学系所设大部分课程。兰曼对于陈寅恪的学业和品格有着很高的评价，同时在生活方面也多有关切。陈寅恪对这位导师报以真挚的感谢和尊敬。哈佛时期是陈寅恪学术生涯中的一个重要时期，在此期间他的学术兴趣由"世界史"转移到印度语文学，并利用此方法研究佛学和中亚史地。

1 月，龚连英在《湖北社会科学》第 5 期发表《论陈寅恪"神游冥想、了解之同情"的史学意蕴》。

此文《内容提要》：一代史学大师陈寅恪在治学上提出了"神游冥想、了解之同情"的思想，它不仅是针对哲学而言，也是针对史学而言。它既是一种史学境界，也是一种史学方法。陈寅恪凭借这一治学思想和精神，在史学领域取得了引人瞩目的成就。

1 月，徐国利、朱春龙在《齐鲁学刊》第 1 期发表《对陈寅恪史学"真了解"精神与方法的新解读——兼论陈寅恪的"通识"思想》。

此文《内容提要》：陈寅恪史学"真了解"的精神和方法主要表现在三个层面：一是以"通识"求得对各种史料价值的"真了解"；二是参证各类史料求得对史实的"真了解"；三是主张以"通识"求得对社会历史的"真了解"。陈氏能很好做到史学"真了解"，在于主张历史研究必须具备"通识"，即从文化和民族的高度来研究中国历史，要坚守中国文化的精髓"独立之精神，自由之思想"。其史学思想和实践为中国现代史学发展开辟了新道路。

5 月，刘经富在《文史》第 2 辑发表《陈寅恪未刊信札整理笺释》。

按：陈寅恪未刊信札六十封（未收入三联书店 2001 年初版、2009 年重印《陈寅恪书信集》），写于 1930 年初到 1933 年初。内容为向中央研究院历史语言研究所资料室借书、还书，提供购书书目、书讯。收信人为图书员杨樾亭、所长傅斯年。在前辈学人中，陈寅恪是一个不太注意留存信件的人。所以汇集成编的《陈寅恪书信集》，委实是不可多得的历史见证。其中原藏台北史语所档案的七十七封信，尤其难得。现在新发现的六十封未刊信札，是继七十七封信后的又一次辑佚成果。它们本应与那七十七封信存放在一起的，因某个偶然因素被分隔两岸。几十年后，又偶然在茫茫书海中被发现，与已面世的七十七封信延津剑合，因此弥足珍贵。

此项文献辑佚成果获 2013 年江西省第十五届社会科学优秀成果奖"历史类"三等奖。

8 月 5 日，高克勤在《东方早报·上海书评》发表《中华上编、中华书局与陈寅恪著作出版概观》（后收入高克勤著《拙斋书话》）。

按：《文汇报》2007 年 6 月 3 日发表高克勤《〈陈寅恪文集〉出版述略》一文，披露原中华书局上海编辑所（简称"中华上编"）与陈寅恪先生就其著作的编辑出版往复商讨的档案材料，发表后得到广泛的关注。之后，徐庆全、孟醒、徐俊先生分别撰文发表，披露了中华书局也曾尝试编辑出版陈寅恪先生著作的档案材料。从他们文章中可以看出，当时大陆两家最有影响的古籍专业出版社都在关注并实施陈寅恪先生著作的编辑出版事宜，并在具体实施中体现出各自的编辑出版特点。高克勤此文对两家出版社与陈寅恪联系其著作出版的往事史料进行了详细梳理、分析，叙说两家出版社对陈寅恪的尊崇与当时京沪两地的出版环境。全文内容丰富，展示了陈寅恪著作出版背后复杂细微的人事关系、时代消息。

9 月，刘经富在《读书》第 9 期发表《治学不甘随人后——读新发现的陈寅恪信札》。

按：此文与 5 月在《文史》上发表的《陈寅恪未刊信札整理笺释》为姊妹篇，对这批信札进一步申说阐释，指出这批信札所蕴含的历史信息是多方面的。它使我们看到了陈寅恪那几年成名作和所开课程背后的资料准备细节，透露出陈寅恪的勤奋坚韧。陈寅恪以"预流"的学术视野广泛搜集、掌握国际汉学资料的不懈努力，强烈地表现出"要让汉学的中心在中国"的精神状态。信札也保存了他学术重心从国际汉学领域转到本土史学的线索脉络。从借书、还书的书目可证他这次学术转向是在 1932 年。

11 月，彭玉平在《文学遗产》第 6 期发表《王国维与陈寅恪的结构、文体观念与文学研究范式》。

此文《内容提要》：王国维与陈寅恪在 20 世纪文学学术史上，都占有颇为重要的地位。王国维论词侧重小令，并未过多关注结构，但其"隔与不隔"之说，其实更多的是就结构整体而言的；陈寅恪对中国文学的整体结构并不满意，但对名家的短篇诗文的结构却较为推崇。王国维对文体嬗变的规律有比较系统的探讨，并以文体为底蕴提出了"一代有一代之文学"之说；陈寅恪则对若干具体的文体深加研讨，对"破体"现象予以积极评价。王国维的文学研究注重审美感悟，而陈寅恪的诗史互证则强化考信征实的研究风气。

11 月，张国刚在《国际汉学》**2012 年第 2 期**发表《陈寅恪留德时期柏林的汉学与印度学——关于陈寅恪先生治学道路的若干背景知识》。

此文要点：陈寅恪先生的治学道路可以划分为三个阶段，1909 年以前即 20 岁以前，是他在国内求学时代（虽然曾短期赴日本），为陈寅恪学术发展的第一阶段，主要是奠定了他的中国传统国学根基。20 岁以后，他先后在瑞士、法国、美国、德国留学，其中以在德国柏林大学时间最长，是陈寅恪先生学术道路上的第二个阶段，是学习西学的阶段，也是陈寅恪之所以成为陈寅恪的一个关键时期。1926 年以后，先生到清华国学研究院任导师，是他学术发展道路上的第三个阶段，即融会中西学术于一体的创造阶段。陈寅恪研究中目前最不清楚的是他的留学生涯。人们引据最多的无非是俞大维、毛子水的颇带感情色彩的回忆文章。

11 月，陈来在《清华大学学报》**第 6 期**发表《略论独立之精神、自由之思想与大学精神》。

此文要点：在清华建立发展的过程中，老清华国学院的导师对清华的大学文化都做出了重要贡献。梁启超在清华学校时期，化用《周易》乾坤两卦的象辞，为学校提出了"自强不息，厚德载物"的校训，对清华大学的大学精神建设起到了不可替代的作用。同样，陈寅恪在清华国学院时期提出的"独立之精神，自由之思想"，它所昭示的学术精神和理念，在清华建设世界一流大学的今天，也越来越得到大家的重视。"自强不息、厚德载物"，是就人生的道德态度而言；"独立精神，自由思想"是就大学的学术精神而言。这两者都是今天我们创办世界一流大学所要大力发扬的。应当说，在中国各大学中，清华前辈提出的这两句话，是最好的校训、最好的大学精神的表达。

11 月，韩潮在《云南大学学报》**第 6 期**发表《纲常名教与柏拉图主义——对陈寅恪、贺麟的纲常理念说的初步检讨》。

按：此文主要讨论陈寅恪和贺麟对儒家纲纪学说的柏拉图主义阐释。首先对余英时在《陈寅恪的儒学实践》一文关于陈寅恪与儒家伦理之间关系的解读提出了不同意见，指出他没有正确理解陈寅恪借助柏拉图主义所表明的在儒家纲纪学说上的立场；其次分析了陈寅恪和贺麟的"纲常理念说"，判别了二者的异同，并进一步梳理了贺麟对儒家"三纲说"的柏拉图主义阐释的思路，指出其阐释的得失。

11 月，顾涛在《中国文化研究》**冬之卷**发表《陈寅恪"续命河汾"之经史学脉》。

此文《内容摘要》：陈寅恪史学研究路数堪为引领学界之旗帜，然而其史学之精蕴识思尚有隐而未彰之处。就陈先生早年求学植根于经学，晚年在赠其弟子蒋天枢一序中流露出"续命河汾的向往",可知其毕生之学术可归宗于薪传儒家礼乐精神。陈先生这一思想应该说在清华大学任教期间已基本确立,1939 年著成的《隋唐制度渊源略论稿》是充分体现这一思想的代表作。探寻礼制因革与国家治乱的互动结构,总结中国礼治精神是陈先生留待今人的未尽学术工程。

本年,辽宁大学宋明宽通过硕士学位论文《陈寅恪文学思想研究》。

此文《内容提要》:陈寅恪先生没有文学理论专著,他的文学思想主要散见于《元白诗笺证稿》《论再生缘》《柳如是别传》等著作中。本文第一部分论述陈先生的"了解之同情"的文学批评观;第二部分论述陈先生的文学创作论。重点论述他文学创作论的核心,即"无自由之思想,则无优美之文学"。第三部分论述陈先生的古典诗歌阐释法。包括"史诗互证"、今典与古典结合的诗歌阐释理论。

本年,河北大学张彩霞通过硕士学位论文《生命与教育的相互生成——以陈寅恪为中心的阐释》。

此文《内容提要》:陈寅恪以传承中国学术为己任。教书对于陈寅恪而言,是传承文化的途径,一种"上承前代之余绪,下开一代之风气"的文化情结。陈寅恪在长达三十二年的历史教学实践活动中,培养了多位海内外知名的教授、学者。他们延续了陈寅恪的学术血脉、传承了陈寅恪的学术方法,同时也形成了自己独特的研究领域,为中国的学术做出了突出的贡献。同时,陈寅恪还培养了学生超越凡庸之士的精神气度。他们身上闪耀着充满知识分子气息的人文精神。

本年,安徽大学朱春龙通过硕士学位论文《传统与现代之间的陈寅恪史学思想研究》。

此文《内容提要》:陈寅恪作为现代学术转型时期的重要史学大师,他的学术思想中既有对传统史学优点的继承与赓续,又带有时代的特色,吸收了近现代史学的诸多积极因素,是这一时期学术转型的典范之一。本文从传统史学与现代史学视域来考察和研究陈寅恪的史学思想,发掘他对中国传统史学的论述及其继承和发展。同时,总结和归纳他对现代史学的吸收和运用,进而考察陈寅恪如何认识传统史学与现代史学发展的关系,其史学研究实践和著述是如何处理两者关系的。

本年,中南民族大学朱家元通过硕士学位论文《二陈治史旨趣比较研究》。

此文《内容提要》:陈垣与陈寅恪是中国现代史学研究不可忽视的著名人物。本文以考察二陈治史旨趣为主要线索,深入其学术著作,将著作与时代背景相关联,细致地运用比较研究法,剖析他们治史之异同,以便突出学人个性与价值,拓展学术史比较范围。同时,探求二陈治史的规律性经验,认为对二陈治史旨趣的研究,在某种意义上也是对其所处时代史学研究的检讨,具有的较高学术史意义。

著作:

1 月,张求会著《陈寅恪丛考》由浙江大学出版社出版。

按:此书系作者十多年来发表的研陈单篇文章结集,作者挖掘出多篇陈寅恪的佚文,考证陈寅恪生平几个重要事件,以及陈寅恪的交游和学术风采,有很强的学术性和可读性。与具体的学术成果相比,书中体现的凭材料说话的考辨实证学风更值得称道。

2013 年

文章:

1 月,杨泽树、侯敏在《云南大学学报》第 1 期发表《陈寅恪"格义"研究发凡》。

此文《内容提要》:《支愍度学说考》首次系统地厘清了中印文化接触史上的"格义"法病。在中国文化遭遇新一轮的西风东渐之际,敏感到"格义"现象的复生,并重提思想史上清算"格义"的旧账,绝非无历史感者所能然。而其所绘制的"格义—合本—新译—新义"的路线图,实为跨语际文化融合之常道。

1 月,郭士礼在《广西社会科学》第 1 期发表《论陈寅恪的文学史料观》。

此文《内容提要》:陈寅恪在其学术著作中对以《红楼梦》为代表的传统小说资料的运用,对文学作品的史料价值及相关问题作了深入的探讨,显示了他广博的学术视野和运用材料的能力,开启了"文史互证"的研究典范。通过考察陈先生中后期的相关著述,能够探析他对文学特别是以《红楼梦》为代表的文学作品的态度以及这些著述所呈现出的文化取向和深邃而丰富的人文精神世界。

3 月,郭现军在《河南师范大学学报》第 2 期发表《王国维陈寅恪国民性思想及其当代价值》。

此文《内容提要》:王国维、陈寅恪从文化学视角探讨国民性问题,对这一问题有着精深独到的见解。王国维从中国人注重实用的价值取向、现世乐天的人生态度、经验直觉的思维方式等方面探讨中国国民性。陈寅恪主要关注中国人注重实用的价值取向,并从学术、教育、社会等层面分析其影响,同时对中西方国民性作了简单比较。王、陈国民性思想有着共同的特点:一是从文化学视角而非社会学视角探讨国民性,二是深刻把握中国人注重实用的价值取向。

3 月,韩敬在《理论探索》第 2 期发表《对陈寅恪独立之精神自由之思想的不同看法》。

此文《内容提要》:近年来,对陈寅恪"独立之精神,自由之思想"的赞扬之声不绝于耳。表面上看似乎理所当然,但深入思考并不那么简单。对于"独立、自由"这样的字眼不能抽象地理解,要根据具体情况具体分析,要把日常生活中的含义与其政治伦理内涵区别开来,才能正确理解其真正含义。陈寅恪的"独立之精神,自由之思想"是他抵制自己所不赞成的精神和思想的一个口号。在近年来宣扬"独立之精神,自由之思想"的人眼中,似乎信仰马克思主义就是没有这一精神和思想,只有不赞成马克思主义才有"独立之精神,自由之思想",这是不能成立的。

6 月 7 日,《北京青年报》推出"陈寅恪专栏"《当陈寅恪成为历史》。

按:此"专栏"介绍 2013 年新出版的几种研陈著作:《陈寅恪的最后二十年》《陈寅恪丛考》《陈寅恪诗笺释》《陈寅恪晚年诗中的人事》《在西方发现陈寅恪》《陈寅恪家族稀见史料探微》,以《陈寅恪的坐标在哪里》为题,刊登几位作者的访谈录。著名记者、学人陈国华(陈徒手)写了《引言》。

7 月,夏中义在《文学评论》第 4 期发表《文化神州的心灵史记——对陈寅恪诗集作学术思想史新解》。

此文《内容提要》:本文从百年学术思想史角度,把《陈寅恪诗集》读作"文化神州"的心灵史记,要害是在甄别以陈寅恪为人格符号的"文化神州"只具学术性(学统),不具纲纪性(道统)。前者植根于"自由、独立"人文价值,后者则依傍"君为臣纲""君辱臣死"。由此不难解悟陈在其最后二十年势必会惊愕于体制化"学废人亡":是"去自由"的"宗朱颂圣"导致了"学废,改女造男","去独立"则铸成"人亡"即学界"传人难遇"。陈寅恪晚年所以"颂红妆",其内驱力恰恰在于想从已被天壤遗忘的"奇女气"中,既为学术史同时也为"国魂消沉"的国族精神打捞"自由、独立",以示"文化神州"对神州文化的悲情孤怀。

7 月,赵建永在《哲学研究》第 7 期发表《汤用彤与陈寅恪在初唐皇室信仰问题上的学术思想互动》。

此文《内容提要》:作为 20 世纪中国学界的代表人物,汤用彤和陈寅恪对黄老学与道教关系的研究具有典范意义。陈寅恪的道家道教研究,证实了汤用彤关于《太平经》与历数关系的观点,并对汤说多有指引和启发。汤用彤则揭示出黄老易学与早期道教之间存在的密切联系,开创了学界对二者关系的研究,完善了陈寅恪的有关论断,并由此解决了《太平经》成书年代问题。汤用彤和陈寅恪的研究,开启了从文化融合发展层面解析黄老道家易学史的先河,为海内外学者所重视。

7 月,刘克敌在《浙江大学学报》第 3 期发表《陈寅恪与 20 世纪汉学》。

此文《内容提要》:整体而言,陈寅恪对西方汉学界的熟悉程度远远超过西方汉学界对他的了解程度。陈寅恪在长期留学西方的过程中受到西方汉学界的深刻影响,但陈寅恪在建构现代中国学术体系过程中却不拘泥于西方汉学思想的束缚,而是既以西方近现代学术为衡量标准,又注意到中国传统文化之特殊性对建构中国现代学术体系的深远影响。其视野最终超越了单纯的学术研究,上升到重建现代中国文化体系以求再现中国文化辉煌的高度。

9 月,赵刚发表《抵抗道德机会主义:二十世纪中国革命激进背景下的陈寅恪"光宣全盛论"》(载许纪霖主编《知识分子论丛》2013 年第 11 辑,华东师范大学出版社 2013 年 9 月版;又见周言编《陈寅恪研究——新史料与新问题》)。

此文《内容提要》:在 20 世纪中国史学大家中,很少有人像陈寅恪先生那样,激情洋溢地把清朝光宣时期看作可以和盛唐相提并论的"盛世"。许多论者也因此理直气壮地把陈寅恪视为遗老遗少。本文通过对陈寅恪已公布以及尚未为人注意的文献的重新解读,就他"光宣全盛论"来龙去脉提出新的解释。陈寅恪尽管在情感的层面上充满对传统中国文化衰亡无尽感伤,在道德观和立身出处上,已经完全告别传统的遗民模式。他的"光宣全盛论"绝非传统士大夫式的兴亡感伤,而是对 20 世纪中国如何进入现代国家问题的深刻反思,更是对伴随着 1895 年以来激进革命大潮而来道德机会主义浊流的批判。他相信 20 世纪中国重建的希望,仍然在于一批像同光之际曾国藩、左宗棠、胡林翼那样一批既有事功又有道德操守的领袖人物的出现。陈寅恪的祖父陈宝箴在二次鸦片战争后二十多年中,对晚清以来维新变法道路有着超前而又现实的思考。陈寅恪之所以和 20 世纪初叶以来中国知识界多数人不同,逆激进革命洪流而上,回向同光时代寻求民族复兴的正解,与其祖父陈宝箴的思想的影响密不可分。

按:此文近三万言。全文举证丰富,论说绵密,援古证今,有打通的能力和气势,对陈寅恪"有学问无思想"之说是有力的回应。

本年,安徽大学李天星通过硕士学位论文《陈寅恪的历史人物研究》。

此文《内容提要》:陈寅恪的历史人物研究充分体现了其史学思想与方法。他所选择和研究的历史人物,深刻反映了他的研究旨趣。这主要包括对"独立之精神,自由之思想"的追求和恪守,以及在研究中对种族与文化之关系、外来文化与本土观念之关系、家族地域与文化传承之关系、宗教信仰与政治变革之关系、婚姻与政治立场之关系等"史识"的探求。

　　本年,山东大学张业业通过硕士学位论文《陈寅恪以诗证史方法探讨——以〈元白诗笺证稿〉为例》。

　　此文《内容提要》:本文通过追溯陈寅恪"以诗证史"的学术渊源,追溯《元白诗笺证稿》的成书过程;讨论元白诗笺证中所运用的典型方法,包括比较方法,综合方法,时、地、人坐标法,合理的想象与假设,辩证推论的分析,得出陈寅恪笺证古诗所关注的焦点,即文化史学的视域。认为陈寅恪之所以"拿唐诗治唐史",是为了获得到历史的通识。

著作:

3月,陈怀宇著《在西方发现陈寅恪——中国近代人文学的东方学与西学背景》由北京师范大学出版社出版。

　　按:作者利用20世纪初年哈佛大学出版的大学目录、等级手册和哈佛教授的论著以及作者在美国访学时期的现场体验,展示陈寅恪在哈佛留学期间的学业、生活和他与师友同学的交游。着力讨论陈寅恪早期学术生涯及其学术成就中的相关议题,提供了许多珍贵的稀见材料。如陈寅恪20世纪40年代获得英美学术荣誉即英国学术院院士、英国皇家亚洲学会通讯院院士、英国皇家亚洲学会荣誉会员,大约相当于外籍院士的声誉。英国学术院和英国皇家学会是英国两个最高的学术机构。这些学术头衔原来是汤因比、陶育礼等人依据陈寅恪的几篇重要论文推荐的。又如作者推测陈寅恪的"士之读书治学,盖将以脱心志于俗谛之桎梏,真理因得以发扬。思想而不自由,毋宁死耳"名言,是受《约翰福音》中的"你们必晓得真理,真理必叫你们得以自由"的影响。这样的新材料、新观点贯穿全书,使得我们可以穿透"巨人"的外壳,窥视整体和全貌。拨开崇拜、神化的云雾,见其客观。学者亦凡人,亦有他的时代性,学者的研究也不都是空穴来风,是可以找到出处的。在陈寅恪学术生平中,最扑朔迷离的是他早年的留学经历,该书对陈寅恪早年的游学经历与学术源流做了真切的讨论,堪称近年不多见的力作,拉开了深入搜集、探讨陈寅恪十三年留学欧美谜底的序幕。

　　该书出版后,《中华读书报》发表了谭徐锋、宋旭景、宗亮撰写的书评。谭徐锋《在西方发现陈寅恪——追寻陈寅恪的本相》,载《光明日报》,2013年9月22日;宋旭景《当我们在谈论陈寅恪时,我们是在谈论什么——评陈怀宇〈在西方发现陈寅恪〉》,载《中华读书报》,2014年2月19日;宗亮《在西方学术世界发现陈寅恪》,载《中华读书报》,2013年7月24日;高山杉《有关〈在西方发现陈寅恪〉一书的几点商榷》,载《松原日报》,2015年10月15日;伯樵《陈寅恪是怎样炼成的——陈寅恪的学术"前世"与民国时期的西学东渐》,载

《新京报》记者采访陈怀宇,2013 年 7 月 20 日;胡萍《陈寅恪该当祛魅》,载《深圳商报》,2013 年 7 月 24 日(参见本书第 128 页胡文辉的评议)。

5 月,周勋初著《当代学术研究思辨》(增订本)由北京大学出版社出版(南京大学出版社 1993 年 5 月初版)。

按:该书收录《陈寅恪先生的"中国文化本位论"》《陈寅恪先生研究方法之吾见》《陈寅恪的治学方法与清代朴学的关系》《综合研究与触类旁通——读陈寅恪〈陶渊明之思想与清谈之关系〉》《通材达识,迥出意表——读陈寅恪〈论韩愈〉》《以诗证史的范例——读陈寅恪〈韦庄秦妇吟校笺〉》六篇论文。加上另一篇《读〈陈寅恪文集〉》,共计七篇。作者虽然不专治"义宁之学",但他对自清代乾嘉学派以来的学术源流有深透的理解,1983 年曾为南京大学的研究生开过一门名为"近代学者治学方法研究"的课程,从近代学者中选出王国维、陈寅恪二人的几篇代表作作为教材,详细深入地解析它们在方法论上的特点,为学生们指点治学门径。周先生指出陈寅恪文史高度融合,所关注的实际上是中国文化问题。他对历史人物的评价,每与他人有异,如他大力表扬王导,着眼于民族得以独立,文化得以续延;他大力推崇韩愈,则着眼于韩愈在唐代文化史上之特殊贡献。这就是说,凡对中国传统文化保护有功,都得到好评,反之则否。他称玄奘为一代文化所托命之人,在挽王国维七律中云"吾侪所学关天意,并世相知妒道真",则是以一代文化托命之人自喻。他自称"未尝侮食自矜,曲学阿世",则是以"士"人的传统价值准则自律。后人如何评价其操守,是一个关涉对传统文化总体评价的大问题。相信这与其学术成就一样,会引起好几代人的关注和思考(周勋初《读〈陈寅恪文集〉》,见《周勋初文集》第 7 册,江苏古籍出版社 2000 年版,第 258 页)。这是周先生对陈寅恪学说、人格的真知灼见。

6 月,陆键东《陈寅恪的最后 20 年》(修订本)由三联书店再版。

按:这次重印,首印五万册,很快售罄,不得不紧急加印。在 90 年代中期掀起那一波"陈寅恪热"中,《二十年》起了极大作用。时隔十七年,引发又一股热潮的仍是这本名著。此书初版后不久,1997 年 3 月,因书中提及中山大学原副校长、党委书记龙潜在中大任职期间"领导数场运动"的言行,作者陆键东和出版方三联书店出版社被龙潜后人告上法庭。三年后,法院宣判作者与出版社登报道歉,此外还必须接受在该书未进行删改之前不得重印、发行的判决。随后十多年,尽管不断有读者向三联询问再版事宜,但由于"作者的关注点转移到其他课题上",延宕至 2012 年,才被提上再版议程,予以修改增补重印。在结构上,新版基本遵从原版,保留了全貌,增加的内容达到三万字。"从形式上看,比较明显的是,新版中大段的注释基本上是这次新补进来的,是这些年作者的新材料、新发现以及大家关注的热点,带有作者自己的评论、分析,每条以几百字篇幅呈现。一共修改了几十处,其中二十至三十处补在注释里,其余有十来处补在正文里。"(该书责编之一孙晓林"答记者问",见李分言《寅恪热潮重来:保持独立捍卫尊严是做人的标准》,载《时代周报》,2013 年 7 月4 日;参见该书责编之一潘振平《学术出版如何阻击碎片化》,载《北京青年报》,2014 年 12 月 7 日;陆键东就《二十年》再版答记者问,见"南都网",2013年 8 月 13 日)。

与该书 1995 年底首印后激发数量可观的书评、读后感相比,增订本激发的书评、读后感与初版一样,在那几年所有研陈著作中仍是最多的。笔者统计有十五篇,但显然不是全部。该书初版、再版引发的书评、读后感,重要文章可以成就与《二十年》相关的另一本书,衍生出又一个成果。

2014 年

文章:

1 月 8 日,林甘泉在《中国社会科学报》发表《在〈历史研究〉创刊初期的日子里》(上)。

按:此文指出陈寅恪拒绝任历史研究所二所所长,却同意任《历史研究》编委和科学院学部委员,显示有限度的合作态度。

5 月,刘季伦在《东岳论丛》第 5 期发表《陈寅恪〈王观堂先生挽词并序〉诗笺证稿》。

此文《内容提要》:兹篇文字,为陈寅恪悼王国维词作注。随诗注一一指出:寅恪此诗并序,实仿效唐代白居易与陈鸿共撰之《长恨歌》及《传》。1924年,即所谓"中元甲子",为关键之一年;此前清室中人暨遗老遗少,尚寄望于复辟,此后则知为"坐守寒灰"。而王国维自沉,与此心境之转变有关。就其时之时势而论,观堂自沉,实为代宣统皇帝溥仪"受戈",欲令北伐军"引甲而退七十里",甚至"引甲而归",以求能保全"吾君"溥仪。而寅恪之立场,与王国维相近,故能于王国维之政治立场有同情之理解。

6 月 3 日,哈佛大学东亚语言系教授王德威在北京大学中文系阶梯教室举办名为《社会主义·再生缘——陈寅恪与冯至》的主题讲座。

王德威演讲要点:《社会主义·再生缘》是一个很特殊的题目,主要是希望通过一两个重要的学者(冯至与陈寅恪),以他们在 1950 年代初的心路历程、个人学术风范的转变,作为一个启发点,进一步思考现当代文学史以及思想史上的一些重要问题。

8 月，郭长城发表《陈寅恪抗日时期文物编年事辑》(载周言主编《陈寅恪研究——新材料与新问题》)。

按：此文作者曾任职"中研院"史语所，有缘于 20 世纪 80 年代获睹一批陈寅恪在 1949 年寄到台湾的文书字画证件文物，当时拍摄了照片。这批文物中有陈寅恪使用过的名片、印章，清华大学、史语所、燕京大学发给陈寅恪的聘书，燕京大学发给陈寅恪的薪水单，陈寅恪 1945 年前往英国治疗眼疾的护照，陈寅恪部分著作的手稿等。文章内容极为丰富，价值巨大，贡献至巨。

10 月 28 日，刘经富在《光明日报》"国学"版发表为《国家保存读书种子的人——读〈傅斯年遗札〉》。

按：此文从《傅斯年遗札》中发掘傅、陈两人友谊往来的材料。早在青年留德同学时，傅即称赞陈寅恪为"我国最有希望的读书种子"。抗战时期陈寅恪一家滞留沦陷区香港，傅斯年倾尽全力予以营救，并提升到"为国家保存此一读书种子"的高度，令人动容。文章最后感慨"读书种子"是个内涵丰富、书香氤氲的文言成语，书种本人固然令后人高山仰止，那发现、呵护书种的人，也应位在伯仲之间。

12 月，胡继华在《中原文化研究》第 6 期发表《陈寅恪历史隐喻诗学探析》。

此文《内容提要》：陈寅恪一生有三个关键词：一、文化孑遗心境，二、中国文化本位立场，三、学术精神与方法。陈寅恪出入"诗""史"，以诗证史，以史释诗，诗史互证，建构了一套复杂的隐喻系统，凸显了象征的历史维度。陈氏的复杂象征体系可谓一种"新历史主义"，一种"历史的诗学"。就其直探中国文化之本而言，陈氏的史境乃是文化保守主义；而就其为现代精神张目而言，这种史境显然深得自由主义的真谛。

12 月，秦桦林在《敦煌研究》第 6 期发表《"敦煌学"一词的术语化过程》。

此文《内容提要》：石滨纯太郎、陈寅恪分别独立提出敦煌学一词，但该词在 1950 年之前的日本学术界并未发展成为公认的术语。尽管陈寅恪提出敦煌学一词后于石滨纯太郎，但影响巨大，自成体系。所谓后者受前者启发的假说不能成立。敦煌学一词的术语化过程实际上主要由中国学者在 20 世纪 40 年代推动完成，并作为学科名被最终确立下来。

本年，华东师范大学项念东通过博士学位论文《史文蜕嬗与真美会融——以岑仲勉、陈寅恪为中心的 20 世纪诗学考据学》(安徽教育出版社 2014 年出书)。

此文《内容提要》：援引考据方法以研治中国古典诗歌的"诗学考据"，堪谓中国诗学中一个存在已久且影响广远的学术类型。然考据主真,诗艺求美,如何将此二者融汇于一体,始终为一难题。20 世纪学者中多有措手"诗学考据"者,本文仅以唐诗学研究最为代表的陈寅恪与岑仲勉为例,借以论析各自诗学成果中考据进路表现之不同,以尝试探讨真正将考据与诗美发现贯通一体的"诗学考据学"何以可能。

本年,华东师范大学孙俐通过博士学位论文《陈寅恪的文学研究方法探微》。

此文《内容提要》:本文由六个部分组成,各部分的思路如下:"绪论"部分通过梳理和分析陈寅恪文学思想与研究方法的研究现状以及目前研究的成绩与不足。第一章旨在总体把握陈寅恪学术思想与治学方法的理论渊源。第二章探讨陈寅恪"原典比照"文学研究方法的学术渊源、理论观念、研究实践和突出特点。第三章论述陈寅恪"诗史互证"文学研究方法的学术背景、运用依据和研究情况。第四章阐明陈寅恪"了解之同情"文学研究方法的准确内涵,"结语"部分总结"原典比照""诗史互证"与"了解之同情"这三种文学研究方法,对当今文学研究批评活动中出现的弊病的纠正以及其中包含的学术思想给当代古典文学和文学史研究提供的启发,认为对陈寅恪在文学研究领域成果的梳理、研究与借鉴是 21 世纪诗学研究的一个重要课题。

本年,湖南大学何嘉忆通过硕士学位论文《陈寅恪诗研究》。

此文《内容提要》:第一部分介绍陈寅恪诗主题,共分为讽咏时政、感怀文化变迁、写景纪游、思亲怀友四个主要类型,并分析诗作内容、归纳类型诗的特点。第二部分介绍陈寅恪诗的风格,从诗风承继、意象的佛学因缘、艺术特征三个方面展开论述。陈寅恪诗上承宗宋诗风;其诗歌中之意象与佛学的因缘、学术旨趣,与对现世的疏离有关;艺术特征则显示沉郁、遥深、芬芳悱恻。第三部分通过陈寅恪诗与陈三立诗的对比,见出陈寅恪诗对古典诗歌传统的继承与创新,并归纳陈寅恪诗中的文化观念。

本年,聊城大学刘春强通过硕士学位论文《陈寅恪教育思想与实践初探》。

此文《内容提要》:陈寅恪终其一生没有离开过高等教育领域。相对来说,后人对于他的学术成就与思想的研究颇为深入,而对他的教育思想与实践尚未引起足够的重视,专题研究者更少。事实上,陈寅恪在长期的教育生涯中所秉持的教育理念和思想具有相当高的价值。西方自由民主的教育制度孕育出陈寅恪的"独立之精神、自由之思想",这也是陈寅恪的育才之道,反映了陈寅恪在进行着人才培养目标的现代转换:从传统"学而优则仕"之"士"过渡到自由知识分子。陈寅恪深深眷恋着祖国的文化,民族文化危机使他愈加重视传统文化的薪火相传。

本年,厦门大学陈姝妤通过硕士学位论文《论陈寅恪的文学阐释学》。

此文《内容提要》:本文从文学阐释学的角度审视陈寅恪的学术思想,这是一个新的角度。一方面,从陈寅恪的解释对象、解释过程、解释目的看,他的学术思想中确乎存在文学阐释学思想;另一方面,纵观陈寅恪一生的著作,以学术思想和创作风格为据,可以看出陈先生的学术生涯在不同的生命阶段是不一样的,以 1949 年为界,前期追求历史的真相,后期则皈依文学的摇篮。

本年,东北师范大学李晶通过硕士学位论文《情怀与学术的共鸣——余英时为何钟爱陈寅恪》。

此文《内容提要》:余英时是当代著名思想文化史家,其学术博大而精深,在中国史学、思想和文化研究领域产生了跨越学科、时空和议题的影响力。文章分别从三个方面解释余英时为何钟情于陈寅恪研究:第一部分叙述余英时的陈寅恪情结;第二部分叙述余英时研究陈寅恪的学术原因;第三部分叙述余英时研究陈寅恪的社会原因。认为情怀共鸣与学术相知是造成余英时钟爱陈寅恪的主要原因,正因如此,使得余英时对陈寅恪有着超越一般研究客体的情感。最后分析余英时在陈寅恪研究中的情感与学术纠葛。

著作:

8 月,中西书局策划的"中西学术名篇精读"之一《陈寅恪卷》由中西书局出版。

按:该书选取陈寅恪三篇名文《读莺莺传》《陈垣〈敦煌劫余录〉序》《记唐代之李武韦杨集团》,由蔡鸿生、荣新江、孟宪实解读。三人都是相关领域的名家,解读不仅涉及所解读的文章,还推衍阐发陈寅恪的治学方法、精髓,具有以点带面的指导启发意义。

8 月,刘梦溪著《陈寅恪的学说》由三联书店出版。

按:该书主要梳理和还原陈氏学说体系的内在结构,提出陈寅恪不仅是大史学家,而且是了不起的思想家。他的学说体系的构成,一是属于义理学维度的种族与文化的学说,二是属于考据学范畴的陈氏阐释学,三是属于词章学方面的佛典翻译和文体论。对这三方面的内容构造和研究旨趣,作者在《学说》的第五章、第六章、第七章三个章次,作了重点分论与阐释。第四章阐明陈寅恪"中西体用"的文化态度在其学说建构中所起的立基作用。压轴的第八章题为"陈寅恪学说的精神维度",意在总括其秉持一生的"独立之精神,自由之思想"，如何令陈氏学说闪现出照彻人文学领域的永恒之光（刘梦溪《隆隆作响的震撼——〈陈寅恪论稿〉序言》）。参见本书第 132 页 2018 年"著作"类刘梦溪《陈寅恪论稿》的介绍评议。

9 月，吴学昭著《吴宓与陈寅恪》（增补本）由三联书店出版。

该书《内容简介》：这是一部研究性、实录性的学人传记，富有很强的历史现场感。一是含有极为丰富的第一手文献材料和实物图片；二是吴陈二人交往的主线之外，也留下王国维、梁启超为首的几代知识人的鲜活身影，对于 20 世纪思想文化史及学术史研究具有重要参考价值。正如作者所言，此次虽云增订，实为重写。从篇幅上看，新版从原有的五章扩充到九章。全书字数从 12 万增加到 30 万。如果说，初版本展现的学者吴宓与陈寅恪的学术活动及友谊，犹如一棵主干挺拔的参天大树，人们看到的是大树的伟岸身姿和奕奕风神，那么，在增补本中，扩展的细节描述贯穿全书，读者更真切地看到参天大树根深蒂固、枝繁叶茂；听到飒飒风声过处，大树发出的独白，沉郁而空远。

按：遗憾的是，该书出版后，文化学术界没有出现像 1992 年该书初版那样的热烈反响。笔者视野所及，没有发现一篇够质量的书评或读后感。这是否"陈寅恪热"有所降温的表现？抑或人们关于陈寅恪与吴宓交谊话题已出现审美疲劳？

11 月，吴定宇著《守望——陈寅恪往事》由社会科学文献出版社出版。

按：该书实为《学人魂——陈寅恪传》增订本。字数从原来《学人魂》的十八万字扩充到五十三万字，可谓面目一新，今非昔比。作者充分利用中山大学档案馆的陈寅恪档案材料，加上口述资料和作者广泛搜集近些年出版的与陈寅恪有关人物的日记、书信、文集、回忆录以及其他材料，使全书材料丰富，内容充实。举凡陈寅恪晚年的热点话题如坚不去国、拒返北都、思想言论、国宝待遇、政要来访、师门恩怨、遭受批判、"文革"劫难等，都有新材料、新论述呈现展示，读之不惮其长，唯恐其尽。可以这样说，由余英时开先河的陈寅恪晚年心路历程的话题经过陆键东、吴定宇的跟进开掘，其余蕴已经不多了。未来的进展增补，有待于新材料的出现。

书评有：胡梅仙《沉稳叙事、人史互证：读吴定宇守望·陈寅恪往事》，载《海南师范大学学报》2015 年第 11 期；曾绍义《学术大师陈寅恪的立体画——读〈守望：陈寅恪往事〉》，载《现代中国文化与文学》2016 年第 1 期；刘经富《关于陈寅恪的新史料》，载《中华读书报》，2016 年 5 月 11 日（参见本书第 123 页刘经富此文的叙说）；张求会《吴定宇的两部陈寅恪传》，载《南方都市报》，2018 年 3 月 18 日。

小　　结

2013、2014 这两年，坊间出版发行的与陈寅恪相关的著作多达十五六种，出现了一次高潮，被媒体称为陈寅恪研究成果的"大年"，发出"陈寅恪热是否卷土重来"之问（见邓玲玲《陈寅恪热潮卷土重来？》，载《新京报》，2013 年 7 月 20 日）。其中三种为旧著增补修订重印，即陆键东《陈寅恪的最后二十年》、吴学昭《吴宓与陈寅恪》，吴定宇《学人魂·陈寅恪传》（改书名为《守望——陈寅恪往事》）。这三本书对引发 90 年代中期那一拨"陈寅恪热"功不可没。二十年过去，不仅似曾相识燕归来，还增补了新材料，提出了新见解，给读者带来了新气象。

2015 年

文章：

2 月，张雷在《史学月刊》第 2 期发表《法律史学史视域下的陈寅恪隋唐刑律制度研究》。

此文《内容摘要》：陈寅恪研究隋唐刑律制度，创获甚多。尤其在对隋唐刑律制度渊源考辨时，在繁杂的刑律变迁中匠心独具地勾勒出隋唐刑律制度的三大源头，打破了当时学界对这一问题的诸多谬见。陈寅恪擅于用民族文化视野来研究隋唐史，由于这一研究视野要求紧扣种族、地域等对政治与法律影响最巨的核心因素，故能做到发前人之所未发，引领了该领域学术研究的发展大势与潮流。

3 月，葛剑雄发表《我看陈寅恪现象》（载葛剑雄著《史迹记踪》，广东人民出版社 2015 年版）。

此文要点：陈寅恪晚年的言行证明，他是一位文化遗民。他所眷恋的中国传统文化和接触到的西方文化，使他确立了一种追求思想独立、学术自由、人格尊严的价值观念。但现实却从来没有给过他这样的条件，所以他并不满意国民党政权，要不 1948、1949 年间他完全能够到台湾去；他也不认同西方的价值观念，否则当年可以留在国外或再出国。他只能将理想寄托在过去，寄托在只存在于他观念之中的优秀的中国传统文化之中，所以他以同光之间为理想，由王国维的死而哀中国文化的断绝。

4 月，郭士礼在《中南大学学报》第 2 期发表《陈寅恪的文艺美学思想》。

此文《内容摘要》：虽然陈寅恪本人无意建构其文艺美学观，但他长期研究的中国传统文化一直是文学、历史、哲学等现代学科的混合形态,在其为数众多的学术研究成果中时有对中国文学与艺术的深刻领悟和独到见解。内涵丰富的"自由之思想"说与创作的"天才"论构成了其文学创作的审美特性;"真性情"论是对文艺文本审美特性的把握;而"了解之同情"更是其文艺美学之接受主体最应该关注的特点。

5 月,陆扬在《文史哲》第 3 期发表《陈寅恪的文史之学:从 1932 年清华大学国文入学试题谈起》。

此文《内容摘要》:1932 年 8 月,清华大学入学考试,陈寅恪以对对子作为国文考试题引发争议,他本人也在事后提出完整的"对对子"理论,指出对对子可以测试考生四种能力,尤其其中第四种能力即思想能力,在陈寅恪看来是能否创造出最高境界的对子的关键所在,他用黑格尔逻辑中的"正反合"之说来说明。对这一问题的考察不仅可以帮助我们更精确把握陈寅恪文史之学的特点,也使我们认识到陈寅恪在清华国文考试前后的学术转型的意义。推动此转型的一个重要因素是胡适的学术研究对陈寅恪的影响,尤其是胡适佛教史方面的研究,催生了陈寅恪的诸多学术篇章,并且在方法论的层次上也刺激陈寅恪更递进一步。"孙行者"和"胡适之"这一对子实际是带有敬意的游戏(参见罗不特与陆扬商榷文章《孙行者,胡适之——也谈陈寅恪对对子》,网文,2017 年 12 月 5 日)。

9 月,葛兆光在《文史哲》第 5 期发表《预流的学问:重返学术史看陈寅恪的意义》。

此文《内容提要》:关于陈寅恪先生的学术史意义,只有置之于 20 世纪上半叶中国学术转型,以及当时的国际学术特别是东洋与西洋"东方学"("东洋学")及"中国学"的大趋势中,才能够得到深入理解。晚清民初即陈寅恪先生进入学术世界前后,中国学术尤其是历史学领域出现了"历史缩短""空间放大""史料增多"的新趋势,现代中国学术正是在这样的趋势中,同时在西洋与东洋的"东方学"或"中国学"的刺激下,才出现了巨大变化。陈寅恪与他的学术同行,不仅在学术上能够"预流",即在重大历史问题上与国际学界进行对话与竞争,同时也站在"中国"与"世界"之间,促使 20 世纪上半叶的中国学术界尤其是历史学界重视新问题、发掘新资料、探索新领域,突破传统汉族中国历史空间,呈现出中学与西学汇通的新取向。

9 月 29 日,陈瑛在《中国社会科学报》发表《〈陈寅恪的晚年姿态〉说明了什么?》。

按:此文对史飞翔在《保定晚报》2012 年 3 月 29 日发表的《壁立千仞:陈

寅恪的晚年姿态》小文极为不满，认为陈寅恪"不降志，不辱身"，"以义命自持，坚卧不动"不如钱学森、邓稼先等爱国知识分子那样冲破种种阻挠，坚决回国参加"两弹一星"建设正确、光荣。"陈寅恪的晚年姿态"正说明知识分子思想改造的必要。值得令人深思的是，在几十年之后的今日，怎么还有人在以阴暗的心情，诅咒时代的潮流，明明是在新中国晴朗的春天里，却说什么"在那风雨如晦的日子里"，明明是陈先生拒绝党和人民亲切的呼唤，他们却赞颂那种所谓"壁立千仞、屹然不动，不以时俗为转移，始终保持着独立之精神"。还在新中国成立之前，毛泽东同志就指出，唐朝的韩愈写过《伯夷颂》，颂的是一个对自己国家的人民不负责任，开小差逃跑，又反对武王领导的当时的人民解放战争，颇有些"民主个人主义"思想的伯夷，那是颂错了。我们今天的社会主义知识分子，不能再迷恋、崇拜陈先生的这一缺陷，陶醉在他的思想局限里，而必须站在当今的时代高度去看待一切。

11 月，王喜旺在《河北师范大学学报》第 6 期发表《教学艺术大师：被遮蔽的陈寅恪"肖像"》。

此文《内容提要》：在学界为我们描绘的众多陈寅恪"肖像"中，教学艺术大师是被遮蔽的一个面相。事实上，陈寅恪作为一名大半生坚守大学教坛的史学、文学教授，在其教学实践中展示了深入人心、令人迷醉的教学艺术。这主要表现在：其教学实践具有新颖、严密、幽深、通达等四个显著特征；其教学活动在不期然间引领学生走入了特定的学术道路、形塑了学生的理论思维，从而为学生奠定了坚实而恒久的学术基础。当然，陈寅恪的教学实践之所以能够达到化境，并非幸至，而是有其睿智、庄严的生命形态作为根基的。其教学艺术正是其崇高的文化使命感、独立精神、探求历史发展规律的情怀、渊博的知识、敏锐的洞察力等在教学活动中的自然投射。

12 月，陈怀宇在《史学史研究》第 4 期发表《陈寅恪〈吾国学术之现状及清华之职责〉疏证》。

此文《内容提要》：陈寅恪 1931 年发表的《吾国学术之现状及清华之职责》一文，尽管常被学界引用，但此文言简意赅，实值得仔细研究。其产生的历史时代背景是国民政府北伐之后将清华从一所民国初年成立的留美预备学校改制为一所国立大学，学校的制度和学科发展经历了深刻的变革。陈寅恪此文正反映了这一变革过程中对中国学术的反思和对清华发展的总结与期待。一方面，陈寅恪在到清华任教多年之后，其背负的文化民族主义思想使得他非常看重民族与学术的独立；另一方面，他又不忘以他在海外游学多年的观察来评判中国学术过去从旧学到新学的转变中所存在的得失，对中国学术的发展趋势提出了一些反思性看法。

12月,高克勤在《中华文史论丛》第4期发表《陈寅恪先生致中华书局上海编辑所书信辑注》(后收入高克勤著《拙斋书话》)。

此文《内容提要》:陈寅恪先生在20世纪五六十年代曾就出版其著作事,多次致信中华书局上海编辑所。这些书信所述的范围涉及其著作的撰写体例和出版事宜等,从中具见陈先生的学术个性,是研究陈先生学术和著作出版的珍贵资料。

著作:

12月,季风编《陈寅恪讲国学》由北京时代华文书局出版。

按:作者对陈寅恪著作的文本进行了系统阅读领会,将陈寅恪学术思想分类为《陈寅恪谈史学》《陈寅恪谈儒学》《陈寅恪谈哲学》《陈寅恪谈文学》《陈寅恪谈佛学》《陈寅恪谈考据》等专题,在每个专题下又设计若干细目。如《陈寅恪谈史学》按"关陇集团是古代中国最强的门阀吗""武则天为何要打压关陇集团""为什么府兵制的衰败会导致关陇集团消亡""山东豪杰为何能在唐朝强势崛起""'安史之乱'是汉胡矛盾的产物吗""历史上只有胡人被'汉化'吗"等问题进行解答串讲。在篇章结构上显得眉目清晰,便于查找。在阐释中提出了一些新的见解。该书内容丰富、语言通俗,为研究陈寅恪学术、思想、观点提供了新的视角,不失为一部带有工具书性质的入门指导著作。

2016年

文章:

4月,袁一丹在《首都师范大学学报》第2期发表《陈寅恪〈论再生缘〉之文体无意识:一种症候式阅读》。

此文《内容提要》:陈寅恪晚年所著之《论再生缘》,就述学文体而言,有"繁复冗长"之嫌。其耗费大量笔墨考证《再生缘》作者陈端生之身世怀抱,意在以此籍籍无名之弱女子寄托自家的境遇与理想。若把《论再生缘》读作"文人狡狯之寓言",三百年前之闺阁才女陈端生,遂成为陈寅恪之"对镜写真"。陈寅恪对端生身世的繁琐考证,不仅出于史家之考据癖,或是刻意模拟"繁复冗长"的弹词体。其作为史家的"文体无意识",在《论再生缘》中体现为对弹词体的不自信。为提升弹词的文体地位,陈寅恪甚至将弹词与史诗相提并论,以"比拟不伦"达到尊体的效果。

4月,刘经富在《中国文化》春季号发表《释"侮食自矜、曲学阿世"——读陈寅恪赠蒋秉南序》。

按:此文通过考证"侮食自矜""曲学阿世"两句成语的古典、今典,综合各家对陈寅恪这篇名文的疏解,探赜索隐陈寅恪写作这篇名文的曲折用意。指出陈寅恪晚年"未尝侮食自矜,曲学阿世",足以概括陈寅恪一生的志节品格。此品格也是现代中国学人在历经社会递嬗、新旧转型之后,需要重新认识、继承坚守的。

5 月 11 日,刘经富在《中华读书报》发表《关于陈寅恪的新史料》。

按:此文系吴定宇《守望——陈寅恪往事》的书评。赞扬该书作者因奉命撰写中山大学新校史,可以无条件地查阅使用校档案馆的解密档案和图书馆的任何书籍,因而占有了大量第一手珍贵资料。加上作者搜集的口述资料和近些年出版的与陈寅恪有关人物的日记、书信、文集、回忆录以及其他材料,使《守望》一书材料丰富,内容充实。举凡陈寅恪晚年的热点话题如坚不去国、拒返北都、思想言论、国宝待遇、政要来访、师门恩怨、遭受批判、"文革"劫难等,都有新材料、新论述呈现展示。这是作者在研陈文献材料上作出的贡献。但《守望》一书实为作者 1996 年出版的《学人魂——陈寅恪传》基础上增补扩充,却没有沿用"学人魂"这个意义重大的创意,遂使《守望》面世后没有像《学人魂——陈寅恪传》那样产生较大影响,应是作者和责编的智者千虑之失。

5 月,潘静如在《文艺理论研究》第 3 期发表《陈寅恪诗学中的两个世界和悲剧意识——以陈寅恪父子诗学的渊源与比较为中心》。

此文《内容提要》:作为史学家的陈寅恪,生平创作了大量充满隐喻影射的诗歌。透过这些诗歌,一方面可以看到他与其父陈三立在诗学乃至精神、文化上的渊源,另一方面也可以看到在此基础上,他个人忧郁阴柔的性情、气质促使他晚年的诗歌构成了两个意象分明的世界:一个是花事、人事的代谢映照,为无常而永在的现实世界;另一个由天、人之间的对立图景所构成,指向超越的彼岸。这两个世界又都是与他个人的悲剧意识和悲剧命运相关联的。

8 月,郭士礼在《中南大学学报》第 4 期发表《从史实考证到心史诠释——陈寅恪对文学作品史料价值的解读及运用研究》。

此文《内容提要》:如果参照时段理论将史实分为"具体史实""一般史实""抽象史实"进行分析不难发现,陈寅恪运用文学作品对上述三类史实进行的考证与解读,呈现出的是一个从史实考证到心史诠释的过程。就某种层面而言,从史实考证到心史诠释是陈氏史学研究特色最突出的呈现。它既显示了文学作品史料价值层次性与多样性,同时也是陈寅恪史学研究从对历史表象的考证还原到历史内蕴的深刻阐发历程的集中呈现。

9 月,林燕在《西南交通大学学报》第 5 期发表《陈寅恪的语言思想研究》。

此文《内容提要》:陈寅恪对汉语言的理解与 Humboldt 的语言哲学思想

有相同之处,既关注语言的共性,也强调语言的特性。在汉语音韵上,陈寅恪通过语言比较法,触类旁通,以史家论语言学,分析了汉语语音语调的发展史,认为民族精神对民族语言有影响;在汉语的文法上,他认为应该把语法、修辞和逻辑等几种训练综合在一起,通过属对练习提高学生对母语的语感,进而形成自己的语言风格;在语言哲学观上,他认为语言研究应该采取先提出假设,然后比较分析语言之间的差异,最后得出结论的研究方法,以此发掘汉语的语言特性。了解陈寅恪的语言观,能更好地了解陈寅恪及其精神风范。

9月14日,刘梦溪在《中华读书报》发表《二千年中外思想接触史之所昭示者——陈寅恪对儒释道三家的"判教"》(后收入刘梦溪著《学术与传统》)。

按:此文从陈寅恪先生对儒释道三学的"判教"出发,以慧远与鸠摩罗什佛学成就为思想契入点,索解"判教"密码,境域大开,渐入佳境,柳暗花明。作者并因论及东晋竺道生提出"顿悟义",谢灵运继之而扬其波,论证陈寅恪先生称此一变迁为"中国思想上之一大变"。此为中国禅宗初始,实为中国佛教文化史上大转折点。此论大有发前人未发之处(章方松《对中国学术研究纲领性质的贡献——读〈陈寅恪对儒释道三家的"判教"〉》,载《中华读书报》,2017年5月5日,参见本书第132页2018年"著作"类对刘梦溪《陈寅恪论稿》的介绍评议)。

著作:

5月,上海古籍出版社为庆贺建社六十周年,重印陈寅恪的《唐代政治史略稿·外一种》(手写本)(2017年11月重印)。

郭时羽:前不久,上海古籍出版社推出《唐代政治史略稿外一种》线装本,引起一波小小的轰动。其之所以得到学界和普通读者的关注,原因大致有二:一、是书主体部分——陈寅恪先生《唐代政治史略稿》手写本之影印所具有的独特价值;二、"外一种"所录陈寅恪先生于1958年至1965年间致上海古籍出版社前身古典文学出版社和中华书局上海编辑所的十余封书信,系首次全面影印披露,并附高克勤所作辑注(郭时羽《手稿与书信——陈寅恪〈唐代政治史略稿·外一种〉价值述略》,载《中华读书报》,2016年10月18日)。

按:该书八开本,线装仿古装帧,三册一函。宣纸影印,属典藏本。

9月,陈云君完成《名著与痛史——〈柳如是别传〉暨南明史略论稿》(自印书稿)。

按:该书稿对南明政权盘根错节、纷繁复杂的史实、线索、事件、人物进行了梳理叙议,对陈寅恪写作《柳如是别传》的心态、意旨亦有所揭示。引证材料丰富,牵涉面广。惟书稿尚属草创阶段,要打磨成一部符合学术规范的学术著作,仍须全力以赴。

10 月,齐世荣著《史料五讲》(外一种)由人民出版社出版。

按:该书虽无陈寅恪专节介绍,但书中涉及陈寅恪处颇多。要点有:陈寅恪治史,在史料运用方面的原则,一是尽可能扩充领域;二是取材详备,宁详勿略。书中提到:陈说:"历史研究,资料范围尽可能扩大,结论则要尽可能缩小,考证要求合实际。"取材详备,宁详勿略,是他经常强调的一个原则。陈寅恪著作中使用的史料十分丰富。在利用私人记载这类史料时,"以诗证史"和"以小说证史"尤具特色。"以诗证史"的方法不自陈氏始。前人可追溯到黄宗羲,同时代人有刘师培和邓之诚,但陈寅恪的贡献则在于把这种方法系统化、完善化。晚年耗尽心血完成的巨著《柳如是别传》,据统计,共引用了约六百种材料,包括正史、野史、年谱、志书、笔记小说和诗词戏曲文集,更把以诗文证史的方法发挥得淋漓尽致,不过其中也有不少繁琐、枝蔓的考据。1946 年我在燕京大学读书时,翁独健师一次在课堂上说:"陈先生(寅恪)如能来燕大,即使不上课,也是我们的光荣。"

11 月,刘正编《陈寅恪书信编年考释》由中国社会科学出版社出版。

按:书信是学术研究的珍贵资料,2001 年三联书店出版《陈寅恪书信集》后,学界对陈寅恪信札的辑佚一直密切关注,屡有弋获。此书是作者在长期查找、搜集、考辨已面世和自己辑佚的基础上,首次向学术界提供的一部关于陈寅恪信札集大成之作,收信数量比三联版《陈寅恪书信集》的二百余封多出一倍以上,提供了 422 封陈寅恪亲笔信札。尚有三十余封限于收藏者隐私权不能公布。作者对已面世的陈寅恪信件亦予以校勘、标点,考定写信具体时间、解释重大内容和人物背景,订正了三联版《陈寅恪书信集》中出现的一些讹误。

2017 年

文章:

1 月,朱春龙在《扬州大学学报》第 1 期发表《陈寅恪论中国学术文化融合之道》。

此文《内容提要》:身为传统学术向近代社会转型中的一员,陈寅恪以昌明传统和融化新知相结合的视角对学术文化融合之道这一命题做出了深刻的总结与反思。他以中国古代学术文化融合之道中所采取的态度与取向、方法与途径及其对后世的影响为体认与借鉴,指出近代中国学术文化融合应走一条既要积极吸收外来新知而又坚持中国本位的道路。无疑,他的这一总结与反思对指导当下学术发展仍有重要的现实意义。

3 月,时培磊在《天津社会科学》第 2 期发表《陈寅恪推崇宋代史学问题发微》。

此文《内容提要》:陈寅恪对宋代史学大加赞誉,且极力推崇宋代繁荣的文化和自由的治学环境,但他终生并未撰写以宋代历史和文化为专题的论著,这是一个值得考索的问题。陈寅恪提倡"独立之精神,自由之思想",这得自于西方近代思想的影响,同时他在文化上又主张不忘"本民族之地位",二者之间存在着张力。因此,他欲寻求中国历史上一个既汲取外来文化又保持本民族地位之案例。然考究其诸多认识均为未经深入研究的观点和看法,多含有主观美化宋代学术政治环境及文化成就的内心向往,只是陈寅恪的个人理想和情感寄托而已。对此,我们应给予"了解之同情"。

3 月,张兢兢在《南京晓庄学院学报》第 2 期发表《陈寅恪与中古社会经济史研究》。

此文《内容提要》:陈寅恪先生在中古史领域提出的很多学术命题,贯穿了社会经济层面的思考,有关社会经济的观点包含在他的文化史观之中,构成了其中古史理论不可或缺的重要一环。陈寅恪虽未专注于具体经济问题的探索,但对中古时代重大经济问题的精准揭示与社会经济发展的宏观把握,已经为后人指明了研究的领域与方向。重新检视陈寅恪的社会经济史研究,对其成果加以客观认识与有效吸收,对于推动中古社会经济史研究而言是完全必要的。

5 月,刘经富在《福建师范大学学报》第 3 期发表《陈寅恪与中研院史语所》。

此文《内容提要》:20 世纪八九十年代文化学术界兴起"陈寅恪热"后,陈寅恪在大学任教的经历广为人知,但其学术生平的另一面——中研院史语所研究员兼历史组主任的事迹却被大学教授声名所掩。近些年发现的相关资料表明,陈寅恪崇高的学术地位和声誉,颇得力于史语所提供的学术资源和学术平台,陈寅恪则以学术带头人的旗帜作用和丰厚的学术成果回报史语所。史语所是中国近现代新史学的重镇,作为该所重要成员,陈寅恪在史语所所起的作用之大,正如劳幹先生评价的那样:"史语所的历史部分在陈寅恪先生以历史学先进、以谨严渊博的方法领导之下,影响尤深。"因此,深入研究陈寅恪与史语所的相互关系,就有着关乎我国近现代史学整体面貌进程的意义价值,而不仅仅是陈寅恪个人学术生平的挖掘、考释。

5 月,张伯伟在《文学评论》第 **3** 期发表《现代学术史中的教外别传——陈寅恪以文证史法新探》。

此文《内容提要》:陈寅恪的学术研究方法,最具特色的是"以诗文证史",他对此既重视又自信,显示了"不古不今"的特色。前人对这一方法的认知,多从中国传统寻找其渊源,且不认为是其新创。实际上,陈寅恪学术方法的形成,绝非中国学术传统自然演变的结果,而是中国传统与西洋学术嫁接后的产物。就西学渊源而言,有人们熟知的兰克史学,尤其是其中久被遮蔽的"文学层面"的影响;也有人们未曾注意到的布克哈特的影响。通过熔铸中西学术,陈寅恪既开掘新史料,又提出新问题;既不固守中国传统,又不被西洋学说左右,终于在具体研究和方法层面一并完成其"不古不今之学"。当今学术突出的"病症"之一,就是缺乏自身的人文学研究的理论和方法。因此,陈寅恪在这一方面的探索和成绩,尤其值得发扬光大。

6 月,陈才智在《扬州大学学报》第 **4** 期发表《陈寅恪先生的白居易研究》。

此文《内容提要》:白居易研究史中,陈寅恪先生占有重要地位。这不仅源于其历史学家的独特角度,更源自其诗史互证的文化史研究范式,其《元白诗笺证稿》贯穿传统的清代乾嘉学者治史重证据、重事实的精神,但思路是现代的,汲取了欧洲近代研究梵文、佛典的传统。在繁复征引和绵密演绎的深处,还有诗人才情的潜流,有超越于史事证述的对人生、对社会的深刻思考,体现出一种古典文学研究中文化史批评的倾向。尽管在个别细节、个别结论上,或有时而可商,或后出乃转精,但其态度之谨严,用思之绵密,学识之博深,考据之精深,见解之独到,堪称超拔,罕有其匹。

7 月,赵耀锋在《浙江师范大学学报》第 **4** 期发表《陈寅恪元白诗研究以及内藤湖南的影响》。

此文《内容提要》:日本汉学家内藤湖南认为中唐是中国古今社会的分水岭,中唐是一个社会大变革时期,唐代历史文化的研究具有重要的学术价值,而且认为"唐宋变革"最主要的标志就在于文化的庶民化。在《元白诗笺证稿》中,陈寅恪从作为研究对象"元白"的选取,到对新乐府运动和古文运动研究的具体学术观点的提出,都受到了内藤湖南汉学思想的影响。

11 月,袁国友在《学术探索》第 **11** 期发表《陈寅恪任教西南联大的基本史实考说》。

按:此文根据对相关资料的辨析和考证,对陈寅恪任教西南联大史实进行了一次详细的梳理。理清了陈寅恪在西南联大任教时期在香港、昆明、广西往来的时间、次数、因由,与西南联大、广西大学、燕京大学的关系,在三校任教的课程,这一时期完成的重要著作等经历、史实。

11 月 29 日,刘经富在《中华读书报》发表《从陈寅恪藏书透视其晚年学术走向》。

按:此文依据中山大学图书馆陈寅恪纪念室刘少雄先生提供的陈寅恪藏书目录,发现《目录》中有多种"唯物史观派"的著作和期刊、政治读物,推断陈寅恪对唯物史观派的旨趣底蕴和学术动态并不隔膜。但他仍不为时势所动,在寂寞的坚守中,仍继续自己擅长的考据、实证写作和坚持一贯主张的史观、理念,终于写出名著《柳如是别传》。

本年,胡文辉在《中西文化交流学报》第 1 期发表《也谈陈寅恪著述中的"西典"》。

按:此文对陈怀宇《陈寅恪著述中的西典》一文予以补充、辩证(见本书第96 页),顺带评议陈怀宇《在西方发现陈寅恪》(见本书第 113 页)一书。认为此著颇有苦劳,钩稽了陈寅恪早年留学欧美时的个别事迹,作为学术史料的片断,虽有疏误之憾,不无补苴之功;但此书的最大问题,在于论证逻辑很是粗疏,尤其在断定某些人物(如白乐日、玉井是博、白璧德)对陈氏的影响时,多系捕风捉影,不着边际,看似连篇累牍,其实无一可以落实。

2018 年

文章:

1 月,胡逢祥在《史学理论研究》第 1 期发表《陈寅恪史学个性的再探讨》。

此文《内容提要》:陈寅恪治学,素以坚守"学术独立"的个性为人们所钦佩,然其中饱含的忧世淑世精神及理性处置求实与"取鉴"关系的守则,同样值得关注。观其历史研究的种种实践和中年以后一再倡导的"新宋学",除了旨在从方法上建构一种考据与义理兼修的现代学术理想境界外,实际也与此种关注世运,希冀民族文化复兴和国家富强的情结深切相关。探讨和进一步厘清这些问题,显然有助于更为全面地理解陈寅恪史学的个性及其时代特征。

4 月,胡文辉在《历史教学问题》第 2 期发表《陈寅恪与唯物史观》。

此文《内容提要》:陈寅恪的史学与唯物史观的关系可梳理为两个层面:在单纯的方法论层面,陈寅恪受到近代社会学方法的潜在影响,重视社会群体本位和经济因素,与唯物史观有一定的趋同之处;但在学术与政治交涉的层面,他强调学术独立。

4 月 13 日，陈爽在《文汇报·文汇学人》发表《最高妙者此法，最危险者亦此法——漫说中古史研究中的旁证》。

此文要点：所谓"旁证"，本是对法律术语的借用。在陈寅恪先生之前，史学论文罕有以"推测""旁证"为题者。这种"假说式"的研究范式与自然科学研究中的猜想与反驳、试错与容错等研究手段相暗合，极大地推进了史学研究的深度和广度，因而影响了一代学人。

5 月，赵和平在《唐宋历史评论》第 1 期发表《陈寅恪先生与敦煌学》。

此文《内容提要》：陈寅恪不仅提出了"敦煌学"的学术概念，而且在敦煌学的草创时期，熟练运用敦煌发现的新材料研究了许多新问题，包括对隋唐政治史、佛教史、文学史和中外关系史等诸多方面的重大问题，发前人未发之覆，成为其时学术潮流的引领者。陈寅恪引用时人所说敦煌是我国学术之伤心史，并非限于指外国人掠夺石室宝藏，更在于强调我国学术研究之落伍。陈寅恪的敦煌学研究方法与成就，对于当今敦煌学的发展仍然具有重要指导意义。

5 月，邝海炎在《南方都市报·阅读周刊》发表《"陈寅恪文章写得不好"其实是伪问题》。

按：此文自述以前对胡适与钱钟书、钱穆认为陈寅恪文章写得不工理解不足，但看了周勋初教授谈治学方法的书后，增加了对这一问题的认识。周勋初非常推崇陈寅恪的治学方法，见解高明，称陈寅恪的学术为"跌宕文史"，亦即一种试图超越中国传统史学和西方史学，将史学求真和文学求美熔铸一体的"新史学"。如果从现代历史学科的规范角度来衡量陈寅恪，就会觉得"拖泥带水""考证繁冗"，而陈寅恪为学"不古不今"，既不完全符合中国的传统，也不完全跟着现代学术走，而是斟酌古今，自成一家。因此，陈寅恪的文章根本不存在"不工"的问题，而是他有意独创一种文风，这种文风背后隐藏着一种"跌宕文史"的新范式。

6 月，张光明在《忻州师范学院学报》第 3 期发表《释"恪"字读音——陈寅恪的"恪"该怎么读》，

此文《内容提要》：史学大师陈寅恪先生大名中的"恪"该读"kè"，还是读"què"，这涉及"恪"字读音的规范问题，学界已经讨论了很多年。本文就此问题进行研究，交代了"恪"字读音的缘由，简要地说明了"恪"字的形体和意义，详细阐述了"恪"字读音的历史演变，并深刻分析了"恪"字异读错注的形式和原因以及带来的负面影响。最后归纳出"恪"的规范读音是"kè"，陈寅恪的"恪"应读"kè"而不应该读"què"。

按：这是目前从文字学、音韵学专业领域对"恪"读音考释论证得最清楚透彻的一篇文章。

6月,林锋在《华中学术》第2期(总22期)发表《陈寅恪不古不今之学及相关问题辩证》。

此文《内容提要》:陈寅恪"平生为不古不今之学,思想囿于咸丰同治之世,议论近乎湘乡南皮之间"一语长久以来受到学界的广泛关注,相关诠释不仅数量繁多,且互相抵牾,所以仍有继续讨论厘清的必要。总体而言,这段自述包含三个向度的内容:"平生为不古不今之学"指他的治学范围,但这一范围并非过去认为的中古史,而是"中古以降民族文化之史";"思想囿于咸丰同治之世"则是陈寅恪极具家族特色的政治立场的表达;"议论近乎湘乡南皮之间"代表了陈寅恪的文化观念,显示了他在现代学人与传统士人的双重身份下所采取的迥异于前人所理解的"中体西用"观念。这三个面向,彼此渗透交融,共同构成陈寅恪思想的核心。

9月,刘芸暄在《理论观察》第9期发表《论陈寅恪的文化自信思想——以〈冯友兰中国哲学史审查报告〉为例》。

此文《内容提要》:陈寅恪《中国哲学史审查报告》对冯著进行评论的同时,也夹叙夹议自己对中国文化发展脉络和中国文化发展前途的思考。这种思考的本质是以"通识"为方法论,以新儒学的发生发展为实践证明,最终表明自己对中华民族文化本位的自信态度,期许中国文化的个性发展与世界文化的共生共荣。他的这种思考对于当下中国提升文化软实力,培育公民文化自觉与自信依然具有深远影响。

9月,黄思敏在《文学教育》第9期发表《新世纪以来关于陈寅恪文学研究方法的研究综述》。

此文《内容提要》:陈寅恪先生是享誉中外的史学大师,亦是学贯中西的大学者。学术界从20世纪30年代已有学者开始对陈寅恪学术思想和有关观点进行研究和评价,并取得了丰富的研究成果。进入新世纪以来,学术界开始以更具学理性的态度从事陈寅恪研究,研究领域也不断拓展,其中对于陈寅恪文学研究方法与思想的研究所占比例不算很大,但通过梳理"诗史互证"方法、"了解之同情"方法、比较分析法的研究现状,探讨其取得的学术价值及其中的不足,可以探寻关于陈寅恪文学研究方法的空白点,有利于进一步理解陈寅恪的学术思想体系。

10月,胡文辉在《中国文化》秋季号发表《不古不今之学的再辩证——兼谈陈寅恪为什么转治中古史》。

此文《内容提要》:对陈寅恪"不古不今之学"的含义问题重作梳理,在结论上回归早期解释,但由前人未及的角度入手,在论证上有翔实资料的充分支持;同时也考虑到语境问题,指出应区分"不古不今"的所指(含义)与能指(修辞)的不同层面。另外对陈寅恪确定学术方向时的考虑作出分析。

11 月,陈松在《内蒙古大学学报》第 6 期发表《陈寅恪对古诗的笺证与释证方法研究》。

此文《内容提要》:陈寅恪对古诗的研究成果主要集中于《元白诗笺证稿》和《柳如是别传》两书中。前一书主要运用"笺证"的方法,后一书主要运用"释证"的方法。"笺证"偏于对古典与今典的考证,"释证"则偏于对诗歌深层情感和内容的阐释与开掘。"笺证"是"释证"的前提和基础,"释证"则是在"笺证"的基础上对诗歌作品进行细致入微的剖析和解读。如果说前者对每首诗歌的笺证可以单独成文,后者对诗歌的释证则为还原历史人物形象与发掘人物性情服务,它们是一个不可分割的整体,是陈寅恪的"心史"别裁。

12 月,刘经富、卢冰冰在《学术研究》第 12 期发表《从陈寅恪的"双俸"待遇看其崇高学术地位》。

此文《内容提要》:20 世纪 20 年代,陈寅恪独特的留学经历、丰富的域外语文知识和用新方法整理国故的能力,被多家新式学术机构看重,纷纷延聘,许以高薪。但陈寅恪选择清华与史语所不动摇,成为这两个顶级学术机构的重要成员,并从此享受"双俸"待遇。其崇高的学术地位,就是从这里发端的。1945 年,陈寅恪所作的一首诗中有"月支双俸尚忧贫"之句。在史语所档案资料和傅斯年遗札没有出现之前,不少研究者都把"双俸"理解为教育部特聘教授的正薪加研究费两项。现在看来,所谓"双俸",就是支领两个单位发给的薪津。抗战以后,陈寅恪虽然工作单位多变,但从未影响其"双俸"待遇。他的高薪待遇与其学术成就成正比,始终走在学人队伍的前列,不仅成为观照其崇高学术地位的一个"缩影",也折射出我国近世礼敬学问、尊师重道的社会风气。

著作:

11 月,李孝迁、任虎主编《近代中国史家学记》由上海古籍出版社出版。

按:该书编纂意图,是为了体现编者主张的史学史主角应该是史家,史学史不等同于史籍史,而应让史家回归历史,"学"与"行"并重,再现史学家具体可感的面貌形象的学术理念。因而一直留意鸠集近代中国史家传记文字,从1949 年前民国旧期刊报纸中挖掘关于史学家的自述、访问记、印象记、治学经验谈、悼文、学人素描、评传、哀启、事略、行述、小传等稀见资料,汇编成册,题名《近代中国史家学记》。关于陈寅恪的篇目是:《教授印象记》(《清华暑期周刊》1934 年第 8 期);阁厂《陈寅恪的治学方法及其为人》(《大学新闻周报》

第 2 卷第 10 期,1934 年 11 月 19 日);虎臣《史学权威陈寅恪》(《西北风》1936 年第 3 期);张春凤《陈寅恪教授》(《申报》1939 年 3 月 20 日,第 8 版);谭凯光《史学权威陈寅恪》(《大风》1941 年第 97 期);谭凯光《再谈史学权威陈寅恪》(《民大导报》1942 年第 5 期);揩元《陈寅恪教授》(《东南日报》1946 年 8 月 18 日,第 7 版);芜江《记盲史学家陈寅恪教授》(《平明日报》1947 年 3 月 16 日,第 2 版);银心《人物志:陈寅恪》(《燕京新闻》1947 年第 13 卷第 15 期)。

这九篇稀见材料的披露,使我们惊讶 20 世纪 70 年代从港台传来的那些关于陈寅恪的珍稀传闻,原来三四十年代的学林掌故就做好了铺垫。可以说明资料工作的价值与意义。

11 月,刘梦溪著《陈寅恪论稿》由三联书店出版。

按:刘梦溪先生 2012 年 7 月在故宫出版社出版《陈宝箴和湖南新政》,2014 年 8 月在三联书店出版《陈寅恪的学说》,2018 年 11 月在三联书店出版《陈寅恪论稿》,成为他研陈的三本力作。《陈宝箴和湖南新政》为史料考辨和历史事件、人物评析,《陈寅恪的学说》《陈寅恪论稿》为理论性的阐发。两书结合义宁之学(刘梦溪称专研陈寅恪为"陈学",称既研究陈寅恪,又研究陈寅恪家世、家族重要成员为"义宁之学")的渊源和时代背景,忠实原著,钩索陈寅恪文本,解读释证陈寅恪学说和其家世渊源。由于梦溪先生治近现代学术史和思想史,又深入传统"国学"堂奥,治学的格局大,堂庑宽,能把"陈学"置于广阔的学术背景下和与陈寅恪同时代学术大家的比较中,所以他的"陈学"研究联类并收,达到了打通文史哲的境界,对陈寅恪学说多有发明,是"陈学"的领跑者。他历年发表的关于"陈学"的重要论文都收入《陈寅恪的学说》《陈寅恪论稿》两书中,使两书胜义迭出,可谓姊妹篇。如果说《学说》是对陈氏学说体系内部构造的疏解,《论稿》则是对陈氏学说体系外部学术触点的著论。《论稿》第一章"陈寅恪的家学渊源与晚清胜流",如题义所示,解说其家学传统和学术渊源,揭示陈寅恪一再标举的"独立之精神,自由之思想"可以从陈宝箴、陈三立的志行名节中找到家世信仰的熏习源头,可视为作者"义宁之学"的代表作。此文近三万字,曾以节稿的方式刊于《中国学术》,全文收入书中,这是第一次。《论稿》第二章《陈寅恪的"家国旧情"与"兴亡遗恨"》,是对陈寅恪诗作的研究。作者发现一个突出的现象,即"家国""兴亡""身世""乱离"这些语词,反复出现于《陈寅恪诗集》之中,似有一唱三叹之致。于是作了一次研究取样,从《诗集》里找出包含有"家国"的诗句八例,"兴亡"二十一例,"身世"九例,"乱离"八例。并发现寅恪先生 1965 年写的《乙巳冬日读清史后妃传有感于珍妃事为赋一律》具有特殊的题旨义涵,特别其中的"家国旧情迷纸上,兴亡遗恨照灯前"两句,可以看做是陈寅恪整个诗歌创作的主旨。以此,才以《陈寅恪的"家国旧情"与"兴亡遗恨"》为题,撰写了此章文字,始刊于《中国文化书院建院十周年论文集》(北京大学出版社 1994 出版),之后虽经《光明日报》选载一个整版,但看到全文者实甚少(刘梦溪《〈陈寅恪论稿〉序言》)。第四章《陈寅恪对儒释道三家的"判教"》最为重要,其重要性在于此题未就,《陈寅恪论稿》便没有资格出书。作者曾一再申论,陈寅恪的史学带有文化史学的特点,其选题论域之要旨,实在我国古代的思想和制度。于魏晋主要是思想研究,于隋唐主要是社会制度和文化制度的研究。更主要的,陈寅恪先生对中国文化的思想主干儒、释、道三家都有极明晰的断判。此文二万多字,2016 年 9 月 14 日《中华读书报》以三个整版的篇幅全文刊载,为该报二十年所仅见之特例。此文是作者研治"陈学"的大文字,对陈寅恪佛学研究,循流达源,把握要津,悟解昭示二千年中外思想接触之要义,对于解读中国儒释道三学互融之奥秘,感通中国文化核心之精义,窥见中国文化思想流变的脉络,具有重要意义。认为寅老不仅为我们立下一个解读"大事因缘"的思想纲领,也给了我们开启其秘藏妙谛的一把锁钥(章方松《对中国学术研究纲领性质的贡献——读刘梦溪〈陈寅恪对儒释道三家的"判教"〉》,载《中华读书报》,2017 年 4 月 25 日)。这次结集出版,作者又予以增订补充,此章写就,《论稿》就有了点睛之笔。

2019 年

文章:

1 月,王跃在《成都理工大学学报》第 1 期发表《陈寅恪的心路历程:独立之精神、自由之思想渊源略论》。

此文《内容提要》:"独立之精神,自由之思想"是陈寅恪在学术界的标识,伴随了其毕生的心路历程,每一阶段都有其特定的历史渊源。早年求学于提倡"学术独立,思想自由"的复旦公学,是这一思想的启蒙阶段;题写王观堂纪念碑铭时提出"独立之精神,自由之思想",标志着这一思想取得重大发展;中古史研究时期,陈寅恪将其作为治学旨趣,是这一思想的成熟与实践阶段;隐居南国他依然坚守这一思想,直到生命终结。

1 月,徐国利在《郑州大学学报》第 1 期发表《陈寅恪对以诗文证史史学传统的继承和发展》。

此文《内容提要》:"以诗文证史"是指以诗词歌赋和笔记小说等文学作品作为史料来研究历史和书写历史。宋代以来的史家开始自觉地将诗文作为史料使用,形成了"以诗文证史"的史学传统。中国现代史家继承和发展了这一传统,陈寅恪是其中最有成就的史家。首先,他在理论上对"以诗文证史"作了重要阐发,详细阐释了中国古诗具有史料价值的原因和以诗证史和释史的方法,还论述了小说具有四方面的史料价值和以小说证史的方法。不仅如此,他还大量运用古诗和小说等古诗文治史,写出大量以诗文证史的著述,其中《元白诗笺证稿》和《柳如是别传》为经典之作。陈寅恪"以诗文证史"的理论贡献和实践成就为中国现代史学用文学作品研究历史提供了重要范式,促进了"以诗文证史"传统的现代转换。

1 月,徐国利在《江淮论坛》第 1 期发表《中国学术文化精神的现代诠释与陈寅恪的文化保守主义史观及史学》。

此文《内容提要》:陈寅恪是中国现代著名的文化保守主义史家。他将中国学术文化精神阐释为"独立之精神,自由之思想",极力表彰有此精神的历史人物和彰扬有此精神之历史;称宋代学术文化最具此精神,中国现代学术的发展即"新宋学"之建立。他认为,学术文化的独立是中国学术文化得以持久发展的根本原因;中国现代学术文化要发展和复兴,必须继承和弘扬传统学术文化精神,在学术文化上保持独立地位,以中国学术文化为本位,亦即"中体西用论"。他的历史文化观就是以文化保守主义为核心价值取向的,即文化保守主义历史文化观。以这种历史文化观为指导,陈寅恪建立了文化保守主义史学,主张科学实证研究(考据)与人文价值评判(义理)的统一,为中国现代史学的发展提供了新的范式,具有重要学术意义。

2 月,袁国友在《学术探索》第 2 期发表《陈寅恪任教西南联大蒙自分校时期的工作生活与思想情绪》。

此文《内容提要》:1938 年 4 至 8 月,陈寅恪任教于西南联大蒙自分校中文系和历史社会学系。为中文系讲授"佛教翻译文学"课程,为历史社会学系讲授"晋南北朝史""晋南北朝隋史研究"课程。在教学之余,陈寅恪与蒙自分校的同事之间有较多的交往,或者讨论学术,或者议论时局,或者散步郊游。在蒙自期间,陈寅恪的思想和生活,在表面的平静中,隐含着沉重的忧愁、伤感、悲凉情绪,陈寅恪在蒙自所作的七首诗篇,记录和反映了他的这种思绪。蒙自分校时期是陈寅恪个人命运和生命历程的转折点。

6 月,刘经富、冯丽平在《文史知识》第 6 期发表《从陈寅恪外文藏书书目看其学贯中西》。

按:此文以中山大学图书馆陈寅恪纪念室刘少雄先生提供的复旦大学图书馆保存的陈寅恪外文藏书目录为基础材料,对这批藏书予以分类介绍评析,并结合其他与陈寅恪外语水平、学问渊博的相关材料,根据学界在陈寅恪生前身后对其学问渊博的评陟称颂,再印证他量大质高、涵盖面广的外文藏书资料,认为世传陈寅恪博学多闻自有出处,并非臆造的"学术神话",谓其学贯中西、博综新旧,是可以成立的,以回应学界有人(参见本书第 104 页)认为"陈寅恪只是中学较通、西学略知文史而已"的论调。

9 月,陆键东在《随笔》第 5 期发表《百年的人文中国,百年的陈寅恪》。

此文《内容提要》:陈寅恪作为近现代人文中国一个重要的符号、一个标志性的人物,以其坚忍、不屈、屡遭挫折的不幸遭遇,坚守其中国文化必将重放光华的信念,以生命相付托,以他的学术成果,以他的亲身所感,以他的践行,书写了近现代中国人文学术在苦难的变局中坚定前行的一个典范。换言之,陈寅恪的典范,直接映射出百年人文学术历史轨迹的一大特点:在困苦中坚守,不屈不挠,直以生死相搏,极具自信的色彩,也极具悲壮的色彩。

9 月,张求会在《关东学刊》第 5 期发表《中央高层迎请陈寅恪居庐山讲学的原始证据》。

此文《内容提要》:1951 年,中共中央高层曾经接受爱国民主人士李一平的建议,并委派李一平,代表中央邀请著名历史学家陈寅恪居庐山讲学、生活。此事一直以传闻的方式出现在各类研究成果中,始终缺乏最可靠的原始证据。近期披露的李一平 1951 年 10 月 9 日写给陈铭枢的一封信,足以填补长期以来的一大空白。在这封信里,李一平简要地提到了迎请陈寅恪居庐山的进展情况,言词虽短,却有力地证实了此事确曾发生。相比于各类传闻和口述资料,当事人李一平的这封信堪称迄今为止最原始、最重要的直接证据。

10 月,胡文辉在《中国文化》秋季号发表《陈寅恪征引史料未尽之例及其他》。

此文《内容提要》:在现代学术史上,陈寅恪素以博学著称,他对史料的掌握向来受到称道,实构成其学术神话的一环,但在细节上并非无懈可击。此文以列举实例的方式,在史料上对陈著名作作出补充、修正或系联,并兼及其他学术大家的同类问题,以说明在史料上"竭泽而渔"之不可能,进而加深对"史料"与"问题"关系的理解。

11 月,刘克敌在《山东师范大学学报》第 6 期发表《陈寅恪易代之叹与陶渊明安身立命哲学探微》。

此文《内容提要》:生逢"易代之变",历代文人多有"易代之叹",盖与文人之"多愁善感"以及所谓"士"之历史使命感有关。陈寅恪作为历史学家,于"易代之叹"之外,对历史上"易代之际"士大夫阶层不同的思想状况和处世态度进行了详尽的阐述和理性分析,试图为中国知识分子找到一条可以保持思想自由、精神独立的途径。他对陶渊明思想的分析即为一个典型的例证。不过其同时代及后代某些学者因学术立场不同,多少不能与陈氏初衷相契合,遂在探讨陶氏思想方面与陈氏有所差异,但陈氏所提出问题之重大,确已引起学界重视。在理解陈寅恪思想时,不应只注意他的"了解之同情"说法,更要从他的全部论著中寻找其思想发展脉络。

本年,西北大学任永亮通过硕士学位论文《家世、国难与留学——陈寅恪早年经历与其文化史观的发轫》。

此文《内容提要》:近代以来的中国史学流派基本划分为三种:民族文化主体论史学流派;全盘西化论流派;马克思主义史观流派。作为民族文化主体论史学流派当中的一员,陈寅恪的史学研究较好地将史学与文化、史观与考证、中学与西学结合起来。陈寅恪史学的一个核心问题是:其独特的文化史观究竟是怎样发轫的?本文作者经过研究发现与其早年的经历密不可分。在这一点上,本文作者主要发掘陈寅恪文化史观与其导师思想、留学期间所在国思潮之间的互动关系。

著作:

8月,谢泳著《陈寅恪晚年诗笺证稿》由台湾秀威资讯科技股份有限公司出版。

该书《内容简介》:陈寅恪晚年诗,专指1949年1月至1966年4月所写,目前已搜集到约二百首。这些诗的注解有三种情况:一是已寻出本事,学界认同的;二是寻不出本事,见仁见智的;三是寻出了本事,但尚有争议的。本书所注解的陈诗即为第三部分。陈寅恪在《柳如是别传》明确表达过:"自来注释诗章,一为考证,一为解释辞句。"前者是今典,即当时之事实,后者是古典,即旧籍之出处。他认为,解释古典故实,自当引用最初出处,当最初出处不足时,更须引其他最初有关者以补足,始能通解原作遣词用意之妙。陈寅恪早在1934年《读哀江南赋》中明确界定了"古典"与"今典"概念,并特别强调寻今典时要注意"时代限断"和"闻见之可能"。本书作者正是受此启发,遵循"以陈解陈"的方法,以寻今典为目标,以坐实史事为追求,落实到具体人事,借由陈诗来观察一个学术大师在特殊时代的内心世界。

按:这是作者将他历年发表的解读陈诗文章的结集。作者继余英时、胡文辉之后,致力于陈寅恪晚年诗作"今典"出处的挖掘笺释,在余、胡释读"今典"的基础上又上层楼。他自述心得体会:"陈诗有个特点,凡诗题标明古典的,今典都极晦涩,而标题不出古典,则知古典大体即能判断今典。如诗题《项羽本纪》,等于明示本意肯定即在此文本中。如不能寻得今典,则完全无解,而一旦寻得,则不难索解。""寅恪为文,极有智慧,他字面叙说与实际所咏极为贴切,但字面又毫不扣关,正是这个技巧,让解陈诗的人常感困惑,而一旦解开,则陈诗全部明白如话。""解陈诗,有个前提,就是对引发陈诗写作的时代事件要有基本判断。诗言志,陈诗多是由当时中国社会事件引发的感慨,中心在政治、文化、自己早年的学生变节及高级知识分子的进退出处上。"

作者领悟到陈寅恪晚年诗文所抒发情绪,"贬斥势利,尊崇气节",背后都有他昔日师友学生随着时代变化的"今典"。陈寅恪在《论再生缘》《元白诗笺证稿》中那些提倡独立人格以及关于"贤与不肖"等论说,其实均是由现实感受而引发的,可以说多数是对他的同事、学生适时变化的感慨。这是晚年陈诗中的一个重要主题。按此思路,作者释读了近六十首陈寅恪晚年诗作的背景本事、人物变化。这一实验,不仅在具体成果上有所突破,在科研方法上亦有开新意义(在美国学术界,学者们对阅读论文有一个共识:会看的看方法,不会看的看结论。门外汉直奔结论,行家看重的是方法。重视方法,是科学思维的重要表现)。

2020 年

文章:

4 月,彭玉平在《文艺研究》第 4 期发表《陈寅恪王观堂先生挽词并序考论》(作者别有《陈寅恪〈王观堂先生挽词并序〉疏证》系列文章七篇,刊于《古典文学知识》2010 年 7 月到 2022 年 1 月各期)。

此文《内容提要》:陈寅恪《王观堂先生挽词并序》被誉为哀挽王国维诸诗词的冠冕之作,影响深远。陈寅恪对王国维的挽词、挽联、挽诗乃是一个整体,在王国维"殉清说"上前后相继,这篇挽词小序更进而提出了"殉文化说",与当时中日不少学者的观点不谋而合。此诗结合王国维生平行迹及自家身世背景,多述掌故,既深惋王国维之死,也借此自抒怀抱,堪称清季民初历史与思想、文化之缩影。

5 月,孙祎达在《历史教学问题》第 3 期发表《陈寅恪与西夏学》。

此文《内容提要》:20 世纪初,随着大量西夏文献陆续现世,现代西夏学在多国兴起。1929 年,国立北平图书馆以巨款抢救大批西夏文献,陈氏参与审查藏品,进行初步研究,并发表两篇论文。虽然此后他未继续有关研究,但其视野与方法有开风气、示正轨的意义。此外,陈氏还培养学生王静如投身新兴的西夏学研究,同国际学界对话。王氏荣获世界汉学至高荣誉,并为国内现代西夏学奠定基础。陈寅恪对西夏学的发展起到关键作用,其学术史的贡献与意涵尚未获得充分的梳理及阐发。

6 月,刘纳在《首都师范大学学报》第 3 期发表《辨析五四的独立自由精神和陈寅恪的独立自由理念》。

按:此文辨析五四的独立自由精神和陈寅恪、王国维的独立自由理念。同样标举独立,倡扬自由,陈寅恪、王国维与五四新文化发难者、五四新青年作出向度相悖的文化选择,其认知指涉、价值立场、观念内核皆不同,二者不能接榫。

7 月 2 日,高克勤在《南方周末》发表《陈寅恪著作的标点符号》。

按:此文以《陈寅恪著作的标点符号》为篇名,但内容却不限于此。主要围绕陈寅恪《唐代政治史述论稿》的标点符号来展开,依据此书的印本和后来发现的手稿相互比对,考证、分析、说明陈寅恪对新式文体推行的标点符号的态度和具体做法。同时也披露了陈寅恪《元白诗笺证稿》《金明馆丛稿初编》的责任编辑在处理标点符号问题上的苦心孤诣。文章具有关于陈寅恪著作出版的史料价值。

8 月,蔡鸿生在《中山大学学报》第 4 期发表《唐代诗文证史札记——纪念陈寅恪先生诞生 130 周年》。

此文《内容提要》:唐代诗文有丰富的历史资源。作者以五条札记的形式,探讨其中几个具体事例,包括杜甫诗中"海胡"之义、元稹诗注"南方呼波斯为舶主"的缘由、"扬州帽"是土特产还是舶来品、李白子息的命名,以及广府市舶贸易在唐人小说中的反映。其主旨不在解诗,而在证史,也即探寻华夏文明与西域文明和南海文明在唐代的交流遗存的蛛丝马迹。

9 月,孟庆延在《社会》第 5 期发表《思想、风俗与制度——陈寅恪史学研究的社会学意涵》。

此文《内容提要》:陈寅恪的史学研究在中国人文社会科学研究领域有重要的学术地位。一直以来,围绕陈寅恪史学研究传统展开的学术史讨论大多局限于历史学乃至中古史研究的范畴。社会学、政治学等学科对其关注较少。本文尝试从思想、风俗与制度三个关键词入手,理解"西学东渐"背景下的经典研究传统所具有的社会学理论意涵。

11 月,彭玉平在《江淮论坛》第 5 期发表《以一诗掩一书——陈寅恪〈王观堂先生挽词并序〉笺证源流论》。

此文《内容提要》:陈寅恪《王观堂先生挽词并序》作为七古长篇,挽词不仅思虑深沉,开阖古今之间,而且脉络多端,用典繁盛,故引起了诸家笺证之心:吴宓与蒋天枢多亲聆陈寅恪自释,故二家笺注也多切合挽词本义,而自高阳、卞僧慧以迄胡文辉、刘季伦等,则主要凭借相关史料和自家体认,对挽词作了各具个性的解读,在一定程度上丰富了挽词的意义。一个经典的形成,除了文本本身必须具有很强的情感、思想和艺术张力之外,也与自具源流的笺证密切相关。

11 月,《三联生活周刊》第 44 期推出《陈寅恪——史心与人心》特辑。

按:为纪念陈寅恪先生逝世五十周年,《三联生活周刊》推出了这期特辑。《特辑》以《动荡时代的世家公子》《游学欧洲》《书斋优游的黄金十年》《何处可容身:历史与忧伤》为题,介绍铺叙陈寅恪的家世渊源、留学经历、沉潜学术、晚年学术等史实事略。

12 月,王汎森在《北京大学学报》第 4 期发表《陈寅恪的历史解释——以〈柳如是别传〉及〈论再生缘〉胡适眉批本为例的讨论》。

此文《内容提要》:陈寅恪的历史解释,是为了"与立说之古人处于同一境界",重建古人面对各种情境时种种可能的做法以及表达的意向。通过"象征化过程""隐形的条理""诗文写作的机制"三种进路,或可了解陈寅恪诗史互证的工作。

12 月,陆扬在《北京大学学报》第 4 期发表《视域之融合——陈寅恪唐史研究特点与贡献的再考察》。

此文《内容提要》:自 20 世纪 40 年代初陈寅恪发表了他在唐史方面最为重要的两部著作以来,具体探讨和评估他在唐史方面的论断的研究从未间断过。然而对于他的贡献在现代史学方法上居于何种位置,学界却仍然缺乏理论层面的讨论,尤其是对于他的史学中基本的思想框架和前提预设,认知也不够深入,因此要试图解决的问题是:第一,陈寅恪为何选择唐史作为他史学研究的核心;第二,他在唐史研究方面的学术思想资源来自哪些方面;第三,陈寅恪对唐代历史脉络提出的史学框架在现代史学上的意义如何。

12 月,侯旭东在《北京大学学报》第 4 期发表《字词观史——从陈寅恪"凡解释一字即是作一部文化史"说起》。

此文《内容提要》:陈寅恪评论时人论著的片语只言亦颇有深意,1936 年4 月给沈兼士回信评论沈氏《"鬼"字原始意义之试探》一文时说"凡解释一字即是作一部文化史"即是一例。这既是对沈文的称许,亦提示了一种由字、词观察历史的途径。

12 月,沈卫荣在《北京大学学报》第 4 期发表《陈寅恪与语文学》。

此文《内容提要》:陈寅恪在本质上是一位杰出而典型的东方语文学家,在梵文、印度学、西藏学、蒙古学、突厥学和西夏研究等许多学术领域均有开创之功。就其学术旨趣、训练和成就而言,他所从事的"不古不今、不中不西之学"不啻为傅斯年所谓"虏学"与"汉学"的完美结合,从而得以超越中西同辈学人。作为现代人文科学研究的基本手段和学术方法,语文学赋予现代人文科学学者的一种根本的学术态度和学术品格,一言以蔽之,即陈氏所倡导和践行的"独立之精神和自由之思想"。

按:2019 年,适逢陈寅恪先生逝世五十周年纪念,文化学术界有一些小型纪念活动。10 月,北京大学人文社会科学研究院与三联书店联合举办"陈寅恪与近代中国的学术与思想"研讨会。会后,《北京大学学报》于 2020 年第 4 期发表了这次研讨会提交的四篇论文,并加陆扬写的"主持人语"。

著作:

1 月,上海古籍出版社为纪念本社《陈寅恪文集》出版四十周年,影印全套《陈寅恪文集》,分精装本、平装本。

按:此套纪念本的说明,见 2020 年 1 月 4 日下午"纪念《陈寅恪文集》出版四十周年暨纪念版发布会"报道和上古博文《陈寅恪文集焕新归来——陈寅恪文集排印本编校故事》。

12 月,《中华文史论丛》编辑部编《陈寅恪新论》由上海古籍出版社出版。

按:2020 年 1 月 4 日,复旦大学中文系、古籍所与上海古籍出版社联合举办了"纪念《陈寅恪文集》出版四十周年发布会"。会后,上海古籍出版社编辑了《陈寅恪新论》一书,收入八篇文章,于本年 12 月出书。

2021 年

文章:

1 月,李旭在《清华大学学报》第 1 期发表《中国文化定义说的渊源、蕴义与践履:陈寅恪王观堂先生挽词序》。

此文《内容提要》:王国维之自沉,乃晚近中国文化史上影响深远的悲剧。陈寅恪释观堂之死,以其所殉之道为"三纲六纪";而所成之仁,则为"独立自由之意志"。理教纲常与个体意志,在近代反礼教思潮之下,若水火不可兼容,而陈氏贯通释之,究其学理,乃在《王观堂先生挽词序》所阐发的"中国文化定义"之说。"定义"说蕴义丰富,涵摄经学、史学、哲学三重维度,而渊源于王国维、张之洞、曾国藩诸家之学。从近代学术的嬗变脉络着眼,可见曾、张、王、陈诸家持守旧义,培养新知,步步转进之迹;而礼教纲纪之真精神,贯穿王、陈生平践履,固未尝以学术文化之新潮迭起而消沉沦丧。

1 月,沈卫荣在《清华大学学报》第 1 期发表《陈寅恪与佛教和西域语文学研究》。

此文《内容提要》:在欧美接受过严格亚语文学训练的陈寅恪,在归国前即以佛教和中亚（西域）语文学研究为未来学术研究的重点，归国后便潜心梵、藏、汉、佛教语文学以及敦煌汉文佛教文本的研究工作，并创造性地将东方文本语文学的文本精校和文本批评方法与中国传统的训诂、对勘和考据等方法完美结合在一起，使东西方学术传统熔于一炉。

1 月，陈明在《清华大学学报》第 1 期发表《中国早期东方学学术史中的佚闻建构省略还原——以陈寅恪卖书买煤为例》。

此文《内容提要》：有关中国早期东方学学术史的叙事中，常出现一些由传闻或不确切的回忆所建构而成的佚闻，这些佚闻固然可以建构出学人的高大上形象，但与史实可能相去甚远。本文以陈寅恪"卖书买煤"一事为例，梳理各种不同身份者对此事不断建构的主要过程，并利用季羡林回国日记、书信、新闻报道等相关第一手史料，追溯并还原该事情的本来面相。本文认为，应该避免有意拔高或贬低学界前辈的现象，尽可能以事实为基础进行深入的讨论。

按：2020 年 11 月 1—2 日，清华大学国学研究院主办了"清华大学国学研究院复建十周年暨陈寅恪先生逝世五十周年纪念会"。2021 年 1 月，《清华大学学报》以"清华国学院与现代学术"为题，推出上述三篇论文。

1 月，刘彭冰在《西部学刊》1 月下半月刊发表《柳如是别传研究综述》。

此文《内容提要》：《柳如是别传》是陈寅恪先生晚年代表作品。此书问世以来，学界围绕这部作品的讨论产生了诸多有益的见解。本文将这些论证的文字略作整理，汇成一编，便于读者更好地了解原著。

1 月，牛力在《中山大学学报》第 1 期发表《全面抗战时期陈寅恪的经济状况与就职选择》。

此文《内容提要》：全面抗战时期的陈寅恪，衰病流离，穷困交迫，生活深受"穷"和"病"困扰。从困居香港，到暂留桂林，再到托足燕大，其间都有一笔或隐或显的经济账，影响着陈寅恪的抉择和行止，他本人也有"急急于争利"的自嘲。陈寅恪享有战时大学教授的最高待遇，也是唯一一位任职于私立大学的部聘教授，地位优崇，"月支双俸"，但生活仍入不敷出，甚至每况愈下。抗战末年陈寅恪因目疾手术后，教育部破例给予高额补助。即使在战时环境中，陈寅恪依然有较大的选择空间，且享有特殊待遇，体现出陈氏所拥有文化资本的稀缺性，以及在体制内寻求资源的能力。

3 月，刘彭冰在《西部学刊》3 月下半月刊发表《陈寅恪先生的陶渊明思想研究》。

此文《内容提要》：陈寅恪先生的《陶渊明之思想与清谈之关系》发表至

今,已七十五年。该作既是陶学研究史上的重要著述,也是陈先生晚年思想的关键文字。不了解陈先生抗战时期颠沛流离的生活经历,就不易理解他对陶渊明思想的精深研究;不清楚陶渊明思想对陈先生的深刻影响,就很难勾勒他在此后的人生轨迹与学术转变。

5 月,江湄在《读书》第 5 期发表《人心与世局:陈寅恪的"新"史学》。

此文要点:陈寅恪的中古史研究,尤为重视"政治集团"的消长、代兴,背后体现出对政治集团中的人——士大夫的深切理解。本文明确地将陈寅恪的这一视角提升为一种史学方法,并引述他对曹操、王导、陶渊明、崔浩、元稹等人的研究,说明其如何聚焦历史中的人物。而且,陈寅恪并没有将士大夫理想化,对他们往往也有深刻的批评。陈寅恪的史学方法,其实质是深入历史人物的内心和精神世界,古今相融,可谓"新"史学。

7 月,乔治忠在《历史评论》第 4 期发表《陈寅恪治史,有成就也有局限》。

此文要点:陈寅恪善于从民族关系、宗教角度以及地域分野出发,研讨政治格局、历史事件,并多将佛学与中国某些文化现象联系起来考察,评议历史人物,探索门第、出身因由。这种思路,具有可能建构新说的空间。但一旦过度套用,就会成为主观的穿凿和臆断,甚或陷入思维定式而难于自拔。这与他片面强调"独立精神""自由思想"不无关系。盲从性的"陈寅恪热"应当冷却,更不应借热捧陈寅恪而贬抑诸多马克思主义史学家。"独立之精神,自由之思想"的理念不能作为学术旗帜,更不可借此怀疑与否定先进理论的指导作用。

9 月,袁国友在《思想战线》第 5 期发表《陈寅恪与清华"新史学":教研取向与治史方法辨析》。

此文《内容摘要》:作为 20 世纪三四十年代清华大学历史系的著名教授,陈寅恪的治学风格与蒋廷黻所倡导的"三个并重"的清华"新史学"取向有着高度的契合性。陈寅恪的治史取向和方法特征体现在:具有中西兼综的学术视野和多种语言文字能力,能够广泛使用中外史籍材料和各种语文工具来研治历史,强调史料是治史的基础,反对脱离史实的"微言大义";既精于考据,又善于会通和综合,主张在史实中求史识,能够在考辨史实的基础上提出通识性见解;既能以哲学的眼光来看待历史的发展演变,对以社会科学方法治史持肯定态度,同时又强调要实事求是、论从史出,反对以西方的理论假说对中国历史作任意解说。从学术史的角度来看,陈寅恪既是清华"新史学"取向的同道者,也是"新史学"方法的践行者,陈寅恪及清华史学共同体的治学取向与方法,具有普遍的方法论意义。

9 月,刘大胜在《史学理论研究》第 5 期发表《陈寅恪与"敦煌学"概念》。

此文《内容摘要》:新的学科概念蕴含新的研究理路和研究范式,是区分新旧学者的依据之一,也是评判学者水平高低的标准之一。中国"敦煌学"概念的首创,体现了清晰而成熟的现代学术思维。陈寅恪在西方接受现代学术体制下的分科训练,形成了现代学术分科的研究意识和学术概念的创造意识,适时提出"敦煌学"概念,努力把中国的敦煌研究纳入"预流"之中,试图与世界范围内的东方学、汉学和东洋学接轨。但是,他对假说采取保守甚至排斥的态度,否定假说与材料同等重要甚至更为重要,是一种学术认知上的缺失。

著作:

8 月,胡文辉编著的《陈寅恪语录》由上海文艺出版社出版。

谢泳:陈寅恪有自己独立的学术习惯和独特的文体表达方式,对专业研究者来说,读他的书不是问题,或者说,如果能沉浸在陈著的学术之河中,或许还会特别喜欢他的表达方式,但对绝大多数读者来说,因为专业关系,不容易走近陈著的书写体例,而《陈寅恪语录》,可以说为读者解决了这个问题(谢泳《普及陈寅恪的新收获》,载《中华读书报》,2021 年 9 月 18 日;参见刘铮《郭沫若·陈梦家·陈寅恪》,暂不详刊载于何处、何时)。

8 月,刘克敌著《陈寅恪和他的世界》由河北教育出版社出版。

谢泳:刘克敌对陈寅恪周边朋友与陈的关系极为清楚。这本《陈寅恪和他的世界》,依然保留他一向关注陈寅恪与朋友关系的学术方向。更有创意的是,他选择了一部分陈寅恪的名文加以释读,这在以往关于陈寅恪研究中是少见的一种方法,也可以说是进入陈寅恪学术世界的指南(谢泳《普及陈寅恪的新收获》)。

小　　结

在进入 21 世纪以后的二十年"陈寅恪研究"的第二个阶段,"陈寅恪热"有所降温。学术界开始以更加理智和冷静的态度从事陈寅恪研究,学理性更加突出,并不断拓展研究领域。其特征则有如下数端:

(1)"陈寅恪热"虽已降温但余热仍在。在 20 世纪 90 年代,中国史学界、文化界、思想界乃至整个学术界,"陈寅恪"都是出现频率极高的词汇。人们出于各种各样的动机和目的,大谈特谈陈寅恪。"陈寅恪"成了民间的一个文化符号和象征,也成为一些人借以抬高自己身价的一件"法宝"。一时间,大有不谈"陈寅恪"就不是文化学术界圈子中人的况味。进入 21 世纪以后,这种现象渐渐淡化,"陈寅恪热"逐渐降温。没有出现新的研究热点,大多研究者关注的是以前的老问题,所写题目多是从原来的题目、材料衍生出来的,虽然这些论文的水平较高,对这些老问题的论述仍能有新的发现。但总体来看,有新材料、新论说的成果不多,像 20 世纪八九十年代那些横空出世的关于陈寅恪的读物,捧读时那种有如"霹雳眉边过"的心灵震撼已经罕见。但也不是平淡如水,只不过比 20 世纪八九十年代那两拨"陈寅恪热"更为理智、温和。在 2013 至 2014 年,还曾出现了一次类似于回光返照的高潮。这从上面分年列举分析的专著、文章可以窥知感受一二。像陈寅恪这样的学术大师,学术界给予持续关注是必然的。陈寅恪的学问和经历是中国现代学术史上最引人注目的时代事件,他的一切言行和举动,均能成为学术史的关注对象。不是所有与他名声相近的史学家都能获得这样的广泛注意,不是所有与他名声相近的史学家都能吸引一般大众的目光,也不是所有专业高深的史学家都能成为大众的偶像。近三十年来,中国史学家的学问及经历成为公共话题的,惟陈寅恪一人而已,史学家的学问和经历,一旦成为公共话题,关于他的一切言行,也将成为汉语的新知识。新知识需要普及,普及须有路径,须有专家引路并指示方向(谢泳《普及陈寅恪的新收获》,载《中华读书报》,2021 年 9 月 18 日)。

(2) 相关研究平稳深入地推进。进入 21 世纪以来,陈寅恪研究进入相对稳定发展时期,每年均有论著、论文问世,研究者群体也较为稳定,且已形成以陈寅恪当年弟子为第一代,以 20 世纪八九十年代以来开始从事研究者为第二代以及 21 世纪以来开始介入陈寅恪研究者为第三代的老中青三代研究队伍。尤其是一些中青年学者,研究更为严谨深入,理论性更强,更为系统,研究者的主力慢慢由前辈学人过渡到中青年学者,所发表的论文与专著,也由以前带有深厚感情色彩的追忆性文献资料式文章过渡到更具学理性的研究和评析性成果(崔成成《陈寅恪文史互证思想与方法研究》,南开大学 2010 届博论)。一批做学术史研究的中青年学者脱颖而出,如葛兆光、王学典、王汎森、桑兵、罗志田等,他们对陈寅恪学术的分析、释读有来自学术前沿的穿透力、吸引力。他们的研究成果价值不在于具体史料的考证,细节知识的增加,而在于站在学术史和史学理论的高度,高屋建瓴地予以发覆、启迪。

(3) 论文比前二十年更多、更规范。这一点从 20 世纪八九十年代和 21 世纪一二十年代两个二十年的分年篇目可以看出端倪。这一方面是由于"文革"结束以后,经过一二十年的积累,学术制度渐渐恢复,学术理念逐步与国际接轨,科研的成分不断加强,促使论文的写作越来越规范,写作人员对论文的格式、要素越来越熟悉。一方面是随着我国高校、社科院系统学术评估体系的固化,期刊级别的制定与成果认定方式的改变,相当级别的论文才能计成果,随笔杂文已排斥于成果之外,鲁迅、周作人再世也评不上职称,也促使写作者向更高的目标努力迈进。最起码在形式上,标准规范的论文更普及、更广泛了。如进入 21 世纪后,随着国内高校博士、硕士点增多,博士、硕士也与本科生一样扩招,两岸三地高校产生了几十篇研究陈寅恪的学位论文。笔者统计博论七篇,硕论二十八篇(中国台湾博论二篇、硕论二篇)。这批学位论文虽然学术含量、质量良莠不齐,但在格式上确实比刚刚恢复学位论文答辩时的要求更规范、更论文化了。

(4) 陈寅恪的角色形象仍然丰富多彩。对在 20 世纪八九十年代"国学热"中出现的"陈寅恪热",首先应该看到在颂扬陈寅恪的现象中包含的非学术性内容,"陈寅恪热"表面上是文化学术研究,实际上是对当时社会现状曲折、婉转的表述。陈寅恪已成为 90 年代最大的政治与学术的双料"偶像"。其次,也是最值得注意的是这一现象可能标志着学界从重思想到重学术,从重义理到重考据这一重要变迁进程的完成。高度尊崇陈寅恪,不单是对逝去先贤的缅怀,而是"回到纯学术",走陈寅恪治学之路(王学典《20 世纪中国史学评论》第 259 页,山东人民出版社 2002 年版)。自 1996 年《陈寅恪的最后二十年》出版以来,"独立之精神,自由之思想"格言风行,陈寅恪作为知识分子人格的象征,成为一个文化符号,一直被知识界与大众反复言说。于是我们看到了这样一种现象:做思想史、文化史研究的学者呼吁"不要把陈先生简单化,他代表了中国古代秉笔直书的独立精神,这个精神在某种程度上、某些部分上和现代自由主义有契合的地方",力图把陈寅恪塑造成自由主义的精神领袖。而具有留洋背景、精研国际汉学的学者又希望把陈寅恪留在纯学术的殿堂。他就是一个纯粹的学者,反对过多地给陈寅恪涂抹非学术的色彩。做国学研究者又认为把陈寅恪视为某一学术领域的大师没有太大的意义,方面未免狭窄。认为陈寅恪是通儒,是维系中国传统文化的当代"文公"。这种现象反映了中国学术和近世社会文化思潮的复杂性。对陈寅恪的历史图像描绘在 20 世纪八九十年代和进入 21 世纪后二十年内都没有完成,今后恐怕也难以定于一尊。陈寅恪本身具备可供探究和争议的诸多特质,尽管他本人十分愿意做一个纯粹的学者,愿入四部之学的"史部",但现实一再粉碎了他的梦想。他的人生经历比一般的学者更具有传奇性和争议性,因此,最容易跨界于"小众话题"与"大众话题"之间。

附 录一

附录一：陈宝箴研究编年

弁　言

陈宝箴在 20 世纪八九十年代，还不是一个完全正面肯定的历史人物，至今留有痕迹。因此，在这二十年里，关于陈宝箴研究成果不多，这是时代的局限。到 21 世纪初，在强劲的"陈寅恪热"和"戊戌变法"研究的带动影响下，终于有了长足进展。

1982 年

文章：

1 月，谢冰在《中南民族学院学报》第 1 期发表《戊戌变法时期的湖南巡抚陈宝箴》。

按：中南民族学院本科生谢冰在本校学报发表此文后，该校研究生朱英提出意见，认为陈宝箴不是谢文中论述的"资产阶级改良派"，而是"地主阶级改革派"。两派都希望通过维新变法达到救亡图存，富国强兵的目的，但动机和主张却不同。资产阶级改良派不仅主张学习西方的经济文化，而且还要采取西方的政治制度，以君主立宪制度代替君主专制制度。地主阶级改革派的变法动机，还掺杂着巩固封建专制统治的因素，他们仅仅只是主张学习西方先进的科学技术和经济制度，根本反对学习西方资本主义的政治制度，反对尊民权，削君权。因此，资产阶级改良派和地主阶级改革派虽然都可称为维新派，但维新派却不一定都是改良派。认为是否主张以君主立宪制取代封建君主专制是区分资产阶级改良派和地主阶级改革派的标志。陈宝箴赞成变法，主张发展实业，改革弊政，富国强兵，是全国各省督抚中唯一支持变法的地方高级官吏，说他是维新派应该是没有问题。但是，陈宝箴反对西方政治学说，厌恶资本主义的政治制度。从根本上说，他是坚决反对改革封建君主专制制度的。

所以,陈宝箴只是一个开明的地主阶级改革派,而不能称之为资产阶级改良派。谢冰据理反驳,认为陈宝箴从地主阶级改良派转化为资产阶级改良派。《学报》第 4 期以《关于评价陈宝箴的讨论:维新派,还是地主阶级改革派》为题,将两人的意见同时发表。

3 月,夏林根在《历史知识》第 2 期发表《湖南巡抚陈宝箴》。

按: 此文惜未见。

著作:

6 月,汤志均《戊戌变法人物传稿》(增订本)上册由中华书局出版。《陈宝箴传》在第 395—462 页。

按: 这是整个 20 世纪 80 年代仅有的一篇陈宝箴传略,长五千余言。此文要点:自甲午之役以后,陈宝箴为巡抚,其子陈三立佐之,黄遵宪为按察使,江标任满,徐仁铸继之为学政,聘梁启超为时务学堂总教习,与本省绅士谭嗣同、熊希龄等相应和,专以提倡实学,唤起士论,完成地方自治政体为主义……湖南新政,时为全国各省之冠……于各省督抚中,实为推行新政最力之一员。湖南新政之得以实施,宝箴自有其业绩……然而宝箴虽汲引维新派讲求改革,然于维新派民权平等之说尚未苟同,亦自称与张之洞"不谋而合"……宝箴于湖南封建势力群起环伺,狂肆溃坏之际,犹能布新除旧,则亦封建官僚之佼佼者矣。

在 20 世纪 80 年代初,汤先生这个结论尚属公允平正,它肯定了陈宝箴领导湖南维新运动的功绩。但仍把他与康有为切割,归于张之洞一派,最不敢摘的是"封建官僚"的帽子。正是这些"穿靴戴帽"的历史人物评价模式和镇压太平天国的判词,使陈宝箴至今在一般行政干部和老辈学人中仍有腹诽歧议。

1986 年

文章:

5 月,朱洪斌在《历史教学》第 5 期发表《谈谈陈宝箴在维新变法运动中的作用》。

此文要点: 在维新变法运动中,湖南新政为全国各省之冠。湘抚陈宝箴是这次变法运动的先驱,作为一位封建官僚,他能在变法运动中起积极的推动作用,在当时是难能可贵的。但他对变法的观点与康、梁有着很大的分歧,有其局限性。

1989 年

文章：

本年，彭国兴在湖南社科院举办的"戊戌变法研究国际学术讨论会"上提交《陈宝箴与湖南戊戌变法》。

按：此文惜未见。

1991 年

文章：

8 月，李沛诚著《中国历代改革者》由湖南出版社出版。

按：该书收入《陈宝箴在湖南力行新政》一文。此文要点：在维新运动中，湖南成为思想最为活跃、成绩最为显著的一省。当时湖南新政的兴盛，为时人有目共睹，如学会、报刊、学堂、矿政、轮船、铁路、铸钱、保卫局、课吏馆，无不先后办理。尽管封建顽固派肆意攻击诋毁，而新政行之不辍。这当然首先是因为有谭嗣同、梁启超、唐才常、熊希龄等一批维新志士的宣传鼓动和组织实施，同时也与巡抚陈宝箴、按察使黄遵宪等人的积极支持和亲自参与分不开。时人评论说"陈宝箴力行新政，为疆臣之冠"。这种评价是比较客观而公允的。

著作：

本年，新编《修水县志·人物卷》刊载《陈宝箴传》。

按：此文实为陈宝箴曾孙女陈小从所撰，约撰于 1986、1987 年间。文章依据陈三立《先府君行状》《清史稿·陈宝箴传》、汤志钧《陈宝箴传》、胡思敬《戊戌履霜录》卷四《党人列传·陈宝箴》等文献材料，要言不烦地介绍、评议陈宝箴的生平经历、政治作为，戊戌变法中湖南新政的各项举措、形势局面、地位评价。所引材料扎实，行文明净准确，层次清晰。在一千四百余言的篇幅中，容纳丰富史料，展示传主的面貌特征，允为史家笔法，是陈小从学术性文章的代表作。

1992 年

文章：

9 月 12 日，唐振常在《文汇读书周报》发表《陈寅恪先生论梁启超及戊戌变法之二源》（后收入张杰、杨燕丽编《追忆陈寅恪》）。

按：陈寅恪 1945 年撰《读吴其昌撰〈梁启超传〉书后》一文指出戊戌变法有两种不同的主张，谓之变法二源，不能混一而论。一是其祖父陈宝箴、郭嵩焘主张"历验世务欲借鉴西国以变神州旧法";一是康有为"治今文公羊之学，附会孔子改制以言变法"。陈寅恪提出的"戊戌变法二源说"，90年代后引起学界广泛关注，引证申说，篇章颇多，唐振常此文是比较早的一篇。唐文认为陈寅恪此文主旨，实在最后一段。此段借题发挥，感古慨今，自叹身世，议论感人："余少喜临川新法之新，而老同涑水迂叟之迂。盖验以人心之厚薄，民生之憔悴，则知五十年来，如车轮之逆转，似有合于所谓退化论之说者。是以论学论治，迥异时流，而迫于事势，噤不得发。"

1994年

本年9月15、16日，江西社科院应和省外日益高涨的"陈寅恪热"，举办了"陈宝箴、陈三立父子学术研讨会"。

按：这次会议，来自京、沪、闽、粤、湘以及本省代表50余人与陈氏后裔10余人（这是解放后陈氏后裔的首次相聚）荟汇一堂，就陈宝箴、陈三立生平经历、改革思想、诗歌成就展开了讨论，发言、提交论文以陈三立研究为多（胡迎建《色翻陈语逾精新——陈宝箴、陈三立学术讨论会综述》，载《江西日报》，1994年10月10日）。这次研讨会在影响、成果上虽然不及中山大学等高校举办的陈寅恪研讨会、座谈会影响大，但推动了陈氏家族研究，日后从事陈氏家族研究的人员、成果与这次会议有一定渊源关系。由于经费不足，代表提交的论文未能结集出版。但重要文章后来都由作者自投各期刊发表。

1995年

文章：

2月，黄挺在《汕头大学学报》第1期发表《陈宝箴与湖南新学》。

此文《内容提要》：本文通过回顾、分析时务学堂创办过程，陈宝箴对湖南新旧势力的态度，陈宝箴在目标与做法上的差异，来探讨陈宝箴在这一时期的思想。认为陈宝箴在湖南对维新运动采取相当开明的态度，但又不赞成康、梁变法改制的思想，并对之严加批评。

1996年

文章：

7月，周敏之在《锦州师范学院学报》第3期发表《论陈宝箴在戊戌维新运动中的作用》。

此文《内容提要》：本文认为，陈氏基本上是作为一个洋务派官僚参加变法的,但与典型的洋务派又有区别,其变法思想和活动均有自己的特色,在维新运动的各个阶段中,他的作用也各不相同。运动初期,他的新政基本上属于洋务运动的性质,但客观上对湖南维新运动的兴起起了启动作用。"胶州事变"后,他的变法具有一定程度上的资产阶级性质。对湖南维新运动的深入发展起了推动作用。百日维新时期,陈氏对湖南维新运动主要起消极作用,但积极支持光绪的新政,也表现了一定的进步性。

1997 年

文章:

9 月,郑海麟在《学术研究》第 9 期发表《陈、黄之湖南新政试析》。

饶涛:此文对陈宝箴、黄遵宪在湖南新政运动中的地方自治的理论与实践,湖南新政在戊戌维新运动中的地位和影响,陈、黄与戊戌政变之关系等三个方面展开论述。指出戊戌维新运动,在湖南成功,在北京失败。湖南新政代表渐进稳健的改革路线,北京变法代表激进冒险的改革路线,两条路线的成败得失及其对百年中国的影响,均值得后人作深刻的反省(饶涛《陈宝箴思想探析——从湖南新政看陈宝箴的思想辙印》,江西师大 2001 届硕论)。

11 月,张求会在《近代史研究》第 6 期发表《陈寅恪佚文〈吾家与丰润之关系〉试考》(后收入张求会著《陈寅恪丛考》)。

此文要点:《吾家与丰润之关系》是陈寅恪最后一部著作《寒柳堂记梦未定稿》的第四章。从《未定稿》现存各章及全篇标题来看,《未定稿》不仅仅是晚年陈寅恪的家史自述或自撰年谱,而且是陈寅恪在学术生命即将终结之际,将一姓一家的变迁与近百年中国历史结合在一起的一次大胆尝试,同时也是平生从不治晚清史的陈寅恪对近代历史研究的最后一次集中补偿。"丰润"为河北省的某县县名,此地在晚清出过两位名人——张佩纶和端方,两人与陈家都有交集。本文考证陈寅恪此文中"丰润"是"张丰润"还是"端丰润",从而探讨陈寅恪这篇文章的主旨所在。

1998 年

文章:

8 月,朱新华在《读书》第 8 期发表《陈宝箴的诗》。

按:此文系一则补白文字。指出蒋天枢《陈寅恪编年事辑》初版、增订本都说陈宝箴存世诗作只有一首之失。作者从钱仲联《清诗记事》第 16 册《咸丰朝卷》、李肖聃《星庐笔记》、郭则沄《十朝诗乘》、陈声聪《荷堂诗话》辑得陈宝箴诗作十余首,已属不易。不过作者还是昧于见闻,1988 年《江西诗词》就刊载过陈小从提供的曾祖父诗作 22 首。

本年,清华大学李凌己通过硕士论文《陈宝箴〈厘正学术造就人才折〉析论——兼议湖南的新旧之争和维新思想的二源》。

此文《内容提要》:本文从陈宝箴评论康有为其人其思想渊源的一份珍贵而独特的文献入手,以一个特殊的视角透视湖南维新活动中的新旧之争,探讨新旧之争兴起的内、外部原因,论证了陈寅恪先生关于戊戌维新思想中"有不同之二源"论断的科学性。作者提出此折是湖南新旧之争的产物,陈宝箴和康有为分别代表着两种不同的维新思想,他们在维新变法中的经历、理论、思路和方法都存在着差异。

1999 年

文章:

11 月,邓小军在中山大学第三次陈寅恪研讨会上提交论文《陈宝箴之死考》(邓小军著《诗史释证》,中华书局 2004 年版)。

按:参见本书第 153 页 2001 年"文章"类对刘梦溪先生同一题目文章的评议。

2000 年

文章:

4 月,许全胜在《历史文献》第 3 辑发表由他整理的《陈宝箴友朋书札》(一)。

按:《陈宝箴友朋书札》为陈宝箴的友朋、同僚、亲友写寄给陈宝箴的信函,上海图书馆藏 150 多通。整理者分期分批在上海图书馆创办的《历史文献》上发表。这些信札是否都属于佚函? 是否已经收入写信人的文集中? 如张之洞 40 通是否收入《张之洞全集》? 整理者未核实注明。不管是否收入,这批信札的文献资料价值之高不言而喻。

2001 年

文章:

1 月,柳岳梅在《历史文献》第 4 辑发表由她整理的《陈宝箴友朋书札》(二)。

按：参见本页对许全胜同题篇目的说明评议。

3月，刘梦溪在《中国文化》第17、18辑合刊发表《慈禧密旨赐死陈宝箴考实》。

按：自1983年江西文史界传出"陈宝箴系慈禧赐死说"后，一时腾为口说。学界有多人予以考证坐实，刘梦溪此文是影响较大的一篇，全文近二万余言。文章以陈三立的《先府君行状》、靖庐诗作为主要考证材料，运用"古典""今情"系联的阐释方法，以诗证史，钩沉索隐，穷形尽相，有关陈宝箴系慈禧密旨赐死的任何蛛丝马迹的线索都不放过，充分显示出作者的考证融通功力。作者此后又撰写发表《慈禧的第二次杀机和陈三立的倒后复帝活动》（《东方早报》2012年6月24日）《陈宝箴系慈禧密旨赐死新证》（《光明日报•国学》2014年9月2日），最后汇总为《陈宝箴和湖南新政》的第九章，该章长四万余言，是书中篇幅最长的一章，成为作者的一个学术生发点。但"陈宝箴系慈禧赐死说"一直遭到蒋天枢、汪叔子、茅海建、李开军、董俊珏、王震邦等多位学者的反驳质疑。历史上到底有没有陈宝箴被慈禧赐死之事？就目前的证据材料来看尚难定论，尤其不可采信江西文史界传出的近于小说家言的"陈宝箴系慈禧赐死说"。因此，学界至今已发表的论证申说这个题目的文字，虽然考证功力了得，但也要考虑是否落入谢泳说的"大判断错了，即使在具体细节上对了，也是错的"的误区。

6月，许全胜、柳岳梅在《近代中国》第11辑发表由他们整理的《陈宝箴遗文》。

按：上海图书馆藏有陈宝箴遗作，为数颇多，计有奏章、告示、电文、尺牍，以尺牍最有价值。这批陈宝箴遗作的整理面世，为学界研究陈宝箴提供了最基本的文献材料，功不可没。

8月，柳岳梅在《历史文献》第5辑发表由她整理的《陈宝箴友朋书札》（三）。

按：参见本书第152页2000年"文章"类对许全胜同题篇目的说明评议。

12月，洪认清在《淮北煤炭师范学院学报》第6期发表《陈宝箴与湖南矿业近代化的发端》。

此文《内容提要》：1895年10月，开明官员陈宝箴受命就任湖南巡抚。他凭借政治强力，大刀阔斧地推行经济改革，取得了明显的成效。陈宝箴以优先发展矿业作为兴湘首要之策，大力倡导西法开矿；到1896年，随着近代矿山企业的稀疏出现，湖南逐渐形成了以矿冶业为主体的近代企业体系，经济近代化开始启动。湖南的经济近代化属于典型的依靠政治强力自上而下启动的后发型区域性近代化。

本年,江西师范大学饶涛通过硕士论文《陈宝箴思想探析——从湖南新政看陈宝箴的思想辙印》。

此文《内容提要》：本文绪论部分介绍研究现状及其家世与生平；正文第一部分阐述其思想最初表现形式为"理学经世"；第二部分论证两个方面的问题：理学经世思想进一步加强和洋务思想的产生；第三部分则介绍了其思想如何发展成具有维新的一面及其湖南近代化的关系；第四部分分析其思想为什么不能进一步发展的原因,其思想的局限性所在；第五部分对其思想的发展历程予以基本总结,结论为"思想在同光之间",即改良思想与洋务思想之间。

按：此文以今天的眼光来看尚属稚嫩,属于自己的材料和心得体会不多,但符合 2001 年间江西学界研陈整体水平的状况。

2002 年

文章：

2 月,洪认清在《求索》第 1 期发表《陈宝箴与湖南经济近代化的启动》。

此文《内容提要》：甲午战前,湖南向以守旧闭塞闻天下。由于得风气较晚,加上湖南士民思想观念的保守与省署官员才能的平庸等原因,湖南经济近代化的闸门迟迟未能开启。甲午战后,清政府幡然变计,开始推行发展实业的政策,部分湘绅也逐渐由保守向进取蜕变。适逢此时,开明官员陈宝箴受命抚湘。陈宝箴大力倡导西法开矿,着意开办近代工厂,致力改善交通与改良农业。在以陈宝箴为首的湖南官绅群体的共同努力下,湖南终于步履蹒跚地迈入了经济近代化的门槛。

2003 年

文章：

5 月,孔祥吉在《广东社会科学》第 5 期发表《读书与考证——以陈宝箴保荐康有为免试特科事为例》。

此文《内容提要》：戊戌维新期间,广东学政张百熙奏请康有为免试特科一事,因《戊戌变法档案史料》在编辑过程中误植为湖南巡抚陈宝箴所为,并经由黄彰健的《戊戌变法史研究》而以讹传讹。本文对此作了厘正,并就读书与考证的关系作了辨析,认为对考证史实所用的资料,哪怕是档案史料,也应持审慎的态度，"考而后信"。

8 月，许全胜、柳岳梅在《近代中国》第 13 辑发表由他们整理的《陈宝箴遗文》（续）。

按：参见本书第 152、153 页对许全胜、柳岳梅同题篇目的介绍评议。

著作：

12 月，汪叔子、张求会整理的《陈宝箴集》（上）由中华书局出版。

按：参见本页 2005 年同题篇目介绍评议。

2004 年

文章：

2 月，柳岳梅在《历史文献》第 6 辑发表由她整理的《陈宝箴友朋书札》（四）。

按：参见本书第 152 页 2000 年"文章"类对许全胜同题篇目的说明评议。

2005 年

著作：

5 月，汪叔子、张求会整理的《陈宝箴集》（中、下）由中华书局出版。

该书《书讯》：陈宝箴对于近代中国有很大影响，但目前对于他一些言行的性质还有争论，如他在湘期间与康、梁的关系，他的"民权"标准等。这一切，都迫切需要陈宝箴本人的资料来进行考辨。但陈氏著作在其生前并无结集问世，身后又多有散佚，资料的不足影响了史学界对他的研究、评价。汪叔子先生有感于此，从 20 世纪 80 年代开始，即着手搜集陈宝箴的有关资料，足迹遍及北京、上海、湖南、湖北、江西、广东等地各大图书馆，并得到义宁陈氏后裔提供的许多资料，孜孜搜采，勤勤校理，并与张求会先生合作编成此书，嘉惠学林。参见本书第 165 页"小结"同题评议。

2006 年

文章：

8 月，马勇在首届"晚清国家与社会"研讨会上提交论文《近代中国启蒙者的悲剧——以湖南时务学堂为中心的探讨》。

按：此文虽不以陈宝箴命题，但涉及陈宝箴处颇多。要点：1895 年 10 月，陈宝箴就任湘抚，由于他的开明引导与鼓励，湖南维新运动较其他省份更早发生。他以为湖南要想成为中国改革的先锋，就必须在思想观念上进行彻底的转变。因此,陈宝箴在开发经济的同时,更注意文化观念的转变和教育制度的更新,为此进行了一系列改革。

9 月,张海山、曾湘衡在《文史博览》第 18 期发表《陈宝箴赈灾兴湘述略》。

此文《摘要》:陈宝箴湖南巡抚任内使之成为全国最有朝气的省份。其革新措施多数与其赈灾兴湘紧密相连。本文对其赈灾、灾后重建及其相关的革新措施进行初步探讨。

本年,华南师范大学黄毅通过硕士论文《陈宝箴维新思想研究》。

此文《内容提要》:陈宝箴是清末督抚中的杰出人物,他对湖南乃至中国都产生了深远的影响。本文首先探讨陈宝箴维新思想形成的条件。从家学环境的熏陶、友朋思想的吸收和民族危机的严峻三方面进行分析。其次,论述陈宝箴维新思想的内容,概括为政治、经济和文化教育等三方面。最后,分析陈宝箴维新思想的特点,主要表现为能打破各派之间的门户之见,对西方采取理性态度,具有稳健持重的可实践性等。

2008 年

文章:

6、7、8、9 月,郑海麟在《文史知识》连载《陈宝箴、黄遵宪的交谊与湖南新政》。

按:此文长达二万四千余言,要点:首先提及陈寅恪先生提出戊戌变法变法有两个源头,一为郭嵩焘、陈宝箴一脉,一为康有为、梁启超一派。此二源在当日有其不同的变法取径,一为渐进,一为激进。陈氏父子的渐进改革路线曾受到黄遵宪的影响。以下以《陈、黄交谊》《湖南新政之改革项目》《新政之卓著成效》《地方自治的理论与实践》《湖南新政在戊戌维新运动中的地位和影响》《陈、黄与戊戌政变之关系》为题分疏考论陈氏父子、黄遵宪在湖南新政中的作为、成就、影响。最后申论戊戌维新运动在湖南成功,在北京失败。在湖南所以成功,因陈宝箴、黄遵宪等都是政治家,资望才学,为旧派所钦重,凡所措施,有条不紊。在北京所以失败,因康、梁是言论家,资望不足,口出大言,而无实际,轻举妄动。此即寅恪先生要严格区分戊戌变法中二源,划清界限区分之原因。两条路线的成败得失及其对百年中国的影响,值得我们作深刻的反省。

本年,吉林大学塔丽婷通过硕士论文《陈宝箴与湖南维新变法》。

此文要点:陈宝箴在其抚湘期间所推行的湖南维新改革,在当时的历史条件下取得了较大的成绩,几为全国之冠,其原因是:甲午战后,湖南民风士气顿开,引起了维新派对湖南的重视,导致大批维新志士入湘,参与湖南的维新改革。巡抚陈宝箴在其中起到了关键性的作用。

本年,河南大学李付山通过硕士论文《陈宝箴的民本思想及其政治实践》。

此文要点:陈宝箴是晚清封疆大吏中的有识之士,近代的民本观是其思想的核心。本文着重论述陈宝箴民本思想形成的原因、民本观的内容及其政治生涯中对民本思想的实践,借以剖析其民本观的性质、特点及欠缺。

本年,武汉大学汪志杰通过硕士论文《陈宝箴主政湖南研究》。

此文要点:在陈宝箴主政湖南期间发生的湖南维新运动对近代中国产生了重大影响。戊戌政变前后各种政治势力之间纷繁复杂。陈宝箴一直尽力庇护维新派。但面对守旧派的攻击,也有过不得已的妥协,采取了一些自我保护措施,并与维新派产生了某些嫌隙。但陈宝箴与维新派之间不存在根本的分歧,只是由于身份特殊而显得更加温和、稳健罢了。从根本上看,陈宝箴在新旧两派之间寻求调和策略,试图走一条渐进的稳健改革之路。

2009 年

文章:

12 月,钟伟在《传承》第 12 期发表《陈宝箴与湖南早期现代化》。

此文要点:甲午中日战争后,陈宝箴任湖南巡抚,经济上开始发展近代工矿业,政治上逐渐改变落后保守的观念。一批具有近代政治特色的团体机构应运而生,近代学校和新闻事业在湖南萌芽。陈宝箴作为湖南早期现代化的开拓者实至名归。

本年,湖南师范大学刘晓宇通过硕士论文《论陈宝箴对长沙城市发展和城市文化的影响》。

此文要点:在近代长沙城市文化转折时期,陈宝箴是领导近代长沙城市发展的关键人物。本文共分三部分予以论述:第一,主要论述长沙城市文化史的相关理论和陈宝箴的施政理念;第二,着重阐述陈宝箴施政举措对长沙城市文化产生影响的途径;第三,论述陈宝箴对长沙城市发展和城市文化的影响,包括直接影响以及间接影响。

2010 年

文章:

刘经富在《中国典籍与文化》第 3 期发表《陈宝箴乡试硃卷册的文献价值》。

此文《内容提要》：陈宝箴二十一岁中举，近年在陈氏故里发现了他的乡试硃卷册，内容包括"自述""家族成员名录""师长名录""试卷""考官、师长评语"等，提供了关于陈宝箴及其家族新的史料和信息，使我们对陈宝箴的履历、授业恩师、中举名次、乡试主考官都有了更清晰的了解和认识。陈宝箴应试所撰八股文、试帖诗是目前搜集到的他的最早文字，结合房师评语，可以借此分析青年陈宝箴的文字学识水平。且江西这一科其他举人当年所刻硃卷册迄今尚未发现，因此，陈宝箴硃卷册作为这一科试卷的代表性文献，值得我们珍视。

2011 年

文章：

1 月，李开军在《文史哲》第 1 期发表《陈宝箴被慈禧太后赐死考谬——与刘梦溪、邓小军两先生商榷》。

按：参见本书第 153 页 2001 年"文章"类对刘梦溪同一题目文章的评议。

1 月，刘经富在《文献》发表《陈宝箴集外诗文钩沉》。

按：此文披露作者从陈宝箴故里修水陈氏宗谱、黄氏宗谱、陈氏祠堂志、书院志上搜集挖掘的未收入《陈宝箴集》的遗文遗诗，并予以标点、考证、笺注。

9 月，茅海建在《中华文史论丛》第 3 期发表《张之洞与陈宝箴及湖南维新运动》。

赵新华：此文对陈宝箴与张之洞长达二十四年的往来进行了详细梳理叙述，指出陈、张之间不仅是志同道合的僚属和政治盟友，而且在学术和政治思想上大体一致。文章也阐述了二者与湖南维新运动的兴起、发展、结局的关系，并指出在张之洞对湖南维新运动的干预以及抵制康学中，陈都予以了支持和配合。对陈、张在湘鄂各种地方政治、经济事务的处理中，因地方利益的矛盾既相互配合又相互斗争的复杂人际关系亦进行了阐发（赵新华《陈宝箴研究综述》）。

10 月，李赫亚在《北京理工大学学报》第 5 期发表《陈宝箴社会赈济思想探析》。

此文《内容提要》：本文叙述陈宝箴任湘抚期间，对湖南连年遇荒的严峻灾情，大力赈济。并指出陈宝箴的恤赈、协赈、代赈、励赈的社会赈济思想来源于中国古代赈济传统，是对传统赈济思想的继承与发展。认为其赈济思想在具有重要现实意义和深远历史价值的同时也具有时代与阶级的局限性。

11 月，贾小叶在《人文杂志》第 6 期发表《陈宝箴与戊戌年湖南时务学堂人事变动》。

此文《内容提要》：光绪二十四年，湘抚陈宝箴更换了时务学堂的提调熊希龄，并同意梁启超等中文教习辞职。对陈宝箴的举动，现有的研究多认为是陈宝箴迫于湖南守旧派的压力的被动行为。但将其放置于陈宝箴对时务学堂的连续性态度，此举是陈宝箴对时务学堂激进教学的有意为之，折射出陈宝箴与康有为等人变法路径的差异。

2012 年

文章：

1 月，王富聪在《湘潮》第 1 期发表《论陈宝箴湖南新政的思想渊源》。

此文《内容提要》：甲午战败后，湘抚陈宝箴积极推进湖南新政。支持维新派的制度变易，但又不赞同维新派对中国文化义理的破坏。在制度改革层面近于维新派，文化义理层面则坚守中国文化本位。他的历验神州政治、借鉴西国的变法思想与康梁托古改制仿照西国而变法者思想不同。陈宝箴的新政思想渊源是其实学、变易思想，核心则是中庸思想。

2 月，刘经富在《清史研究》第 1 期发表《陈宝箴履历单解读》。

此文《内容提要》：清代官员履历单是研究清代人物的第一手资料。现存湖南巡抚陈宝箴四份履历单，完整地记录了他仕途的全过程。以履历单为中心，结合陈宝箴的诗文信札、传世的陈宝箴传记，可以贯通陈宝箴一生特别是他在漫长候补期内的行年事略，理清线索脉络。这四份履历单尤其是两份未刊履历单，不仅为今后陈宝箴评传、年谱写作提供了重要依据，对清代的官制研究也有个案价值。

12 月，胡迎建在《江西师范大学学报》第 6 期发表《陈宝箴学术思想述评》。

此文《内容提要》：陈宝箴是近代赣籍著名维新大吏。在当时，他的学术思想无疑代表了积极变革而又持稳健主张的士人阶层。其学术思想散见于诸多奏折、书信、讲义中，而体现在事功上。他治学主张会通朱子学与阳明之学。由训诂以求义理；义理为体，经济为用，知时达变；提倡实学，开发民智，以学术推动政治的变革。

6 月，闵定庆在《新国学》第 9 辑发表《试论陈宝箴诗歌创作的宗宋倾向》。

此文要点：陈宝箴传世的诗作不多，约四十多首。题材颇广泛，主体风格偏向宋诗一路，审美趣味远承以黄庭坚为代表的宋代江西诗派，近袭以曾国藩代表的湖湘派宗宋风气。

8 月 22 日，刘梦溪在《中华读书报》发表《陈宝箴：清季变法之另一源流》

（此文系作者《陈宝箴和湖南新政》一书的自序，作者另加标题予以单独发表）。

此文要点：陈寅恪抑郁心灵深处之沉哀剧痛，实由于一生遭遇巨变奇劫之不寻常记忆，而尤以戊戌之年变法与政变所给予之刺激最难忘怀。故1945年在为吴其昌《梁启超传》所撰之"书后"，力辩清季之变法"有不同之二源，未可混一论之"。

著作：

7月，刘梦溪著《陈宝箴和湖南新政》由故宫出版社出版。

按：该书是刘梦溪对陈学的一项专题研究。作者以丰富的史料和深厚的学术功底对陈宝箴的维新改革思路及其所取得的成效进行了深刻分析，并对湖南新政在戊戌之年的屡遇挫折并最终失败的原因发表了自己独到的看法。作者在尽力汇拢爬梳翔实史料的基础上，再现陈宝箴引领和推动1895至1898年湖南维新运动的历史过程，以重构当时从朝廷到湘省的复杂多变的人物关系和当事人的心理结构（参见刘梦溪《陈寅恪论稿·序》）。

2013 年

文章：

7月，蒋信在《文献》第4期发表《陈宝箴未刊手札两通考释》。

按：此文的发表是一个学术失误。陈宝箴这两封信已收入《陈宝箴集》下册第37卷，不是未刊手札。之所以出现这个失误，固然由于作者的粗疏，但也与不能迅速准确地在《陈集》目录上获知这两封信已入集的信息有一定关系。《陈集》下册《目录》的信札篇目编排有两个问题：一、在陈氏后裔保存的一册陈宝箴遗作里，有书信14封，文章18篇。编者为保存文献来源原貌，单独编为第38卷，于是这一卷里既有文又有信。但这样处理与全书按体裁分卷的体例不吻合，于是在第35卷将这14封信以存目形式著录，但正文却在第38卷才能看到。初次接触《陈集》的读者须先看到夹在35卷里面的说明，再顺藤摸瓜找到这14封信，令初次接触《陈集》的读者一头雾水。二、在《目录》上附录与陈宝箴信札的相关参考材料过多。这本来是好事，但附录篇名、头绪一多，就会喧宾夺主，令人眼花缭乱。

5月，邓小军在《东南大学学报》第3期发表《殉国：陈宝箴之死的新证据——夏敬观、陈三立赠答诗二首笺证》。

按：参见本书第153页2001年"文章"类对刘梦溪同一题目文章的评议。

2月，赵新华、张金荣在《文史博览》第2期发表《陈宝箴研究综述》。

此文《内容提要》：陈宝箴作为清末封疆大吏，在晚清政坛显赫一时。迄今研究陈宝箴的论著约有论文二十余篇，专著一本，内容主要围绕文献整理及研究、湖南维新运动及湖南近代化研究、社会思想与社会关系研究、陈宝箴家族研究等几个方面。虽然已取得了一定的进展，但总体上，学界对于陈宝箴的研究仍较为薄弱，尚处于起步阶段，一些领域仍乏人问津，研究空间仍需进一步拓展。

7 月，刘经富在《南昌大学学报》第 4 期发表《陈宝箴集外诗文钩沉续》。

此文要点：2005 年，中华书局出版了《陈宝箴集》。近年，作者在已发表《陈宝箴集外诗文钩沉》后，又搜集到一批未入《陈集》的遗诗遗文若干篇，并予以整理。这批陈宝箴遗诗遗文，提供了了解陈宝箴生平经历、人事关系的新材料。

5 月，贾小叶在《历史档案》第 2 期发表《梁启超出任湖南时务学堂教习首荐人考》。

此文《内容提要》：光绪二十三年（1897）秋，梁启超出任湖南时务学堂中文总教习，对湖南维新运动的影响颇为深远。对于是谁最早推荐梁出任中文总教习，学界通行的观点认为是黄遵宪，其主要依据是熊希龄当时与事后的叙述。但如果不拘泥于熊希龄的一家之言，而是借助于多个当事人的叙述来还原当日湖南官绅此一决策的全过程，可发现最早提议者不是黄遵宪，而是蒋德钧。与黄遵宪相比，蒋德钧在时务学堂初创之际所起的作用更大，而这一点，长期以来为学术界所忽视。

12 月，董俊珏在《邢台学院学报》第 4 期发表《略论晚清名臣陈宝箴之事迹与思想》。

此文《内容提要》：陈宝箴是晚清督抚中的佼佼者，在湖南推行了中国近代最早的地方自治运动；同时，他也是义宁陈氏家族作为"近世模范人家"的辉煌局面的开创者。本文对陈宝箴作为时刻以家国社稷为忧的爱国者与才干出众而又持重老成政治家身份的界定，以及对其宗张、朱而兼叶、王的由伦理实践指向经世致用的学术思想的辨析，对晚清政治史与思想史的研究都有一定意义。

本年，中南大学赵新华通过硕士论文《陈宝箴与维新时期湖南荒政研究》。

此文《内容提要》：湖南因独特的地理环境，时常遭受水旱灾害。维新时期，因吏治的腐败、战争的影响、人口的增长以及环境的破坏等人为因素，使得湖南的灾荒情势极其严峻。时任湘抚的陈宝箴面对湖南水旱灾害的频繁以及清政府救灾能力捉襟见肘的严峻形势，从维护整个湖南社会的稳定出发以及在其自身关心民众疾苦的良知推动下采取了一系列有效的灾荒救济措施，如勘灾、赈济、平粜、安辑、蠲缓、兴商、水利与垦殖等,这些措施构成了维新时期他所主导的湖南荒政的重要内容。湖南荒政伴随着湖南维新运动的不断推进,呈现出了赈济事务的制度化、赈济主体的多元化以及赈济手段具有近代色彩等时代特征。

著作:

3月,茅海建《戊戌变法的另面——张之洞档案阅读笔记》由上海古籍出版社出版。

此书《内容提要》:除康梁在北京层面推动维新以外,张之洞、陈宝箴等地方大僚也对维新事业倾注了很大心血。由于陈寅恪的证词,陈宝箴长期被看作变法维新的另一个源头,但陈本人并未留下足够的档案,造成相关研究的先天不足。茅海建从张之洞档案中发现,张之洞与陈宝箴关系甚深,张对湖南维新运动的作用亦不可忽视。陈宝箴与张之洞一样,对变法维新的激进改革颇为不满,百日维新末期,他力荐张之洞进京主政,就出于对政治中枢施政能力的不信任。不料政局瞬息万变,政变发生以后,陈宝箴却为康党所牵连而遭罢职,直到去世。张、陈二人与康有为学术不同、政见也有差异,更因康梁以微末的身份闯入墨守成规的官僚系统,搅乱一池春水而深感忧虑。在推动维新方面,他们与康梁既有交集,也有分歧,互不统属,有时还是竞争与斗争的关系,但从后世的眼光看来,无论是康梁还是张陈,都属于近代推动改革进程的人物,他们之间的对立不能简单地用新旧来概括(江风《从思想史中拯救戊戌维新——读〈戊戌变法的另面〉》,载《中华读书报》,2014年6月4日)。

按:该书是茅海建关于戊戌变法系列著作(《戊戌变法史事考》《戊戌变法史事考二集》《从甲午到戊戌:康有为〈我史〉鉴注》《戊戌时期康有为、梁启超的思想》《戊戌变法的另面》)其中的一种。

2015 年

文章:

陈斐在《文史哲》第6期发表《陈宝箴为慈禧密旨赐死说再考辨——从陈三立门存诗谈起》。

按:参见本书第153页2001年"文章"类对刘梦溪同一题目文章的评议。

2016 年

4月,张求会等在《中国文化》春季号发表《陈宝箴致俞廉三未刊信札释考》。

按:陈宝箴致俞廉三未刊信札,出于陈氏家藏文献。俞廉三原为湖南布政使,陈宝箴被革职后,接任湘抚。这批信札共 47 通,写于陈宝箴居湘抚任内居多,另有一部分写于戊戌政变陈宝箴被革职陈、俞交接期内及陈宝箴去职之后。尤以写于交接期内及陈宝箴去职之后的信札史料价值大,提供了此前不为人知的重要材料。此前一直不甚明了的陈、俞关系,俞廉三作为布政使对湖南新政的态度如何,亦因这批信札的面世有了考证还原的线索。这批信札的整理发表,是作者对义宁陈氏史料的一项贡献。

2017 年

文章:

本年,湘潭大学陈铁晖通过硕士论文《陈宝箴人才思想与实践研究》。

此文《内容提要》:人才思想是陈宝箴思想体系的重要组成部分,也是陈宝箴一系列政治实践的基础和来源。陈宝箴认为人才关乎国家的元气和命脉,多次在奏议中向朝廷强调人才的重要性。其人才思想有三大特征:鲜明的时代性、开放实用性和系统性。与曾国藩、张之洞等封疆大吏相比,陈宝箴的人才思想更具魄力和创新力。不但在湖南任用了一大批维新人士,而且还不遗余力地向朝廷举荐维新人才。其影响力不只局限于湖南一省,而且辐射到周边各省,乃至京畿之地,有力地推动了维新运动的开展。

2019 年

文章:

4 月,刘经富在《中国文化》春季号发表《若论新旧转茫然——试析晚清新旧过渡人物的面貌特征和陈宝箴在维新运动中的政治分野、站队问题》(此文系作者《陈宝箴和湖南新政》一书的《前言》,另加标题予以单独发表)。

此文《内容提要》:晚清时期先进的士大夫既不拒绝横向的"西学东渐",也纵向保留原有文化传统,例如他们都恪守臣节、笃信风水。作为从四书五经营垒中走出来的佼佼者,他们还难以舍弃儒家话语系统、价值理念,具有"近代过渡性人格"的面貌特征。陈宝箴作为其中一员,同样脱离不了当时的社会文化背景。在戊戌变法运动这场历史大风浪中,士大夫群体分化出错综复杂的顽固派、洋务派、维新派、保守派,统而言之,即新党、旧党,陈宝箴的政治分野到底属于新党还是旧党? 抑或不新不旧、亦新亦旧之间,尚需史家根据现有材料和进一步挖掘史料予以默证深探。

著作:

10 月,刘经富编著的《陈宝箴诗文笺注·年谱简编》由商务印书馆出版

（刘经富主编《义宁陈氏文献史料丛书》之一种）。

按：该书系江西省高校人文社科重点研究基地第一批研究项目结题成果。写作意图：中华书局版《陈宝箴集》为我们提供了研究、解读陈宝箴这个历史人物的重要文本和资料长编，但《陈集》体例庞大，内容以奏折、公牍、电稿为主。因此，《陈宝箴诗文笺注》编者有心编注一本专收陈宝箴诗、文、联、函，清通简要、雅俗共赏的专集，作为《陈宝箴集》的补充。参见本书第 165 页"小结"评议。

2020 年

文章：

2 月，杨锡贵在《湘学研究》第 2 辑发表《陈宝箴集外文辑考》。

此文《内容提要》：汪叔子、张求会整理出版的《陈宝箴集》，为学者开展陈宝箴与维新运动研究提供了丰厚的史料文献基础，但仍有遗珠之憾。本文辑录陈宝箴任职湖南候补道、署辰沅永靖道、河南河北道、直隶藩司、湖南巡抚期间以及革职赋闲后的集外佚文共六件，对所收各件的写作时间、背景及相关史实分别进行了考证说明，为陈宝箴研究提供了新材料。

12 月，刘猛在《近代中国》第 2 期发表《陈宝箴集外诗文拾遗》。

按：此文作者平时十分关注陈宝箴抚湘事迹，在阅读历史文献时，也注重对陈宝箴未刊文献的搜集与整理。目前已发现多件陈宝箴未刊的公文、书札、电文、诗文，此文先披露部分遗作。

2021 年

文章：

7 月，廖太燕在《近代中国》总第 34 集发表《陈宝箴、盛宣怀与湖南新政》。

此文要点：本文考辨陈、盛的交往多关涉"湖南新政"时期的公务，如协办赈灾、同理矿务和共商铁路等。厘清这些史实是拓展、深化相关研究的价值所在。

小　结

一、成果与进展

（一）对陈宝箴著作文本的挖掘辑佚整理成果显著。

2001 年至 2003 年，许全胜、柳岳梅在上海图书馆古籍旧藏中挖掘、整理、发表《陈宝箴遗文》，主要是奏折、公牍、信札，因与《陈宝箴集》的编者所依据的材料同出一源，故这批奏折、公牍、信札《陈宝箴集》亦收录。许、柳同时推出《陈宝箴友朋书札》（陈宝箴友朋写给他的信札）150余通，则为独家发掘的材料，文献价值自不待言。

2003年12月至2005年5月，汪叔子、张求会为学界奉上一部重要的研陈文献《陈宝箴集》。作为晚清一位重要的历史人物，陈宝箴一生留下多卷奏议、公牍、书札、诗文联对，但因鼠啮、战乱而散失。到解放后，只有陈隆恪、陈寅恪兄弟保存的文章30余篇，诗作20多首，其文集的出版之难可以想见。《陈集》的编者从20世纪80年代初即发宏愿，积廿余载辛勤搜集爬梳，入山采铜，终成三册共146万字的巨帙，充分反映了编者考索、整理历史文献资料的深厚功力和学养。该文集广泛搜集了陈宝箴一生所留下的电函、文牍、奏议、书札、诗作，为研究者提供了难能可贵的第一手资料，解决了一直困扰研陈学界的一大难题，贡献至伟。

从20世纪90年代末期起，刘经富开始关注、从事陈宝箴诗文、联、函的搜集、整理。从陈宝箴故里遗存的乡土文献中辑佚出数量可观的陈宝箴诗文。2011—2013年，刘经富将历年搜集的未收入《陈宝箴集》的篇章分四次在《文献》《中国典籍与文化》《清史研究》《南昌大学学报》上发表。2013年以后又辑得遗诗、遗文、遗札若干篇。2013年，刘经富申报成功江西省高校人文社会科学重点基地江右哲学中心首批招标资助项目，2019年结项。申报该项目的动机是《陈集》为我们提供了研究、解读陈宝箴这个历史人物的重要文本和资料长编，是专业文史学者的必备书。但该书体例庞大，内容以奏折、公牍、电稿为主。存世的陈氏诗、文、函虽尽量收入，然非全貌。因此，刘经富有心编注一本专收陈宝箴诗、文、联、函，清通简要、雅俗共赏的专集。在编注陈宝箴诗、文、联、函时，又一鼓作气再编纂《陈宝箴年谱简编》。该项目最终以《陈宝箴诗文笺注·年谱简编》书稿结项，由商务印书馆于2019年10月出版。

总的说来，学界对陈宝箴的关注、研究，非前二十年可比。尤其是陈宝箴遗稿的搜集、整理，成果突出。但其遗稿的辑佚是一项长期任务，他步入仕途后的表奏公牍基本收入《陈宝箴集》当无疑义，诗、文、联、札则远不止入《陈宝箴集》和《陈宝箴诗文笺注》之数，仍须从他友朋、同辈的诗文集中和地方文献资料中尽力搜寻，钩沉索隐，最大限度地挖掘其笔墨文字，尽量接近历史原貌。

（二）戊戌维新运动和湖南新政研究的突飞猛进，产生了不少专著与论文，使关于陈宝箴的言说话题和研究大为改观。

1993年，中国社会科学出版社出版费正清编《剑桥中国晚清史》。该书下册第五章《思想的变化与维新运动》记述分析了湖南的维新运动。指出在 19 世纪后半期中国和社会发生的两大变化(督抚的权力增长和地方名流势力的增长)这一背景下产生了湖南维新运动。陈宝箴、陈三立父子与黄遵宪、江标起了很大作用(该书下册第 352 页)。

1994 年,湖南人民出版社出版刘泱泱编《湖南通史·近代卷》,第四章《全国最富朝气的一省——戊戌维新运动时期的湖南》对湖南维新运动的时代背景、发展过程、变革结果、失败原因作了详细论述。

1998 年,湖南人民出版社版出版丁平一著《湖湘文化传统与湖南维新运动》,侧重研究戊戌变法时期湖南的维新运动及其与文化传统关系。

1999 年,湖南人民出版社出版尹飞舟著《湖南维新运动研究》,对湖南维新运动进行分期研究,将湖南维新分成发端、兴盛、停滞与失败三个阶段,并从社会经济、文化传统与士绅队伍状况等三个方面分析湖南维新的社会基础,描述了湖南维新的兴衰过程。

二、不足之处

从以上列举的关于陈宝箴研究的成果来看,学界对陈宝箴的研究与陈寅恪、陈衡恪、陈三立研究相比,略显薄弱。分年期刊论文和学位论文有的年份阙如,反映出陈宝箴研究尚有较大的拓展空间。

(一)对陈宝箴早年经历的资料挖掘、掌握不全面,与他晚年丰富的生平史料相比,显得头轻尾重。

(二)对陈宝箴晚年的政治分野究竟是洋务派还是维新派还是保守派,定位尚不十分明确,这与对他的政治形象的共识尚未形成相关联。如《中国大百科全书》的《文学卷》《美术卷》《史学卷》有陈三立、陈衡恪、陈寅恪的条目,但《史学卷》却无陈宝箴。而康有为、梁启超、谭嗣同、黄遵宪、熊希龄、张之洞、皮锡瑞等均有条目。该巨著 1992 年初版,2002 年再版,2018 年三版。如果说 1992 年初版不为陈宝箴列目尚情有可原的话,到 2018 年仍不补入,则可见积习成见中人之深。

(三)对陈宝箴人事关系的研究有限。陈宝箴作为晚清政坛要角,与当时第一流人物曾国藩、郭嵩焘、张之洞、刘坤一、李鸿章、荣禄、盛宣怀都有或多或少的交集往来,与维新阵营中核心人物康有为、梁启超、谭嗣同关系复杂,值得深挖细掘,形成多项个案研究。

(四)学位论文有待加强。现只搜集到各高校(以湖南为多)十一篇硕士学位论文,博士学位论文则空白,这与陈三立、陈寅恪、陈衡恪研究博论、硕论都有且数量较多不相称。虽说现今由于各高校纷纷争取一级学科因而使学位论文质量良莠不齐，水货难免，但从学位论文的多寡可以看出被研究对象和领域的局面、现状，客观上可以起到推动作用，好的学位论文可以从中脱颖而出。如中南大学赵新华的硕士论文《陈宝箴与维新时期湖南荒政研究》即为一篇合格的硕论。他以硕论中的一节为基础补充扩展为《陈宝箴研究综述》，应是目前较好的一篇关于学界陈宝箴研究的学术史回顾论文。

附 录 二

附录二：陈三立研究编年

弁　言

1949 年后，由于"左"的思想对文学艺术领域的影响，陈三立（字伯严，号散原）被当作新文化的对立面而被完全否定，其诗歌艺术价值以及在文学史上的地位一直得不到客观公正的评价。直到 20 世纪 80 年代以后，学术界逐渐摆脱"左"的思想影响，陈三立才重新进入学术研究的视野。

1980 年

著作：

本年，高阳著《清末四公子》由台北南京出版公司出版（1983 年二印，最近十余年大陆多家出版社重印）。

　　按：该书书名虽为《清末四公子》，实则主要写陈三立，以丁惠康、谭嗣同、吴保初为附庸，凑成一书。作者文史知识丰富，行文汪洋恣肆。对陈三立的生平行谊、性情品貌、大关节目多有阐发。但这种介于史著与说部之间的文字，捃撷瓜蔓处太多，与规范的学术著作旨趣不同。

1981 年

文章：

5 月，钱仲联在《文学评论丛刊》第 9 期发表《论"同光体"》。

　　周秦：此文从理清"同光体"这一在近代诗坛影响重大、人员庞杂的学宋诗流派的来龙去脉着手，将"同光体"剖析为三派：一、以陈衍、郑孝胥、沈瑜庆、陈宝琛、林旭、李宣龚等人为成员的闽派；二、以陈三立、华焯、胡朝梁、王易、王浩等人为成员的赣派；三、以沈曾植、袁昶、金蓉镜等人为成员的浙派。文章分别就三派的创作成就、思想变化、艺术得失作了深入分析，肯定了他们曾经有过进步的一面,应该历史地、全面地看待和评价"同光体",不应将其一笔抹杀。文章也批判了他们在进入民国以后的保守倒退(周秦整理《钱仲联学述》)。

8月,杨天石发表《陈三立传》(载《中华史料丛稿》之《民国人物传》第三册)。

按:此文先叙述陈三立早年辅佐父亲陈宝箴推行湖南新政,获"四公子"之誉。次叙陈三立"袖手神州",肆力于诗,成为"同光体"诗派的重要代表,有"吏部诗名满海内"之称,但诗风有比较严重的拟古主义、形式主义倾向。再叙陈三立辛亥革命后有"遗老"情结,留恋清王朝。最后叙陈三立在抗日战争中的爱国主义晚节。文章褒贬兼出,不卑不亢,稳稳当当,符合写作的时代背景和作文程式。

1982 年

文章:

11月,宗九奇在《江西文史资料选辑》第三辑发表《陈三立传略》。

按:此文初稿写好后,曾寄陈小从审阅。陈小从补写了陈宝箴、陈三立父子推行湖南新政的一些史实。在 1982 年,能看到此文披露的陈三立事略、代表诗作、陈氏家族往事,可谓眼睛一亮。文章披露慈禧太后密旨赐陈宝箴自尽,陈宝箴死于非命[后宗九奇将此节内容以《陈宝箴之死真相》为题在全国政协文史委主办的《文史资料选辑》第87辑(1983年)发表。后有陈柏生发表《陈宝箴死因新说》(载《求索》1987年第6期);《慈禧秘杀湖南巡抚陈宝箴真相》(载《湖湘论坛》1992年第1期)援引宗九奇之说],引起学术界注意,但由于是孤证,且这篇《陈三立传略》不是史家笔法,未被一致认可。参见本书第153页"文章"类对同一题义文章的评议。

1983 年

文章:

11月,钱仲联在〈中国近代文学研究〉第一辑发表《近百年诗坛点将录》(一)(1985年9月第二辑续完)。

钱仲联自述:清代诗人舒位首创《乾嘉诗坛点将录》,点性灵派首脑袁枚为诗坛都头领天魁星及时雨宋江,符合历史事实和发展趋势,故我认为其观点是进步的。相反,汪国垣《光宣诗坛点将录》以清末宋诗派"同光体"领袖陈三立、郑孝胥为都头领,而置代表一时诗坛主流的"诗界革命"诸巨子于附庸,对这种陈旧倒退的观点我不能苟同,因此别为《近百年诗坛点将录》,点黄遵宪、丘逢甲为都头领,以纠"汪录"之偏(周秦整理《钱仲联学述》)。

　　按:1981 年至 1984 年,钱仲联先生先后发表《论"同光体"》《论近代诗四十家》《近百年诗坛点将录》等著述,将陈三立作为近代诗歌重要流派"同光体"的重要人物予以分析论述。在 20 世纪 80 年代初的形势下,多少有为"同光体"和陈三立平反的意味。但积习中人太深,评文衡人,仍难脱窠臼。有点像解放后被松绑的妇女"解放脚",虽脱弃束缚,但总不如天足行走自如。

1985 年

文章:

3 月,苏昌辽在《南京史志》第 2 期发表《清末四公子之一——陈散原》。

　　按:此文作者深于南京史迹、老辈逸闻,对陈氏家族素来关注,故能于陈三立其诗其人"解冻"不久即向文化学术界贡献一篇好文。文中披露的陈家在南京的居所"散原精舍"的由来、家塾和思益小学的关系,都是当时闻所未闻的第一手材料,被此后的研究者广泛印证。对陈三立诗作特色的分析、举例,亦具识见。

1986 年

著作:

10 月,莫砺锋著《江西诗派研究》由齐鲁书社出版(2019 年 12 月江苏凤凰出版社再版)。

　　按:该书第八章《江西诗派的影响》第六节《江西诗派在清代的影响》举例陈三立,认为陈三立主要从三个方面学习黄庭坚:(1)用字奇特,未经人道;(2)句意生新,不落窠臼;(3)开拓诗境,化腐为新。当然,就陈三立的全部作品来看,他并没有被束缚在黄庭坚的藩篱之内,诚如郑孝胥所云,他"源虽出于鲁直,而莽苍排奡之意态,卓然大家,非可列之江西社里也",但黄庭坚的影响对陈三立诗歌风格的形成仍是一个重要因素。

1989 年

文章:

3 月,马卫中、张修龄在《社会科学战线》第 2 期发表《中国古典诗歌的末路英雄——陈三立诗坛地位的重新评价》(后收入马卫中、张修龄著《近代诗论丛》)。

　　按:此文申言在中国近代诗歌史上,陈三立是一位举足轻重的人物。

但"五四"以后特别是建国以来,研究者一直将近代旧体诗作为现代新体诗歌的对立面而加以贬斥。而以陈三立为首的"同光体",他们浓厚的学古倾向更招致一片否定,缺乏应有的研究。其实,近代旧体诗歌作为中国文学遗产的一部分,同样有其灿烂之处;陈三立及其"同光体"在近代诗歌史上的影响、作用乃至成就,都不可低估,不可抹杀,都有认真研究和深入探讨的价值。

1990 年

著作:

3 月,郭延礼著《中国近代文学发展史》由山东教育出版社出版(以后多次重印、再版)。

杨剑锋:20 世纪 80 年代后第一次对陈三立在近代文学史上的地位进行较为客观、公正评价的是山东大学郭延礼教授。他在《中国近代文学发展史》用较大篇幅介绍了陈三立的艺术成就,认为陈三立是"近代诗坛上一位有影响、有一定成就的旧派诗人"。这是比较公允的(杨剑锋《20 世纪 80 年代以来的陈三立研究》)。

8 月,钱仲联主编的《明清诗文研究资料辑丛》由吉林文史出版社出版。

按:该书收入钱仲联撰写的《陈三立》一文。文章对陈三立诗作的渊源关系、风格特征、方法技巧、地位影响予以评说阐释。在肯定中又贴标签,不忘交代一下陈三立思想上留恋清王朝,甚至有污蔑工农革命的诗句。艺术上也始终一副面目,毫无变化。

1992 年

文章:

8 月,吴孟复在《江西古籍整理研究》总第一辑发表《论陈三立的〈散原精舍诗〉》。

按:此文首揭日本有人写了一部中国诗史,以屈原始,以陈三立终,认为这是符合实际的。次以《陈三立与"同光体"》《陈三立志行芳洁》《陈三立的"散原精舍诗"》为题分述陈三立的生平大节、在"同光体"诗派中的影响、地位,陈三立诗作的面貌特征、方法技巧,以最后部分最有识见。指出陈三立以古文家的穿插起伏笔法入诗,以单行之气贯于骈偶之中。可谓深得个中三昧。

1993 年

文章：

3 月，季振淮在《国学研究》第 1 卷（北大出版社 1993 年 3 月版）发表《吴宓〈读散原精舍诗笔记〉书后》。

按：吴宓的《读〈散原精舍诗〉笔记》撰写于 1943 年 2 月在昆明西南联大时。《国学研究》这次刊印，在吴宓的《笔记》后附季振淮的读后感，指出吴宓这篇笔记的要点是注重分析陈三立诗歌的时代背景，挖掘诗歌背后史实，为陈三立诗歌研究提供了广泛的背景史料。同时注重陈三立诗歌"义法"的挖掘，对散原"五古"诗评价尤高，认为"实得力于杜"。1945 年，吴宓与陈寅恪同在成都，吴宓把这篇笔记读给陈寅恪听，得到陈寅恪的首肯，并改正数处。

1994 年

9 月 15、16 日，江西社科院应和省外日益高涨的"陈寅恪热"，在南昌举办了"陈宝箴、陈三立父子学术研讨会"。

按：参见本书第 150 页 1994 年同题评议。

1995 年

文章：

1 月，曾宪辉在《福建师范大学学报》第 1 期发表《论爱国诗人陈三立》。

按：此文要点：陈三立思想复杂，诗作"生涩奥衍"，但他却是具有改革思想、民族气节的爱国诗人。其政治活动主要在中日甲午战争之后，在民族危亡的形势下，维新思潮迅即高涨，其父陈宝箴在湖南推行新政，陈三立多所赞画。戊戌变法失败后，陈三立肆力于诗文，国事家难，时局民瘼，一寄于诗。晚年坚持民族大义，在抗日战争中忧愤而逝。一生志节，凛然可敬。

3 月，管林在《学术研究》第 3 期发表《黄遵宪与陈三立的交往》。

按：此文要点：黄遵宪与陈三立，一是"诗界革命"的旗帜，一是"同光体"派的领袖。然而，这样两位不同诗派、不同诗歌主张的诗人，却由于维新变法的机遇走到一起，并结下了深厚的友谊。二人在长沙相处时间不长，却因共同推行新政、政见相近而互相尊重。戊戌变法失败，两人在中断消息几年后又互通书信，寄诗怀念。纵观黄、陈二人的友谊，主要是建立在经世维新这一思想基础上，同时与同为客家人也有一定的关系。

7 月，郭延礼在《山东大学学报》第 3 期发表《散原诗论》。

按：此文 2003 年作为《散原精舍诗文集》的序言，重新修订充实发表，可谓"十年磨一剑"。文章指出过去批评陈三立的诗作古奥艰深并不符合实际，他其实也有不少诗意清新、平淡晓畅的诗作。

著作：

3 月，马卫中、张修龄著《近代诗论丛》由安徽文艺出版社出版。

按：该书收入与陈三立相关的篇目：《"同光体"兴起的时代背景和反映的时代精神》《中国古典诗歌的末路英雄——陈三立诗坛地位的重新评价》《陈三立靖庐扫墓诗读后》《陈三立年谱》。这是学界最早的一批以现代科研论文形式研究陈三立诗作的成果。其学术积累源于钱仲联，但未囿于师说，代表了当时"同光体"诗派研究的最高成就。

《陈三立年谱》虽然还很简略，但事核论严，学风笃实，是对陈三立系统考证最早的文献，为今后撰写更详备的陈三立年谱、传记奠定了原点基础（参见本书第 185 页同题评议）。可惜未单独刊印，故影响不大。

9 月，《中国大百科全书》的《中国文学卷》由中国大百科全书出版社出版，**"陈三立条"在该书第一册第 74 页**。

按："陈三立条"照搬钱仲联 1990 年撰《陈三立》一文。参见本书第 172 页 1990 年对钱仲联这篇文章的简评。

1996 年

文章：

5 月，张求会在《近代史研究》第 3 期发表《陈三立与谭嗣同》。

按：此文首揭"清末四公子"中，陈三立与另两位交谊颇深，而与谭嗣同交往时间最短，关系最差。在湖南新政开展推进时期，陈、谭因政见不同、维新思想、改革路径有别而分道扬镳。认为陈、谭交恶并非偶然，反映出维新派构成的复杂性。

8、9 月，潘光哲在台北《大陆杂志》发表《陈三立传》（上、下）。

按：此文惜未见。

1997 年

2 月，胡守仁在《江西社会科学》第 2 期发表《论陈三立诗》。

按：此文要点：陈三立诗渊源于黄山谷而不局限于黄。所以他的诗既似古人又不尽似古。这种似又不似，就是辩证的统一。他在戊戌变法失败受谴之后,专力于诗,终以大诗人闻名于世。从三立的诗可以看出他的凛凛大节,先是参与政治,期于济世安民,后乃用诗歌反映时事,泄导人情,未尝一日忘天下。因此诗中有人,人品高,故诗亦高。他的诗作,因内容与形式的高度结合,成为同光年间诗坛的领袖,一时从之学者满天下,把江西诗派的传统继承下来,重放光芒,在中国诗歌史上占有相当高的地位。

1998 年

文章：

4 月,邓小军在《原道》第 5 辑(贵州人民出版社 1998 年 4 月出版)发表《陈三立的政治思想》。

此文要点：义宁陈氏一家三代体现了中国传统士大夫国身通一、文化托命的品格,是近现代中国一宗极为重要的学术思想财富。三立的政治思想,虽然没有系统的著述,但他对于中国近现代政治文化的一系列相互联系的根本问题,皆有独到的见地。其文化思想和政治思想的根本理念是“中学为体、西学为用”。

5 月,钱文忠在《读书》第 5 期发表《神州袖手人陈三立》(后收入钱文忠著《瓦釜集》,文汇出版社 1999 年版)。

按：此文为钱文忠整理的《散原精舍文集》的《前言》,提前作为单篇文章发表。文意重在从文史之学的角度论述陈三立的学行、思想、地位影响。认为近代以还,“名父之子”已经不多见,“名子之父”则更寥寥,更不用说二者兼于一身了。这需要有数代清华的家世条件,而且每代都必须至少在立功、立德、立言的一个方面有足以彪炳千秋的成就。这个前提条件难度极大,但散原老人足以当之。他不仅是名父之子,也是名子之父。而且由于他本人享有大名,比“名父之子”和“名子之父”更进一境,是“名父之名子”“名子之名父”。此论尖新独特,慧眼独具。作者仅用了一个支点,就托起了一个三世承风的百年家族。这是世人继“清末公子”“神州袖手人”之后,奉献给散原老人的又一个具有特定涵义的专有名词。

6 月,王焱在《读书》第 6 期发表《也谈散原老人与宪政》。

按：此文作者认为钱文忠《神州袖手人甲子祭》一文在涉及陈三立政治思想的关键问题即对待宪政与民权的立场上,出现了前后矛盾和曲解。其实陈三立反对的是当局利用附会宪政之名行专制之实,而非一般地反对宪政。

著作：

6 月,刘纳编注的《陈三立评传·作品选》由中国文史出版社出版。

按：该书共选录陈三立各体诗作 360 余首,文章 30 篇。这是迄今为止唯一的一种陈三立诗文选本,可惜注释太少、太浅,对于不了解陈三立诗文基本风格、面貌的读者,帮助不大。评传部分,以《最后一位古典诗人》冠之陈三立,定位颇高。分析、论说洵为当行出色。从诗歌史的角度,评议散原体诗歌生新瘦硬的风格。该文后来在《文学遗产》1999 年第 6 期上发表。惟校点释义偶有失检,如将陈三立《崝庐记》中的"耸而向者,山邪?演迤而逝者,陂邪?畴邪?缭而幻者,烟云邪?草树之深以蔚邪?牛之眠者斗者邪?"按此处的"邪"实为疑问代词"耶"的同音异体字,点校者理解为实词"歪邪"之意(该书第 17 页),遂使文意大相径庭。

8 月,刘纳著《嬗变——辛亥革命时期至五四时期的中国文学》由中国社会科学出版社出版。

按:该书虽无讨论陈三立的专节,但涉及陈三立处颇多,随缘阐发,每见胜义,对中国现代文学转型大背景下的陈三立进行了有意义的考察。认为以陈三立为代表的清末民初诗文是中国古典文学的回光返照。

12 月,钱文忠标点整理的《散原精舍文集》由辽宁教育出版社出版。

按:关于陈三立的文集,其刊刻传世命途多舛。1949 年 8 月,上海中华书局刊印《散原精舍文集》,未及发行,战火已炽,书局只得将成书封存在仓库里。解放后陈叔通、张元济曾建议发行,有谓老人文集有不合时宜之笔,不准流传,故公私所藏极少。因此辽教的《散原精舍文集》面世,为学界提供了研治陈三立的案头文本。只是校勘、断句粗疏之处颇多,有的地方几难卒读。但带有导读性质的前言《神州袖手人陈三立》在当年却令人耳目一新,胜义迭出。

1999 年

文章:

11 月,刘纳在《文学遗产》第 6 期发表《陈三立——最后一位古典诗人》。

按:此文是陈三立研究领域的一篇重要论文。作者将陈三立定位为中国古典诗歌最后一位称得上"大"的诗人,其作品提供了相当深沉的人生内容。文章对陈三立诗作的得失胜解颇多。如分析陈三立以避俗避熟以求新警,而"新警"过了头,便成晦涩生硬,甚至一望即知是故意做成的晦涩生硬。

2000 年

文章:

4 月,张求会在《江汉论坛》第 4 期发表《散原精舍文杂识》。

此文摘要:陈三立古文横跨几个时代,长达半个世纪,堪称近世古文大师。各期风格同中有异。雄健挺拔、骏快激昂之外,沉郁顿挫、跌宕起伏、清醇雅洁之作也不时可见。

12 月,胡迎建在《南昌大学学报》第 4 期发表《论陈三立政治思想的三个阶段》。

此文《内容提要》:陈三立政治思想可分为三个阶段:早年具有因时通变,力图重新评价、诠释并会通百家学说,为维新变法服务,谋求富强之道;被革职后深刻反思变法失败原因,强烈批判清朝政治的黑暗;辛亥革命后其思想转为保守而不合时宜,表现出对传统文化的依恋及对变革的抵触;但他始终不放弃道义担当。其政治思想变化的轨迹,反映了激烈变更时代士人阶层的理想与心态。

11 月,胡晓明在《华东师范大学学报》第 6 期发表《散原论诗诗二首释证》。

此文《内容提要》:陈三立是近代大诗人,从其两首论诗《樊山示叠韵论诗二律聊缀所触以报》所包含的诗学思想及时代感受,可知在 1998 至 1908 年十年间,其思想焦点依然是深思戊戌变法的经验教训。他的情感世界充满一种英雄失路的悲凉感慨。

11 月 4 日,胡晓明在《文汇读书周报》发表《义宁陈氏之变论》。

按:此文从新出现的陈三立 1920 年为义宁老家宗亲修谱所撰谱序中的一段话生发起兴。陈三立在谱序中提醒世人"不变其所当变与变其所不当变,其害皆不可胜言"。此文作者认为这是散原老人在孤梦独醒之际的肺腑之言。申论陈三立、陈寅恪父子对于文化精神内核的"固守勿失,不容稍变"是一脉相承的。文化消亡必有讬命之人,义宁陈氏一门于世纪波诡云谲之际的独立声音,必然成为 21 世纪最有魅力的人文思想遗产之一。

2001 年

文章:

12 月,闵定庆在《新国学》第 2 卷发表《陈三立诗学思想蠡测》。

此文要点:陈三立被近代诗人和诗论家誉为"同光魁杰",在中国近代诗歌史上的地位早有定论。相对而言,其诗诗歌主张却少有人作过系统的梳理和整合。披沙拣金,我们可以发现,陈三立有关诗论的言说颇具丰采,在某些方面并不亚于"同光体"理论家陈衍。

12 月,张求会在《寻根》第 6 期发表《义宁陈氏的文化保守主义情结》。

按:此文先介绍议说"近代史上的两种文化保守主义":"古典式文化保守

主义""近代式文化保守主义"。次分析义宁陈氏与两种文化保守主义的关系,认为陈宝箴、陈三立更接近于"古典式文化保守主义",陈寅恪更接近于"近代式文化保守主义"。最后分析"保守""保全""守望"的区别,认为"保"而"守"之并不等同于落后、守旧,而是倾向于保持延续性、渐进性的发展。

2003 年

著作:

6 月,李开军整理的《散原精舍诗文集》(上、下)由上海古籍出版社出版(2014 年 11 月再版增订本)。

该书《内容简介》:陈三立生前曾刊行《散原精舍诗》及其《续集》《别集》,身后有《散原精舍文集》17 卷出版。陈三立是晚清同光体赣派的代表。为诗初学韩愈,后师山谷,好用僻字拗句,流于艰涩,自成"生涩奥衍"一派。汪辟疆在《光宣诗坛点将录》中推其为天魁星"及时雨宋江",实即同光体诗坛祭酒。此书是研究陈三立以及近代文学的宝贵资料。参见本书第 196 页"小结"同题评议。

2004 年

文章:

4 月,胡迎建在《中国韵文学刊》第 2 期发表《千篇继涪皤、灵襟融造化——陈三立对黄庭坚的承传与创新》。

此文《内容提要》:陈三立对黄庭坚极为喜好而推崇,他起初在长沙学汉魏六朝诗,后在武昌选定黄庭坚作为效法的重要对象。学黄诗之风神、格调、气味,亦学其句法与字面,但不追求形迹之似。比较陈三立与黄山谷诗风之异同,既有承传又有所创新,逐渐自成面目。

8 月 6 日,刘经富在《文汇读书周报》发表《散原老人身后事》(后收入刘经富著《陈寅恪家族稀见史料探微》)。

按:此文整合新发现的陈方恪手稿四件:1937 年秋陈三立在北平去世治丧结束后陈方恪写的《谢帖》,1948 年陈三立后裔将陈三立灵柩移葬杭州后陈方恪再次写的《谢帖》和一首述哀诗,1951 年陈方恪写给当时上海市市长、华东军区司令员陈毅的信(请出面干预、制止有关部门占用陈三立墓地做疗养院)以及陈三立众多诗友、社会贤达写的祭悼陈三立的挽诗、挽联等材料而成,以陈方恪手稿四件最为珍贵。发现者沈燮元先生委托笔者撰写此文,向学界披露这四件文献资料,非研陈学界有人不了解情况,断言"刘经富抢先发表成果"。

著作：

3 月，刘世南著《清诗流派史》由人民文学出版社出版。

按：该书第十八章《宋诗运动和同光体》只选郑珍和陈三立两位诗人作代表。对陈三立的诗歌风格、艺术特征进行了细致的分析。论述之精辟，引人入胜。作者治古典文学，既有深厚的中国传统文学理论做支撑，又以外国文艺理论为辅翼，使其学术生涯的压轴戏《清诗流派史》成为经久不衰的名著，为以研治古典文学为业者提供了标本与鹄的（但刘世南 2006 年出版的《清文选》，于晚清选了王闿运、吴汝纶、谭嗣同、章太炎、梁启超的文章，却不选陈三立，似仍有受意识形态无形影响的痕迹）。

2005 年

文章：

5 月，刘经富在《文史》第 2 辑发表《散原精舍诗集、文集的版本及其佚诗、佚文》。

按：此文先介绍作者本人收藏和在图书馆过目的陈三立《散原精舍诗集》《文集》的版本，次披露作者历年搜集的未收入 2003 年上古版《散原精舍诗文集》的陈三立遗诗、遗文、遗联，结尾申论版本考证、遗诗遗文搜集整理对陈三立研究的意义。

12 月，董俊珏在《苏州教育学院学报》第 22 卷第 4 期发表《陈三立古文观刍议》。

此文《内容提要》：陈三立的古文观在秉承前人"经世致用"之说的基础上不标宗派，不立门户，力避雷同，反对迂执墨守，主张应广泛学习古人并能融会自出，自成一家之文，体现了宝贵的独创精神。

本年，华东师范大学孙虎通过博士论文《陈三立诗学研究》。

此文《内容提要》：本论文旨在研究陈三立文学及其思想世界，力求还原历史之一段真实心灵，兼考察"同光体"的一般特征。论文分四章：一、介绍陈三立生平经历、政治思想；二、对陈三立诗歌作分类研究，分析其前后期诗歌艺术风格的变化；三、重点论述陈三立诗学，介绍其诗学渊源，分析其"骨重神寒"说；四、着重论述陈三立诗学的新旧观。陈三立在思想上坚持文化保守主义，成为他能融通新旧的文化心理基础。

本年，山东大学刘小成通过硕士论文《论陈三立的诗歌风格》。

此文要点：陈三立主张诗人要培植浩荡苍茫之气，提倡在学习唐宋诸家的基础上自成面目，并形成"沉郁而澹远"的诗风。他用字新奇，在"句法"上推陈出新,打破诗歌正常的语法规则,并在一些诗作中很好地运用了散文化的手法,形成了生涩拗峭的特点。

本年,苏州大学贺国强通过博士论文《近代宋诗派研究》。

按:此文第八章《同光体江西派论》第二节《江西异杰陈三立》对陈三立生平、诗风、影响、地位有较全面、公允的评议。

著作:

8月,周薇著《传统诗学的转型——陈衍人文主义诗学研究》由上海三联书店出版。

按:该书为作者博士论文的最终成果,虽然研究的对象是陈衍的诗学,但书中涉及、评议陈三立处颇多。作者的中国古典文学批评理论知识积累较扎实,故旧题目能出新意,学术含量较高。

12月,胡迎建著《一代宗师陈三立》由江西高校出版社出版。

张求会:从前后四十年的陈三立研究回顾来看,这应该是第一本学术性质的陈三立传记作品。该书出版后,有研究者倾向于将胡著定性为诗话体人物传记。诗话原本是著者擅长的文体,此次虽然专用于散原一人,但也足以尽显诗话之优长,大大提高了作品的可读性(张求会《胡迎建〈一代宗师陈三立〉略评》)。

按:以诗话体裁来点评叙议诗词作品犹可,用这种形式来写历史人物评传则受到体裁限制。这种从老辈传下来的札记评点体裁不符合现代科研意义论文、论著的要求,既不利于史学的考据(该书中不少细节错误,都是考证粗疏造成的),也不利于借助文艺批评理论对所研究对象的思想、文艺观、政治见解予以归纳、按断,使著述平面化,不出彩。

2006 年

文章:

6月,杨剑锋、常立霓在《南京农业大学学报》第2期发表《诗教传统的坚守与背叛——陈三立诗歌的现代性》。

此文《内容提要》:陈三立的许多作品保存并发展了晚明以来诗歌流露出来的那种自我意识急速膨胀但又严重受制于现实的哀伤、敏感与悲愤。尽管由于自身以及时代的局限,陈三立没有在思想上彻底摆脱纲常名教,但在诗歌创作上回应了晚清民初小说界的"哭泣"主题。他的两难处境,实际上也是晚清时期处于新学旧学交界时的文人的两难处境,具有强烈的时代性。

本年,江西财经大学孙兴富通过硕士论文《陈三立散文研究》。

此文《内容提要》:本文通过参照与陈三立同时代人的论述,以文论文,以史说史,试图通过分类研究,力求把握其文的特点及其独特心态,探寻对于接受传统文化熏染的中国旧式士大夫面临近代社会巨变,其精神状态、抉择过程和迷茫心理。陈三立散文的风格可以大体归纳为:一、清醇雅健,格严气遒;二、恣肆奇峻,沉郁感伤。

2007 年

文章:

1 月,胡迎建在《江西财经大学学报》第 1 期发表《论陈三立的古文成就》。

此文《内容提要》:陈三立古文在远承唐韩愈、南朝范晔,近承桐城派的基础上又有所变化。他认为文须有变有不变,力求笔力遒劲而控纵自如、折旋以达。他参照自己的创作体验,指出桐城派的优长与不足,分析古文家的长短。

3 月,陈正宏在《文学遗产》第 2 期发表《新发现的陈三立早年诗稿及黄遵宪手书批语》。

此文《内容提要》:新发现的陈三立早年诗稿《诗录》因其收录了陈氏写于戊戌变法以前的 375 首诗作,且大多为前此从未刊布的佚诗,而具有重要的文史价值。本文以文献学和文学史研究相结合的方式,对该诗稿作了扼要的介绍,初步探讨了其中不同于散原后期诗习见风格的早期面貌,勾勒了陈氏光绪十七年前后诗风的首次变化,并对黄遵宪在诗稿上手书的批语作了分类叙解。(参见本书第 197 页"小结"同题评议)

7 月,刘经富在《文献》第 2 期发表《陈三立赴京会试的重要文献》(后收入刘经富著《陈寅恪家族稀见史料探微》)。

按:此文披露在陈三立故里发现的陈三立第三次赴京会试的五件文献材料。它们除可以考证陈三立的科举经历外,还可以为清代科举提供生动的第一手材料。

8 月,杨萌芽在《洛阳师范学院学报》第 4 期发表《碧湖雅集与陈三立早年在湖湘的交游》。

此文《内容提要》:关于近代宋诗派领袖人物陈三立早年的文学活动,大部分研究著述语焉不详。本文首次详细考论了陈三立早年在湖湘参与碧湖诗社与碧湖雅集的情况,陈三立与郭嵩焘、王闿运、释敬安等结碧湖诗社相唱和,诗社同人多为陈三立一生挚友。从这个时期陈三立的创作来看,他早期诗风亦受汉魏六朝诗派的影响。后来陈三立才逐渐摆脱湖湘诗风影响,成为宋诗派的领军人物。

12 月，杨剑锋在《郑州航空工业管理学院学报》第 6 期发表《20 世纪 80 年代以来的陈三立研究》。

此文《内容提要》：20 世纪 80 年代以来的陈三立研究可划分为三个阶段：发轫阶段、发展阶段、深入阶段。学术界在对陈三立的诗歌艺术、文学理论、文化观、文学地位等方面的研究中取得了不少有价值的成果，但总体来说仍然相当薄弱。

本年，上海大学杨剑锋通过博士论文《现代性视野中的陈三立》（2011 年 3 月由中国社会科学出版社出书）。

此文《内容提要》：本文以现代性的视角，研究陈三立的文化保守主义思想及其心境、诗境。通过对这一近代史上重要人物的思想观、文化观、诗学创作发展变化的探索，从而进一步反思长期以来中国和世界范围现代性、全球化道路的合理性、事实道路的历史选择及其所引起的诸多后果。论文分为五章：一、对陈三立的生平经历和思想渊源进行梳理；二、重点探讨陈三立的文化保守主义思想；三、探讨陈三立的"人的现代化"思想；四、分析儒学在中国思想统治地位的坍塌与传统文化的断裂给陈三立造成的巨大心理创伤和深重的焦虑感；五、着重论述陈三立对旧体诗现代转型所作的贡献（参见本书第 186 页同题评议）。

著作：

1 月，潘益民、李开军辑注的《散原精舍诗文集补编》由江西人民出版社出版（刘经富主编《义宁陈氏文献史料丛书》之一种）。

按：该书将晚清诗坛领袖陈三立 1901 年以前的诗文首次公之于世，再现了他早年随父官游南北、人事往来的经历，是研究陈三立青年时期的思想抱负和文风诗艺、创作主张的第一手资料，具有很高的学术价值和参考价值。（参见本书第 197 页"小结"同题评议）

2008 年

文章：

6 月，胡迎建在《厦门教育学院学报》第 2 期发表《论郑珍与陈三立诗的异同》。

此文《内容提要》：郑珍与陈三立两人诗风有共同特点与联系，两人均有忧国忧民之心，写人不敢写之题材，抒人欲发而不能发之真情；为诗国开新世界；陈三立追步郑珍，渊源韩孟，不同的是，郑诗有元、白之平易，擅用白描手法；陈诗学黄山谷，炼字奇警。清后期诗坛，这两座高峰相呼应，是诗史的亮点。

12 月，杨萌芽在《洛阳师范学院学报》第 6 期发表《金陵唱和：清末陈三立在南京的交游》。

此文《内容提要》：本文从大量一手资料出发，详细梳理了陈三立清末在南京的交游和文学活动，填补了近代宋诗派研究中的一个空白。南京时期的陈三立肆意于诗文创作，完成了从政治家到文学家的过渡。陈三立和郑孝胥两位宋诗派领袖的交往日益密切，"同光体"开始成为晚清最重要的一股文学力量。

本年，苏州大学董俊珏通过博士论文《陈三立评传》。

此文《内容提要》：本文以传统的作家研究的方式来安排文章的架构，但并不拘泥于一般的评传的写法，不追求传记的文学色彩与面面俱到，而强调对有典型意义和根本影响的事件与现象的深入发掘与严密考证，并始终以陈三立和时代背景的契合点为主线，通过他的具体的人生选择与文学创作，揭橥整个末代封建士大夫阶层的历史命运。

按：本博论学术质量较高，多有发明创见。惜至今未正式出书。

本年，屏东教育大学高铭淇通过硕士论文《陈三立及其散文研究》。

此文《内容提要》：本文以陈三立及其散文研究为题，意欲探讨三立之背景与生平对他的影响；文学创作如何反映多样性的生命省思内涵；三立旧文学在文化变迁之际扮演之地位与意义；三立在乱世中如何安身立命，俾供后人找寻心灵慰藉，文中并着重以三立之散文来印证其思想主张。

本年，新竹"清华大学"杨淑君通过硕士论文《陈三立诗研究》。

此文《内容提要》：本论文以陈三立早期诗文作品为主要探讨文本，并从战争书写、液体（酒、雨、江、泪）记忆、诗人之死等三个角度切入，旨在研究陈三立的怪奇书写风格，结合其个人经历与历史事件，借此反映一种清遗民面相与心态。

2009 年

文章：

3 月，刘经富在《文史知识》第 3 期发表《晚清进士贡士不分的原因——以陈三立为例》（后收入刘经富著《陈寅恪家族稀见史料探微》）。

按：此文为解决陈三立中进士时间历来有光绪十二年丙戌科、十五年己丑科的困惑而写。通过考索科举文献资料和民间科举礼俗，终于发现两说并存、后人各执一词的背后原因,源于官方规定只有殿试合格才能称进士和民间只要会试中式即可称为进士的"双轨制"。

5 月,胡迎建在《南昌大学学报》第 3 期发表《论陈三立的诗学观》。

此文《内容提要》:本文从陈三立大量序跋、题辞、评语中勾勒其诗学观:一是养气作诗说;二是诗来自"志盛多感";三是学诗途径,借径黄山谷而上溯唐诗,学其造句新警,追求"骨重神寒",避俗就奇,避熟就生,避速求涩。力创天然奇秀、富有余味之境。

10 月,杨剑锋在《社科纵横》第 10 期发表《余作前儒托命人——试论陈寅恪对陈三立精神遗产的继承与发扬》。

此文《内容提要》:陈三立、陈寅恪父子对严重的民族文化危机有着清醒而又极其痛苦的认识。陈寅恪秉承陈三立以传承、保存中华文化为己任的历史重负,处处维护中华本位的传统文化,对全盘西化之思潮持抵制态度。同时,陈三立的气节也对陈寅恪"独立之精神,自由之思想"著名观点的形成产生了极大影响。父子二人共同承担起中国文化"托命人"的历史重担。

2010 年

文章:

1 月 24 日,祝伊湄在《东方早报·上海书评》发表《评徐梵澄〈蓬屋诗存〉》。

按:此文作者在文章中以大段篇幅介绍揄扬徐梵澄先生推举瓣香陈三立诗作诗风在古典文学史上的殿军地位和对陈三立诗作的具体解析。

4 月,李琼洁在《船山学刊》第 2 期发表《略论郑珍对陈三立的影响》。

此文《内容提要》:本文主要论述郑珍作为"宋诗派"的杰出代表,其诗歌对上接宋诗派、在艺术师承方面"不墨守盛唐"的同光体诗人陈三立的影响,突出表现在诗学思想、诗歌内容以及诗歌艺术创作这三个方面。

5 月,董俊珏在《中国文献研究》第 13 辑发表《由陈三立与庚子勤王关系之考辩论其后期政治心态》。

此文《内容提要》:本文通过对陈三立发给梁鼎芬的一份所谓密札的细致解读以及对当时史事的深入考辨,提出了与周康燮等学者认为陈三立曾积极参与康梁庚子勤王运动之观点的不同理解,并以陈三立本人的诗文加以印证,从而阐述了陈三立在戊戌政变之后的基本心态。

5 月,董俊珏在《殷都学刊》第 2 期发表《简论陈三立的诗学观》。

此文《内容提要》:陈三立之诗学旨趣,散见于其存世的各种文字之中。

本文在辨析陈三立与同时代诗人创作理念的差异性的前提下,阐述了其诗学体系两个层面的内容:一是重视诗人的人格修养,即"胎息自然,不汩其真";二是强调诗人应在转益多师的基础上,形成自己独特的诗歌风貌。

著作:

10 月,马卫中、董俊珏著《陈三立年谱》由苏州大学出版社出版。

按:该书是在马卫中、张修龄十多年前编写的《陈三立年谱》长文基础上增订扩充而成。该年谱以陈三立既是诗人又是广义的政治家为原点来搜集组织材料。不仅是对陈三立一生活动予以记录与考订,还以陈三立为线索,展开将近一百年陈氏家族变迁史,甚至对这一时期的中国社会变化与发展亦有所反映。作者之一董俊珏随马卫中攻读博士学位,其毕业论文题目即为《陈三立评传》。他毕业后,师徒俩又经过两年的共同努力,终成慧业。两代作者的学术积累渊源于钱仲联先生,于诗学一道承传有自,又超以现代科研意义的论文论著理念范式。全书呈现出考证与按断并善的特色,允为可信佳作。

2011 年

文章:

11 月,刘经富在《古籍整理研究学刊》第 6 期发表《陈三立集外诗文钩沉》。

按:此文为作者继发表在《文史》2005 年第 2 期上的陈三立佚诗、佚文之后搜集整理的第二批陈三立佚诗、佚文。整体价值虽然没有第一批佚作大,但亦有可观之作。

本年,苏州大学孙艳通过博士论文《同光体代表诗人心路历程研究》。

按:此文第四章《转恸江湖容后死,独飘长鬓看中原——陈三立心路历程》长达三万余言,可谓一篇可以单独成册的陈三立传记。文章最后申论:处于前所未有的历史大变局之下,有志用世,无力回天,不仅仅是陈三立个人的悲哀,也是所有生逢封建末世的传统儒家士人的悲哀。处于新旧转折的时代,陈三立最终没能顺应时势,而是选择了固守自己的伦理操守和文化信仰,虽有落后于时代之嫌,但其以传统的儒家思想价值观念为依归,甘殉心中至高无上的"道",这种终始如一的精神风节却值得钦佩。

著作:

1 月,马亚中著《近代中国诗歌史》由复旦大学出版社出版。

按:该书第六章《全面的历史反省中对新雅的追寻》之第三节《山谷神传,西江杰异:陈三立诗》对陈三立的诗歌艺术特征有集中、系统的解析综合,多有创见。此外,该书的其他章节提及陈三立亦颇多。

3 月,杨剑锋著《现代性视野中的陈三立》由中国社会科学出版社出版。

按:该书是作者 2007 年完成的博士学位论文同名著作。全书围绕陈三立的政治文化立场展开论说。认为"同光体"诗人群体的政治理想不是民主共和,而是君主立宪。他们普遍采取一种保守立场,力图打通中西古今,复兴中国文化。陈三立作为"同光体"成就最高的诗人,显然继承了中国古代士大夫生不逢时、感慨身世的"黍离之悲"传统,其诗歌的深沉、悲愤,回肠荡气,都是第一流的,是中国最后一个封建王朝的挽歌,也流注着最后一代士大夫对国家对社会充满忧患意识的热血。作者的社会科学理论有一定基础,书中时出卓见。指出陈三立始终无法完全超越"中体西用"的理论局限,他的思想深刻与肤浅并存,系统性与破碎性同在,因而他始终只能是一位杰出的诗人,而不是杰出的思想家。

2012 年

文章:

1 月,刘经富在《南昌大学学报》第 1 期发表《〈艺风老人日记〉中的陈三立资料发微》。

此文摘要:缪荃孙的《艺风老人日记》共出现陈三立的名号 221 次,记录了日记作者缪荃孙与陈三立从光绪十七年(1891)到民国七年(1918)交游往还的史实,为我们了解、研究陈三立的人事关系、诗作本事、诗中活动提供了珍贵的第一手材料。

6 月,刘经富在《中华文史论丛》第 2 期发表《张吴之后有散原——读新发现的陈三立早年〈文稿〉评语和范当世佚函》(后收入刘经富著《陈寅恪家族稀见史料探微》)。

此文《内容提要》:近年发现的陈三立早年未刊《文稿》有多条范当世的评语。范氏认为陈三立的古文创作成就可以上接曾国藩、张裕钊、吴汝纶、王闿运,这为我们解读、研究陈三立古文的宗风家数指明了途径方向。范当世在评点陈三立《文稿》后曾致函陈三立,此函没有与陈三立《文稿》一起发现,而是从另外一个渠道浮出水面。这封佚函为我们了解范当世评点陈三立《文稿》的情况和《文稿》的版本流传提供了重要信息。

9 月,胡迎建在《南昌大学学报》第 5 期发表《陈三立与湖湘诗派》。

此文《内容提要》:同光体诗派的领军人物陈三立,青年时代在长沙受湖湘诗派影响,但后来诗风大变,师法对象由六朝诗转向唐宋诗,并逐渐转向宗法韩昌黎、黄山谷诗。进入民国后,湖湘诗派之后学反而受同光体特别是陈三立的影响。同光体诗派后来居上,居诗坛正宗。

11 月,刘经富在《古籍整理研究学刊》第 6 期发表《从陈三立与李审言的诗函往来看两人的交谊》(后收入刘经富著《陈寅恪家族稀见史料探微》)。

此文《内容提要》:戊戌变法失败两年后,有"维新公子"之称的陈三立挈家定居南京,结交了一批江浙一带的朋友,李审言即其中一位。1996 年,李审言哲嗣李稚甫先生披露了陈三立致李审言未刊信札八通。在陈函没有面世之前,我们只能根据陈三立《散原精舍诗》和《李审言文集》保存的唱和诗作对两人的交往进行粗线条的勾勒。现在有了通信史实,两人交往的背景、细节就呈现出来,静止的书面材料变得生动有味。把信札与唱和诗作结合起来考察,陈、李的人事关系开始明朗,两人的社交圈子与生存状态、性格情趣也从中反映出来。

本年,杨萌芽在"中国近代文学研究三十年回顾与前瞻学术研讨会"中提交论文《从陈三立与谭嗣同交恶看湖南地方维新中新旧之争》。

此文《内容提要》:陈三立、谭嗣同同为风流倜傥的清末"四公子",两人都极富才华,都支持、投身维新。然而这两位才华横溢的名公子在维新变法期间却反目成仇,互相诋呵,反映出激进派士大夫与稳健派士大夫关于变法途径之争。

本年,济南大学李晓田通过硕士论文《散原诗意象与语言艺术研究》。

此文《内容提要》:散原诗内涵丰富,致力于新奇诗歌意象境界的塑造。他常借助诗歌意象寄寓兴亡,伤时悯乱,成就了散原诗意象的悲情人格。意象与语言密不可分,散原在字法、句法以及用事之法方面形成了比较系统的诗学思想。本文把散原放在近代中西文化碰撞的时代背景下,整合散原在意象与语言方面的特色,在运用意象理论对诗歌意象进行分析和解读的同时,对散原诗语言与意象的相互影响全面探讨,并着重探析散原的用典,对散原诗意象与语言艺术进行系统整理与论述。

2013 年

文章:

7 月,孔令环在《中国韵文学刊》第 3 期发表《论陈三立对杜甫诗歌的借鉴》。

此文《内容提要》:陈三立是近代同光体诗人中的领袖人物,同光体属于宋诗派,杜甫在其中占据着无可争议的初祖地位,对于这个诗派有着重要的影响。在众多同光体诗人中,陈三立对于杜甫的学习借鉴既有自己的独特之处,又在一定程度上显示出同光体诗人特别是"赣派"学杜的共同特色。主要表现在三个方面:一、思想主题上一脉相承;二、大量运用杜诗典故;三、借鉴杜甫诗歌的技巧和艺术风格。

10 月,沙红兵在《中国文化》秋季号发表《早期现代的崇高诗学——陈三立〈散原精舍诗〉研究》。

此文要点:陈三立生当 19 世纪八九十年代至 20 世纪一二十年代这一"早期现代"时期,经历甲午、戊戌、庚子、辛亥、新文化运动等文明与政治的危机。在旦夕之间审视和表现历史与当下的亘古往来与变迁,在一榻方寸之地汇聚和穷尽现实界想象界有形与无形的大千万象。这一方面远远超出了个体诗人在一己能力之内所能理解和把握的范围,另一方面却也大大突出了个体诗人不甘自疑自弃、不惜撑破和撕裂的主观战斗精神。诗人的生命力每每在社会、时代以至个体命运的流转之中受到阻滞,但立刻又继之以生命力的更强烈的迸发,使散原精舍诗成为他那个时代诗歌的典范之作。

10 月,李开军在《中国文化》秋季号发表《散原之死——想象与真实的时代叙述》。

此文要点:1937 年 9 月 14 日(阴历八月初十),陈三立病逝于北平。半年后,时任中央大学校长的罗家伦在《新民族》杂志上发表《民族的正气》一文,表彰"中国近代最伟大的诗人陈散原先生殉国大义"。这是在北平、南京、上海等地先后沦陷的局势之下,在一些政客、文人纷纷"落水"之时,对陈三立之死的一种大有深意的解读。继罗家伦之后,以此种眼光来评说陈三立之死的,颇有其人。只是其时报刊上传播的陈三立怒驱说客、绝食拒药以殉国的事迹,更多的恐怕是在那样一特别时代情境下人们一厢情愿的想象之产物。不过,当年塑造起来的这个"爱国诗人"形象影响颇为深远,成为陈三立晚节操守的盖棺论定。

11 月,李开军在《国学茶座》第一期(山东人民出版社 2013 年 11 月版)**发表《陈三立与钱基博》。**

按:此文首揭钱锺书对"陵谷山原"的勾勒及评散原诗如"上等哈瓦那雪茄烟"的妙论,因《围城》的风行,早已为人所知。但其实"钱陈因缘"从钱钟书的父亲钱基博这一辈就已经开始了。文章论证繁富,启沃多多。最后申论陈三立与钱基博在文章趣味与识见方面,可称"异代知音",甚至在精神层面,二人之间似乎也能发生"穿越"时空的应和。不过,钱基博的集部之学主要体现在"文"这一面,他的诗学功夫有所欠缺,故而未能对陈三立诗歌提出原创性的批评。

著作：

5 月，袁进著《中国近代文学编年史——以文学广告为中心（1872—1914）》由北京大学出版社出版。

按：该书 1910 年 9 月条披露《国风》刊载的《散原精舍》书讯和广告词"是编为义宁陈伯严先生著，专学宋人，熔铸万有，气象雄浑，意境沉着，有黄河奔流千里一曲之概，诚今时诗中之大家也"，学界有人由此生发撰成《陈三立〈散原精舍诗〉的地位》一文（杨剑锋撰）。文章对《散原精舍诗》的版本和散原体诗的风格、特色举例予以评析、论说，认为广告词中的结论"（陈三立）诚今时诗中之大家也"是准确恰当的。以陈三立为代表的同光体诗派，与以黄遵宪、丘逢甲、梁启超为代表的诗界革命派，以柳亚子、陈去病、高旭等南社诗人为主的革命派，在清末民初的中国诗坛三足鼎立。三派之中，同光体诗派影响更大，成就更高，三立是清末民初"第一诗人"。

10 月，胡迎建著《陈三立与同光体诗派研究》由中国社会科学出版社出版。

按：该书是作者申报的国家社科基金项目结题成果。全书分前言，陈三立生平简述，陈三立政治思想的三阶段，独辟奇境、锻炼求新的艺术追求，陈三立的诗歌渊源，陈三立的诗学观，陈三立的古文成就，陈三立与其他诗派诗人的交游与比较，陈三立与同光体重要诗的交游与比较，同光体赣派、闽派、浙派十一个部分。举凡陈三立的生平事略、人事交游、政治思想、诗作渊源特征、诗作的地位价值、古文成就水平、同光体的主要面貌性质都有论列。搜集材料丰富，分析细致入微，全面、厚重。作者此前已发表过多篇相关论文，写作本书自是驾轻就熟。如果要举出有什么遗憾之处，微嫌文艺理论素养和传统诗学知识积累没有充分展示出来。

2014 年

文章：

3 月，李开军在《汉语言文学研究》第 1 期发表《钱锺书眼中的散原诗歌》。

此文《内容提要》：钱锺书在《围城》和《容安馆札记》等著作中多次论及陈三立诗歌，其看法颇受陈衍的影响，但也有辩驳。钱氏认为陈三立诗歌是具有艰深风格的诗人之诗，但诗学不精。其持论自有深到之处，亦偶现求全之偏。

4 月，吴建伟、黄嬿婉在《近代中国》总 23 辑（上海社会科学出版社 2014 年版）发表《陈三立佚作补辑》。

按：此文作者在上海图书馆丰厚的文献遗存中钩沉索隐、爬梳甄别，获得一批陈三立佚诗佚文,整理笺注后予以发表披露,推进了陈三立遗作搜集整理。

5 月,李开军在《国学茶座》第 2 期(山东人民出版社 2014 年 5 月版)**发表《陈三立与梁启超》。**

按:此文要点:陈三立、梁启超是解读中国近代文学新旧两派的关键人物,从陈、梁的交游中,我们可以体会得到晚清中国政治、思想和文学的复杂性,正像陈三立讲他父亲陈宝箴的湖南变法"不复较孰为新旧"一样,一切可能就在这样的新旧杂糅之中,走出了自己的道路。

8 月、10 月,李开军在《国学茶座》第 3、4 期(山东人民出版社 2014 年 8 月、10 月版)**发表《陈三立父子与康有为》(上、下)。**

按:此文长达一万七千余言,叙述、分析了陈氏父子与康有为交集、嫌隙、和解的全过程,展现了戊戌变法中复杂纷纭的政治主张、明暗局面和相关人物的浮沉起伏、碰撞恩怨。最后感慨陈三立晚年胸襟磊落,不但与康有为修好唱和,与其他故人亦尽释前嫌。曾经的矛盾主要是政治见解、新政主张,并不涉及个人品节。所以,当历史翻过这一页之后,私谊仍然得以继续。

10 月,张煜陈在《中国比较文学》第 4 期发表《陈三立诗歌中的新名词与新意境》。

此文《内容提要》:陈三立的诗歌既不同于黄遵宪那样勇于革新、大胆尝试,又与沈曾植、郑孝胥等一般同光体诗人的相对守旧有所不同,这种不同于时流的诗风,正是其独特认识价值之所在。表现在诗歌里,陈三立并不一概排斥新名词。更引人注目者,当然是古诗中所出现的各种泰西新奇事物,以及隐藏在这些新名词背后的尖锐的孤独感。

3 月,刘经富在《文献》第 2 期发表《陈三立佚函九通笺释》。

按:此文为作者对搜集到的陈三立未刊信札九通予以整理发表。写作时间包含陈三立青年时期较早的一函和晚年最后一函,中间两函是陈三立中年时期所写。它们把陈三立的一生串联起来,我们可以从这些信札的字里行间感受到陈三立青年、中年、晚年时期的音容面貌、气质性情、行事风格。限于当时的考据水平,第一函的写作时间出现了偏差。

著作:

3 月,李开军编纂的《陈三立年谱长编》由中华书局出版。

按:该书为国家社科基金后期资助项目。《年谱》的出版,是陈三立研究园地的重头戏。该书体例庞大,材料巨量厚实。作者搜集资料的功力一流,以前许多关于陈三立行谊事略的一鳞半爪,都被作者寻根问底挖掘出来,解决了许多模糊不清的问题。如陈三立 1901 年至 1911 年的经历脉络一直不连贯，其中以参与南浔铁路修筑事最为隐隐约约。《年谱》作者挖掘了这方面的原始材料，对陈三立参与南浔铁路修筑作了全程式梳理。以时间为经，以人事为纬，将不同背景下陈三立与南浔铁路的喜怒哀怨作了全景式的展示。更大的贡献是《年谱》作者以严谨的治学精神，扎实的考据功夫，清晰的思辨能力，提高了陈三立研究这一块的学术水准，达到了可以与陈寅恪研究并驾齐驱的程度。

作为一部上百万字的巨著，说完全没有问题是不讲真话。该书可以视为一部关于陈三立资料的辞典工具书，如何使书中巨量丰厚的资料让读者迅速准确地找到，也有讲究。如编制一份详尽的综合索引，即是为学界再做功德。

2015 年

文章：

1 月，李开军在《文史哲》第 1 期发表《陈三立早期诗歌写作与晚清湘鄂诗坛》。

此文《内容提要》：陈三立在光绪二十七年（1901）之前的诗歌写作，可视为他诗歌写作的早期。长沙时期（1877—1889）最初二三年里，更近"唐音"；从《诗录》收诗的光绪六年（1880）起，此后几近十年间，陈三立在长沙追随王闿运，摹写汉魏六朝，尤其重视向晋宋诗人学习。进入武昌时期之后（1890—1895），即《诗录》收诗的最后五年，陈三立在张之洞、梁鼎芬等师友的影响下，转向对唐宋大家杜、韩、苏、黄等人的学习，呈现出"宋调"的风貌。此一转变，契合了陈三立的性情与才学，并得到黄遵宪的肯定。

4 月，李开军在《中国文化》春季号发表《最后的事功：陈三立与南浔铁路之修筑》。

按：20 世纪八九十年代"陈寅恪热"兴起后，学界对陈三立任职南浔铁路事略尚不了了，犹如神龙见首不见尾，朦朦胧胧。赖张求会首揭其秘，董俊珏继之，最后由李开军总其成。他从《申报》《中外日报》《大同报》《近代中国铁路史资料》《交通史路政编》和陈三立致端方多封函札、致《中外日报》主编汪诒年函、皮锡瑞日记等文献材料中，披沙拣金，聚沙成塔，将陈三立这一段经历梳理清晰，大关节目线索分明。连接上了陈三立生平中一个断裂的环节，还原了陈三立参与南浔铁路建设的全过程，丰富充实了陈三立的另面人物形象。

2016 年

文章：

1 月，李开军在《近代史研究》第 1 期发表《〈寒柳堂记梦未定稿〉陈三立保定之行一节之疏证》。

此文《内容提要》：关于陈三立光绪三十二年（1906）保定之行，陈寅恪《寒柳堂记梦未定稿》所记从细节到大要，都颇有讹误之处，不可尽信。如陈宝箴、陈三立父子开复在光绪三十一年而非二十九年；袁世凯主张立宪之隐情非仅陈三立一人窥得，而是路人皆知；并非袁世凯主动邀请陈三立，推荐者乃毛庆蕃等。尤其是陈三立对于立宪的态度，陈寅恪也出现了误判。本文结合相关史料予以辨正，以期近真。

10 月，楼培在《粤海风》第 5 期发表《陈三立的"神州袖手人诗"》。

按：此文实为陈三立何时赠梁启超"神州袖手人诗"考。推论赠诗时间，以 1897—1898 年二人在沪上相见、湖南共事期间或 1900 年庚子勤王前后最为可能。

本年，山东大学周洋通过硕士论文《散原七律诗艺研究》。

此文要点：本文以散原七律为研究对象，分析其诗歌写作艺术，以期能整体把握其七律艺术技巧及风貌特征，发掘其个性独创处。

2017 年

文章：

6 月，周洋在《中国石油大学学报》第 3 期发表《论七言律之句法——以陈三立七律为中心之考察》。

此文《内容提要》：将陈三立置于古典诗歌创作链条之末，考察其七律句法之运用，对于深入认识传统七律之创作艺术有重要价值。陈三立七律好用倒装，每能于一句中之第七字精心安置，以收拗峭劲健之效。复以文为诗，律句节奏多样，已能化七言律句上四下三板滞之格，使句式有开合动荡之姿。亦擅使虚字，其七律所用虚字词性多样，于语助类协调语音之外，复能贯诗之情愫，渲染诗境。其虚字使用臻于极致者，往往能见其性情。其对仗于流水、开合、倒挽三法之外，复有少量巧变对以见其才思，畅其诗律。

11 月，胡迎建在《岭南学报》第 2 期发表《陈三立与同光体赣派》。

此文《内容提要》：同光体诗派是晚清民国以来形成的一个影响最大的诗歌流派。下分闽派、赣派、浙派。其中赣派主要承宋代江西诗派。首领陈三立独辟诗境，表现在如下方面：擅长写荒寒之景；抒极哀恸之情；比喻、借代、拟人手法生动；意象新颖；炼字奇警；句法拗峭奇崛。其诗学渊源承传黄庭坚而又有创新，而内容深广，万象纷呈，境界阔大苍莽，风格沉雄，则又为黄所不及。陈三立以其鲜明的诗风沾溉后学众多，可谓广大教主。

2018 年

文章：

2 月，赵家晨在《江西社会科学》第 2 期发表《陈三立与近代江西诗风的演变》。

此文《内容提要》：光绪十六年（1890）陈三立漫游武昌，结识张之洞幕府文人群体，诗风由早岁寓居湖湘时的浪漫绮丽转向严谨涩硬。后来陈三立避居苏沪，研磨诗艺，其宗宋之风得以确立。因祭扫祖茔之故，他每岁必往返苏赣数次，江西籍诗人借此契机多向其求益，其亦乐于大力奖掖后进赣地诗人，掀起清末民初江西诗坛诗学创作新高潮，晚近江西诗坛诗风遂由崇尚汉魏六朝转而推尊杜、韩、苏、黄。陈三立以其不囿唐宋的诗学思想指导后进赣籍诗人，开启了近代江西诗坛新面貌。

5 月，李开军在《文学评论》第 3 期发表《故国与新邦——民国初年陈三立诗文中的遗民书写》。

此文要点：民国初年的陈三立，生活在惊惧、愤怒之中。他眼中的民国，战乱频仍，纲纪沦落，道消雅废。他时常梦回故国，对溥仪亦欲"魂依"，虽未参加"丁巳复辟"之役，但恢复之志隐约在诗文之中。

8 月，周洋在《中国石油大学学报》第 4 期发表《七言律拗救之形式体制与艺术功用——基于陈三立七律之考察》。

此文《内容提要》：陈三立七律自成"散原体"，艺术成就卓著。察其七律中拗救之使用，对深入理解古典诗歌创作中拗救运用的形式体制与艺术功用有较为实际的意义。其七律所用之拗救类型几乎囊括拗救理论范围内的各种形式，并且在增强律句强度、美化音节、突出表达情感与强调诗意方面有其独特的表达效果。此外，其所用拗救形式亦有助于打破律句常规体式，使得固定化的律句体制得以有新鲜血液的融入而更加丰富多彩。

2019 年

文章：

4 月，周洋在《中国韵文学刊》第 2 期发表《论意象及动词使用特色与诗境呈现之关系——以陈散原七律为中心》。

此文《内容提要》：陈散原的七律成就卓著，其诗境生成与诗中意象择取及动词使用密切相关。其七律之意象极富情感色彩，亦多具生机衰退、孤零哀苦及疏离人境之特征。考其意象之色调状貌，往往废秾艳而趋清寒，弃佻巧而取浑朴。其意象联缀之律句常使动词之类作为意脉贯串其间，且多富动态及情感色彩，同一动词于不同语境中亦能随境转情，部分动词于散原笔下表情之能已近出神入化。察其诗境呈现，其意象与动词于诗境之情感色彩、力度感及动态感颇多助益。

8 月，潘建伟在《中国现代文学研究丛刊》第 8 期发表《旧学新义——后期陈三立诗学的现代观》。

此文《内容提要》：陈三立的诗学大致可以新文化运动为界分成前后两期，早期在创作实践中慢慢形成的、但并不稳定的诗学在后期逐渐得到凝定与升华。后期陈三立的诗论集中体现于他的《顾印伯诗集序》一文提出的"约旨敛气""洗汰常语""综贯故实"与"色采丰缛"四个方面，这些主张虽与早期新诗理论截然相对，却与 1930 年代现代派的诗学观点极相吻合。

2020 年

文章：

11 月 4 日、11 日，刘经富在《中国书画报》连载《味在酸咸之外——陈三立书法风格略述》。

按：此文为作者编注的《陈三立墨迹选》书稿《前言》，出版之前先以单篇形式发表。要点：陈三立是民国时期的大诗人和古文名家，其书法风格、价值、地位却被其巨大的诗名、文名所掩，其全部文化活动中的一个侧面被忽略，这对于一个以笔墨为生的文豪来说，显然不符合实际情况。作者尝试通过自己的粗浅研究，补上这一环节。用书法这个载体，来观照、映证陈三立的思想宗主、人格性情与"得意忘象""遗象取神"艺术本体观的关系，指出在名家如林的民国书坛，陈三立书法虽然达不到金字塔的顶尖位置，但在"字如其人""字以人贵"的文化传统中，其书艺、风格自有他存在的价值和地位。这是我们今天要对他的书法墨迹进行搜集、研究的原因。

著作：

4 月，李开军辑释的《散原遗墨》由凤凰出版社出版。

该书《内容简介》：本书分为陈三立随宦湘鄂、移家金陵、窜居沪上、重返金陵、避居杭沪、寓居庐山、终老北平七个部分，以时间为序，辑录了陈三立六十四年间写给晚近名人的书信题词近 300 通，图文相配，展示了散原老人的书风与文风。辑释者对每封墨迹的考证，并不局限于其本身，而是征引各种文献,再现了当时的历史场景,既有学术意义,又臻艺术价值。

该书面世后,张求会撰《狮象搏兔,必用全力——读〈散原遗墨〉有感》,载《中华读书报》,2020 年 7 月 22 日;南江涛撰《妙手镶碎金　体悟真性情——读〈散原遗墨〉》,载《藏书报》,2020 年 7 月 20 日。参见本书第 198 页"小结"同题评议。

12 月,刘经富辑释的《陈三立墨迹选》由上海古籍出版社出版(刘经富主编《义宁陈氏文献史料丛书》之一种)。

该书《内容简介》:陈三立的书法为其巨大的诗名、文名所掩,以往研究多侧重其诗文成就,而忽略了其书法墨迹的价值。辑释者将其积二十余年搜集到的陈三立书法墨迹予以整理研究出版。遴选陈三立墨迹 380 余幅,分为"书写古人诗作""书写自己诗作""题诗、题辞""题记、序跋""评点""题耑""信札""对联""其他"" '疑似墨迹'举隅"十大类,按考定的年代先后依次编排。释读之外兼有按语与笺注,具有提高陈三立声名成就的意义,对重塑陈三立文化巨匠的形象有所助益。参见本书第 198 页"小结"同题评议。

该书面世后,李长钰撰《〈陈三立遗墨〉评介》,载《中国书画报》,2021 年 4 月 13 日。

2021 年

文章:

5 月,胡全章在《天津师范大学学报》第 3 期发表《百年来中国文学史书写中的陈三立》。

此文《内容提要》:自"五四"时期中国近现代文学史开山人物胡适基于白话文学正宗观,将陈三立等近代学宋派诗人定为"模仿的诗人""雕琢的诗人"判入"死文学"行列。到新中国成立初期,文学史著作将"同光体"定为封建主义文化和形式主义诗歌的典型代表,视之为反动的逆流,再到近年来文学史家对以陈三立为代表的同光体诗人表现出更多的"了解之同情",肯定其在学古中追求创新的艺术品格,对其部分诗作表现的时代内容乃至"现代性"予以正面评价,百年来中国文学史书写中的陈三立形象发生了显著变化。时至今日,如何在文学史中客观描述和准确定位以陈三立为代表的"同光体"诗派,依然是一个学术难题。

9 月,关爱和在《社会科学战线》第 9 期发表《犹吐光芒配残月——论陈三立诗文创作》。

此文《内容提要》:陈三立是晚清颇负盛名的宋诗运动中同光体诗派的代表作家。同光体以"杜韩苏黄"为诗学路径。本文将陈三立的诗文创作分为袖手人、悲歌人、亡国人、无归人四个历史阶段，勾勒出末代士大夫阶层斑斓多彩的情感世界。陈三立投入、参与了新旧时代的历史过程，使一弯残月的旧秩序、旧文学，呈现一抹光芒。

9 月，李明在《南开学报》第 5 期发表《从常用字看陈散原诗之印象主义》。

此文《内容提要》：散原老人陈三立的诗中有若干习用之字，形成了民国学者王一叶所指出的"印象派"特点。陈三立常用"光""照""影""气""痕"等字摹写事物之光影痕迹与气韵；多用"梦""魂"等字写主观精神之迷离印象；常用的"飘""摇""悬""挂"等字则描摹了光影和声响的飘摇不定之态。这表明诗人的目光是印象式的速写，也表现了散原诗中疏离的物我关系。这种疏离的物我关系直接体现在"隔""挂眼"等常用字词上。这种朦胧昏暗的意境和疏离的物我关系，与陈散原的遗世心态不无关系。

小　结

陈三立研究在 20 世纪八九十年代比陈宝箴研究势头要好些，虽然在成果数量上比不上陈寅恪、陈衡恪研究，但亦有少量学术含量可以并肩的论文。特别是九十年代后，关于陈三立生平、陈三立诗歌的艺术成就与地位、陈三立的政治思想和"同光体"研究有了一定进展。已有成果主要致力于其诗歌领域，在新文艺观现实主义、形式主义的概念划分和近代史流行概念的重新审视、界定下，对陈三立在诗坛地位予以重新评价。其诗歌艺术成就得到学界认同。薄弱环节是对其一生丰富复杂的经历，盘根错节的各方人事关系，早年、中年的经历事略，政治思想态度的差异等考证、深入不够。

进入 21 世纪后，陈三立研究可谓蒸蒸日上，异军突起，形势喜人。成果业绩特色，主要体现在三个方面：

一、对陈三立遗作文本的整理和挖掘辑佚成绩显著

2003 年 6 月，上海古籍出版社出版李开军校点《散原精舍诗文集》，这是陈三立诗集、文集的首次合刻，它为人们阅读散原老人的诗、文提供了一个可以案头常用的读本。校点者做了大量的辑佚工作，是目前收入陈三立作品最多的本子。1994 年"陈宝箴、陈三立父子学术研讨会"上，与会代表即呼吁尽快整理出版陈氏父子诗文集。2001 年，胡晓明在一篇文章中感叹"陈三立诗才之大，诗功之深，诗艺之妙，置之李杜苏黄前，绝无愧色；而思想文化之复杂魅力,则有过之……而我们的学界,多年来就因为他'不进步',连他的诗集都没有人去整理"(胡晓明《近代上散文系年初编·序》,上海教育出版社2003年版)。《散原精舍诗文集》的出版,弥补了学界的缺憾。

从20世纪90年代末期起,刘经富开始关注、从事陈三立诗文、联、函的搜集、整理。2005至2014年间,将历年搜集的未收入《散原精舍诗文集》的篇章分四次在《文史》《古籍整理研究学刊》《文献》上发表。

2007年,江西人民出版社出版刘经富主编,潘益民、李开军辑注的《散原精舍诗文集补编》。早在20世纪80年代初,文化学术界即流传着《散原精舍诗》《散原精舍文集》并不是陈三立的全部作品,他还有早年未刊稿本的说法,以苏昌辽先生所说最为详细。1985年,江苏人民出版社出版的《金陵野史》刊载了他撰写的《散原精舍诗集》一文,文中披露:"光绪二十七年,散原老人年四十八岁,已挈眷来金陵,集中之诗,皆来南京以后之作品。我见到的未收进诗集的诗稿,年代要较早些,是其中年时期所作,风格略有不同,工力劲追汉魏,意境典雅高古,故选定诗集时,梁鼎芬(节庵)以为和后来所作,格调不尽相同,乃建议不必编入集中,以保存同光诗体之面貌。集外诗稿本二册,系湘潭周印昆(大烈)手抄。周当时寓居散原老人家中,为陈氏家塾老师,书法工力极深,诗稿中并有黄遵宪亲笔评点。"约2003年,南京图书馆古籍部专家沈燮元先生在馆内寻找陈三立四子陈方恪的遗稿时,不仅发现了陈方恪的遗稿,还发现了保存在陈方恪遗稿中的陈三立《诗录》《文录》稿本四册。至此,传说中的陈三立未刊稿本,终于浮出水面。2007年江西版《散原精舍诗文集补编》一书,收录了《诗录》《文录》稿本四册的所有诗、文和编者本人辑佚的篇章和刘经富辑佚的篇章、注释。这是陈三立诗文辑佚的一项大成果。此外,陈正宏亦对《诗录》进行了扎实的研究,并在2007年第2期《文学遗产》发表了《新发现的陈三立早年诗稿及黄遵宪手书批语》一文(见本书第181页),作为其"散原精舍诗校补"课题的前期成果。可惜至今未见他课题结题后的著作面世。

2014年,上古再版李开军整理的《散原精舍诗文集》(增订本),收录了2007年出版的《补编》、李开军2007年后辑佚的篇章和刘经富辑佚的篇章,并改正了2003年版存在的校点错讹。按陈三立的诗文著作文本并不难获致,1962年,台北商务印书馆出版《散原精舍诗》。1979年,台北新文丰出版公司出版《散原精舍诗》,2018年,北京朝华出版社出版《散原精舍诗》,但都是影印民国版的《散原精舍诗》白文,不是校点本。《散原精舍文集》虽有钱文忠校点、辽宁教育出版社的本子,但校勘问题较多。因此上古2014版的《散原精舍诗文集》(增订本)是目前最好的陈三立诗文读本。一是校点问题较少,二是收录陈三立作品齐全。当然作为近代一位重要的诗文巨匠,陈三立一生留下的文字数量巨大,因而散原精舍集外诗、文、联、札的辑佚、考证是一项长期、艰苦的任务。尽管二十多年来陈三立诗文的辑佚成果已相当可观,但仍然可以海边拾贝、入山采铜。陈三立寿高德广,名气极大,被各方名流要人、文朋诗友奉为山斗,交游唱和、应酬不辍。其佚诗、佚文可谓面广量大,在没有对国内著名图书馆、博物馆所藏近人诗文集和清末民初旧报刊的副刊进行一次全面查阅之前,不敢说此项工作可以告一段落。

2020 年南京凤凰出版社出版李开军编注的《散原遗墨》和上海古籍出版社出版刘经富编注的《陈三立墨迹选》。这是两人在辑佚陈三立诗文作品的过程中留心陈三立书法墨迹遗存的副产品。两书的出版,不仅为读者欣赏陈三立的书法提供了原始材料,也对今后编纂陈三立全集不无小补。

二、不足之处

综观陈三立研究,可用"逐渐深入,成绩斐然"来形容概括。陈三立的政治思想、文化观、诗文创作以及研究资料整理,都引起了学者的关注。但与陈三立在近代文学史上的崇高声望及地位仍不相称。

(一)与龚自珍、黄遵宪、梁启超等近代文化人物相比,陈三立研究的规模、势头仍处于下风。

(二)在陈三立生平事迹及作品整理方面,尽管已有了《散原精舍诗文集》和《陈三立年谱长编》这样集大成的成果,但散原精舍诗文注释以及学术质量较高的陈三立评传,仍然付之阙如。

(三)关于陈三立诗文的创作方法、诗学理论、艺术价值的研究,还欠缺深入的挖掘、论证。陈三立诗歌与同光体其他诗人的比较研究、对六朝以来诗歌艺术的借鉴与发展、陈三立古文的艺术价值等方面的研究目前还比较少,尤其是陈三立诗歌创作对中国传统格律诗创新所作的努力与贡献,涉及中国诗歌传统的关键性变革问题,仍较少涉及。

(四)对陈三立政治思想、文化观的研究仍不够深入全面,已有的成果不系统且有牵强附会之嫌。

(五)学位论文方面,产生了四篇博论和四篇硕论。与陈宝箴研究有十一篇硕论相比,分量、力度稍强。但与陈寅恪、陈衡恪研究的学位论文相比,差距较大。

(本小结参考了杨剑锋《20 世纪 80 年代以来的陈三立研究》一文)

附录三

附录三：陈衡恪研究编年

弁　　言

　　20世纪八九十年代以来，对陈衡恪（字师曾，号朽者、槐堂、染仓室）的研究、弘扬，以出版其作品为主流。对陈衡恪遗作的重印、新版，势头、数量不仅超过了陈宝箴、陈三立，甚至超过了陈寅恪。这一方面是因为书画篆刻作品有广阔的市场前景；一方面是陈衡恪作为民国的书画大家，与世隔绝得太久，大量、重复出版其作品（炒现饭的多，研究上有新意、资料上有贡献的少），可以满足世人怀旧、崇敬的心理。

1981 年

文章：

11月，江南萍在《朵云》（中国画艺术丛集）总第2集发表《缅怀吾师陈师曾——六十年前从师学艺追忆》（江南苹口述，钟风笔录）。

　　按：这是一篇影响较大的关于陈衡恪事略的回忆，常被引用。作者回顾她六十年前拜师的经过、见面情景，老师传授的绘画心得体会，老师对艺术追求的执着精神，一别成永诀的长久怀念。情真意挚，生动感人。

著作：

6月，俞剑华著《陈师曾》由上海人民美术出版社出版。

　　邓锋：该书作者从20世纪60年代就开始编写，多次修改。这本只有三万五千字的小书，对陈师曾的生平、艺术（书、画、篆刻、诗）、论著及名家对陈师曾艺术、人品的评价作了客观、准确的介绍，成为日后陈师曾研究的源头，其原创性至今无人超越（邓锋《探寻不朽之路——陈师曾研究综述及反思》，载《中国美术》2017年第1期）。

1982 年

文章：

1 月，李树声在《美术研究》第 1 期发表《近代著名画家陈师曾》。

按：此文可能是 20 世纪八九十年代第一篇具有论文性质的陈衡恪研究成果。全面介绍阐述了陈衡恪的生平事略、艺术理念主张、重要作品、著作、地位影响与贡献。

5 月，邓云乡在《文献》总第 12 期发表《记陈师曾艺事——兼谈与鲁迅的友谊》。

按：此文在迄今为止所发表的谈陈衡恪往事的随笔掌故中允膺上选，虽然作者自己并不满意。但在 1982 年他就能根据陈宝箴、陈三立的片断史迹、《陈师曾遗诗》、陈师曾《北京风俗》画集、黄秋岳《花随人圣庵摭忆》等材料介绍陈师曾的生平身世、艺术成就、友朋知交，已经是学术前沿了。文中除将陈衡恪为继母治丧而逝说成是照顾散原老人染疾而逝有失误外，其他所述基本准确，持论亦平正，行文摇曳生动。谈陈衡恪长子陈封可事尤道人所未道。描叙陈衡恪与鲁迅的交谊亦未随俗煽情。

11 月，江南萍在《朵云》总第 4 集发表《壬戌罗园雅集》。

按：此文为陈衡恪女弟子江采（南萍）撰写的第二篇回忆老师的文章。1922 年 7 月，为纪念苏东坡诞辰八百五十周年，中国画法研究会举办雅集。罗园在北京东城，为罗雁峰的园林。参加者有陈衡恪、王梦白、周养庵、汤定之、齐白石、萧屋泉、萧谦中、陈半丁、溥儒、姚茫父、罗雁峰、凌直支、杨令茀、金拱北、孙诵昭、江南苹等，并合作绘画。这次雅集从下午三点到晚上八点，宾主尽欢而散。（参见本书第 231 页 2021 年"文章"类吕作用对同题画作的介绍）

1983 年

文章：

5 月，龚产兴在《朵云》总第 6 集发表《陈师曾年表》。

邓锋：对于陈师曾这样一位过早离世，却又于民初画坛有着极为重要影响的画家而言，其原始文献和基本史实的厘清、爬梳显得尤其重要，但分散、散佚等原因又使这一工作颇有难度。龚产兴先生自 1979 年完成《陈师曾年表》初稿后，在近四十年间数易其稿，不断挖掘搜集、补充完善，使陈师曾的艺术生平有了相对清晰的脉络，但也正如其言："整理年表，因资料缺乏，几经调查核实，仍有挂一漏万之感。"（龚产兴《〈陈师曾画论〉说明》）他自 20 世纪 70 年代开始着手编撰《陈师曾年表》,三易其稿,仍感阙漏舛误不少,可见年表编撰、考辨工作之艰难(邓锋《探寻不朽之路——陈师曾研究综述及反思》)。

按:龚产兴先生的《陈师曾年表》有开创之绩,功不可没。但由于他不擅长做考据,致使陈衡恪早年经历的几个节点失实,至今仍常被学界误引,扳不过来。不擅做考据,是书画艺术界的一个软肋,而擅做考据的史学工作者又不懂书画艺术,两边隔行脱节。这一缺陷,到近年书画艺术界几位博士的出现,才有改观。

5 月,谷溪在《中国书法》第 1 期发表《漫道雕虫不壮夫——读陈师曾〈染仓室印存〉》。

此文要点:陈师曾的篆刻,早期曾受奚冈、蒋仁、黄易等西泠诸家的影响,后来又上溯秦汉,融会赵之谦、师承吴昌硕,并善于创造性地把诗书画印冶于一炉,终于自具规模,形成自己的苍劲秀逸、古拙浑厚和气宇雄壮的独特风格。

7 月,陆拂明在《书法》第 4 期发表《陈师曾为鲁迅所作印章》。

按:此文介绍评述陈衡恪为鲁迅篆刻的五方名章,即"俟堂""会稽周氏""会稽周氏藏本""周树所藏""会稽周氏收藏",将这五方印文与边款彩色影拓。文章简介陈、鲁之间的交谊,陈衡恪篆刻的水平和这五方印的艺术特色。

1984 年

文章:

3 月,刘曦林在《美术史论》第 3 期发表《谈陈师曾的文人画观》。

按:此文首次对陈衡恪的文人画观进行了全面客观的评价,从文人画的概念、文人画的艺术特点、文人画的艺术技巧、文人画的形神观念、文人画的综合性和画外功夫、文人画的历史、文人画的要素等方面对陈衡恪的文人画理论观点进行了梳理分析,概念界定。将陈衡恪的影响、地位放置于 20 世纪初传统派发展的进程中,当康有为、陈独秀等激进派以西画写实主义批判中国传统文人画之时,陈衡恪却坚决站在民族美学传统的立场,主张弘扬文人画,并力图注入文人画以新的生机。称他为现代文人画的旗手,实至名归。此文长达一万余言,是陈衡恪研究园地一篇重要论文。

著作:

5 月,《丁尚庚、陈衡恪、谢光》(现代篆刻选辑之五)由上海书画出版社出版。

按:该书收入陈衡恪篆刻作品 50 余方。《作者简介》略述生平、篆刻艺术渊源、特征。

1985 年

文章：

5 月，朱金城在《学林漫录》第 10 集（中华书局 1985 年 5 月版）发表《读〈陈师曾遗诗〉零墨》。

按：此文特别指出陈衡恪的悼亡诗是他所有诗作中最有价值与影响的作品。文章对衡恪悼亡诗具体篇章的解读、赏析，至今仍有指导意义。

1986 年

文章：

4 月，俞剑华在《南京艺术学院学报》第 1 期发表《近代画家陈师曾先生的生平及其艺术》。

按：此文为陈衡恪弟子俞剑华的遗稿，1963 年为悼念陈衡恪逝世四十周年而写。文章追忆老师的生平、品行，与鲁迅、齐白石的交往，绘画的画种、成就，篆刻、书法，著作。在六千余言的篇幅内容纳入如此丰富内容，可谓要言不烦，层次清晰，是一篇合格的人物小传。

11 月，廖少华在《美术》第 11 期发表《读陈师曾〈作画感成诗〉有感》。

按：陈师曾的《作画感成诗》是其早年所写所书、赠给修水故里宗亲的一件文物，1990 年初由县文物部门征集。廖少华（曾任修水县文化馆美术创作员）此文的贡献是披露了这件文物在县里征集之前陈氏宗亲保管的具体情况。文章还从美术专业角度对这首诗作中蕴含的美学观点进行分析申说。

著作：

6 月，陈衡恪遗作《北京风俗》册页由北京古籍出版社影印出版。

按：陈衡恪的重要作品《北京风俗》册页原件为松华斋制，木板夹封，封面有陈衡恪自题“北京风俗”四字，共 34 帧。1923 年陈衡恪辞世后，其好友姚华于 1925、1926 年间为这部册页填词三十四阕，与原画用珂罗版印行传世。1928 年，京华印书局珂罗版《陈师曾先生遗墨》将此册页编为第十一、第十二两册。这样，《北京风俗》册页就有三个母本（姚华曾临摹过这 34 帧画作，姚本所印画作是陈衡恪的原作还是姚华的摹品，尚不清楚），但时过几十年，已难获致。因此，北京古籍出版社这次影印出版，广为流传，意义重大。此后美术界研究《北京风俗图》蔚成风气，随笔、论文不知凡几，成为业界学人的一个学术增长点。该书书后附刘曦林撰《陈师曾的〈北京风俗〉》，不仅是他的一篇重要文章，也是该书的高级导读。

1988 年

著作：

1 月，《陈师曾印谱》由北京荣宝斋出版。

按：该书 16 开本，白纸彩印。熊伯齐作序。在民国版《染仓室印存》的基础上又搜集到不少散佚印章，收入陈衡恪名章、闲章 379 方，是当时收录陈衡恪印章最全的一本印谱。所录印章以闲章最有价值。在篆刻作品中，不刻姓氏名号而刻名言警句、直抒胸臆情怀的压角章称为"闲章"。该书共收入 120 余方"闲章"。这些闲章，或抒发怀抱，或阐发画理，或妙传意趣，充分显示作者崇高的人品，执着的艺术追求和深厚的"印外功夫"，体现了陈衡恪的文化观、美学观、性情品格。如"一生负气"章，其弟陈寅恪接过来扩展为"一生负气成今日，四海无人对夕阳"，成为陈寅恪志节气度的写照。义宁陈氏一脉相承的内在精神气质从这方闲章中体现出来（刘经富《一生负气，道在瓦砾——读〈陈师曾印谱〉零墨》，载《九江日报》，1991 年 12 月 14 日；《陈衡恪篆刻作品的文史内涵释读》，2016 年 11 月中国美术馆举办的"陈衡恪作品展览暨研讨会"提交的发言，未刊稿）。参见本书第 213 页 2007 年"著作"类、215 页"著作"类同题评议。

1990 年

文章：

8 月 29 日，陈封雄在《团结报》发表《热爱祖国的弘一法师——兼谈法师与陈师曾的交往》。

按：作者为陈衡恪的第三子。他以自己的亲历亲闻，追叙、描述弘一法师李叔同与自己父亲陈衡恪的友情往还，颇有史料价值，提供了珍贵生动的史迹细节。如 1923 年秋，陈衡恪猝逝，举丧期间忽然来了一位身着灰色僧袍面容清癯的和尚，不通报姓名，径至陈衡恪灵柩前伏地叩首后飘然而去，始终未发一言，在场亲朋群相错愕，后来才知道是弘一法师。据说那时他在杭州，是特意赶到南京来吊唁亡友的。

著作：

本年，熊伯齐编《荣宝斋藏三家印选：吴昌硕、陈师曾、齐白石》由北京荣宝斋出版。

1991 年

文章：

1 月 16 日，陈封雄在《团结报》发表《齐白石与陈师曾》。

按：此文作者将自己母亲告诉他的父亲与齐白石的交往口述资料和从齐白石自传、齐白石诗集、他人所写关于齐白石艺术经历中获得的资料穿插联系成文。有些事迹外界已经知晓，有些事则为亲历者独家爆料。

1 月，《中国大百科全书》的《中国美术卷》由中国大百科全书出版社出版，"陈师曾条"在该书第一册 124 页。

按："陈师曾条"系龚产兴所撰。

1992 年

文章：

本年，高明芳在台北《"国史馆"馆刊》第 12 期发表《民初美术家陈师曾》。

按：此文未见。

著作：

3 月，陈衡恪《中国文人画之研究》由天津古籍书店影印出版。

按：该书薄薄一册，由书法家王学仲题书名。附阎丽川撰《文人画的道路》一文。

6 月，阮荣春、胡光华著《中华民国美术史》由四川美术出版社出版。

按：该书第三章《三足鼎峙的画坛》第三节《弘扬国粹的北京画坛》第二段《一代天骄陈师曾》，认为如果没有陈师曾，北京画坛或许会暗淡无色。他主张中国画革新，但并没有依循"革新就是学西画"的途径，也不拒绝排斥西洋画。他通晓中西画原理，所以并不附和所谓"西洋画科学""中国画不科学"这种流行一时的肤浅看法。其《文人画之价值》一文，至今仍不失为研究传统文人画的一篇经典论著。高尚的人格，构成了他艺术的底色（该书其他章节亦有多处提及陈师曾）。

10 月，龚产兴编《陈师曾画选》由人民美术出版社出版。

按：该书收入 250 余件作品，黑白印刷，入选作品大多出自 1924 年至 1928 年张研农编印的《陈师曾先生遗墨》。该书为陈衡恪作品的首次总辑，虽然限于经费，印刷质量不高，但还是为文化学术界提供了急需的研究材料。编者龚产兴撰写了《陈师曾和他的艺术》一文作为"前言"。

1993 年

文章：

4 月，袁宝林在《美术史论》第 4 期发表《陈师曾和近代中国画的转型》。

此文要点：陈师曾在近现代画史上的地位之所以重要，不仅在于他出生在一个有着深厚传统文化教养的文人家庭和生活在剧烈变动着的时代旋涡中，更在于他是以自己的绘画实践特别是文人画理论影响着五四运动前后的一代大师。

按：此文原文惜未见。作者后来修改补充，以《陈师曾的文人画理论和近现代中国画转型》为题刊载于《大匠之门》第 13 辑，广西美术出版社 2016 年版。

1994 年

文章：

1 月 27 日，陈封雄在《人民日报》"美术专页"发表《现代中国漫画的先驱者——陈师曾》。

按：此文先从陈衡恪 1912 年在《太平洋》刊载毛笔简笔画，题意潇洒，用笔简劲的史实出发，推定中国近世漫画实为陈衡恪创始。次叙述陈衡恪于 1914 至 1915 年间，偶作描写北京风俗的小品漫画共 34 幅。1923 年陈衡恪去世后，1926 年天津《北洋画报》曾连载。后这本画册被梁启超以 700 大洋购去。日本画界有人曾出价千元，请梁转让，未果。这段叙述具有《北京风俗画册》流传存世的史料价值。特别是梁启超以 700 大洋购藏，兼有周济陈家之意，外界不曾知晓。

著作：

本年，龚产兴编《中国百位艺术巨匠周刊·陈师曾专辑》由台湾锦绣出版公司出版。

按：该书惜未见。

1996 年

文章：

11 月，刘晓路在《南京艺术学院学报》第 4 期发表《大村西崖和陈师曾——近代为文人画复兴的两个异国苦斗者》。

按：这是陈衡恪研究领域内一篇高水平的论文。作者利用到日本访学的机会，挖掘出珍贵的资料。文章认为陈衡恪的文人画理论有明显的"日本影响",他以白话文完成的《文人画的价值》小册,成为大村西崖《文人画之复兴》的姊妹篇。文章对陈衡恪在新文化运动激荡之时,挺身而出提倡在崇拜西洋的潮流中被冷遇的传统美术极为推崇,认为陈衡恪是一个有思想、有理论的美术家。这是他高于当时的画家、能够成为一代艺术大师的原因所在。

5 月,为纪念陈师曾诞辰 120 周年,《美术家通讯》发表一组三篇纪念文章(陈封雄《一幅国画杰作的损毁及其他》;龚产兴《陈师曾功不可没》;刘曦林《为了不被忘却的纪念》)。

12 月 20 日,为纪念陈师曾诞辰 120 周年,《人民日报·海外版》推出纪念专页。

按:此专页展示陈衡恪遗像,人物、山水、花鸟画和北京风俗画、印章,刘曦林撰《前言》。

著作:

1 月,陈封雄、谷溪编《陈师曾画铜》由人民美术出版社出版。

朱万章:画铜是陈师曾绘画的另一种表现形式,也是当时北京琉璃厂一种特殊的艺术。所谓画铜,乃是在铜制的墨盒和镇纸上创作书画,由刻铜好手镌刻而成。画铜艺术在当时甚为流行,实用功能较多,对于很多画家来说,实属雕虫小技,但陈师曾不以为然。他的画铜作品极多,既有书法,也有绘画;既有梅兰竹菊,也有小桥流水;形式上则既有团扇、斗方,也有条幅,丰富多彩。虽经翻刻,但尚遗神韵(朱万章《陈师曾的艺术程及其画学风格》)。

按:该书收入陈衡恪画铜作品 93 幅,16 开本,黄厚纸黑白印。据陈封雄说:"先父大约画过上千件画铜稿,将自己较满意的画铜作品拓片九十余帧装订成二册。经过七十余年的风风雨雨,竟然在我手中保存下来。"

1997 年

文章:

8 月 21 日,陈封雄在《人民日报》"美术专页"发表《陈师曾的画铜艺术》。

按:此文介绍披露了陈衡恪生前一段外界罕知的艺术活动经历以及上年出版的《陈师曾画铜》材料出处由来。此文对阅读欣赏《陈师曾画铜》不可或缺,只是不清楚为何没有收入书中。

著作:

6 月,刘曦林著《中国画与现代中国》由广西美术出版社出版。

按:该书系作者历年所撰文章的结集。收入《陈师曾等多才多艺的文人画家》《文人画的回光返照——陈师曾的文人画观》《陈师曾的〈北京风俗〉》等研究陈师曾的单篇文章,在其他篇章中,涉及陈师曾处亦颇多。

1998 年

文章：

1 月,吴越在台北《历史》第 1 期发表《文人画家陈衡恪的一生》。

按：此文未见。

著作：

2 月,《陈师曾绘山水花鸟》由北京荣宝斋出版。

按：此书收入陈衡恪山水、花鸟作品 40 余帧,前有梅墨生撰《文人画的薪传——陈师曾画论画作小议》。装帧为八开横披形式,铜版纸彩印。

5 月,贾德江编《陈师曾印集》由北京工艺美术出版社出版。

按：该书收陈衡恪印章 218 方,16 开本,铜版纸彩印。前有《编辑人语》,对陈衡恪篆刻艺术的总体风貌、具体特征举例予以评析、导读。

1999 年

文章：

4 月,刘晓路在《美术观察》第 4 期发表《君子之交——从陈师曾送鲁迅的十幅画谈起》。

此文要点：近期在北京的鲁迅博物馆看到陈师曾的 9 幅画(还有一幅鲁迅转送了弟弟周作人),都是颇具功力的文人画小品。陈、鲁曾经交情笃厚,但 1919 年后,两人分道扬镳了。鲁迅投身于五四新文化运动,发出彻底反封建的呐喊;陈师曾则站在新文化运动的对立面。他更注重于传统文化的反思和重建,宣扬文人画的价值。陈只比鲁大 5 岁,而在思想上则是世纪之差。君子和而不同,他们是真正的君子之交。

8 月 2 日,胡桂林在《中国文化报》发表《喜获文人画的开山之作》。

按：此文介绍叙述作者在北京琉璃厂旧书肆偶遇一册陈衡恪《中国文人画之所以研究》的原印本,高价购藏。先描述该书的书品、版式。再考证陈衡恪写作此书的时代背景、思潮环境,该书文言版、白话版的来由。再申说该书的要义、价值。戋戋小文,有骨有肉,层次清晰。允为有掌故、有文笔、有研究的书话体佳作。

2000 年

著作:

1 月,林木著《二十世纪中国画研究》(现代部分)由广西美术出版社出版。

按:该书第二章《现代著名中国画画家评传》第三节《陈师曾》,首揭陈师曾作为民国初年北方画坛的领袖人物,在其短暂的一生中闪耀着天才的光辉。英年早逝影响了他本该有的更大的成就,然而,他对现代中国画坛的深远影响却决不能低估。结尾慨叹正当陈师曾已找到了中国画变革的正确之途而信心十足地前进的时候,他却于 1923 年 48 岁时不幸病逝。这位本该在现代画史上大放异彩的画家英年早逝,中断了卓绝的艺术而未臻本该达到的大化之境。但是,陈师曾已有的成就和艺术经历已经可以使其短暂的一生在中国画坛上闪耀灿烂的光辉。他深刻的艺术观念和对传统文人画的精到研究,影响到 20 世纪上半叶的美术思潮。在其逝世十年后,傅雷仍然对陈师曾于世纪初起衰振弊的重要作用给予极高的评价,冠以"大师"之名而与吴昌硕并列。此外,该书其他章节揄扬陈师曾处亦颇多。

2002 年

文章:

本年,南开大学胡健通过博士论文《论陈师曾与清末民初画坛的文化保守主义》。

按:作者后来在博士论文基础上增补为同题著作出版,参见本书第 218 页 2012 年"著作"类对此书评议。

2003 年

著作:

1 月,陈衡恪遗作《北京风俗图》由北京出版社影印出版。

王观泉:陈师曾的《北京风俗》画册早年曾单幅发表于画报。此次在编者杨良志先生的勤奋收集、精心策划下,汇集于一书。全书彩色,用 12K 磁青纸,颇像一本古色古香的册页。一书在手,既可展玩,又可"卧游",允称"善本"(王观泉《京畿道上入境问俗:读陈师曾〈北京风俗〉画册》,载《中国文物报》,2003 年 8 月 20 日)。参阅陈礼荣《风采宣南耀春秋:读新版陈师曾〈北京风俗〉》,载《博览群书》2003 年第 9 期。

按:该书编者杨良志持此册请侯仁之、张中行题识,侯题"大观",张题"妙墨"(杨良志《流年碎影长入梦》,载《藏书报》,2006 年 3 月 13 日)。

4 月,金煜编《篆刻四大家印谱：齐白石、陈师曾、陈半丁、寿石工》由文化艺术出版社出版。

按：该书收入陈衡恪印章 107 方,32 开本,铜版纸彩印。前有编者总序,四人作品前又有简单介绍,但没有超出前人研究的范围与水平。且校对粗疏,页码重复、重装多处。

8 月,朱万章著《陈师曾》由河北教育出版社出版。

邓锋：该书分为五部分：一、生平传略,二、艺术历程,三、论艺摘选,四、各家评论摘录,五、年表简编。作者循俞剑华《陈师曾》小册之结构,在所供职的广东省博物馆收藏基础上,广泛查阅、多方搜求,进一步丰富了陈师曾的生平传略,补充名家评论至 20 世纪 90 年代初期,刊印不少未曾露面的作品,可谓更进一步,积小流而成清泉(邓锋《探寻不朽之路——陈师曾研究综述及反思》)。

按：该书 32 开本,铜版纸彩印。版式编排存在大量画作图片穿插于文字叙论中的通病,既是文集,又是画册。阅读的流畅往往被艺术作品审美打断。反过来,欣赏了艺术,又忘读了文章。有点像梁实秋"打起麻将来就忘了写作;写作起来又忘了打麻将"的味道。

2004 年

文章：

9 月,朱万章在《中国书画》第 9 期发表《陈师曾的艺术历程及其画学风格》。

此文《内容提要》：陈衡恪无疑是中国近代美术史上最具影响力的画家之一,他在美术史上的地位及其对现代美术的影响早已为世人所公认。由于他英年早逝,使其生平与画学成就湮没,长期以来未能受到足够的重视。本文对其生平事迹、艺术历程、画学理论及其艺术成就、绘画风格予以探讨。

10 月,胡健在《江西社会科学》第 10 期发表《守护中的拓进：陈师曾艺术思想与艺术创作》。

吕颖梅：此文作者对陈师曾的《中国绘画史》《中国画是进步的》《文人画的价值》等著述进行了分析和研究,认为陈衡恪的艺术思想及艺术创作体现了"既恪守传统又开放务实的思想观念和文化心态""承担起传统绘画精神领袖的重任"以及"责无旁贷地担负起新美术启蒙的历史使命"。陈衡恪对中国传统绘画,尤其是文人画的维护,以及在绘画题材和表现形式上的创新,都可看作是他承担起中国传统绘画的精神领袖重任的表现(吕颖梅《陈师曾绘画理论研究》,江西师范科技学院 2011 届硕士论文)。

著作:

2月,谷溪编《陈师曾书画精品集》(上、下)由人民美术出版社出版。

按:该书八开本,铜版纸彩印,高端大气。收集陈衡恪作品 320 余件,是当时最全的陈衡恪绘画作品结集(选录部分书法、篆刻作品)。前有龚产兴撰《陈师曾的生平和艺术》长文,署名啸沧撰《陈师曾书法篆刻艺术述略》,后附龚产兴编《陈师曾年表》。刘曦林先生曾感叹多年来陈师曾的形象总不如那些新派画家,所以一直没有一本像模像样的画集出来。这套《精品集》的面世弥补了这个缺憾。

11 月,徐书城整理点校的陈衡恪遗作《中国绘画史》由中国人民大学出版社出版(《国学基础文库》之一;2007 年重印)。

按:据吴雨阳统计,自 2004 年后,国内共有 20 家出版社纷纷出版《中国绘画史》单行本,另有 4 家合印(吴雨阳硕论第五章第一节《〈中国绘画史〉版本演变》)。徐本是最早的单行本,功不可没。该书另附录陈衡恪《文人画之价值》《清代山水之派别》《清代花卉之派别》《中国人物画之变迁》《绘画源于实用说》《中国画是进步的》六篇文章。大 32 开,铜版纸彩印。但书中夹杂大量古画图片,且尺寸大。在版面安排上令人眼花缭乱,喧宾夺主,对阅读效果有影响。

8 月,《陈师曾、任渭长、虚谷、萧俊贤》画册由天津人民美术出版社出版。

按:该书所收录的四人作品系该社历年收藏的精品,为该社成立五十周年大庆系列书画册之一。版式为八开本,铜版纸彩印,赏心悦目。全书共收入 71 幅画作,其中陈衡恪 55 幅,占了大部分。

9 月,《中国书画》第九期推出《陈师曾专题》。

按:此专题收入陈衡恪绘画、篆刻作品多幅。刊载朱万章《陈师曾的艺术历程及其画学风格》长文,吴昌硕、梁启超、鲁迅、周作人、齐白石、徐梵澄等 12 人对陈师曾的评价,朱万章编《陈师曾年表》,陈师曾作品拍卖目录。此期《中国书画》八开本,铜版纸彩印。

2005 年

文章:

2 月,成佩在《美术研究》第 1 期发表《陈师曾关于文人画的理论》。

吕颖梅:此文论述了陈师曾绘画理论主张,以及其绘画理论主张产生的社会背景和学术背景。作者从四个方面阐述了陈师曾《文人画之价值》的理论观点,并且论述了陈师曾所撰写的《中国绘画史》的历史成就。认为陈师曾《文人画之价值》一文对当代中国画的发展具有"借鉴意义",指出"目前我国在中小学教育中忽视传统文化的现象及整个社会消费文化的大肆宣扬,似不能为文人画乃至整个传统中国艺术培养出合乎欣赏水准的群体来"。这才是文人画在现代情境中继续发展的巨大隐患(吕颖梅《陈师曾绘画理论研究》)。

12 月,裔萼在《美术》第 7 期发表《陈师曾与北京画坛》。

此文要点：如果没有陈师曾,20 世纪初的北京画坛一定会黯淡许多,这是美术史家的共识。这位画坛领袖,以其精深的绘画理论和杰出的绘画实践,对当时的北京画坛发挥着巨大的影响力。陈师曾一生中的最后十年是在北京度过的,1913 年至 1923 年这短暂的十年,是他艺术的黄金时期。这位开放的传统型画家、文人画的革新者,以其高尚的人格、充沛的精力、渊博的学识、卓越的艺术创作和高迈的精神境界,推动着中国现代美术史的进程。

本年,中央美术学院龙朝阳通过硕士论文《陈师曾与中国画的现代转型》。

按：此文对衡恪文人画理论论证较好,分析了大村西崖对衡恪的影响。作者将陈衡恪作为现代中国画论争中传统派的代表,对其在民国时期中国画转型过程中的地位和作用进行了较充分的分析。同时通过分析陈衡恪理智而多向度的思想观点,认为他对克服民族虚无主义情绪起了一定作用。

2006 年

文章：

9 月,陈池瑜在《东南大学学报》第 5 期发表《陈师曾中国画进步论之意义》。

吕颖梅：该文作者注意到陈师曾肯定文人画价值这一思想对当时国画研究会产生的影响,这是在其他研究陈师曾的文章中不曾有过的。作者认为陈师曾所提出的中国画是进步的理论可从两个方面来理解,一是倡导中国画进步论,二是此理论的提出起到了重估文人画的价值的作用(吕颖梅《陈师曾绘画理论研究》)。

9 月,严晓星在《开卷》第 9 期发表《陈师曾早年的〈铅笔习画帖〉》。

按：此文介绍披露在旧书市获得一小册陈衡恪在日本留学时绘的《寻常小学铅笔习画帖》,内容是儿童习画教材。上海普及书局发行,日本东京博信堂印刷,时为 1907 年 4 月。文章考证 1905 年底废除科举后,全国一下子冒出来大量学堂,教材的编写供应就成了大问题。而留日学生正是编写初等学堂教材的天然人选,陈师曾也可能是在这样的大背景下完成了这本《习画帖》。

本年,中国艺术研究院杭春晓通过博士论文《温和渐进之路——以民初北京地区中国画传统派画家为中心的考察》。

按:此文虽不以陈衡恪标题,也没有关于陈衡恪的专节,但文中对陈衡恪的议说颇多。

本年,南京艺术学院庞国达通过硕士论文《居庙堂之高,怀草根之忧——〈北京风俗〉研究》。

此文要点:本文围绕陈师曾《北京风俗》图册,运用综合分析的方法,全面探究该作品产生的历史文化背景及创作动机,并对其在绘画史上的意义及历史影响,予以较深入的研究。

著作:

8月,《陈师曾》画册由紫禁城出版社出版。

按:该书收入陈衡恪110幅画作,大16开本,黄厚纸彩印。有前言《纸墨丹青,朽者不朽》,介绍评析陈衡恪的家世、生平、师友关系、艺术风格、影响、著作。对具体作亦予以点评赏析,这是该书高于此前所出陈衡恪书画作品集之处。惟对陈衡恪题写在画作上的诗词、韵语、记跋的释读出现两个问题:一是认读字迹错误,特别是草书;二是字一个没错,但标点全误。反映出释读者的书法水平和古汉语水平有待提高。

2007 年

文章:

4月,徐文治在《新美域》第2期发表《陈师曾艺术年表》。

按:该年表在龚产兴《陈师曾年表》基础上增补扩充,核实了不少文献出处,将部分有年款的作品放置于相应年代,进一步将研究对象的艺术创作与生平相联系。作者钩沉索隐民国文献的能力颇高,发掘了不少新材料,为今后学界编纂《陈衡恪年谱长编》作了铺垫。

4月,钟国胜在《美术史研究》第2期发表《陈师曾中国画进步论的史观研究》。

吕颖梅:此文作者认为陈师曾对中国传统绘画的维护和辩解,其实是要建立一个自己民族的绘画价值体系。陈师曾撰述《中国绘画史》《绘画源于实用说》的重要动机之一,是要辨明中国画的产生、发展渊源有自己的脉络,证明中国文化的价值,以此来保持中国传统艺术自身体系的完整性(吕颖梅《陈师曾绘画理论研究》)。

4 月，黄戈在《南京艺术学院学报》第 2 期发表《从陈师曾到傅抱石的中西绘画比较观》。

此文《内容提要》：陈师曾与傅抱石在中西绘画的态度上无论从创作理路还是观念抉择方面都有相近的路线，或者说陈师曾在中西绘画思想上对傅抱石有相当程度的影响。陈、傅站在中国画本位立场分别从文人画历史和西方现代艺术思潮中提炼出互通的理论支撑：个性解放与科学精神。反映出他们的中西绘画观念是一种既要维护传统价值又要顺应创新潮流的现实心态。

本年，浙江大学施越霞通过硕士论文《陈师曾与金城比较研究》。

此文《内容提要》：民国前期(1912—1937)实业救国的思潮很快被文化救国的思潮所取代，美术成为重要一环。当时，北京传统画坛渐成僵局，陈师曾和金城在内外交困之际树起复兴传统的艺术旗帜。他们共同倡导并成立民国前期北京最大的传统美术社团，致力于规范中西艺术差异，探索传统绘画的近代转型。

著作：

1 月，任彤、周晓陆编《陈师曾印谱》由中国书店出版。

按：该书装帧为仿古线装形式，上下两册一函，16 开本，封面应用蓝色绫布。宣纸彩印。共收入 370 余方印章。编者写有《前言》，介绍交代了陈衡恪印谱的各种版本简况，本次编印的体例、用意，指出陈衡恪绘画、书法、篆刻艺术的最核心特征在于浓郁的书卷气。在印章的编排上对意思相近的作品分成小类连缀一起。这都是该书高于已出版的《陈师曾印谱》《染仓室印存》之处。

2008 年

文章：

4 月，于洋在《美术观察》第 4 期发表《民初画坛传统派的应变与延展——以陈师曾的文人画价值论与进步论为中心》。

邓锋：此文指出传统与现代之间的辩证关系，"离开了'传统'这一主体，'现代化'根本无法附丽"，肯定了民初传统派对于中西两种文化间融合的审慎态度。为解读传统派的历史价值辟开了新的角度，也更为符合历史事实和传统派的艺术成就。从民初思想文化界的整体时代语境中解读陈师曾文人画理论，即"借西诠中"而体现出的主体意识和精神本体，在文本细读与比较中显现出"理解之同情"(邓锋《探寻不朽之路——陈师曾研究综述及反思》)。

10 月，高昕丹在《新美术》第 5 期发表《陈师曾与北京大学画法研究会》。

此文要点：1917 年末至 1918 年 10 月，陈师曾与蔡元培倡导成立的北京大学画法研究会曾有过短暂的合作,这一合作是所谓"主动误取",还是两位历史人物从各自美学理念出发,为推进中国画的"现代化"所做的一次尝试性合作? 这一短暂的合作以及最终的分野对陈师曾的思想产生了怎样的影响? 又为我们理解那个时代的文化论争提供怎样的启示? 本文对此作了初步探析。

著作:

4月,李运亨等编《陈师曾画论》由中国书店出版。

按:该书汇集陈衡恪美术理论方面的著述、演讲、译著,基本呈现了陈衡恪画学思想论述的全貌,有资料工具书的价值。

2009 年

文章:

6月,陈瑞林在《南京艺术学院学报》第3期发表《从陈师曾到俞剑华——探索中国画现代转型的新路》。

按:此文通过对当时"保守派"画家和对陈师曾及其弟子俞剑华艺术主张的分析,认为他们"师古开今""开掘本土文化"的艺术探求道路有着重要意义。

5月,闫春鹏在《荣宝斋》第3期发表《陈师曾与北京大学画法研究会》。

此文要点:陈师曾是20世纪初中国画坛上举足轻重的人物,被时任北京大学校长、大力推行美育的蔡元培聘为北京大学画法研究会中国画导师。然而受聘后不久陈师曾即辞职。究竟是什么原因让他们在短时间内迅速分离? 本文试图对此做出解析,旨在透析这一现象背后深层次的原因。

本年,杭州师范大学段珍兰通过硕士论文《陈师曾印文研究》。

此文《内容提要》:本文通过对陈师曾的理论著作、各门艺术成就的粗略分析和师友的评价,初步得知画和印在他的艺术生涯中分量最重。其篆刻已入大家之列。其印文布局力求形义结合,字体上取法广博,能将各种碑文吸收入印。通过对陈师曾具体印文的详细分析,可以看出他反对姿媚鲜丽,倾向于"守拙"的审美取向。

本年,曲阜师范大学苏婷婷通过硕士论文《陈师曾的艺术理论及艺术风格浅析》。

此文《内容提要》:19世纪末20世纪初,掀起了一股西学东渐和向西方学习的浪潮,在美术领域,提倡用西方的写实主义改造中国画。陈师曾以超人的胆魄和远见卓识,提出了自己的中国画发展的主张。他为文人画辩护,强调绘画的民族性和继承性、时代性,以对抗"全盘西化"和一切贬低否定中国传统绘画的论调。

著作：

6 月，谷溪编《陈师曾印存》由文物出版社出版。

按：该书实为民国十三年(1924)《染仓室印存》重新排印，装帧形式为仿古线装，上下两册一函，16 开本，封面应用蓝色绫布，宣纸彩印。装帧形式与 2007 年中国书店出版的《陈师曾印谱》相同，两书书名只一字之差，极容易混淆。前刊编者谷溪撰写的《陈师曾篆刻艺术述略》长文。该书出版后，有署名止水撰写的读后感《京华坛坫拜先贤——〈陈师曾印存〉读后》，载《中国文物报》，2009 年 11 月 18 日。

该书与 2013 年人民美术出版社出版的《染仓室印存》内容体例相同，只是装帧形式有异。参见本书第 218 页 2013 年"著作"类评介。

11 月，刘经富辑注的《陈衡恪诗文集》由江西人民出版社出版（刘经富主编《义宁陈氏文献史料丛书》之一种）。

邓锋：该书由陈衡恪同乡后学刘经富辑注，以江南苹手写石印本《陈师曾遗诗》所录 350 首为底本，予以考证作品时间，按年月编排，又披沙沥金，从民国时期报刊和陈师曾画作中辑佚诗作 70 余首、词作近 30 首、遗文信函近 30 通、联语 20 余对、画作题记 110 余条。该书的出版极大地丰富了陈师曾研究的原始资料，尤其是从诗词方面提供了认知陈衡恪作为新旧相交文人身份的全面材料和崭新角度。该书考辨翔实、材料丰富，为研究陈师曾必不可少的工具书（邓锋《探寻不朽之路——陈师曾研究综述及反思》）。参见李国葆《陈师曾研究的新突破——读〈陈衡恪诗文集〉》，香港《文汇报》2010 年 12 月 7、8 日连载。

按：该书 2011 年获江西省第十四届社会科学优秀成果奖"古籍整理"三等奖。

该书在作品分类体例、《目录》编排、页面版式上还存在一些问题，亟待再版修正。

2010 年

文章：

本年，卢宣妃在台北《美术史研究集刊》第 28 期发表《陈师曾〈北京风俗图〉中的日本启示》。

此文《内容提要》：关于陈师曾《北京风俗图》的研究甚多，但截至目前一般论者虽常指出此套画册具有"中西融合"的因素，却未仔细厘清所谓"中西融合"的画风究竟为何？画家是如何学习而来？至于对作为新式知识分子上层文人的陈师曾,其选择过去非属文人画领域之"风俗图"为表现的作法亦未见深入讨论。本文认为陈师曾《北京风俗图》的制作、完成、流传,实传递了多层概念与近代中日艺术交流的复杂过程。

本年,南京师范大学闫春鹏通过硕士论文《陈师曾画学思想研究》。

此文《内容提要》：陈师曾是我国近代美术史上的重要人物,这不仅因为他曾创作过优秀的美术作品,更得益于其不凡的理论素养。尤其是他在美术革命中肯定文人画的态度,影响了中国画的发展。后世学者在研究陈师曾时,在给予其文人画理论足够重视的同时,却忽视了陈师曾的另一种思考,即他曾有过改良中国画的主张。本文的研究重点即在于此。

著作：

12月,郭长海、郭君兮编《陈师曾漫画集》由黄山出版社出版。

刘经富：丰子恺先生曾多次在文章中提到陈衡恪的简笔画对他的影响,但陈衡恪早年的这些简笔画却不容易获致。它们刊登在民国元年创刊、李叔同主持的《太平洋报》上。由于《太平洋报》存世量极少,漫画史专家毕克官花了二十多年时间只在一家科研单位的图书馆查到一份已经老化且不全的《太平洋报》,获得十五幅陈衡恪漫画。而另一位研究近代文学的专家郭长海先生却寻找到四家图书馆所藏的《太平洋报》,几年之中从四份不完整的《太平洋报》辑得六十幅。使这六十幅淹没了八九十年之久的漫画,得以浮出水面,重现艺坛。编者将《太平洋报》上其他有关陈衡恪的资料与六十幅画作汇集成《陈师曾漫画集》一册。虽是戋戋小册,案头清供,但资料价值大,学术含量高。作者最大限度利用稀缺资源的精神与能力令人叹服（刘经富《陈师曾画作辑佚的新成果——读〈陈师曾漫画集〉》,载《书品》2012年第5期）。

2011 年

文章：

3月,朱万章在《美术学报》第3期发表《君无我不进,我无君则退——陈师曾与齐白石的翰墨因缘》。

此文要点：陈师曾和齐白石的艺术交游是近代美术史上一个耐人寻味的话题,两者间的互助与渗透尤值一提。本文通过文本和画作互证,来探讨陈齐二人在交游过程中,各自绘画、篆刻、画坛人脉及地位等方面的变化所在,旁及他们翰墨因缘的一种重要表现形式——诗歌酬唱。

11 月，文鹏在《艺术教育》第 11 期发表《朽道人之不朽精神——再论美术教育大师陈师曾》。

此文要点：文章通过对陈师曾在治学态度、独到的画学论断、传统画学的保护三个方面的阐释，肯定了陈师曾在中国画史论研究及对中国传统绘画的保护方面做出的贡献。

本年，中央美术学院郑钰垚通过硕士论文《以精神相应——陈师曾的交游及其文人画价值论》。

此文《内容提要》：本文以陈师曾的交游为主线，着重梳理他在民初北京地区的交游史实。以他与鲁迅、北京大学画法研究会、中国画学研究会以及大村西崖的交游为切入点，深入考察这些在传统中国社会中一直与文人画相关联的"以精神相应"的交游，从而探查陈师曾建立文人画价值论的历史语境。

本年，西安美术学院赵佳通过硕士论文《清澈雄丽、下笔纯如——陈师曾人物画研究》。

此文《内容提要》：陈师曾是近代绘画领域富有创新与建树的重要画家。其艺术个性背后具有深厚的文化底蕴和时代精神，为画坛开辟了正确延续传统的文人画领域。他的人物画题材与立意所凸显的品质与格调，都体现出他对于中国文化的品格境界和对中国社会的人文关怀，奠定了其在民国画坛的地位。

本年，江西师范科技学院吕颖梅通过硕士论文《陈师曾绘画理论研究》。

此文《内容提要》：20 世纪初，文化界掀起了对中国传统绘画改良的热潮，中国传统绘画的价值、意义受到前所未有的质疑和抨击。在一片要改革中国画的浪潮中，陈师曾以其冷静、理智的思考，为时人对中国传统绘画的误会进行辩解。本论文通过对陈师曾画论思想和理念的全面研究，从文人画的历史风格演变以及陈师曾所处社会政治环境等多角度考察陈师曾文人画理论的形成原因，通过对陈师曾画论的深入解读，揭示其蕴含的艺术史意义及对当代中国画发展的借鉴价值。

著作：

5 月，《陈师曾》画册（《中国名家画集》之一）由中国美术出版社出版。

按：该书收入陈衡恪绘画作品 160 余幅。大 16 开本，铜版纸彩印。

11 月，《陈师曾》画册由人民美术出版社出版。

按：该书收入陈衡恪绘画作品 50 幅，篆刻作品 23 方。前有龚产兴《陈师曾的生平和艺术》一文。八开本，铜版纸彩印。

2012 年

著作：

5 月，刘曦林著《二十世纪中国画史》由上海人民美术出版社出版。

按：该书第四章《京派与北方画家群》第三节《陈师曾等文人画家》第一段《现代文人画旗手陈师曾》，论述陈师曾虽在日本接触过西洋绘画，归国后还画过油画，但民族文化的根基甚深。所以，当文人画受到新文化运动冲击之时，他揭起了一面维护和复兴文人画的旗帜。但又不同于那些过于保守因袭的旧文人，他是学兼中西的现代的文人，主张以本国之画为主体，会通西法，在齐白石、黄宾虹等人没有成熟之前，他在画界的地位和影响突出显著（该书其他章节亦多处提及陈师曾）。

5 月，胡健著《朽者不朽——论陈师曾与清末民初画坛的文化保守主义》由北京大学出版社出版。

邓锋：该书由上下两篇构成，上篇是陈师曾与其所处的时代环境及人文环境，下篇是陈师曾文化保守主义的理论和实践，由此清晰地展现了陈师曾艺术生平中关于"文人画"和传统文化继承创新观念形成和发展的脉络。作者将陈衡恪定位为"文化保守主义者"，指出陈衡恪针对康有为的中国画"衰败论"、陈独秀的"革命论"、徐悲鸿的"改良论"而提出"中国画是进步的"，使陈衡恪获得近代文人画代言人的形象，也沾上了'文化守成'论者的色彩（邓锋《探寻不朽之路——陈师曾研究综述及反思》）。

2013 年

文章：

本年，中国艺术研究院李子峰通过硕士论文《中国画改良与守护——以徐悲鸿与陈师曾为核心》。

此文《内容提要》：清末民初，一股激进思潮主张改良中国画，他们把传统中国画定位在"一无是处"的层面。秉承这一观点并在实践上身体力行者，首推徐悲鸿。而陈师普从绘画的本质，文人画的要素、技巧和形体观念等方面肯定"文人画的价值"。本文以陈师曾和徐悲鸿为切入点，审视清末民初中国画发展的两种观念与践行的历史，以及那段历史里的种种错综复杂和文化碰撞。

著作：

2 月，《染仓室印存》由人民美术出版社版出版。

按：该书大 32 开本，黄纸彩印，收印 380 余方。数量上与 1988 年荣宝斋出版的《陈师曾印谱》持平，但版面安排比 1988 年版更好，一印一页，显得疏朗悦目。印文认读只注释正文，对边款则不予认读。其实边款里有丰富的文史内涵，不予释读，终是一失。

2014 年

文章：

8 月，陆璐在《中国艺术》第 3 期发表《陈师曾文人画之价值的研究综述》。

此文《内容提要》：对陈师曾《文人画之价值》的专门性研究文章目前并不多见，大多文章仅仅是涉及而已。而在这些专门性研究和涉及此问题的学术文章中，又有太多的延续性和重复性写作，甚至只是职业应对性的写作或练习，谈不上真正意义上的研究。

9 月，宫力在《美术学报》第 5 期发表《何必低首求同群——刍议陈师曾在北京画坛的特殊性表现》。

此文要点：陈师曾在北京画坛中表现出了特殊性——特殊的家庭出身和学艺经历赋予了他更深远的画学思想体系，成为他之后在画坛发展过程中所表现出的特殊性的重要起因。

8 月，吕作用在《新美术（中国美术学院学报）》第 8 期发表《王梦白与陈师曾交游考略》。

此文要点：在民国初年的北京画坛中，陈师曾以其诗书画印无一不精而名著一时。可惜英年早逝，实为文化界的一大损失。他去世后，好友王梦白追绘遗像，姚茫父题写长款，音容文字，长留绢素，让人阅后无不动容。此画作当为陈、姚、王三人情谊之明证。

11 月，顾雪涛在《贵州文史丛刊》第 4 期发表《民初北京画坛的双子星座——姚华与陈师曾》。

此文要点：民国初年，一批富有革新精神的南方画家客居北京，给因循守旧的北京画界带来一股新风。其中姚华和陈师曾并称"姚陈"，被公认为北京画坛领袖。他们志同道合，互相影响，密切配合，并肩奋斗，在绘画创作、艺术理论和美术教育等领域都取得了卓著成就，为中国画的复兴和繁荣作出了重要贡献，堪称民初北京画坛的双子星座。

本年，西安美术学院杨柳通过硕士论文《陈师曾画学思想理论体系形成探究》。

此文要点：本文着重探讨陈师曾画学思想理论体系形成的原因，以陈师曾四十八年人生为时间轴，解释陈师曾坚守中国传统文化的价值与意义。

2015 年

文章：

2 月，黎明瑜在《美术教育研究》第 3 期发表《浅析陈师曾〈读画图〉现实主义的成因及其意义》。

此文要点：对陈师曾的研究一般针对其山水花鸟及其艺术理论，而像《读画图》这一类型的人物画并未引起学界太多的关注。《读画图》从创作意识及画面来说是一幅再现现实的作品，带有纪实性，它是艺术家积极介入现实的心态体现。

9 月，刘卓在《民俗研究》第 5 期发表《陈师曾眼中民初的北京风俗——论陈师曾〈北京风俗图〉册页中的民俗表达》。

此文要点：民国时期的陈师曾对于中国画的现代转型起着非常重要的作用，其《北京风俗图》册页是 20 世纪最早富有现代意义的风俗画作品，这也是他为中国画创作开辟新的空间及转型而实施的最有效的尝试。

11 月，梁悠然在《美与时代》第 11 期发表《由〈文人画之价值〉浅析陈师曾对文人画与西方现代艺术核心思想一致性的认识》。

此文要点：陈师曾的《文人画之价值》论证了中国画、文人画的进步性，有力地回击了改良派关于中国画正在衰败而文人画正是中国画衰败的原因这一论调。

本年，淮北师范大学孔鑫鑫通过硕士论文《试析陈师曾的美术教育思想》。

此文《内容提要》：陈师曾所处时代是中国传统美术教育向现代转型的重要时期，陈师曾将自己的画学思想尤其是文人画思想较完整地引入到近代中国美术教育中，对中国画的发展产生了积极的影响。他同时坚守中国传统文化，选择性地吸收西方美术，促进了美术教育的发展。

2016 年

文章：

5 月，曹贵在《湖北美术学院学报》第 2 期发表《陈师曾文人画之价值内涵及其影响》。

此文要点：《文人画之价值》是陈师曾的代表作，此文的发表，恰似春天里的一声惊雷，在美术界产生了非同凡响的效果。本文尝试从定义、本质、格调和要素四个方面对其进行详细解读，同时亦剖析其理论影响。

本年，中央美术学院钟源通过硕士论文《陈师曾〈读画图〉研究》。

此文要点：陈师曾的《读画图》在众多文献里被当做史料，没有学者对此画展开具体而微的研究。本文首先确立此作品的作画时间，再通过风格分析，认为陈师曾受到日本的通俗视觉文化的影响，而自身对画像砖的研究也渗入到他的画风里。

11 月，中国美术馆举办"朽者不朽——陈师曾诞辰 140 周年特展"。

按：这次特展分两个活动举行。一是中国美术馆汇同北京多家文博机构，聚集其各类艺术作品两百余件，一方面展现其于中国画各科推进的传承与创新，一方面呈现其于书法、印章、诗词以及漫画、画铜、笺画等多方面的综合艺术成就，尤其是特设专厅，以"沙龙雅集"方式钩沉其生平、交友、著述；二是召开学术研讨会，业界共有四十多人莅会。参会代表在参观特展后，进行了为期一天的研讨发言，就陈衡恪的画学理论、作品鉴赏、考释、人事交游等方面提交了论文。

中国美术馆馆长吴为山在开幕词中说："在文化语境更迭和文人绘画已趋式微的晚清民国，陈师曾的文化身份已是兼具'旧式文人'与'新知识人'两种特征为一体，其艺术创作也同样如此，呈现出'新风'与'旧貌'并存，'借古'与'融西'不悖。"可谓对陈师曾艺术观念和艺术实践特点的精到概括。

著作：

4 月，陈师曾《中国文人画之研究》单行本由浙江人民美术出版社出版。

按：该书收入陈衡恪翻译日本大村西崖的《文人画之复兴》，陈衡恪的《文人画之价值》（文言文）《文人画的价值》（白话文）。《出版说明》对版本源流、书的主旨介绍清通典要。

9 月，杜鹏飞编《艺苑重光——姚茫父编年事辑》由故宫出版社出版。

按：姚、陈同庚，二人志趣相投，艺术观念相近，常在一起切磋书画诗文，共同参加各种美术活动，友谊极为深厚，世称"陈、姚"。因此该书涉及陈衡恪处颇多。

11 月，《陈师曾全集》由江西美术出版社出版。

邓锋：2016 年值陈师曾诞辰 140 周年之际，江西美术出版社出版其全集四册，由朱良志与邓峰担任主编。尽可能地汇集陈师曾作品，包括海内外公私收藏，并选编少量拍卖作品以资参阅，按照作品类型分为花鸟、山水、人物、书法、篆刻、漫画、画铜、笺画八个部分，计两千件左右，分编为三卷，另以刘经富《陈衡恪诗文集》为底本，略加调整，编入龚产兴修订的年表，再成一卷。全集难"全"，但若从 20 世纪 80 年代开始算起，经三十余年来不少专家学者的苦心搜求、爬梳整理，陈师曾研究的基石初步成型。只有遗存文献资料的尽可能完备，随之展开的各种研究方能有理有据、言之凿凿。全集的呈现将是陈师曾研究新的起点(邓锋《探寻不朽之路——陈师曾研究综述及反思》)。

按:该书为江西美术出版社 2014 年申报成功的国家出版基金项目,列入"十三五"国家重点图书出版规划。分"山水人物卷""花鸟卷""书法篆刻卷""释文卷"四大册,八开本,精装,铜版纸彩印。属于珍藏版的巨著,2 800 元一套,一般人买不起,可能不利于文化学术界充分利用这项陈衡恪研究的新成果、大制作。

2017 年

文章:

1 月,邓锋在《中国美术》第 1 期发表《探寻不朽之路——陈师曾研究综述及反思》(后收入《朽者不朽——陈师曾和他的时代》)。

按:此文对 20 世纪 80 年代以来的陈衡恪研究动态进行了系统、集中的回顾、总结。从陈衡恪研究基本文献材料(陈衡恪生平传略,绘画、书法、篆刻、诗词)的搜集整理出版,陈衡恪弟子、亲友、文人的回忆随笔杂记,学界的科研论文,纪念活动的举行等几个方面展开叙述评说。描述了面貌特征,梳理了线索脉络。既有材料铺垫,又有理论综合,符合现代论文写作规范体例,是一篇水准较高的学术史回顾文字,多被征引介绍。

1 月,于洋在《中国美术》第 1 期发表《启辩与内观——中国画现代变革语境中的陈师曾》。

此文要点:我们今天谈论一百年前的陈师曾,其独特和伟大在何处呢?需要从两个角度来审视,一是从外部返观,二是在内部省思,一为"启辩",二为"内观"。

按:此文的学理性、论证性较强,显示了由于一批受到现代学术语境熏陶训练的年轻学人出现,使陈衡恪研究领域科研能力与成果实绩达到了一个新高度。

1 月,朱万章在《中国美术》第 1 期发表《陈师曾与 20 世纪北京画坛》。

按:此文主要介绍评议陈衡恪与几个美术社团(宣南画社、西山画会、北京大学画法研究会、中国画学研究会)的关系和与鲁迅、齐白石、姚华的交往,从一个侧面展示陈衡恪的形象面貌。认为透过他的交游与艺术活动,可以看到一个多角度、新视野下的艺术家形象,以及 20 世纪上半叶美术变革与艺术发展的一个缩影。

1 月,邓峰在《中国书画》第 1 期发表《陈师曾绘画作品略论》。

按:此文从陈衡恪的全部作品中选取重要代表作进行评析,联系陈衡恪的艺术道路、渊源承授、思想理念，大处着眼，小处着墨，微观考证，宏观发挥，时出新见。

2 月，宋晓霞在《中国美术馆》第 1 期发表《陈师曾与现代中国画的文化自觉》。

按：此文以"现代性"为核心概念，指出价值理性与工具理性的差异，肯定陈师曾通过"价值论"和"进步论"重新构造了中国画传统的价值主线，是"在现代世界中创造中国画自身的主体性，守护中国画独特的精神语言，力图重建中国文化的人文精神"，故而是一种主体的"自觉"。

4 月，龚产兴在《中国书法》第 4 期发表《陈师曾的艺术思想》。

此文要点：陈师曾的艺术思想，深受传统绘画理法"外师造化，中得心源""以形写神""缘物寄情"的影响。但他毕竟留日八年，接触到许多西方现代文明科学的新思潮，又生活在欧风西雨猛烈冲击国内学术风气、文艺界正处在革故鼎新的时代，他的思想形成了坚持以中国文化艺术为本的学术主张。强调绘画的民族性和继承性、时代性，并用民族绘画的主体性去对抗"全盘西化"和一切贬低否定中国传统绘画的论调。

4 月，谷溪在《中国书法》第 4 期发表《陈师曾书法篆刻述略》。

此文要点：陈师曾是中国近代的艺术大师，他的诗、书、画、印皆臻上乘，堪称"四绝"，为艺林所推重。他七岁时就能作擘窠书，青年时代又从岳父范伯子学习行书，后又向范仲林学习汉隶和魏碑，为他后来在书法上取得成就打下了坚实的基础。而对他影响最为深远的是吴昌硕，在吴昌硕众多的门人弟子中，陈师曾的篆刻最有个性，成就也最高。

4 月，胡吉连在《中国书法》第 4 期发表《陈师曾与清末民初的北京画坛》。

此文要点：在民初艺术界，陈师曾影响巨大，是享有盛誉的书画家、书画理论家、金石篆刻家、美术教育家、诗人。他在处理传统与现代的关系上表现出保护中国学术传统和"中体西用"的思想倾向。其中，影响最为深远的是其关于文人画的理论。

4 月，朱中原在《中国书法》第 4 期发表《陈师曾何以不朽》。

此文要点：中国美术史上的很多美术家，都可以称大师级的人物，但还不宜称之为伟大。伟大者，精神之伟大也，人格之伟大也，非画技之伟大也……陈衡恪是以思想引领美术界，这是他能不朽的重要原因。

4 月，张锦伟在《中国书法》第 4 期发表《陈师曾篆刻的取法与特色》。

王虹：此文指出陈师曾的篆刻取法可追至秦汉，其字法丰富却不离古法。文中引用陈师曾的部分印论及论印诗，并进行了比较客观的解释说明。此文还对陈师曾篆刻的资料搜集做出了一定的贡献(王虹《陈师曾印学方圆观研究》,渤海大学 2019 届硕论)。

4 月,李星在《中国书法》第 4 期发表《近乎简淡自然的绝响——中国美术馆藏陈师曾题画诗的书法艺术》。

此文要点:中国美术馆藏陈师曾作品共 154 单件,其中山水画 49 件、花鸟画 66 件、人物画 39 件,而没有一件纯粹的书法作品,所幸陈师曾创造性地将其诗、书、画、印"四绝"的超凡造诣融会贯通,一并注入在自己的绘画作品之中,因此我们依旧能从馆藏陈师曾绘画题画诗中一窥其书法艺术的面貌特征。

4 月,杨先让在《美术研究》第 2 期发表《不该缺少陈师曾与徐悲鸿的研究》。

此文要点:2016 年 11 月,中国美术馆举办"朽者不朽"纪念陈师曾 140 周年特展,这确实是陈师曾谢世后,其作品首次在国家最高美术殿堂的集中陈列。可赞!特展介绍了陈师曾与李叔同、鲁迅、齐白石的交谊,但美中不足的是,遗漏了陈师曾与徐悲鸿的关系。陈师曾在 1918 年整一年间与徐悲鸿在北京大学画法研究会共事,对徐悲鸿的启示影响非同小可,决不能忽视。

5 月,吴为山在《美术观察》第 5 期发表《走向现代的自觉与自信——陈师曾及其跨时代意义刍论》。

按:此文从陈师曾的家学与时代思潮,画学与实践,交友与引领三个方面探讨陈师曾对近现代绘画艺术的现实意义,揭示陈氏对 20 世纪中国画走向现代的开拓性价值及文化启示。

5 月,方茜在《湖北美术学院学报》第 2 期发表《陈师曾的文人画艺术观与印象派传播》。

此文要点:传统书画精英陈师曾,在新文化运动激进的反传统浪潮中挺身而出,捍卫文人书画的进步价值。他兼具深厚的传统绘学造诣与开阔的中西文化视野,又通过译述、传播印象派等西方现代绘画信息的经历,使他对中西艺术共通的价值精髓持有深刻体认,故能坚守传统文化信念,并自觉为中国传统书画的现代发展探寻新径。

6 月,朱剑在《荣宝斋》第 6 期发表《身份焦虑与区隔意识——试论陈师曾文人画观诞生的心理动因》。

此文要点:陈师曾是民初明确发声支持文人画的第一位重要人物,其文人画观点形成的深层原因,除了意欲挽唤起国人理性对待传统文化精华之外,他内心中对确认自己身份时的焦虑也是不可忽视的因素。

9 月，张涛在《齐白石研究》第 5 辑发表《两字槐堂如写上，无群鉴赏买相争——齐白石、陈师曾关系新考》。

此文《内容提要》：齐白石与陈师曾二人关系，是近现代艺术史上常常为后人津津乐道的一段"艺坛佳话"——陈师曾因激赏齐白石的艺术而倾全力无私扶持提携，齐白石借此由"欲乞燕台葬画师"豹变"海国都知老画家"而感恩终老。这种貌似高山流水遇知音的和睦印象与融洽表象，大多来自齐白石后来发表于公共领域的个人自述与题跋之类的文字表达。可是如果对齐白石日记及陈师曾信札等更显私人心态的一手材料所隐约流露出的微妙信息，进行一番细致梳理与祛魅考察后会发现，也许在某种程度上，我们都陷入了由齐白石所刻意设计与引导的印象陷阱之中。

9 月，邓锋在《齐白石研究》第 5 辑发表《显隐与进退——齐、陈相交背后的地缘文化背景与艺术相互影响关系再探》。

此文《内容提要》：长期以来，齐白石与陈师曾的相交佳话主要源自白石老人事后的自述与追忆，但在两人相交背后是否还潜藏着更为深沉的原因与背景呢？文章在前辈学者研究的基础上，进一步排查资料，在纷繁错综的关系中梳理比较齐陈相交的两种叙述版本，进而体察白石老人的隐曲之情，探究相交佳话背后真实存在的湖湘地缘文化圈的内在推动之力。

9 月，李国葆在《书品》第 3 期发表《陈师曾未任江西教育司长考》。

按：目前已出的几种《陈师曾年表》均称衡恪于宣统元年（1909）夏秋曾任江西教育司长，均未提出书证。现已发现的三种民国官绅名录均谓衡恪于1912、13 年间短期担任过江西教育司长。李国葆先生对这一疑案进行了充分详尽的考证，谓虽然当时教育部的主政者欲外放陈衡恪任江西教育司长，但他因故未上任，官绅名录所载并未成为事实。

12 月，周蓉在《荣宝斋》第 12 期发表《越只青山、吴唯芳草——陈师曾山水作品研究》。

按：该文系统分析了陈师曾的山水作品，深入阐释其画学渊源，表明其山水画在中国传统山水画画坛中形成了一定的影响。

本年，中国艺术研究院冯强通过硕士论文《陈师曾篆刻艺术特色及当代启示》。

王虹：此文识读出了大部分的陈师曾印章边款，为继续发掘陈师曾的印学理论提供了基础性资料。作者在文中指出陈师曾所刻印章上存在着齐白石补款的现象，这一发现为对比研究陈师曾与齐白石的艺术思想及艺术实践提供了重要线索（王虹《陈师曾印学方圆观研究》）。

本年,江西师范大学刘伟通过硕士论文《陈师曾〈姚华小像〉研究》。

此文要点：本文对小像画面的效果感受和小像的收藏进行了简要梳理和阐述。对小像上的题跋以及跋语与图文的关联性做了详细的解释,进而扩展到人物之间的交游、姚华的交友圈、民国文人之间的诗画唱酬,对《小像》进行更加深入的认识。

本年,鲁东大学王俊丽通过硕士论文《陈师曾文人画理论及其当代意义研究》。

按：此文以陈衡恪文人画理论为切入点,深入了解文人画的实质内涵。可贵之处在于借古喻今,对当代文人画发展存在的问题以及如何促进文人画发展具有借鉴意义。

著作：

1月,《中国美术》杂志推出《20世纪北京画坛与京派美术——陈师曾篇》专辑。

按：此专辑集中刊载朱万章《陈师曾与20世纪北京画坛》,刘曦林《陈师曾的文人画观》,刘曦林《陈师曾之缘——兼及陈师曾文人画观的再认识》,于洋《启辩与内观——中国画现代变革语境中的陈师曾》,邓锋《探寻"不朽"之路——陈师曾研究综述及反思》五篇论文。编者按语云："四位学者五篇文章按专题层次结构逐一展开,相互交叉,互为补充,形成一个整体,力图建构陈师曾的立体形象。"

4月,《中国书法》杂志推出陈衡恪纪念专辑。

按：此专辑集中刊载龚产兴《陈师曾的艺术思想》,谷溪《陈师曾书法篆刻述略》,胡吉连《陈师曾与清末民初的北京画坛》,朱中原《陈师曾何以不朽》,张锦伟《陈师曾篆刻的取法与特色》一组六篇文章。文中配陈衡恪本人的照片和他的绘画、书法、篆刻照片,可内容丰富,赏心悦目。编者按语云："'朽者不朽'——纪念中国画走向现代的先行者陈师曾诞辰一百四十周年特展于2016年末在中国美术馆开幕,引起了广泛的反响。本期'世纪回眸'推出陈师曾专题,以期对陈师曾的生平事略,师友往还,书法、篆刻、绘画成就,思想人品,地位影响等给以立体呈现。"

12月,《朽者不朽——陈师曾和他的时代》由人民美术出版社出版。

按：本书在充分运用史料和借鉴学术界现有成果的基础上,从陈师曾艺术思想、艺术创作、艺术活动、人事交游的构成背景即陈师曾所处的时代环境、人文环境入手,通过对清末民初社会文化思潮、清末民初的画坛等方面具体深入的分析论述,梳理出陈师曾艺术思想和艺术风格形成的脉络。全书由朱万章《陈师曾与20世纪北京画坛》,刘曦林《陈师曾的文人画观》,周蓉《越只青山,吴唯芳草——陈师曾山水作品研究》，于洋《启辩与内观——中国画现代变革语境中的陈师曾》，张涛《两字槐堂如写上，无群鉴赏买相争——齐白石、陈师曾关系新考》，邓锋《"文人画"与"民俗图志"——陈师曾〈北京风俗图〉漫说》，邓锋《"显隐"与"进退"——齐、陈的地缘文化背景与艺术关系再探》，邓锋《探寻"不朽"之路——陈师曾研究综述及反思》八篇论文组成。除刘曦林文是 1984 年发表的旧文外，其他七篇均发表于 2017 年。这是关于陈师曾研究最新、最高成果的展示，可谓胜义迭出，藻彩纷披。兼顾了理论阐释、材料发掘、考证索隐，改变了过去一些关于陈师曾的成说，反映出陈师曾研究向更深、更细、更学术的目标迈进。

2018 年

文章：

1 月，邵晓峰在《美术》第 1 期发表《陈师曾家族与徐悲鸿的情愫与交游》。

此文要点：北京大学画法研究会是陈师曾与徐悲鸿友谊产生与升华之所。陈师曾去世之后，其家族的不少成员，特别是陈师曾之父陈散原，与徐悲鸿持续交往并结下深厚友谊，这可视为陈、徐情谊的一种延续。徐悲鸿晚年购买过陈师曾的一套花卉册页并予题识，其中寄托了徐对陈的怀念与欣赏。

6 月 4 日，李国葆在《文汇读书周报》发表《少作斐然世家声——读新发现的陈衡恪词作》。

按：此文对 2016 年 11 月中国美术馆为纪念陈衡恪诞生一百四十周年而举办"陈师曾特展"中新展出的陈衡恪十二岁所写的一首词作进行考证申说。认为这首词作的面世，不仅为陈衡恪早慧提供了一个重要的证据，还可以从中窥见陈衡恪传世的二十余首词作的创作积累轨迹。其价值之高自不待言，值得我们对词中所涉及的人物、背景本事和作品体现的艺术风格作更深入的考证、解析。

12 月，张涛在《艺术史研究》第 12 期发表《重读陈师曾〈读画图〉》。

此文《内容提要》：本文以陈师曾《读画图》为研究起点，对于近现代艺术史上这幅融合中西画风的作品，结合当时历史原境与画家思想，予以新的解读与阐释。同时联系陈师曾其后发表的为传统中国画强力辩护的《文人画的价值》一文，从图文之间产生的张力，可见陈师曾在短短数年间的画学思想产生了极大的转变与调整。

本年，中央美术学院邓锋通过博士论文《东西画界、通变与自觉——陈师曾画学思想及艺术实践再研究》。

按：此文跳出对陈师曾的习惯认知，从其画学思想与艺术实践的角度出发,发掘其重要价值,给予陈师曾是 20 世纪以来极具开放视野和"文化自觉"先行者的评价。将其作品按题材内容分为花卉、山水、人物三类进行详细赏释,抉示其"以精神相应"的艺术理念,以及呈现出对传统中国画应"以本国之画为主体,舍短取长"的人文思考,深入阐释陈氏的艺术实践及画学思想之间的内在关联,是一篇高水平的博论。

本年,江南大学吴雨阳通过硕士论文《陈师曾的艺术思想研究:以一"史"一"论"为中心》。

此文《内容提要》:《中国绘画史》和《文人画之价值》是陈师曾绘画理论的重要著作,被后人称之为"一史一论"。"一史一论"反映了陈师曾艺术理论形成的两个重要因素,即东方文化和西方文化。他将二者进行了恰到好处的融合,并运用到对美术史和美术理论的研究中。因此,其思想理论对后人进行文人画理论与中国美术通史研究具有重要意义。

按:此文梳理《中国绘画史》两个整理本、《文人画之价值》文、白两个版本、介绍大村西崖情况较好。材料与考论都很扎实,是一篇优秀的硕士学位论文。

本年,首都师范大学李芯蕊通过硕士论文《纯厚天然——陈师曾文人画精神初探》。

此文《内容提要》:19 世纪中叶到 20 世纪 30 年代中期,中国社会性质发生了前所未有的变化。当激进者们对中国传统绘画一味鞭挞之时,陈师曾却能够保有明是非、辨真理的不偏不倚、执两用中的中庸之道,虽然这使得他在众口铄金美术革命论中格格不入,但不容忽视的是他那颗期待民族强盛、文化前进的真挚而又真实的心。

本年,浙江师范大学顾汇百通过硕士论文《文人画观念发生研究》。

按:此文虽然没有关于陈衡恪的专章专节,但由于陈衡恪是近现代大力倡导"文人画"的重要人物,故此文的学术史回顾对陈衡恪坚守文人画传统、创新中国画的精神、对后面美术史研究者的影响有大段评议。在其他的章节亦多处涉及陈衡恪。

著作:

8 月,周子牛著《以道驭技——陈师曾篆刻研究》由群众出版社出版。

按:该书以陈师曾的书法、篆刻为研究对象。书中征引了大量的资料,对陈师曾的教育背景和艺术风格养成进行梳理和解析。这些年来陈师曾篆刻作品汇集出版重印颇多,研究文章、硕论亦不少,但从作品分析、理论阐述、材料梳理等方面对陈师曾篆刻进行总结性的研究,此书首开纪录。

2019 年

文章：

3 月，于洋在《书与画》第 3 期发表《进化论视野中的传统立足点——再读陈师曾的文人画进步论》。

此文《内容提要》：在近代关于文人画现代转型最初的理论文献中，陈师曾在 20 世纪中国画现代变革语境中的画学思想，已成为近现代美术史论研究的显学。陈师曾的文人画观体现了一个现代知识分子的胆识，更兼具了建构文人画之现代理论体系的策略意识，这种对于"文人画"概念的重新发掘、建构，在厘清了文人画注重主观表现而不求形似的特点之外，也使"文人画"增益了新的内涵，使其由零碎、单纯而变得系统、丰富，更顺应了进化论思潮影响之下的时代风气。

11 月，王华军在《美术观察》第 11 期发表《民国初期绘画现实主义路径比——以陈师曾与徐悲鸿为中心》。

此文要点：本文尝试将陈师曾、徐悲鸿二人的艺术风格与观点在现实主义范畴内进行比较，借此认识 20 世纪初社会转折期中国画对异域文化、异质绘画刺激的反应，梳理中国画的百年曲折道路，反思中国画的发展现状。

本年，渤海大学王虹通过硕士论文《陈师曾印学方圆观研究》。

此文《内容提要》：陈师曾是北方写意印风形成的引航人。若以齐白石为北方印风的标志性人物，陈师曾便是北方印风原始理论的核心。陈师曾印学"方圆观"中极度"崇方"倾向是齐派印风乃至北方印风、写意印风精神内核的必要元素之一。陈师曾将南方吴昌硕印风与北方齐白石印风连接了起来，让民国的文人篆刻南北相连又在风格上相映争辉。

2020 年

文章：

1 月，吕作用、刘超在《美术学报》第 1 期发表《陈师曾简笔人物册页与中西融会艺术观》。

此文要点：陈师曾《简笔人物册页》创作于其留日期间，是他"戏仿"日本浮世绘画家葛饰北斋的"漫画"并题赠友人之作。虽然作品在形式和内容上具有日本浮世绘及现代漫画的一些元素，但其创作的基本手法还是中国的传统水墨技法，因此不能与漫画等而视之。此作品可作为陈师曾早期"采人之长"

的一次尝试,与他"中西融合"艺术观相互参证。

3 月,徐文治在《齐鲁周刊》第 6 期发表《陈师曾的〈中国绘画简史〉》。

此文要点:真正用中西方调谐的眼光,去认识中国传统美术和现代美术,在中间起到了关键作用的人是陈师曾。其《中国绘画史》一书,是一流的艺术家写就的一流的艺术史,是中国绘画史的开山之作和入门经典。

4 月,朱京生在《中华美术研究》第 1 期发表《没有传奇——齐白石与陈师曾初识于法源寺说驳议》。

此文要点:目前学界普遍认定齐白石与陈师曾初识于法源寺的因缘,是陈师曾见到并赞赏齐白石的印章,此说出自齐白石的《白石老人自述》,无数论文、著作从之。如果学界从业者能够放平心态,一方面细读原有文献而不尽信于书,"于不疑处有疑";一方面拓展一点非"专业"性的阅读,意外的收获和发现则俯拾皆是,信史存焉。

5 月,张足春在《艺术家》第 5 期发表《叶恭绰与陈师曾交游考辨》。

此文要点:叶恭绰与陈师曾早年相识于江西,两家并有姻亲关系。叶恭绰在文稿中屡次强调他与陈三立一家的旧谊。但民元初年,叶恭绰与陈师曾两人同在北京,却未见唱和,也几乎没有来往。本文通过对相关史料的梳理,力求理清他们相识的时间,并指出叶恭绰当时的"袁党"形象,是叶陈二人关系疏离的主要原因。

9 月,张卫、胡敏在《国画家》第 9 期发表《陈师曾与 20 世纪初南通中国画发展》。

此文要点:陈师曾的"南通时期"(1910—1913)给南通中国画注入了新的元素,并形成了巨大的"蝴蝶效应",成为 20 世纪初南通中国画改良的领航人之一。其人其艺其思其志,对于当时以至后来的大多南通画家来说,都不可能不受其影响,乃至今日还有广泛的影响。

本年,江西师范大学刘超通过硕士论文《陈师曾古诗意画研究》。

此文《内容提要》:本文是关于陈师曾古诗意画的个案研究,以其假借古代诗词而创作的古诗意画为具体研究对象,揭示其古诗意画与画学思想之间的内在关联。采用以小见大的方式,透过古诗意画管窥其画史意义与艺术价值,折射出陈师曾虽然身处中西文化碰撞的历史节点,仍能以个人实践为中国传统文人画振聋发聩的精神。

本年,西南交通大学熊苑瑾通过硕士论文《从陈师曾〈北京风俗〉管窥清末民国初中国画的现代转型》。

此文《内容提要》:20 世纪初叶,中西跨文化交流频繁。陈师曾在这期间创作的《北京风俗》图册代表着这一时期新式知识分子为中国画的转型所做出的尝试。本文分析《北京风俗》的创作成因及艺术语言，使之"串成"一条明晰的链条，寻找出现思想变化的原因以及时代转型推动下的内在逻辑。

著作：

本年，李国葆先生将新著《陈师曾画传》书稿交江苏凤凰美术出版社出版（2022 年 6 月出书）。

按：该书最大、最显著的价值和特色是材料的扩充。这又可以分为三点：一是发掘新材料；二是对已有材料的扩展延伸；三是对已有材料的新认识、新解读。还有就是重考证、讲证据的学风态度（刘经富《百尺竿头更进一步——读李国葆著〈陈师曾画传〉》，载《南方都市报》，2022 年 10 月 2 日）。

2021 年

文章：

2 月，曾小凤在《美术研究》第 1 期发表《危机与转型——康有为、徐悲鸿、陈师曾与"五四"时期的中国画批评》

此文《内容提要》：透过"五四"前后康有为、徐悲鸿、陈师曾对"中国画"的关注，可见中国画在"五四"时期遭遇价值危机的同时，也正是它向现代转型的历史时刻，尽管是以一种被迫按照西方标准自我改良的革命之路。这一现象突出地反映了中国传统文艺批评话语在近代中西文明碰撞与冲突中的"失语"困境，这里牵涉到晚清和"五四"两代学人基于不同身份立场、价值观念和文化期待对于"中国画"的认识和价值判断，被改变的不仅是画法、风格形式，更是中国画的基本格局和主体精神，乃至美术的性质和命运。

5 月，吕作用在《艺术探索》第 3 期发表《〈癸亥纪念图〉：一个民国文人的雅集故事》。

此文要点：《癸亥纪念图》是王梦白、陈师曾、萧谦中、姚茫父等民国时期画家在罗园雅集中合作的一幅作品，它包含着丰富的历史和图像信息，具有节令、寿苏（东坡）会及"以图示诚"等多层含义，可补江南苹《壬戌罗园雅集》一文之不足，更为生动地呈现雅集活动的具体细节。

本年，华东师范大学朱婷通过硕士论文《陈师曾的中国画改良思想研究》。

此文《内容提要》：本论文第一章阐明陈师曾改良思想的具体所指及产生背景，指出他的改良思想是在守护传统基础上的"博采新知"；第二章归纳陈师曾改良思想具体的内容；第三章总结陈师曾改良思想的创作实践；第四章将陈师曾与金城和林纾之间不同的艺术着眼点及国粹守护进行比较,表现出陈师曾温和改良的积极影响;第五章论述陈师曾改良思想的影响,分别从理论、实践及绘画团体三方面为切入点,论述他对俞剑华、齐白石以及画法协会传播性的诸多影响。

本年,中央艺术学院邓经儒通过硕士论文《妥协的美育——以陈师曾在北京大学画法研究会的活动为例》。

此文《内容提要》:"美育"概念是蔡元培与陈师曾得以在画法研究会共同合作的重要因素。陈师曾离任该研究会正是因为陈、蔡之间对于民国的图画教育发展意见存在分歧。简言之,蔡的绘画教育的理念是基于结合欧洲启蒙时期的美学思想与富国强兵的"实利主义";陈的绘画教育及艺术实践则坚持"传统"。

本年,湖南师范大学王莉通过硕士论文《中体西用——陈师曾艺术思想及实践探析》。

此文《内容提要》:"中体西用"思想,即变末不变本,以本土文化与艺术为体、西方技术与艺术为用的处世之道。随着五四新文化运动的展开,"西画东渐"进程正式启幕,中国传统绘画艺术受到了前所未有的巨大冲击。在"抑中扬西"的时代氛围下,陈师曾并未随波逐流,而是有意在新的历史语境下接续中国古典绘画传统,成为思考并实践中国画"现代转型"的先驱者。

小　结

一、20 世纪二十年(1981—2000)现状

在 20 世纪八九十年代,陈衡恪研究更多的是以"纪念性"文章附带出史料,呈现方式也多是访谈、回忆、自述、随笔等。撰文者多属陈衡恪的弟子、子嗣,或是经历过民国的老辈文史掌故专家,文章内容以怀念、追忆为主,带有较为强烈的感情色彩。尽管尚未能称得上严谨客观的史学研究,但情真意切,且为后来的深入研究保存了大量的宝贵资料(邓锋《探寻不朽之路——陈师曾研究综述及反思》)。

前二十年的陈衡恪研究虽然没有陈寅恪研究那么显赫、正规、系统,但炒作煽情的成分较少,发表的文章基本做到了平实畅达。

二、21 世纪二十年（2001—2021）的全面提升

一个艺术家的个案研究，一方面受限于其所遗存的文献材料，另一方面也随着学术思潮的动向和研究风气、方法的转移而呈现出面向的不同。尤其对于近现代美术史的研究而言，更是如此，陈师曾的研究也不例外。根据上述四十年的陈衡恪研究成果线索，可以归纳出以下几个特点：

（一）进入 21 世纪后的二十年，陈衡恪成为传统派画家研究中的一个热点人物，体现在三个方面：一是学位论文数量激增；二是其交游活动的考察成为关注重点；三是研究的理论视角多样化，不乏具有相当学术价值的论述。整体而言，陈师曾研究随着文献材料的挖掘和研究方法的日益更新而呈现出深入与精微的特点。

这二十年里产生了三篇博论，二十四篇硕论（还有不少以与陈衡恪同时代的其他画家及相关内容为题旁涉陈衡恪的博论、硕论）。就博论、硕论的数量而言，稍逊于陈寅恪研究的博论八篇、硕论三十一篇。之所以出现这种现象，一是因为高校艺术类专业硕士点的增加和硕士扩招，二是陈衡恪与陈寅恪一样确实提供了可以产生大量学位论文的素材。他的美术思想理论，绘画、篆刻艺术实践成果是大宗，在这几大宗资源里又可以从不同角度分出次一级的题目。最绝的是江西师范大学的研究生刘伟别开生面以陈衡恪偶然为姚华画的一幅漫画头像为写作方向居然完成了一篇像模像样的硕论。

这三篇博论都中规中矩，理论水平和论证能力都有相当基础，反映出一流美术学院博士人才培养的实绩。学位论文的好处是能围绕一个题目、一个研究对象集中搜集材料，系统深入地思考论证，得出可信可从的结论。这大大提高了陈衡恪研究的学术水准和科研的规范严谨性。

在这批硕士论文中，涌现了几篇真做学问的较好论文，如卢宣妃、龙朝阳、郑钰垚、吴雨阳、刘超的硕论。硕士论文如雨后春笋，蒸蒸日上，未始不可视为对 1949 年以后陈衡恪被边缘化后的一种补偿。

（二）后二十年成果的分年篇目显示，2017 年出现一个高峰。产生了十八篇期刊论文和四篇硕士论文，代表陈衡恪研究最高水平的《朽者不朽——陈师曾和他的时代》一书亦在这一年问世。《中国美术》该年第一期推出《20 世纪北京画坛与京派美术——陈师曾篇》专辑，发表一组五篇文章，《中国书法》该年第四期"世纪回眸"栏目发表一组六篇研究陈衡恪的文章。这是一种偶然巧合还是学术发展的积累爆发所致？是否因为上一年中国美术馆举办"朽者不朽——陈师曾诞辰 140 周年特展"和江西美术出版社出版《陈师曾全集》的激

发？2017 年成果的繁荣,标志着陈衡恪研究进入了一个更高阶段。这一年繁荣盛大的局面令人振奋,注定要载入陈衡恪研究的史册。

（三）二十年来,美术界产生了一支老中青结合的陈衡恪研究队伍。这一支生力军真抓实干,纵横开拓,在纪念宣传陈衡恪的活动中在阐释陈衡恪的艺术理论、人格思想、绘画实践、挖掘史料等方面均有开拓突破。就学科分类性质而言,陈寅恪、陈宝箴、陈三立、陈氏家族史研究与史学联系较紧密,大抵可以属于史学的范畴,可以共通之处较多。唯独陈衡恪研究比较特殊,属于美术学领域,虽然与史学都属于人文学科,但美术、艺术自成体系,史学工作者要进入这个领域有点隔行。因此有一支稳定的陈衡恪研究队伍非常重要,它决定着陈衡恪研究能不能与陈寅恪研究同步繁荣厚实。当然涉及陈衡恪生平经历亦与史学结缘,必须借鉴掌握史学重材料、擅考证、能综合的方法工具,才能得正解。这是这支队伍建设的任务之一。

三、不足之处

（一）通常来说,详尽、客观、准确的生平年表是展开深入研究的基础。虽然龚产兴、徐文治、邓锋已大致勾勒了陈师曾艺术生平的线索,但严格说来,这一年表仍只是粗线条和大轮廓。一是其留日七年和教育部任职十年情况尚有待补充完善,25 岁之前的人生行迹和留日归来任教通州师范（南通）的经历也偏于疏简。这当然与史料的散佚直接相关,因此,仍需坚持"上穷碧落下黄泉,动手动脚找东西"的史料挖掘精神,哪怕是只言片语、点滴记录,都有助于串联和完善其行迹、生平（邓锋《探寻不朽之路——陈师曾研究综述及反思》）。

（二）硕士学位论文选题拥挤、撞车重复较多,真正创新突破、自出己意的少。扯草凑篮、文理不通,只求文凭到手、毫无论文味道的所谓硕论亦充斥其间（笔者未计入上面提到的二十四篇硕论内）。

附录四

附录四：陈氏家史研究编年

弁　言

20世纪80年代，学术界对义宁陈氏家族的关注、研究还没有达成共识。与这个家族声名密切相关的"曾国藩""太平天国运动""戊戌维新运动""同光体诗派"还刚刚从极"左"的阴云笼罩下解脱出来，人们还来不及进行认真梳理和反思。陈宝箴、陈三立、陈衡恪、陈寅恪，对于大多数中国人来说，是几个并非耳熟能详的名字，人们面对的是一个没有俗世声名的书香门第。

从20世纪80年代起，受社会形势、文化环境和山外蓬蓬勃勃"陈寅恪热"的影响，陈氏家族故里——江西修水县的文史工作者开始接触与陈氏家族有关的事项，并逐步扩展深入到陈氏家族史资料的搜集、整理、研究。

1983年

文章：

本年，修水县的文物工作者在全国性的文物大普查中，对陈氏祖宅——陈家大屋进行了初步的调查摸底，命名为"陈宝箴、陈三立父子故居"（1986年正式批准为县级文保单位，2006年升格为省级文物保护单位，2013年升格为全国重点保护文物单位）。

按：修水县的这次文物普查工作持续了几年，除对陈家大屋进行考察、测绘、文物定级外，还收集到一些零散文物。1986年的《修水县文物志》（初稿一册，未刊稿）和1993年的《修水县文物志》（定稿六册，未刊稿）对陈家大屋和零散文物均有载录、介绍。

1984 年

著作:

4 月,陈隆恪《同照阁诗钞》由香港里仁书局出版(2007 年 4 月由中华书局再版)。

按:陈隆恪诗作中保存了不少关于陈氏家族的材料、信息。其诗作的一个重要主题便是追怀祖德,眷恋故居(参见本书第 242 页 2007 年"著作"类同题著作的介绍)。

1985 年

7 月,修水县政府成立县志办,开始着手搜集陈氏家族资料,之后与在武汉工作居住的陈氏后裔陈小从取得了联系。陈小从提供了不少资料,并亲自撰稿。

1989 年

文章:

从本年到 1993 年,江西省志办编写的《江西近现代人物传稿》1、2、3 辑刊载张良俊撰《陈宝箴》《陈三立》,萧高洪撰《陈衡恪》《陈寅恪》。

按:以陈衡恪传稿较好,因所依据的材料质量较高和作者本人系篆刻家之故。

著作:

年终,修水县政协文史委开始着手《一门四杰——陈宝箴、陈三立、陈衡恪、陈寅恪史料》一书的筹备。

按:修水县政协为搞好这项工作专车远道到武汉迎接陈小从回故里寻根认宗,她为该书的编写提供了大量资料和资料线索。

年底,《修水县志》书稿审稿结束,联系出版社,等待出版(1991 年 10 月由海天出版社出版)。

按:新编《修水县志》收入陈衡恪次子陈封怀序。《文物卷》收录陈家大屋,陈宝箴墨迹,陈三立诗集、墨迹,陈衡恪绘画作品,陈寅恪著作手稿,《艺文卷》收入陈宝箴对联、陈三立诗作、陈衡恪诗作、陈隆恪诗作。《人物卷》收入陈宝箴、陈三立、陈衡恪、陈寅恪传略。

1992 年

文章:

本年,李坚发表《陈寅恪的家世及其史观》(载邱权政主编《客家民系研究》，中国工人出版社 1992 年版）。

按：此文由两大部分组成：陈寅恪家世与其史观理念。家世部分搜集整合陈寅恪的学生罗香林在《客家源流考》一书和《回忆陈寅恪师》一文中介绍披露的陈氏家族的客家人渊源、来历，比较早地注意到了陈氏家族早期家史材料。此文的主要价值在后部分。参见本书第 30 页 1992 年"文章"类对同题的评议。

1994 年

著作：

8 月，《一门四杰——陈宝箴、陈三立、陈衡恪、陈寅恪史料》以内刊形式出版。

按：该书书稿于 1993 年初已基本编好，因出版印刷经费掣肘延宕面世。1994 年 6 月，与省政协文史委合作（列为《江西文史资料》第 52 辑），两家各出五千元，以内刊形式赶在 9 月省社科院召开"陈宝箴、陈三立研讨会"之前在县印刷厂印 2 000 册，省里得 1 200 册。书印好后，赠送给"陈宝箴、陈三立研讨会"的与会人员，后又赠寄给北京、广州和其他地方的陈寅恪学生以及研陈专家（参见本书第 241 页 2005 年"著作"类同名著作的介绍）。

1996 年

文章：

本年，华南师范大学张求会通过硕士论文《义宁家风及其诗歌初探》。

按：参见本页 1998 年此文要点。

1997 年

文章：

12 月，张求会在《华南师范大学学报》第 6 期发表《义宁陈氏源流述略》。

此文要点：本文作者经实地考察，通过整理族谱、碑文等第一手资料，介绍义门陈氏的起源、演变，着重勾勒了以陈宝箴一支为主的义宁陈氏的迁徙史。

1998 年

文章：

4 月，张求会在《华南师范大学学报》第 2 期发表《义宁陈氏诗歌初探》。

此文要点：本文首次从陈氏家族文学的角度出发勾勒被吴宓称为"中国近世之模范人家"的义宁陈氏三代诗人诗歌创作的基本面貌，对陈氏家族文学的共同主题、艺术风格、论诗主张进行了初步探析。

按：此文实为作者1996年硕士论文《义宁家风及其诗歌初探》的修改完善，允为佳作。

1999 年

文章：

11 月，刘经富在中山大学第三次陈寅恪研讨会上提交论文《义宁陈氏家史述略》。

按：此文分《义宁陈氏的客家渊源》《竹塅陈家的崛起》《竹塅陈家崛起成因初探》《余论》四大部分，介绍、披露关于陈氏家族的宗谱、祠志、碑刻等原始材料，认为陈氏家族的崛起的主要原因是：1. 躬耕不废课读；2. 陈氏家族所在眉毛山山区人文环境的影响；3. 义宁州的团练运动是陈宝箴崛起的一个契机。此文是作者陈氏家族史研究的起点。

6 月，修水县"客家人文化联谊会"编著的《客家人在修水》以内刊形式出版。

按：修水县"客家人文化研究会"1997年10月成立，开始有目的有意识地搜集整理怀远人(修水县客家人的特殊称谓)的资料，其成果体现在《客家人在修水》一书上。该书在《一门四杰》的基础上进一步提供了义宁陈氏作为客家棚民的早期家史资料。

2000 年

文章：

8 月，于保政在《东方文化》第 4 期发表《两难困境中的第三种选择——义宁陈氏一脉相承的文化精神》。

此文要点：义宁陈氏文化家族所选择的是与众不同的"第三条道路"。所谓"第三条道路"，就是既能维护中国传统文化的合理内核与民族特性，又能实现蜕变与飞跃以适应时代需要的文化重构之路。这条道路实际上从陈宝箴就已经开始踏上了，经陈三立到陈寅恪这一辈，走这条路的决心越来越明确。

著作：

9 月，张求会著《陈寅恪的家族史》由广东教育出版社出版(2007 年 6 月重印，2019 年 11 月再版)。

按：该书就其内容而言，或许应该称为《陈宝箴、陈三立合传》或《陈寅恪家世》。该书吸纳了《一门四杰》《客家人在修水》和自己亲自实地调查获得的文史资料,在陈氏家世、家史资料的搜集整理上,比以前的相关成果进了一大步,向学界披露了义宁陈氏的早期发展历程,对陈宝箴、陈三立与近代政治特别是与湘省政事的关系有较好的阐述评议见解(参见本书第 246 页 2019 年"著作"类同题评议)。

书评有:李冬青、杨向群《从陈寅恪的家族史看校匡当下学术失范的某种可能性》,载《华南师范大学学报》2001 年第 6 期;张文澍《"元祐党家"之子的血缘注脚——读〈陈寅恪的家族史〉》,载《中国图书评论》2007 年第 4 期。

2001 年

文章:

2 月,刘梦溪在《读书》第 2 期发表《义宁之学的渊源与宗主》。

按:此文首揭陈宝箴以举人成为封疆大吏,主要靠的是他个人的流品与才干。而流品与才干得之于学养,同时也得之于其家学传统。探究义宁之学的渊源与传统,认为要注意其导源于王学。作者仅依据郭嵩焘《陈伟琳墓碑铭》里的记述认为陈宝箴父亲陈伟琳与王学有密切的关系,论据材料似显得薄弱。

著作:

4 月,刘经富著《陈三立一家与庐山》由作家出版社出版(2004 年 9 月再版,改书名《义宁陈氏与庐山》)。

按:该书在资料搜集上下了较大功夫,为陈氏家族在庐山这一段的往事史迹作了一个总结。其失在开掘不深,理论不强,没有达到从名人与名山的关系切入进而探讨庐山近代中西文化交融的目的。著者当时功力不足,且未褪尽文士才情,间有情绪化的铺叙(《万象》杂志 2001 年第 9 期第 100 页刊载该书封面。参见本书第 240 页 2004 年"著作"类对《义宁陈氏与庐山》的评述)

该书的写作,得到陈小从老的鼓励支持。没有她提供资料和回忆,不可能成书。因此,该书在某种程度上可以说是两人合作的结果。

2003 年

文章:

3 月,刘经富在《南昌大学学报》第 2 期发表《从义宁州怀远陈姓宗谱祠志看陈宝箴家族史》。

此文要点:从清嘉庆十九年(1814)到 1994 年,义宁州的怀远陈姓共修七届宗谱和五届祠志。陈宝箴家族起到了核心组织者的作用,并在宗谱上展示了自己家族崛起、发展的历史脉络。一部怀远陈姓宗谱,实际上就是以陈宝箴家族和其他几个实力较强的家族为主干而形成的。从这点上可以看出昔日宗族组织的表现形态和族众的旺族意识。

3 月,刘经富在《东方文化》第 2 期发表《科举制度在民间的生动演绎——义宁陈氏故里的举人石、进士墩》。

按:此文以清代官方的科举制度和民间的科举礼制来分析衬托陈宝箴举人石、陈三立进士礅的文物价值。以此为支点,扩展披露清代义宁州客家人的耕读遗风,揄扬陈氏家族兴教办学、培养子弟的门风祖德。

11 月,刘经富在《东方文化》第 6 期发表《眉毛山下的昔日书香》。

按:此文以眉毛山山区清代陈、黄、徐、涂四大耕读之家为主线脉络,铺叙描述这一区域的人文历史,人物风貌。抉示其中蕴藏的文化气运、文人聚集对熏陶、顶托陈氏家族崛起所起的作用。

2004 年

文章:

12 月,刘经富在《客家研究辑刊》第 2 期发表《切不断的血脉亲情——陈宝箴祖籍地福建上杭调查记》。

按:陈氏家族自清雍正末年从福建上杭迁江西义宁州后,与原籍保留了四五代人的联系。1900 年陈宝箴去世后,联系中断。此文作者怀抱将陈氏家族迁徙义宁州之前上几代史实连接上的目的,深入陈氏家族原籍祖居地进行实地调查,终于穿过时空的隧道,找到这个家族发脉的源头,将断裂的"史前史"对接上。

著作:

2 月,陈小从编著的《图说义宁陈氏》由山东画报出版社出版。

刘经富:该书提供的有关陈氏家史资料非常丰富。照片、配诗、文字说明以及注解,构成了一部义宁陈氏后期家族简史。《图说》共刊出照片 136 帧,以 1896 年陈寅恪五兄妹儿时在湖南巡抚衙署后花园的合影为开篇第一照,以 1994 年江西召开"陈宝箴、陈三立父子学术讨论会",后裔上庐山瞻仰先祖遗迹为终止符,时间跨越了近一个世纪。一家四代百年老照片,材料本身就具有厚重的历史价值(刘经富《用图片解说的家史——读陈小从编〈图说义宁陈氏〉》,载《书品》2004 年第 6 期;参阅俞小济《读〈图说义宁陈氏〉有感》,载《中华读书报》,2004 年 8 月 4 日)。

9 月,刘经富著《义宁陈氏与庐山》由中国文史出版社出版(原名《陈三立一家与庐山》)。

穆双评:本书原名为《陈三立一家与庐山》,但由于作者后来又发现了不少新的材料,而且三年来陈氏和庐山也发生了一些变化,其中最大的变化是2003 年 5 月陈寅恪夫妇归葬庐山植物园,再加上原书存在一些错误,这些因素结合在一起,促使作者对书稿做出了修订,并将其更名为《义宁陈氏与庐山》。

本书资料丰富,论述扎实,语言流畅。每章的标题也很有特色,都是取陈氏的一句诗文作为标题,颇为契合义宁陈氏"文化贵族"的称号(中华书局《书品》2005 年第三期"书苑撷英"刊载的书讯、评议)。

按:该书仍存在不少问题,亟待修正增补。

2005 年

文章:

2 月,刘经富在《读书》第 2 期发表《从耕读之家到文化世家》。

按:此文作者通过多年对陈氏家族文献材料的梳理解读,结合实地田野调查,得出陈氏家族早期家族史的标志特征为"耕读并重"的结论。文章首次提出陈氏家族早期为"耕读之家"的概念,将此前学术界已形成的陈氏家族为"文化世家"的概念连成一体。文章介绍描述陈氏家族耕读传家、兴教办学、累世书香,子弟勤奋苦读、科场拼搏,终于在第四代脱颖而出、科举成功的发展历程,展示陈氏家族在昔日耕读文化机制环境下从棚民之家迅速崛起为耕读之家的典型意义。

著作:

11 月,修水县政协决定将原《一门四杰》一书增订再版,以内刊形式印行。

按:这次再版增加了陈封怀的生平事迹,将书名改为《义宁陈氏五杰》,以与 2002 年修水县政府在修水县城修建的"陈门五杰纪念广场"相呼应。

2006 年

著作:

六月,陈小从编著的《松门别墅与大师名流》由江西美术出版社出版。

按:该书实为《义宁陈氏与庐山》(原名《陈三立一家与庐山》)一书的扩展延伸、相互补充。义宁陈氏在庐山的这一段往事史迹,更加充实、生动了。1998 年,刘经富开始撰写《陈三立一家与庐山》时,得到陈小从老的鼎力支持,她撰写了大量回忆材料。2003 年她又变换方式,以诗文配照片形式编撰了《图说义宁陈氏》后,意犹未尽,再次以"三亲"(亲见、亲历、亲闻)回忆材料为主线,用诗文配照片形式编撰了这本《松门别墅与大师名流》。书中弥足珍贵的老照片与忆海钩沉文字,形象、真实地再现了陈氏家族在庐山的那段渐行渐远的岁月,为升华文化名山的主题做出了新的贡献(刘经富《〈松门别墅与大师名流〉序》)。

2007 年

文章:

5 月,刘经富在《南昌大学学报》第 3 期发表《从陈寅恪研究到义宁陈氏文化世家研究——二十五年来"陈学"的回顾与思考》。

此文《内容提要》:20 世纪 80 年代初,国内学术界兴起了陈寅恪研究,但影响未能超出学界太远。90 年代,出现了持续甚久的"陈寅恪热",成为一种文化现象。他的人格、思想不仅为学术界、文化界大多数人所认可赞颂,而且由书斋走向大众,陈氏家族研究也开始受到"陈学"界广泛的关注。进入 21 世纪后,"陈寅恪热"有所降温,学界开始理智冷静地研陈,并加强了陈氏家族研究的分量,出现了与陈寅恪研究共同繁荣的局面。二十多年来"陈学"研究表明,"陈学"有着多方面的课题价值,值得学界以"预流"的眼光介入。

著作:

4 月,张求会整理的陈隆恪《同照阁诗集》由中华书局出版。

按:该书搜集齐全,点校精良,是目前上乘的陈隆恪诗作读本。

2009 年

文章:

9 月,刘经富在《书屋》第 9 期发表《谱派诗: 介于文学与历史之间的乡土记忆——以陈寅恪家族行辈用字为例》。

按:此文首揭旧时宗族派号的神圣、权威和它在宗族内部"起世次、序昭穆、定尊卑、敬人伦"的价值意义。次叙义宁州的客家各姓构建宗族组织的艰难与成功,次叙陈宝箴家族在义宁州客家陈姓构建中所起的核心作用。次叙陈姓派号"三恪封虞后,良家重海邦。凤飞占远耀,振采复西江"的来历,次叙这首谱派诗的文史内涵和寓意。最后概述其深切寓意、长远目标日后竟然都被陈宝箴家族子弟践行实现。

著作:

11 月,陈小从选诗、刘经富整理的《陈隆恪分体诗选》由江西人民出版社出版(刘经富主编《义宁陈氏文献史料丛书》之一)。

按:这次重出陈隆恪先生的诗作,由小从女史据港版《同照阁诗钞》,按诗体选出其尊人诗作,由刘经富据中华版《同照阁诗集》对所选之诗从题目、文字、次序进行整理、校对,对部分诗作涉及的人物、背景予以笺释,并撰写了《陈隆恪先生年表》,附于书后。

该书由于出版社指定的电脑打字店的打字员不熟悉繁体字和整理者的校勘疏忽,出现不少瑕疵,亟待修正。

2011 年

文章:

11 月,刘经富在《书品》第 6 期发表《义宁陈氏恪字辈的其他人物》。

按:此文介绍披露自 20 世纪 80 年代"陈寅恪热"起来后,他的亲兄弟陈衡恪、陈隆恪、陈方恪、陈登恪已广为人知。但陈寅恪的堂兄弟有六十余人之多,其中陈覃恪、陈荣恪、陈儒恪、陈伊恪、陈齐恪亦走出义宁故里山区,融入现代文明的大城市中展示才华。

2012 年

文章:

3 月,刘经富在《中国社会经济史研究》第 1 期发表《陈宝箴家族分家文书解析》。

此文《内容提要》:清嘉庆年间,陈宝箴祖父四兄弟分家析产。保存下来的关书孤本,是陈宝箴家族发展史上的重要文献。陈家分家析产后,并没有出现多个中心、各奔前程的现象,整个家族仍然围绕家族整体利益运转,可谓分而不散。陈氏家族以此为契机,进入了持续稳定发展的阶段,呈现出新的面貌。最大的成果,是耕读门风的确立与传承,陈氏家族遂从客家棚民一跃而成为中国近世著名的文化世家之一。关书中关于子弟参加科举考试经费支持、物质奖励的条款,是这份文献最有价值的内容。

11 月,刘经富在《江西省社会科学》第 11 期发表《清代江西义宁州客家陈姓拟制宗族研究》。

此文《内容提要》:中国的传统宗族具有很强的拟制重建功能,特别是客家民系。一个宗族的拟制重建过程是:先由简单的小家庭发展到由"房"组成的家族,再由有实力的家族联络有世系联系的旁支通过修谱形成小宗,再由若干个小宗扩张到具有泛血缘性质的共谱、共祠堂的大宗族。随着联族圈子的扩大,对一世祖的追溯、认定就会越来越古老,传说的成分也越来越浓厚。这与古史辨派"层累地造成中国古史"的历史观有暗合之处。

12 月,刘经富在《中国经济史研究》第 4 期发表《一个客家移民群体的社会经济关系——以〈护仙坑磜上合众分关〉为基本史料》。

此文《内容提要》:清雍正末年,福建上杭县中都乡的陈、何、邱三姓人家迁移到江西义宁州山区,以一座高山幽谷为落脚点。经过几十年的繁衍生息,互相联姻,原本荒僻的山谷出现了一个类似于"宗族集群"性质的移民群体,亲情、同乡的纽带维系着群体活动秩序。乾隆末年,三姓进行了一次产权界定。保存下来的契约文书孤本,为我们了解、研究客家移民的社会经济关系提供了鲜活、真实的材料。

著作:

1 月,刘经富著《陈寅恪家族稀见史料探微》由中华书局出版(刘经富主编《义宁陈氏文献史料丛书》之一)。

按:此书为作者申报的江西省社科项目的结题成果。收入作者历年发表的论文、文章二十一篇。作者从 1999 年至 2012 年,利用自己搜集到的义宁陈氏家族稀见史料(宗谱、祠志、碑刻、契约、硃卷、分家文书和修水客家棚民的入籍名册、里甲图册、书院志、宾兴志、秀才举人名册等),写出多篇论文,对这个家族的客家渊源、经济、科举等方面进行了文本解读论证,拉近了陈寅恪家族史与区域社会史理论范式的距离。

该书 2015 年获江西省第十六届社会科学院新成果奖"历史类"三等奖。

书评、读后感有:李国葆《深度展示陈寅恪家族史》,载《藏书报》,2015 年 4 月 6 日;陆坤《史料分析与文化情怀——〈陈寅恪家族稀见史料探微〉读后》,载《芜湖日报》,2015 年 3 月 27 日;吴应瑜《〈陈寅恪家族稀见史料探微〉读后》,载《晨报》,2015 年 3 月 23 日。

2014 年

本年 12 月和次年 4 月、9 月,李开军发表《义宁陈家的馆师》(上、中、下)(《国学茶座》第 5、六、7 期,山东人民出版社 2014 年 12 月、2015 年 4 月、2015 年 9 月版)。

按:此长文对陈氏家族从陈三恪到陈寅恪兄弟两代的家庭教师进行了详细绵密的考索梳理,时间跨度长,涉及人物多。作者从纷繁复杂的材料交叉、人事变动中把陈氏家族的兴教办学门风、子弟励志向学成才、馆师都是一时之选考证论说清楚明晰,完成了一项专题研究。在选题立意上有新意有突破。

2015 年

著作:

12 月,苏克勤著《世运之枢纽——义宁陈氏文化家族》由郑州大学出版社出版。

按:该书搜集已经披露面世的义宁陈氏家族重要成员、陈氏家族史的资料比较齐全。但由于没有属于自己的第一手材料,使用的转手材料中,别人对他也对,别人错他也错,且不一一注明所引材料出处。作者身为作家,自难免虚构煽情的毛病,如说陈封怀为院士,义宁陈氏为"院士世家"(该书第 142、266 页),即为不做考证的杜撰。又因未到陈氏故里实地考察印证,所写陈氏家史、场景多有想象之词。但比曾到陈氏故里多次,仍刻意编造炒作的作家要好些。

2016 年

著作:

7 月,吴应瑜编著的《陈寅恪家族旧事》由中国文史出版社出版(2021 年 6 月重印)。

按:此书系编著者将 2005 年由他执笔的《义宁陈氏五杰》增补润饰而成。至此,发端于修水县政协文史工作的关于义宁陈氏家族的文史资料搜集与写作出版,经历二十五年,由原来主持此项工作的著者画上了圆满的句号。

9 月,陈小从著《吟雨轩诗文集》由中华书局出版。

刘经富:陈小从幼即受家庭书香文史氛围的熏染,几十年吟咏不辍。近年将篇什搜辑整理出版。这是继《陈宝箴集》、陈三立《散原精舍诗文集》《陈衡恪诗文集》、陈隆恪《同照阁诗集》《陈寅恪诗集》《陈方恪诗词集》之后陈家的又一部诗集。义宁陈氏文化世家的文史书香传统,终由第四代中的翘楚赓续传灯(刘经富《天意怜幽草,人间要好诗——读陈小从〈吟雨轩诗文集〉》,载《中华读书报》,2016 年 6 月 29 日)。

2018 年

文章:

4 月,张求会在《中国文化》春季号发表《蒋天枢致陈小从未刊信札编注》。

按:蒋先生的这批遗札,是 1978 年至 1985 年间写给陈小从的,共六十余通。当时,自嘲为"少不更事"的陈小从梦想整理出版《陈宝箴遗集》《义宁陈氏五先生诗集》,问计于蒋先生,蒋先生一秉其忠厚之风,爱屋及乌,竭力赞助。但其时"文革"遗风犹在,难度之大既出乎陈小从意料,也令蒋先生颇为惊骇。其时出版旧体诗的"特权"仍未下移。据出版界人士介绍:"现在只有首长的旧体诗能印,一般人是不印的。"(张求会《当陈寅恪已成为历史》,载《南方都市报》,2008 年 7 月 7 日)整理者对这批信札进行认读、笺注,补充与信札内容相关材料,使往来原函得以事由清楚,脉络连贯。这批信札内容丰富,信息量大,涉及义宁陈氏家族往事和陈寅恪经历甚多。如第 46、47 函谈陈宝箴被慈禧太后密旨赐死事,蒋天枢驳斥此说之虚妄,告诫小从要秉持先辈严谨学风。这批信札的整理发表,是整理者对义宁陈氏史料的又一项贡献。

2019 年

文章:

12 月,刘经富在《客家研究辑刊》第 2 期《从客家棚民到文化世家——陈寅恪家族简史》。

按:本文系作者 2019 年 11 月在上海古籍出版社出版的《陈寅恪家族史料整理研究》一书的《导读》,投期刊单篇发表。文章长达三万余言,从陈氏家族大量珍贵、繁复的原始材料和历史现象中,归纳推导出陈氏家族发展蕃衍的基点和线索脉络。以"耕读门风,累世书香、兴教办学、人才辈出"作为贯穿这个家族六七代人二百余年历程的主线脉络,以"客家棚民、耕读人家、文化世家"三个阶段作为涵盖这个家族族史的结构框架,展示这个家族的源流、经济、科举、教育、文化等方面的历史进程与精神风貌。

著作:

11 月,张求会著《陈寅恪家史》由东方出版社出版(2020 年 5 月三印)。

陈晓平:该书实际上是写陈寅恪祖父陈宝箴、父亲陈三立的奋斗史……作者研治义宁陈氏史事垂三十年,创获甚丰,早在 2000 年即已出版《陈寅恪的家族史》,此后仍孜孜以求,旁搜远绍,结合学界新的研究成果,将原书作大幅度改写(陈晓平《陈三立的废后密谋之由来》,载《南方周末》,2019 年 11 月 14日);参阅张文澍《"元祐党家"之子的血缘注脚——读〈陈寅恪的家族史〉》,载《中国图书评论》2007 年第 4 期;张求会《我的第一本书〈陈寅恪的家族史〉》,载《温州读书报》,2020 年第 12 期。

按:该书在 2000 年初版的基础上,将陈寅恪家世、家史研究推向了新的高度,学术含量大为提高。无论是材料挖掘还是论说识见上,都有新贡献。写法上凡所引用材料、他人言说,都细密注释出处,并梳理材料发掘披露的源流关系,可谓步步为营,稳重笃实。在材料考辨和人物事件按断上,都秉持考据学风,显示出由文入史的实绩。

11 月,刘经富编著的《陈寅恪家族史料整理研究》由上海古籍出版社出版(刘经富主编《义宁陈氏文献史料丛书》之一)。

按:该书系著者申报的国家社科基金项目一般项目的结题成果,获南昌大学哲学社会科学学术精品出版资助。全书共计近百万字篇幅,八百多张图片,16 开本,精装上下两册。全书以史料、史料分析为总体框架,分为上下编。

上编收录宗谱、祠志、分家文书、契据、科举资料，是作者积二十余年搜集到的关于义宁陈氏家族乡土文献的整理汇编，具有总结意义。就一个家族的史料而言，虽然仍残缺不全，但相对于 20 世纪八九十年代"陈寅恪热"兴起后，其家族史还"犹抱琵琶半遮面"，这批材料也粗具规模了。

2020 年

文章：

11 月，张求会在《同舟共进》第 11 期发表《陈寅恪为学为人的家族烙印》。

按：此文以《客家民系，耕读之家》《清廉之臣，栋梁之才》《诗文大家，承前启后》《家国情怀，代代传承》为段落层次，叙说论述陈氏家族六代人的人文遗存、品格传承。重点阐释陈宝箴、陈三立、陈寅恪的文行志节、历史影响，分析陈寅恪捍卫"中国文化本位论"风骨操守的渊源来历、家族烙印。

2021 年

文章：

1 月 19 日，刘经富在《中国文物报》发表《自然山水与人文景观融合的"瑰宝"——陈寅恪祖居"陈家大屋"》。

按：此文通过概说风水、民俗、乡土建筑常识和原理，指出"陈家大屋"不仅仅具有现在旅游经济视域下的文物价值。旨在提醒政府官员、文物部门工作者、具体工作人员要增强风水、民俗、乡土建筑常识，在维修、打造陈家大屋这个旅游景点时，尽力保护田园风光，不要破坏陈家大屋的风水格局。

3 月 19 日，刘经富在《中国文物报》发表《江西修水客家陈姓祠堂"光远祠"的价值与意义》。

按：此文介绍披露修水客家陈姓祠堂"光远祠"的来历，陈宝箴家族在建祠、管理祠务中所起的骨干作用。指出若以它所承载的陈宝箴家族史料、历史信息而言，其价值仅次于陈家大屋。令人痛心的是，这栋位于在修水县城中心地带的古建筑延喘到 2020 年 4 月，终于被以"旧城改造"的正当理由夷为平地。它挺过了强拆最激烈的时期，却在修水县政府大张旗鼓弘扬"陈门五杰"、擦亮陈寅恪这张文化名片的氛围中化为乌有。文章希望该县在恢复义宁州古城部分街区的政绩工程中，把修复"光远祠"列入规划。

5 月 4 日，刘经富在《中国文物报》发表《陈伟琳、陈宝箴父子对梯云书院建设的贡献》。

按：此文介绍陈伟琳、陈宝箴父子接力，在创建、维护义宁州客家书院——梯云书院中所做出的贡献,揄扬陈氏家族一以贯之的兴教办学、培养人才的精神理念。希望正在着力打造义宁古城的县政府重建在 20 世纪 80 年代末被拆毁的梯云书院,彰显陈宝箴父子的事迹,昭示义宁陈氏之所以能从一个客家棚民家族跻身文化世家的渊源脉络,成就古城修复中的一个亮点、一张名片。

11 月,杨文钰在《苏州大学学报》第 6 期发表《江西陈氏家族的文学取向与近代文化变革》。

此文《内容提要》:江西义宁陈氏作为近代文化名族,具有独特的典型意义。相较于顽固守旧的文化势力,陈氏具有维新意识;相较于激进革命派,陈氏则表现出保守性的钝感力。这主要源于以斯文为己任的身份认知。

小　结

从以上对陈寅恪、陈宝箴、陈三立、陈衡恪研究分年篇目简介中,可以看出陈宝箴、陈三立、陈衡恪研究在时间上基本与陈寅恪研究同步,但声势、规模逊之。而陈氏家族史研究则滞后,至 20 世纪 80 年代末才有所接触,90 年代末才真正作为一个专题起步,进入 21 世纪后才出现与陈寅恪、陈宝箴、陈三立、陈衡恪研究并驾齐驱局面。

一、从“家世”深入到“家史”

“家世”是一个与现代汉语文化环境比较疏隔、有点模糊的概念,大抵指身世、门第。与家世相关联的还有一个“世家”的概念,泛指世代显贵的家族或以某种专业世代相承的家族。“家史”则比较明确,指一个家族或一个家庭的历史、历程,但外延比“家世”更长更大。

进入 20 世纪 90 年代,研陈学术界高层对陈寅恪家世的认识、探讨有了较大提升,其家学渊源、家世背景,开始进入学界视野。但此时学界前沿对陈寅恪的家世还只钻探到他的父祖兄弟,材料多从陈三立诗文、戊戌变法人物资料集以及清末民初的掌故笔记中获得。对陈宝箴以上几代的早期家史,这个家族的客家棚民背景,其早期发展历程知之甚少,尚未深入堂奥。这是因为:1. 在研陈学界占有重要地位的陈门弟子以及他们的再传弟子不做家族、村落、地域这样的“小题目”研究,他们的治学领域仍然是传统的政治史、社会制度史即“大历史”;2. 史学界到 20 世纪 90 年代中期才流行借鉴人类学、社会学理论方法的区域社会史研究风气,而得陈寅恪家族研究地利之先的江西学界高层当时恰恰缺少做区域社会史的学术积累。这有赖于陈氏故里的文史工作者的跟进,为学界提供原始材料和线索信息。

早在 20 世纪 80 年代前期,修水县的文物、县志部门就已经与陈氏家族的历史有所接触摸底了,也有了书面记载。到 90 年代初,随着县政协文史工作的介入,对这个家族的资料搜集、整理、印行已有了初步进展。但非常可惜,由于没有建立明确的目标,作为一个专题坚持下来,止步于"家史"的门槛边上。

到 90 年代后期,随着山外蓬蓬勃勃的"陈寅恪热"影响效应和区域史、客家学传入江西高校、社科院系统学术界再反馈到修水县文史工作者,才出现将陈氏家族故里蕴藏的早期"家史"与山外盛传的陈寅恪"家世"对接的意识觉醒。

1997 年后,刘经富利用地利优势,艰难辛苦、多个渠道收集到一批陈氏家族史乡土文献(宗谱、祠志、碑刻、契据、砵卷、分家文书和修水客家棚民的入籍名册、里甲图册、书院志、宾兴志、秀才举人名册等),进行了初步研读。并补充区域社会史、客家学方面的知识和理论,建立、明确了陈氏家族史的学科归属意识。在对赣西北的客家棚民迁徙、入籍、科举纷争等史实有了相当的感受与认识后,再折射到义宁陈氏家族史这个"点"上。

二、学科归属意识的建立与取得的成绩

近三十年来,文化学术界发表了为数颇多的关于陈寅恪家世的文章,出版了数部专著,取得了一定成绩。但也出现了不少问题,最大的问题是没有及时进入史学领域,缺乏学科归属意识。在现今学科建构体系中,所谓"陈学"大体属于历史学,在"历史学"这个一级学科的大体系中,只是一个小领域,其内部的几个分支被切分到史学下属的各个二级学科中。义宁陈氏家族史既然有个"史"字,就得有史学的学理、范式。那么它在史学这个大家庭里面怎样找到属于它的"小家"呢? 断代分期史、通史、史学理论、政治史、经济史、思想史等等显然挨不上,唯有 20 世纪 90 年代兴起的区域社会史才是它的归宿。

区域史(含区域社会史、区域经济史、区域文化史)理论主张跨学科研究历史,不追求宏大叙事,而是眼光向下,注重地方性知识。从一个家族、一个村庄、一个地区入手,进行个案分析研究。与传统的史学相比,"区域史"研究有两点不同:一是大大扩展了史料的范围,传统史学弃之不顾的乡土文献如宗谱、契约、档案、账本、宗教科仪文书以及口述资料都在搜集研究之列,每件事物都是证据;二是革新了研究方法,强调历史学与社会史、人类学的亲缘关系,注重田野调查。在大传统、小传统等理论观点的大框架下,观照、分析民间社会的基本组成细胞——村落、家族、社区。

2002 年刘经富破格引进南昌大学任教后,凭借高校这个科研平台,把陈氏家族史的专题研究从地方文史资料的层面带入学术殿堂、史学园地。从区域史的范式入手,明确其性质、范畴,梳理出主线脉络,对其经济、婚姻、人口、耕读、科举、社会活动等方面的材料予以研读考释。撰写发表了一批论文和文章,申报成功了省级社科项目和国家社科基金一般项目,出版了三部专著:《陈寅恪家族稀见史料探微》《陈寅恪家族史料整理研究》《从客家棚民到文化世家——陈寅恪家族史研究》。从现状和成绩来看,基本实现了把陈氏家族史引进史学园地的目标。陈氏家族史的基本文献材料、面貌特征、主线脉络阶段、概念、框架基本完成。以后的任务是继续挖掘、等待相关文献,补充、调整、提升已出版面世的著述。

三、不足之处

"陈学"是一个内涵与外延都很深广的大课题、义宁陈氏一门,实为我国近世人文学术重要一源,也是江西近现代学人道德文章的一面旗帜。陈寅恪研究及其家族重要成员、家族史研究已然成为一笔丰厚的学术资源,全国各地(包括香港、台湾)以陈寅恪及其父祖兄弟做文章(含博、硕学位论文)的越来越多。

江西作为陈氏家族的故里,理应有一个阵地,有一支研究的队伍,并且多出成果,这方面我们确实有待加强。陈氏家族史的研究之所以时间滞后,是与江西省的学术背景环境相关联的。清华国学研究院四大导师,王国维浙江人,梁启超广东人,赵元任江苏人,只有陈寅恪赣产也。这是江西的历史文化资源,江西学界却没有及时抓住,反应迟钝。没有发现义宁陈氏的学术资源价值,领头进入研陈领域,错过了"陈学"大潮的机会,以致造成"陈家在江西,陈研在省外"的现象,可谓"家有至宝而不识"。从现在研陈队伍的分布情况来看,可以预计今后陈寅恪研究仍将以北京、上海、武汉、广州及海外学人为主,这里有陈寅恪的人脉和学术渊源,他们得"人和"。而陈氏家族重要成员和陈氏家族史的研究当以江西为主,这里留下了较多的文献材料和实物遗迹,我们得"地利"。如果与学术前沿紧密联系,在史学理论、方法指导下,培养新人,再上台阶。为"陈学"真正成为"显学""实学"贡献自己的这一分力量,克服研陈园地表面上热闹,具体工作并不扎实的倾向。

对"陈学"的反思与展望

回顾五十年来国内外"陈学"研究的历程,可以看出"陈学"有着多方面的课题价值,值得学界以"预流"的眼光介入。从长远眼光看,"陈寅恪热"会平淡,但他的学术、思想、人格却可以常读常新。正如傅璇琮所言:"陈寅恪确是那样一种学者,对于他们的认识,不是一次或一代人所能完成的,陈寅恪著作中有着超越于具体史事证述的深刻思考,我们每次接触它们,都会发现一些过去没有察觉到的有意义的内容。"(傅璇琮《陈寅恪文化心态与学术品位的考察》,载《社会科学战线》1991年第3期)

一、以"预流"精神做好义宁陈氏研究

所谓"预流",用今天的话说,就是在做学术研究时,要进入本学科领域的前沿,追踪新材料、新成果,发现新问题。陈氏家族资料的蕴藏量是非常大的,仅公共图书馆收藏的大批清末民初与陈家有交往者的文集、笔记、书札,就值得爬梳搜求。这样一个名人辈出、绵延百年的文化世家,沉淀在历史文献中的信息必然深广丰厚,已有的陈氏家族重要成员、家族史材料或许只是冰山一角。近四十年来常有关于陈氏家族重要成员的新材料出现,填补了空白,改变了成说。如陈三立的两句著名残诗"凭栏一片风云气,来做神州袖手人",出自梁启超《广诗中八贤歌》,四十多年来研陈学界广为引用,引者据梁启超的一行注解拟诗题为《赠梁启超》,写作时间都定在戊戌变法失败之后。2003年左右发现的陈三立早年未刊诗稿中有一首陈三立1894年作的《高观亭春望》诗:"脚底花明江汉春,楼船去尽水粼粼。凭栏一片风云气,来做神州袖手人。"诗题、时间、地点俱明,此前《中国文学史》和许多研陈著作据这两句残诗所作的大段申论无异于无的放矢。

谢泳先生说:"陈寅恪是极为丰富、复杂的历史人物,这决定了关于他的研究有持续性。还有一个特点是中国的文史研究,多有当下情怀,而这个情怀多出于对历史人物的敬意及他们命运的不平。近四十年来,中国文史界凡热起

来的人物,多有这样的特点。要单说丰富和复杂性,章士钊、郭沫若、冯友兰等都具备,但没有发现学术界出现关于这些人的'热'。只有'陈寅恪热''顾准热',等等,而没有见过'郭沫若热''冯友兰热'。随着研究者的知识积累和青年一代外文水平的提高,再加上港台史料的披露以及国内意识形态部门内部史料的发现,估计关于陈寅恪研究还会有许多成果出来。如当年翦伯赞注解过几首晚年陈诗,刊在当时中宣部一个内部刊物上。如果这个材料出现,对我们理解陈诗肯定会有帮助。中宣部的内部刊物我也查阅了几种,比如《宣传通讯》《文艺情况动态》等,但还没有发现。严格说,这个工作并不难,难在我们现在档案的解密程度过低上。还有政协、学部以及中山大学档案等,这些地方关于陈先生的材料完整公开后,一定会大大提升陈寅恪研究的水平。"(谢泳答记者问,《新京报》记者邓玲玲《陈寅恪热潮卷土重来》,载《新京报》,2013 年 7 月 20 日)

对于近年来的陈寅恪出版热潮,谢泳丝毫不感到奇怪:"这主要取决于关于陈先生的新材料能不能出现,或者人们在旧材料中能不能重新发现陈先生的新思想新观点。陈先生留给我们许多学术之谜,比如他两部重要著作《论再生缘》《柳如是别传》,是单纯考据还是个人传记? 他 1949 年后的学术论文,也不能简单以一般学术论文对待。现在人们都在解陈寅恪晚年的诗,其实他晚年的文也多有深意。这方面余英时先生很高明,他把晚年陈寅恪的诗与文看成一个整体,很有学术洞察力。"

笔者顺着谢泳这个思路,预言随着时势的变化和档案材料的解冻,关于陈寅恪的话题言说热潮还会出现。因此,以"预流"的精神做好义宁陈氏研究,当不是河汉之谈。

二、走出"陈寅恪掌故"时代

20 世纪 80 年代,知识分子、青年学生都处在一个思想启蒙的亢奋状态,在拨乱反正的指导方针下,社会弥漫着一股回归传统、仰慕大师的"文化热",于是中国近现代"三大国学大师"(章太炎、王国维、陈寅恪)和"六大学问家"(章太炎、王国维、梁启超、陈寅恪、胡适、郭沫若)的提法应运而生。但由于学术脉络的断裂、文化田野的荒蛮,知识青年主体醉心于文史基础知识的补课和获取文凭,阅读、交流的范围多是"伤痕文学",一时还深入不到学术的堂奥,附着在名人身上的传奇故事正好符合那个时代人们关闭太久的心理需求。像陈寅恪背着《皇清经解》留学列国,能背诵"十三经",与吴宓、汤用彤并称"哈佛三杰",通十几国外语,没有学位而被梁启超推荐任清华国学院导师,教授的教授,记忆力惊人,目盲著书,一家三代四人上《辞海》,名字要念"却"不能念"克",等等。这些与纯学术关涉不大的陈寅恪掌故,"至今已觉不新鲜",但在当年政治气候"乍暖还寒"时节,一个博学多才、通晓十几门外语的学界奇人、中国读书种子陈寅恪的形象在文化知识人心中的位置之高是可以想见的(刘经富对藏书报记者关于"陈寅恪热"是否卷土重来的采访,载《藏书报·阅读周刊》,2015年6月22日)。

不可否认,这些与纯学术关涉不大的陈寅恪系列掌故,对塑造"中国读书种子"陈寅恪的形象,起到了纯学术著作所起不到的作用。但陈寅恪之所以被人们视为20世纪下半叶中国知识分子的楷模,主要是因为他在学术上为我国学术由旧入新、跻身世界学术之林做出了重要贡献,在人格上倡导"独立之精神,自由之思想",坚守"为学不作媚时语"的风骨节操。进入21世纪后,研陈学界已开始冷静理智地研陈,以陈寅恪掌故为热门话题的那一页已经翻过去了。但现实并不如意,随着手机网络、自媒体、抖音的推广,编造戏说陈寅恪掌故逸闻不仅没有绝迹,而且又增添了许多新花样。如"陈寅恪能背十万首唐诗""冯友兰给陈寅恪当过跟班"之类的稀奇古怪的野狐禅不一而足。这种热捧确实有点太滥太低级,该刹车了。其后果是"捧杀"必然助纣为虐加重"棒杀"。

"棒杀"来自两方面,一是学术界内部有些人抓住陈寅恪著作、考证中的失误不放,认为陈寅恪佛学、西域知识不行,西学欠通,中学也一般。另有人因考证陈寅恪、陈衡恪早年经历有所发现,在"乌何有之乡"网站发布题为"陈寅恪史实造假总揭露"的檄文,谓"以铁的事实和原始档案证据,还原了真实的陈寅恪的重大历史和被某些人吹牛造假的'陈寅恪热'现状。这个一贯反华反党反毛反马列的国民党优秀党员的陈寅恪真面目,终于大白于天下。这对于热衷于造假和造神的陈寅恪粉丝来说,不亚于一颗重磅炸弹!"从最初不满过度阐释炒作陈寅恪走到彻底解构否定陈寅恪学术、人格的反面。

"棒杀"的另一个方面是来自一些年龄偏大的从事意识形态工作的干部和科研人员。这些人本能地对"独立之精神,自由之思想"有抵触情绪。看看本书第51、110、120、142页"文章类"某人某文的腔调,令人感受到"文革"时期那种久违了的口诛笔伐的森严肃杀气息。

在这种形势下,研陈学界应该引领潮流,把话题的重点、亮点转到陈寅恪的学术、思想、人格等方面,对陈寅恪的言说应该更上一个层次。借用中国人民耳熟能详的政治术语,既防"左"(捧杀),又防"右"(棒杀)。尽量不谈少谈陈寅恪掌故逸闻,取悦读者听众。抵制炒作煽情,以免贻人口实。余英时说,

"如果对陈寅恪的终极关怀缺乏同情的了解(并不是同意),我们是绝对接触不到他的学术生命的;他的一切著作和诗文也都将在可解与不可解之间。六十多年来,中国浮慕他的人不胜其数。但是说来说去,无非是佩服他博闻强记、语言工具充足、见解新颖、观察力敏锐而深刻之类。这些当然都是令人为之神往的。但是仅仅浮慕他的才、学、识,而看不到贯注其间的整体精神,那便和艳羡某一人物拥有权势或财富仅有程度上的差别了。"(余英时《陈寅恪晚年诗文释证》,台北中大图书公司 2004 年 7 月版,第 109 页)许纪霖说,"作为一代宗师,陈寅恪的史学成就是毋庸置疑的。然而在史学界,却有不少人仅仅在诸如精通多少国外语啦、史料如何熟悉啦、考证本领如何了得啦这类功夫论上崇拜陈寅恪,独独忽略了大师之所以为大,乃是对历史有大识见。陈寅恪那些精彩的观点,是无法仅仅从所谓'客观的'史料中必然地推演出来,其间渗透着多少这位文化遗民的忧患意识和对历史的大识见"(许纪霖《没有过去的史学危机》,载《读书》1997 年第 7 期)。按他们提示的方向去努力,才能避免见小不见大的学术短视。

三、提倡"由文入史",加强考据意识

这里所说的"由文入史",顾名思义,即从文学转入史学的意思,依据理性思维做研究、以凭材料说话的史学理念与依据感性思维、用形象说话的文学艺术划清界限。不是 20 世纪 90 年代不少文学史研究者转入学术史、文化史、思想史、革命史、政治史之意。

刘梦溪先生说"文学是青年的梦想、作家的食具、学者的歧途"。当一个喜欢文学创作、具有浪漫气质的才子文士,在没有受过史学学术训练之前,他会潜意识、习惯性地用自己擅长的那一套表述方式。特别是当代从事新文学创作的人员,写与历史人物、历史事件有关的题材时,容易滑入炒作、煽情、戏说的泥淖而不自觉。学者讲道理,文人重感情,"情"与"理"在文学作品中可以交融,在学术论文中就不能多情,而要以理胜。论文最重要的是概念清楚,表达准确,"辞取达意而止,不以富丽为工",不说外行话,文章漂亮与否,则在其次。

但史学与考据学在内涵外延上亦有边界分际,考据学的根本理念是"实事求是","无证不信",范围涉及文字、音韵、史地、天算、典章制度、古籍版本、校勘、辑佚等。从事史学的人员不见得都懂考据学,只不过史学比文学更接近考据学。因此"由文入史"是从文学转向纯学术研究的前提。

"由文入史",加强考据意识的第一步是"凭材料说话",强化史料意识。

这既是史学科研工作的基本通则和学术规范,也是考据的题中应有之义。四十年来,研陈领域内发生的许多史实失误、连环错,都是由于不擅考据、不凭史料说话造成的。

做考据,首先要搜集大量第一手材料。通过对材料的比对、甄别、考订,得出结论。只有牢固树立考据的学术理念,才会"上穷碧落下黄泉,动手动脚找东西"。在当前学界浮躁成风,抄袭剽窃丑闻不断的学术环境下,提倡"凭材料说话",尤其具有现实意义。有些材料非常难找,需要"上天入地";有的材料并不孤僻,它就藏身在常见书刊中,等待人们去发现。人们常把考据与古籍整理紧紧相连,而对与我们时代接近的近现代人物却没有建立也要用考据的精神进行研究的牢固理念。实际情形是,研究近现代人物和整理近现代人用旧式文体写的诗文,考据的难度并不比古人低。只要是旧式文体,不管作者年代与我们远近与否,都需要用考据的手法。否则就会"差之毫厘,失之千里"(刘经富《用考据精神做好近现代人的诗文集整理——以〈陈衡恪诗文集〉为例》,载《书品》2010 年第 1 期)。

文献材料的搜集整理,除了以第一手材料为贵外,还需要具备解读资料的能力,尤其要注重加强解读乡土文献(文字、实物与口述)的能力。如众多对陈宝箴父亲陈伟琳事略的描述,根据郭嵩焘《陈府君墓志铭》中一段话引申出陈伟琳胸忧天下,政见超迈。实则旧时为不得志读书人写传、铭有程式化的行文套语,作为史料使用当取陈寅恪"具了解之同情"即理性与感情相结合的态度,才能不为其所惑;此外还需要考据学范畴内的典章礼制风俗、科举官制的常识。如陈三立中进士的时间,民国年间的几种陈三立传略有光绪十二年(1886)丙戌科和十五年(1889)己丑科两说。光绪十二年(1886)陈三立虽然通过会试,但因担心自己书法不合格而放弃复试,未能参加殿试,下一科补殿试合格才成进士。但过去民间礼俗对会试合格的贡士亦视为进士,相沿成习。许多研陈著作、文章都没有弄清为什么陈三立有两个中进士年份的个中原因。

"由文入史",加强考据意识的第二步是"从史实中求史识",强化问题意识。史学研究必须有实证的底子,更需要理论的指导。学者的水平有高下,下者跟着材料走,上者跟着问题走。一个人有没有"问题意识",取决于他的理论素养。中国传统学术的"汉、宋之争",纠结的就是考据与理论谁更重要。"汉学"偏重名物训诂典章制度考证,做的是纯学问,其失在繁琐;"宋学"偏重探讨微言大义,辨析抽象的哲理概念,其失在空疏。目前中国的学术评估体制,"理论"更占上风,正如清代考据大师戴震所抱怨的那样,"义理是坐轿子的,考据是抬轿子的"。其实两者都不可偏废,光做文献材料考证,则学问做不大,只能"小叩小鸣";偏重理论,不做考据,则学问功底不扎实,不厚重,也成不了大师。因此,今日吾侪做学问,正确的态度方法是:一只手伸向中学即考据之学;一只手伸向西学即社科理论,做到"小叩小鸣,大叩大鸣"。最高境界是汉宋兼采,用宏观的"问题意识"指导微观的材料实证。实证与诠释相结合,史料与论说相统一,不做或少做碎片化历史现象描述,以求解决研陈领域的现实需要和带方向性的问题。

因此,考据学的高境是"有史必有论,有论必有考",使史料与立论相得益彰,按照陈寅恪"做汉学、讲宋学"的治学路子来做好自己的课题研究。从学术继承与创新的关系来看,"汉学"与"宋学"的精髓都值得承传,不能偏废。"汉学"与"宋学"相得益彰,学问才能既有文献材料支撑、又有理论贯通,从而达到上乘境界。这正是继承陈寅恪严谨笃实、覃思通解学风的最好体现。

四、从史料学角度建立义宁陈氏研究资料体系

四十多年来,学界发表、出版的关于陈寅恪和其家族重要成员以及家史、家世的文章、著作,多是在"陈寅恪热"的感染下发挥申说,一时还来不及顾及有系统的资料建构工作。用"预流"的眼光,大量搜集占有与义宁陈氏文化世家主要成员的研究资料,走在学术潮流的前面,是对学界的贡献。以"丛书"的形式系统地推出义宁陈氏主要成员生平、业绩、思想、同时代人对他们德业文章的评价等专题的丰富原始材料,有文献发掘整理上的原创意义。

因此,尽快构建起陈寅恪研究及其家族重要成员的资料体系,是研陈学界面临的重要任务。史料是学术研究的依据与基础,是史家了解过去的唯一桥梁,没有史料,历史研究将成为无源之水。陈寅恪及其家族重要成员研究,以1978年《陈寅恪文集》之一的《元白诗笺证稿》悄然出版为起点,已持续了四十余年。仅就一个学术门类建设而言,也到了学术史回顾梳理、资料整理建构的时候。不可否认,20世纪八九十年代兴起的"陈寅恪热",对弘扬陈寅恪及其家族重要成员的学术、思想、人格起了很大作用,但也存在不少问题,有表面上热闹,具体工作并不扎实的倾向,离"显学"尚有一定距离。如一些在陈学园地里涉足多年的专家不做文献材料工作,分不清所用材料的源流真伪,也不知某一问题已有新成果出现,常使用一些过时材料,虽云专家却不够专业等。为此,研陈园地迫切需要借鉴中科院文研所鲁研室编辑《鲁迅研究学术论著资料汇编》和中华书局《古典文学研究资料汇编》如《陶渊明卷》《黄庭坚卷》的经验,按专题详编咸同光宣、清末民初时期关于义宁陈氏的散见资料以及自70年代以来海内外发表的研陈资料。关于他们业绩、思想、行略的史料,同时代

人对他们德业、诗文的评价,海内外报刊发表的研究性的文章。体裁包括正史、档案、碑刻、家谱、年谱、传记、诗话、掌故、笔记、田野调查等,一切相关资料都在搜集之列,最大限度地掌握第一手材料。对获得的原始材料再进行甄别、考订、删汰,去粗取精,去伪存真,凡转手资料和识见、观点上无新意甚至错讹的材料俱不阑入。约请专家撰写概论、述评,每本专题集后附综合索引。使收入汇编的原始材料经得起学界与时间的检验。为学界提供丰厚可靠的原材料,有深度的研究不可能建立在贫乏的资料积累之上。

资料汇编类著作,力求事核论严,注解、旁证以第一手材料为贵。这就要求整理者具有朴学家做文献整理的精神与功力,在科学的理论和方法指导下,对本学科盘根错节的材料进行源与流、第一手与第二手材料的考订甄别。从而构建起"陈学"的资料体系,为"陈学"真正成为"显学""实学"作有力的支撑,以救补当下学术成果评估轻材料考证、重理论阐述的空疏之失。

五、力求形成"热烈纪念、冷静研究"的局面

笔者提出这个观点建议,是受唐振常先生和蔡鸿生先生的启发。唐说:"纪念和研究是两个不同的概念,其所包含的内容,亦复有异。纪念者,盖以其人其事有功国家有益人民,可为后人效法。因而在一定时候,采取一定的形式,集会而纪念之。然因性质所定,往往须出于现实的政治需要,易偏难全,不能得知人论世之真谛。研究者,则是对其人其事其学的全面研究。真研究方能真纪念。纪念是一时一地、某时某地的举措,研究则是无穷无尽的行为。纪念有时而尽,研究则应无穷。陈先生这样世不多出的大师学者,是我们民族的光荣,学术的骄傲,当然值得纪念。但是,更重要的则是研究陈先生之学与人。只有研究透了,真正了解了陈先生之学与人,才能明白如何去学习陈先生,继承陈先生的学问,进而发扬光大。这样,便是对陈先生最好的纪念。舍研究而徒云纪念,亦将不知纪念之何从。"(唐振常《承传立新——陈寅恪先生之学·自序》,香港商务印书馆2000年版)蔡说:"但愿追星族不会光临学术界,尤其对自号'文盲叟'的陈寅恪,他在生时已'闭户高眠辞贺客',作古后就更需要安息了。九泉并非热土,让大师回归自然吧……我想,冷比热好,真知灼见是不会烫手的。"(蔡鸿生《仰望陈寅恪·引言》,中华书局2004年版)"热容易引出闹,研讨与炒作大异其趣,纯正的学人当有共识。"(同上书,第148页)

笔者提出这个建议并身体力行,不是心血来潮,遇事生风,而是对四十多年来陈研现状的观察与思考得出的认识。主要由以下几个原因促成:

(一)出版界的乱象。这些年来坊间出版发行的关于陈寅恪及其家族的

读物不是汗牛充栋也称得上充箱盈箧,里面颇多草率、抄撮、重复、不严谨之作。各家出版社在企业经营利益驱动机制下,规划各种各样的选题、丛书,找一个人从已出版发表的陈寅恪及其家族史、家族成员的著作、文章中抄袭、重组,再在网上下载些照片,取个新书名,一个产品就完成出炉上市了。这种做法的危害,是搅乱了学术研究与一般读物的界限,拉低了陈研的学术质量和印象,为要求"陈寅恪热"降温、对"陈寅恪热"反感的舆论提供了口实、依据。最终损害的是真正的研陈大业和学术的崇高纯洁性。

(二)编造、炒作、戏说不绝。这类读物比上面所举读物的危害更大,草率、重复之作最直接的害处是浪费纸张和读者的时间,而编造、炒作、戏说则真假莫辨、谬误流传。有个作家编了一本《陈寅恪家世》的书,说郭嵩焘曾与陈宝箴一起抱书入陈宝箴同治元年在故里盖的"四觉草堂",在草堂内寄情山水,读书论史。说郭嵩焘在其所著《养知书屋诗文集·四觉草堂记》一文中作了生动的描述。此说有两个明显破绽:其一,同治元年陈、郭压根不相识,迟至同治十年陈宝箴到湖南候补时才与郭嵩焘见面,《郭嵩焘日记》对两人交游的情况记载得清清楚楚。其二,郭嵩焘的《养知书屋诗文集》有多个版本,并不难找,书中无《四觉草堂记》。《四觉草堂记》见载于修水客家陈姓同治二年三修谱卷首。作者为陈宝箴的好友李复,与陈宝箴在"四觉草堂"读书论史的是李复。此书最大的问题是体例不清,学科归属不明。既不是史学意义上的专著,也不是文献学意义上的资料汇编,在抄撮大量资料中夹杂着不少文学虚构,可又不是纯文学作品。作者以行外人跨界写行里事,必然凿枘不合。本来是本炒作煽情读物,可它二十年内三次印刷,给修水近年主持"四觉草堂"景点打造的官员很深的印象,迫切希望把郭嵩焘曾来修水,在"四觉草堂"住了一个多月写进展板和导游解说词中。了解情况的工作人员费了好大劲才说服官员放弃这个子虚乌有的编造(幸亏这位作家没有编造曾国藩来过修水与陈宝箴读书论学,否则官员还要起劲。这不是笔者任意揣度,1996 年就有一位九江作协的作家撰文披露泰戈尔曾来修水,在修河上与陈三立泛舟畅谈,互赠诗集)。另一位作家在其书中说同治二年陈宝箴去安庆见曾国藩是郭嵩焘举荐的(苏克勤《义宁陈氏家族文化评传》,第 38 页;又见郑大华主编《湖南时务学堂研究》,第 46 页)。可能都是受前面那位作家的影响。这种连基本的考证都不做的"编造""炒作",不仅发生在学界圈子外人员身上,在学界中也不乏其人。

(三)"文化搭台、经贸唱戏"泛滥。自 20 世纪 90 年代盛行"文化搭台、经贸唱戏"的游戏规则后,地方政府自然不会放过历史名人文化资源。只要一纳入当地旅游景点打造工程,就会陷入"有一种破坏叫建设"之中。地方政府搞旅游景点工程有他的运作方式和终极目标,聘请的规划设计公司按大城市主题公园的模式套路进行摊大饼式的规划,只管外延不重内涵,完全不懂民俗、风水,不考虑景点打造与整体山水环境的血脉联系。义宁陈氏故里竹塅村在这股大潮中自不能幸免,两三年内就面目全非,几百年形成的山水田园古村落原始风貌已破坏殆尽,这个客家人艰苦奋斗、勤耕苦读的"活化石"已不复存在,只留下一幢新包装的国保文物"陈家大屋"形影相吊。这就产生了一个悖论,义宁陈氏、陈门五杰在山外的名气越大,相关研究成果越多,对其故里古村环境保护越不利。庄子的樗栎散材反而可以永年的哲理感悟,在这里得到了验证。

(四)纪念活动变味。纪念活动是宣传弘扬历史文化名人的重要环节,在学界,纪念活动主要以举办学术研讨会形式出现。如果说三四十年前关于陈寅恪及其家族重要成员的研讨会还算正规单纯的话,那么近些年举办的一些研讨会则功利性越来越强,附带着过多的非学术因素。作为主办方,自然希望这个领域的名家要莅会,越多越好。但他们举办研讨会的真正目的是借历史名人效应作宣传鼓动,学术不学术,其实并不重要。他们更在意有多少官员出席,新闻媒体报道也以官阶级别高低依次介绍,莅会的学者专家作为一个尾巴排名在后或干脆不报道。但学界有学界的标准原则,即以学术研究为鹄的,以真正弘扬历史文化名人的思想、人格、学说为动力。因此有些人临阵磨枪凑字成文"蹭会"捧场,平时标榜崇敬心仪陈寅恪,遇事则迎合流俗,是有违学人风范的表现。

在目前的社会大环境和学术生态背景下,"冷静研究"显得比"热烈纪念"更为紧要。"陈寅恪热"需要"冷思考",需要扎扎实实坐得住冷板凳的专业研究,需要认认真真的客观公正的评判态度。陈寅恪先生1942年在《杨树达积微居小学金石论业续稿序》中赞扬杨树达为人为学"未尝一借时会毫末之助,自致于立言不朽之域。与彼假手功名,因得表见者,肥瘠荣悴,固不相同",为我们树立了榜样典范。研陈学界前沿应该明辨时势,秉持学术信念,负起责任,引导作为文化现象的"陈寅恪热"朝着冷静理性的史学方向前行。抵制编造炒作戏说,远离"文化搭台,经贸唱戏",为形成既"热烈纪念"又"冷静研究"的互动局面、提升义宁陈氏研究的学术品味作出自己的努力和贡献。

征引著作目录

本《目录》按书名笔画排序，同一笔画再按首笔横、竖、点、撇、折排序

一　画

《一门四杰——陈宝箴、陈三立、陈衡恪、陈寅恪史料》，修水县政协文史委编，内刊。

《一代宗师陈三立》，胡迎建著，江西高校出版社 2005 年 12 月版。

二　画

《二十世纪中国画史》，刘曦林著，上海人民美术出版社 2012 年 5 月版。

《二十世纪的中国思想与学术掠影》，罗志田著，广东教育出版社 2001 年 4 月版。

《二十世纪中国历史考证学研究》，陈其泰著，北京师范大学出版社 2005 年 1 月版。

《二十世纪中国学人之诗研究》，刘士林著，安徽教育出版社 2005 年 7 月版。

《九十年代日记》，王元化著，浙江人民出版社 2001 年版。

三　画

《义宁陈氏与庐山》（原名《陈三立一家与庐山》），刘经富著，中国文史出版社 2004 年 9 月版。

《义宁陈氏五杰》，吴应瑜编，2005 年 11 月版，内刊。

《也同欢乐也同愁——忆父亲陈寅恪母亲唐篔》，陈流求等著，三联书店 2010 年 4 月版。

四　画

《历史学百年》，刘新成主编，北京出版社 1999 年 12 月版。

《瓦釜集》，钱文忠著，文汇出版社 1999 年 1 月版。

《中国现代社会科学家传略》（第七辑），《晋阳学刊》编辑部编，山西人民出版社 1985 年 9 月版。

《中国当代社会科学家传略》（第十一辑），陈翔华等编，书目文献出版社

1990 年版。

《中华文化名人传》,萧弓主编,河南人民出版社 1991 年 8 月版。

《中国近代史学思潮与流派》,胡逢祥、张文建编著,华东师范大学出版社 1991 年 9 月版。

《中国近代史学史概要》,高国抗、杨燕起主编,广东高等教育出版社 1994 年 1 月版。

《中国近代史学的历程》,陈其泰著,河南人民出版社 1994 年 1 月版。

《中国史学近代化进程》,蒋俊著,齐鲁书社 1995 年 9 月版。

《中国史学史纲》,李炳泉、邸富生主编,辽宁师范大学出版社 1997 年 10 月版。

《中国大百科全书》之《中国美术卷》,中国大百科全书出版社 1991 年 1 月版。

《中国大百科全书》之《中国历史卷》,中国大百科全书出版社 1992 年 4 月版。

《中国大百科全书》之《中国文学卷》,中国大百科全书出版社 2002 年 2 月版。

《中国学术名著提要》之《历史卷》,复旦大学课题组编写,复旦大学出版社 1994 年 1 月版。

《中国学术名著提要》之《文学卷》,复旦大学课题组编写,复旦大学出版社 1999 年 9 月版。

《中国中古政治史论》,毛汉光著,上海书店出版社 2002 年 12 月版。

《中国知识分子十论》,许纪霖著,复旦大学出版社 2003 年 1 月版。

《中国近代文运之升降》,王尔敏著,中华书局 2011 年 3 月版。

《中国文人画之研究》,陈衡恪著,天津古籍书店 1992 年 3 月版;浙江人民美术出版社 2016 年 4 月版。

《中国绘画史》,陈衡恪著,徐书城整理,中国人民大学出版社 2004 年 11 月版。

《中华民国美术史》,阮荣春、胡光华著,四川美术出版社 1992 年 6 月版。

《中国画与现代中国》,刘曦林著,广西美术出版社 1997 年 6 月版。

《文史哲学者治学谈》,岳麓书社 1983 年 1 月版。

《文化的认同》,胡晓明著,安徽教育出版社 2008 年 4 月版。

《以道驭技——陈师曾篆刻研究》,周子牛著,群众出版社 2018 年 8 月版。

五　画

《世运之枢纽——义宁陈氏文化家族》，苏克勤著，郑州大学出版社 2015 年 12 月版。

《史家陈寅恪传》，汪荣祖著，香港波文书局 1976 年首印，台北文海出版社 1978 年二印，台北联经出版事业公司 1984 年三印，台北联经出版事业公司 1997 年四印；北京大学出版社 2005 年 3 月五印。

《史学概论》，白寿彝著，宁夏人民出版社 1983 年 7 月版。

《甲午战争前后之晚清政局》，石泉著，三联书店 1997 年 11 月版。

《史料五讲》（外一种），齐世荣著，人民出版社 2016 年 10 月版。

《北京风俗图》，陈衡恪绘，北京古籍出版社 1986 年 6 月版；北京出版社 2003 年 1 月版。

《民国学案》（第二卷含王欣欣撰《陈寅恪学案》），张岂之主编，湖南教育出版社 2005 年 8 月版。

《民国人物传》第三册，中华书局 1981 年版。

六　画

《百年学案》（内含李锦绣撰《陈寅恪学案》），杨向奎主编，辽宁人民出版社 2003 年 1 月版。

《考槃在涧》，葛兆光著，辽宁教育出版社 1996 年 8 月版。

《在西方发现陈寅恪》，陈怀宇著，北京师范大学出版社 2013 年 3 月版。

《朽者不朽——论陈师曾与清末民初画坛的文化保守主义》，胡健著，北京大学出版社 2012 年 5 月版。

《朽者不朽——陈师曾和他的时代》，人民美术出版社 2017 年 12 月版。

《同照阁诗钞》，陈隆恪著，陈小从整理，香港里仁书局 1984 年 4 月版。

《同照阁诗集》，张求会整理，中华书局 2008 年 4 月版。

《当代学术研究思辨》（增订本），周勋初著，南京大学出版社 1993 年 5 月初版，北京大学出版社 2013 年 5 月再版。

《传统诗学的转型——陈衍人文主义诗学研究》，周薇著，上海三联书店 2005 年 8 月版。

《守望——陈寅恪往事》，吴定宇著，社会科学文献出版社 2014 年 11 月版。

《纪念陈寅恪教授国际学术讨论会文集》，中山大学第一次陈寅恪研讨会论文集，中山大学出版社 1989 年 6 月版。

《纪念陈寅恪先生诞辰百年学术论文集》，北京大学中古史研究中心编，北京大学出版社 1989 年 12 月版。

《毕竟是书生》,周一良著,北京十月文艺出版社 1998 年 5 月版。

七 画

《吴宓与陈寅恪》,吴学昭著,清华大学出版社 1992 年 4 月版,三联书店 2014 年 9 月出版增补本。

《吴江文稿》,吴江著,中央编译出版社 2009 年 9 月版。

《吟雨轩诗文集》,陈小从著,中华书局 2016 年 9 月版。

《仰望陈寅恪》,蔡鸿生著,中华书局 2004 年 1 月版。

《近代诗论丛》,马卫中、张修龄著,安徽文艺出版社 1995 年 3 月版。

《近二十年文化热点人物述评》,骆玉明著,复旦大学出版社 2000 年 10 月版。

《近代中国诗歌史》,马亚中著,复旦大学出版社 2011 年 1 月版。

《近代中国史论》,罗志田著,北京师范大学出版社 2015 年 6 月版。

《近代中国史学十论》,罗志田著,复旦大学出版社 2003 年 8 月版。

《近代读书人的思想世界与治学取向》,罗志田著,北京大学出版社 2009 年 1 月版。

《作壁上观——葛兆光书话》,浙江人民出版社 1997 年 7 月版。

《陈寅恪先生论集》,台北"中研院"史语所 1971 年 5 月编印。

《陈寅恪先生文史论集》上、下,香港文文出版社 1972 年 5 月版。

《陈寅恪先生论文集》,台湾三人行出版社 1974 年 5 月版。

《陈寅恪先生著述目录编年》,何广棪编,香港珠海书院文史研究所学会 1974 年刊印。

《陈寅恪论文集》,台北文理出版社 1977 年 4 月版。

《陈寅恪论文集》(增订本)三册,台北九思出版有限公司 1977 年 6 月版。

《陈寅恪先生全集》,台北九思出版有限公司 1978 年 12 月版。

《陈寅恪先生全集》(第四次增订本),台北里仁书局 1979 年 12 月版。

《陈寅恪传记资料汇编》,三册,朱传誉编,台北天一出版社 1979、1981、1985 年出齐。

《陈寅恪文集》共计七种九册(附录《陈寅恪先生编年事辑》一册,共计十册),上海古籍出版社 1978—1981 年间出齐。

《陈寅恪先生编年事辑》,蒋天枢编,上海古籍出版社 1981 年 9 月初版,台湾弘文馆出版社 1985 年 10 月翻印,上海古籍出版社 1997 年 6 月出增订本。

《陈寅恪先生文集》,上海古籍出版社原版,台北里仁书局 1981 年底翻印。

《陈寅恪文集》五册,台北里仁书局1982年9月版。

《陈寅恪晚年诗文释证》,余英时著,台北时报文化传播事业有限公司1984年6月初版,1986年出增订本;台北东大图书有限股份公司1998年1月出增订新版,2004、2011年重印。

《陈寅恪晚年诗文及其他——与余英时先生商榷》,冯依北编著,花城出版社1986年7月版,1998年3月重印。

《陈寅恪魏晋南北朝史讲演录》,万绳楠整理,黄山书社1987年4月版。

《陈寅恪读书札记:旧唐书、新唐书之部》,上海古籍出版社1989年4月版。

《陈寅恪诗集·附唐篔诗存》,陈美延、陈流求编,清华大学出版社1992年3月版,1996年12月重印;1997年4月三印。

《陈寅恪史学论文选集》,胡守为编,上海古籍出版社1992年7月版。

《陈寅恪评传》,汪荣祖著,江西百花洲文艺出版社1992年8月首印,1996年12月三印,1997年12月四印,2010年3月五印,2015年3月六印。

《陈门问学丛稿》,王永兴著,江西人民出版社1993年11月版。

《陈寅恪的最后二十年》,陆键东著,三联书店1995年12月版,2013年6月再版修订本。

《陈寅恪先生年谱长编》(初稿),卞僧慧编著,中华书局2010年4月版。

《陈寅恪与二十世纪中国学术》,中山大学第三次陈寅恪研讨会论文集,浙江人民出版社2000年12月版。

《陈寅恪印象》,钱文忠编,学林出版社1997年12月版。

《陈寅恪学术文化随笔》,刘桂生、张步洲编,中国青年出版社1996年9月版。

《陈寅恪读书生涯》,王子舟著,长江文艺出版社1996年10月版。

《陈寅恪之史学》,李玉梅著,三联书店(香港)有限公司1997年2月版。

《陈寅恪印象》,钱文忠编,学林出版社1997年12月版。

《陈寅恪与中国文化》,刘克敌著,上海人民出版社版1999年9月版。

《陈寅恪中古史学探研——以〈隋唐制度渊源略论稿〉为例》,宋德熹著,台北稻香出版社1999年9月版,2004年再版。

《陈寅恪集》,陈美延、陈流求编,三联书店2001—2002年初版,2009年9月第二版,2011年6月四印,2012年6月五印,2015年7月第三版,八印。

《陈寅恪卷》(刘梦溪主编《中国现代学术经典》丛书之一),刘梦溪编,河北教育出版社2002年1月版。

《陈寅恪学案》,李锦绣撰,载杨向奎主编《百年学案》,辽宁人民出版社2003年1月版。

《陈寅恪学案》,王欣欣撰,载张岂之主编《民国学案》,湖南教育出版社2005年8月版。

《陈寅恪"元白诗证史"讲序侧记》,刘隆凯著,湖北教育出版社2005年3月版。

《陈寅恪先生遗墨》,陈美延编,岭南美术出版社2005年6月版。

《陈寅恪诗笺释》,胡文辉著,广东人民出版社2008年6月版,2013年4月再版增订本。

《陈寅恪:一个教育学问题》,刘晓东著,中国社会科学出版社2009年9月版。

《陈寅恪丛考》,张求会著,浙江大学出版社2012年11月版。

《陈寅恪研究——反思与展望》,周言主编,九州出版社2013年10月版。

《陈寅恪研究——新材料与新问题》,周言主编,九州出版社2014年8月版。

《陈寅恪的学说》,刘梦溪著,三联书店2014年8月版。

《陈寅恪论稿》,刘梦溪著,三联书店2018年11月版。

《陈寅恪研究资料目录》,李勤合等编,清华大学出版社2016年10月版。

《陈寅恪讲国学》,季风编著,北京时代华文书局2015年12月版。

《陈寅恪书信编年考释》,刘正编注,中国社会科学出版社2016年11月版。

《陈寅恪晚年诗笺证稿》,谢泳著,台湾秀威资讯科技股份有限公司2019年8月版。

《陈寅恪新论》,《中华文史论丛》编辑部编,上海古籍出版社2020年12月版。

《陈寅恪语录》,胡文辉编著,上海文艺出版社2021年8月版。

《陈寅恪和他的世界》,刘克敌编著,河北教育出版社2021年8月版。

《陈寅恪的家族史》,张求会著,广东教育出版社2000年9月版。

《陈寅恪家史》,张求会著,东方出版社2019年11月版。

《陈寅恪家族稀见史料探微》,刘经富著,中华书局2013年1月版。

《陈寅恪家族史料整理研究》(上、下),刘经富编著,上海古籍出版社2019年11月版。

《陈寅恪家族旧事》,吴应瑜编著,中国文史出版社2016年7月版。

《陈宝箴集》（上、中、下），汪叔子、张求会编，中华书局 2003 年 12 月—2005 年 5 月出齐。

《陈宝箴和湖南新政》，刘梦溪著，故宫出版社 2012 年 7 月版。

《陈宝箴诗文笺注·年谱简编》，刘经富编著，商务印书馆 2019 年 10 月版。

《陈三立评传·作品选》，刘纳编注，中国文史出版社 1998 年 6 月版。

《陈三立年谱》，马卫中、董俊珏著，苏州大学出版社 2010 年 10 月版。

《陈三立年谱长编》，李开军编纂，中华书局 2014 年 3 月版。

《陈三立与同光体诗派研究》，胡迎建著，中国社会科学出版社 2013 年 10 月版。

《陈三立墨迹选》，刘经富辑释，上海古籍出版社 2020 年 12 月版。

《陈三立一家与庐山》，刘经富著，作家出版社 2001 年 4 月版，中国文史出版社 2004 年 9 月再版，改书名为《义宁陈氏与庐山》。

《陈师曾》，俞剑华著，上海人民美术出版社 1981 年 6 月版。

《陈师曾》（《中国名画家全集》之一），朱万章著，河北教育出版社 2003 年 8 月版。

《陈师曾印谱》，北京荣宝斋 1988 年 1 月版。

《陈师曾画选》，龚产兴编，人民美术出版社 1992 年 10 月版。

《陈师曾画铜》，陈封雄、谷溪编，人民美术出版社 1996 年 1 月版。

《陈师曾绘山水花鸟》，北京荣宝斋 1998 年 2 月版。

《陈师曾印集》，贾德江编，北京工艺美术出版社 1996 年 5 月版。

《陈师曾书画精品集》（上、下），谷溪编，人民美术出版社 2004 年 2 月版。

《陈师曾、任渭长、虚谷、萧俊贤》画册，天津人民美术出版社 2004 年 8 月版。

《陈师曾》画册（《故宫博物院藏近代书画名家作品集》之一），紫禁城出版社 2006 年 8 月版。

《陈师曾印谱》，任彤、周晓陆编，中国书店 2007 年 1 月版。

《陈师曾画论》，李运亨等编，中国书店 2008 年 4 月版。

《陈师曾漫画集》，郭长海等编，黄山书社 2012 年 12 月版。

《陈师曾》画册（《中国名家画集》之一），中国美术出版社 2011 年 5 月版。

《陈师曾全集》，江西美术出版社 2016 年 11 月版。

《陈衡恪诗文集》，刘经富辑注，江西人民出版社 2009 年 11 月版。

《陈隆恪分体诗选》，陈小从选诗、刘经富整理，江西人民出版社 2009 年 11

月版。

八　画

《现代性视野中的陈三立》,杨剑锋著,中国社会科学出版社 2011 年 3 月版。

《现代中国思想史论》,许纪霖编选,上海人民出版社 2014 年版。

《松门别墅与大师名流》,陈小从编著,江西美术出版社 2006 年 6 月版。

《拙斋书话》,高克勤著,上海辞书出版社 2016 年 8 月版。

《国学与汉学:近代中外学界交往录》,桑兵著,浙江人民出版社 1999 年 11 月版。

《图说义宁陈氏》,陈小从著,山东画报出版社 2004 年 2 月版。

《学人魂——陈寅恪传》,吴定宇著,上海文艺出版社 1996 年 8 月版。

《学史寻稿》,虞云国著,黄山书社 2009 年 2 月版。

《学术与传统》,刘梦溪著,北京时代华文书局 2017 年 3 月版。

《学术与思想人物》,刘梦溪著,河北教育出版社 2004 年 1 月版。

《学苑春秋——20 世纪国学大师档案》,任士英编,河南人民出版社 2006 年 11 月版。

《治史三书》,严耕望著,辽宁教育出版社 1998 年 3 月初版,上海人民出版社 2008 年再版,2011 年、2016 年重印。

九　画

《荣宝斋藏三家印选:吴昌硕、陈师曾、齐白石》,熊伯齐编,北京荣宝斋 1990 年版。

《思想时代——陈寅恪、胡适及其他》,程巢父著,华夏出版社 2004 年 5 月初版,北京大学出版社 2013 年 7 月再版。

《修水县志》,海天出版社 1991 年 10 月版。

《追忆陈寅恪》,张杰、杨燕丽编,社会科学文献出版社 1999 年 9 月版。

《独立与自由——陈寅恪论学》,王震邦著,上海人民出版社出版 2011 年 10 月版,台北联经出版公司 2011 年版。

《客家人在修水》,修水客家人联谊会编,1998 年 6 月印,内刊。

《染仓室印存》,陈衡恪篆刻,人民美术出版社 2013 年 2 月版。

十　画

《〈柳如是别传〉与国学研究》,中山大学第二次陈寅恪研讨会论文集,浙江人民出版社 1995 年 10 月版。

《钱仲联学述》,钱仲联著,浙江人民出版社 1999 年 3 月版。

《谈陈寅恪》,台湾传记文学出版社 1970 年 9 月初版,1978 年再版。

《唐代政治史述论稿》(手写本),陈寅恪著,上海古籍出版社 1988 年 11 月版(2009 年 3 月重印,2014 年 6 月六印)。

《唐代文学研究年鉴》1984 年卷,陕西人民出版社 1985 年 6 月版。

十一画

《真理与历史:傅斯年、陈寅恪的史学思想与民族认同》,[德]施耐德著,关山、李貌华译,社会科学文献出版社 2008 年 6 月版。

《晚清民国的国学研究》,桑兵著,上海古籍出版社 2001 年 10 月版,北京师范大学出版社 2014 年重印。

《清末四公子》,高阳著,台北南京出版公司 1980 年版。

《清诗流派史》,刘世南著,人民文学出版社 2004 年 3 月版。

十二画

《散原精舍文集》,陈三立著,钱文忠整理,辽宁教育出版社 1998 年 12 月版。

《散原精舍诗文集》(上、下),陈三立著,李开军整理,上海古籍出版社 2003 年 6 月版,2014 年 11 月再版增订本(上、中、下)。

《散原精舍诗文集补编》,陈三立著,刘经富主编,潘益民、李开军整理,江西人民出版社 2007 年 1 月版。

《散原遗墨》,李开军辑释,凤凰出版社 2020 年 4 月版。

《蒋天枢传》,朱浩熙著,作家出版社 2002 年版。

《超越时空的对话:一位东方学者关于西方史学的思考》,张广智著,北京师范大学出版社 2008 年 3 月版。

十三画

《解析陈寅恪》,张杰、杨燕丽编,社会科学文献出版社 1999 年 9 月版。

《新史学九十年》,许冠三著,岳麓书社 2003 年 9 月版。

人 名 索 引

本索引含作者人名和条目涉及的人名(陈宝箴、陈三立、陈衡恪、陈寅恪除外),按姓氏笔画排序,同一笔画再按首笔横、竖、点、撇、折排序。

九　画

后　记

本书的写作酝酿是受复旦大学陈尚君教授在 2020 年 1 月上海古籍出版社与复旦大学中文系、古籍所联合举办的"纪念《陈寅恪文集》出版四十周年发布会"上的发言《〈陈寅恪文集〉与近四十年学术转型》的诱发。开始拟题为《五十年来陈寅恪研究及其家族研究的学术史回顾》，并写出了初稿，搭起了架子，分"叙论"和"相关资料分年列目介绍"两大部分。但后来觉得读者对分年系挂的大量材料，一大堆文章篇名、著作书名、作者姓名、出版社名、期刊名将看得一头雾水，遂改为类似于"年谱"的"编年"形式，写作意图、体例见书前的《说明》。改为年谱形式，是受郭震旦《八十年代史学年谱》（山东大学 2010 届博士论文，谨致谢忱）的启发，并稍作变通而成。

用类似于"年谱"的"编年"这种著作体例来为学界对一个学者的研究过程、产生的成果做材料整理、展示，对研究过程、成果进行分析、按断，对长时段的研究趋势做线索脉络、起伏盛衰的梳理、抉示，似不多见，可能是学术园地的一种新形式，是写作形式突破的一种尝试。

"编年"这种著作体裁有一个基本特征或者说有一个好处，那就是要搜集大量材料，是体现"史料派史学"学术理念"用材料说话"的最好形式，也是训练考据学通过"归纳法"得出结论的较好手段。从分年列举材料可以直观形象地看出研究的现状，某时某阶段的动态趋势。例如这次因要做"年谱"，在原已掌握材料的基础上再花了点时间搜集港台地区 20 世纪七八十年代的陈寅恪研究信息资料，这才发现原来港台地区那一时期出版了那么多陈寅恪文集（应该还有笔者没有搜集到的），之前对这一点并不知情。

"编年"第一难在材料搜集难得齐全，需要长期关注和积累，有点像过去小康人家积赀致富，铢积寸累，大钱小钱都不放过。有了丰厚扎实的材料，才有底气做下一步的工作，所谓"手中有粮，心中不慌"。这次做"陈寅恪研究编年"，以自己历年所做的陈寅恪研究及其家族研究资料总索引和分类索引为基础，同时从九江学院李勤合等编纂的《陈寅恪研究资料目录》中采用补充了一些篇目,特此致谢(他曾依据自己搜集的资料予以概括综合,撰成《现当代陈寅恪研究鸟瞰》一文,载《九江学院学报》2015 年第 2 期)!但书海茫茫,心中惴惴,不知有多少研陈资料失之交臂,特别是海外的相关文献难以获致,留下深长的遗憾与焦灼。

"编年"的第二难难在要对收入谱中的所有文章、著作进行阅读、分析,根据自己的水平、识见予以评议、论断,所谓"入之于内,出之于外",把一本厚书读薄。有行家说:"思想史的研究不是一般意义的'文本分析',它应该由'读出文本'和'读入文本'这样两个相互关联的过程所构成。所谓'读出文本'是指对理论文本的解释不能封闭在文本内部,而必须把它放置到一个更开阔的社会历史文化语境中予以理解;但仅有这步是不够的,所谓'社会历史文化语境'不是一个先定的解释框架,而是一种需要在文本中加以检验的话语实践,这样就必须把'社会历史文化'的因素'读入'到理论文本中,仔细地观察它们在文本中留下了怎样的痕迹,以及文本对它们产生了怎样的影响、它们又发挥了何种的作用……在这种循环往复的解读过程中它的生产性被充分地发掘出来,从而有可能描绘出更复杂的思想史图景。"(许纪霖、罗岗《启蒙的自我瓦解——1990 年代以来中国思想文化界重大论争研究》,吉林出版集团 2007 年版,《总论》第 3 页)虽然说的是思想史,但对所有文科学术研究都有启示意义。重视逻辑分析,有高度的概括力,既有"面"的宽广,又有"点"的深刻,博采与精鉴相结合,学术水准就能上得去。这需要大把的时间和"长期积累,一旦启发"的学识、眼力,比第一难更难。笔者只对重要文章和著作曾经通读过和部分重读,至于评议、论断是否都准确、入行,没有把握。若有违碍犯忌之处,请读者和原作者原谅。

上面所引的这段话说"对理论文本的解释不能封闭在文本内部,而必须把它放置到一个更开阔的社会历史文化语境中",所谓"社会历史文化语境"可能就是中国古代文论"知人论世"的现代理论术语翻版,陈寅恪也说研究历史要"具了解之同情"。五十余年来,海内外文化学术界掀起的"陈寅恪热"至今余波不息。一个学者这样长的时间被文化学术界高度关注,只有鲁迅、胡适、王国维等少数几个代表人物享受了如此待遇。笔者亲身经历了从 20 世纪七八十年代之交开始的陈寅恪研究、弘扬全过程,若不把亲历、亲闻的情境、感受及时记录下来,时间越往后,回忆、考证将会越困难。这也是笔者写作这本"编年"的动因之一。

五十余年的"陈寅恪热",是由海内外出版社率先出版其遗著发动的。笔者走近陈寅恪,最早的起点就是搜集购藏全套上海古籍出版社的《陈寅恪文集》。上海古籍出版社是国内整理出版古籍的重要机构，其敢为天下先出版印行《陈寅恪文集》的意义功德，笔者在《陈寅恪研究编年》1981 年条有所评议。做学术人物研究的基础，首先依赖于其文本材料，其次是年谱、传记。因此，笔者有心对自己多年来搜集的陈寅恪研究及其家族研究的零散资料做一次梳理总结，辅之以对长盛不衰的"陈寅恪热"文化现象的思考、评说。倘若对今后的"陈学"发展有所裨益，写作的意图、目标庶几实现，自己的夙愿也就完成了。笔者自揣水平有限，见闻不广，义理升华概括能力欠缺，有赖于治学术史、思想史的时贤方家和后面的高手接续补正完善。

学生彭雨、王琢月、陈苗，帮助下载资料、打字，特此致谢！

2022 年 4 月，写于南昌大学教职工廉租房寓舍

图书在版编目(CIP)数据

陈寅恪研究编年／刘经富著. —上海：上海古籍
出版社，2022.12
（义宁陈氏文献史料丛书）
ISBN 978-7-5732-0583-4

Ⅰ. ①陈…　Ⅱ. ①刘…　Ⅲ. ①陈寅恪(1890-1969)
—人物研究　Ⅳ. ①K825.81

中国版本图书馆 CIP 数据核字(2022)第 258074 号

义宁陈氏文献史料丛书
陈寅恪研究编年
刘经富　著
上海古籍出版社出版发行
（上海市闵行区号景路 159 弄 1-5 号 A 座 5F　邮政编码 201101）
　（1）网址：www.guji.com.cn
　（2）E-mail：guji1@guji.com.cn
　（3）易文网网址：www.ewen.co
启东市人民印刷有限公司印刷
开本 710×1000　1/16　印张 19.5　字数 340,000
2022 年 12 月第 1 版　2022 年 12 月第 1 次印刷
ISBN 978-7-5732-0583-4
K·3315　定价：88.00 元
如有质量问题,请与承印公司联系